zeitreise 3

1. Auflage 1 9 8 7 6 5 | 2014 2013 2012 2011 2010

Alle Drucke dieser Auflage sind unverändert und können im Unterricht nebeneinander verwendet werden. Die letzten Zahlen bezeichnen jeweils die Auflage und das Jahr des Druckes.

Internetadresse: www.klett.de

Autoren: Sven Christoffer, Helmut Heimbach, Klaus Leinen, Dr. Peter Offergeld, Dr. Antonius Wollschläger

Redaktion: Carsten Loth
Herstellung: Josephin Müller

Gesamtgestaltung: Kassler-Design, Leipzig
Piktogramme: Erhard Müller, Leipzig
Kartographien: Kartographisches Büro Borleis & Weis, Leipzig
Grafiken: Lutz Erich Müller, Leipzig; Sandy Schygulla, Leipzig
Reproduktionen: Meyle + Müller, Medien-Management, Pforzheim
Druck: Aprinta, Wemding

Printed in Germany

ISBN 13: 978-3-12-421030-2
ISBN 10: 3-12-421030-1

9 783124 210302

zeitreise 3

Autoren:
Sven Christoffer
Helmut Heimbach
Klaus Leinen
Peter Offergeld
Antonius Wollschläger

Ernst Klett Schulbuchverlage
Stuttgart · Leipzig

Inhalt

Wanderungen in der Geschichte 256

So arbeitest du mit diesem Buch

Dieses Buch hat neun Themeneinheiten. Jede Themeneinheit beginnt mit einer Auftaktdoppelseite. Ein Bild und ein kurzer Text führen in das Thema ein. Die große Karte hilft bei der Orientierung in jenen Staaten und Kontinenten, um die es in der Einheit geht. Die Zeitleiste zeigt dir, durch wie viele Jahre oder Jahrhunderte die „Reise" auf den nächsten Seiten geht.

Außerdem erhältst du verschiedene Materialien zum Thema: Zeichnungen oder Fotos, Karten, Statistiken, historische Bilder, dazu originale Texte oder auch Berichte von heutigen Wissenschaftlern. Fragen und Anregungen helfen dir, die Texte und Materialien zu erschließen.

Jede Themeneinheit ist in mehrere Kapitel unterteilt. Jedes Kapitel steht auf einer Doppelseite. Auf diesen Doppelseiten findest du links die Verfassertexte (VT), die unsere Autoren für das Buch geschrieben haben.

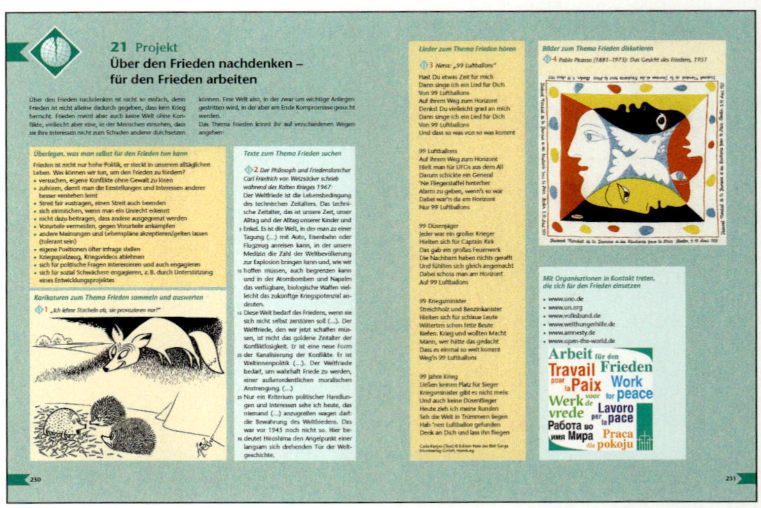

Projektseiten geben dir und deiner Klasse Anregungen, ein bestimmtes Thema zu vertiefen oder zu erkunden. Genaue Anleitungen helfen dabei, das Projekt auszuprobieren.

Auf solchen farbigen Seiten mit der Überschrift „Methode“ werden Methoden vorgestellt, die dir beim Lernen in Geschichte helfen. Auf diesen Seiten übst du beispielsweise politische Plakate zu interpretieren oder die Befragung eines Zeitzeugen vorzubereiten.

In dem Kasten mit dem roten Rahmen stehen die methodischen Arbeitsschritte, auf die es bei dieser Methode ankommt. Du findest alle Methoden noch einmal gesammelt am Ende des Buches im Methodenglossar.

Auf der letzten Doppelseite einer Themeneinheit gibt es ein Spiel, ein Rätsel oder eine abschließende Aufgabe, wo es noch einmal um die wichtigsten Dinge aus den Kapiteln geht. Die Lösungen sollten kein Problem sein. Bist du nicht sicher, kannst du in den Kapiteln nachschlagen.

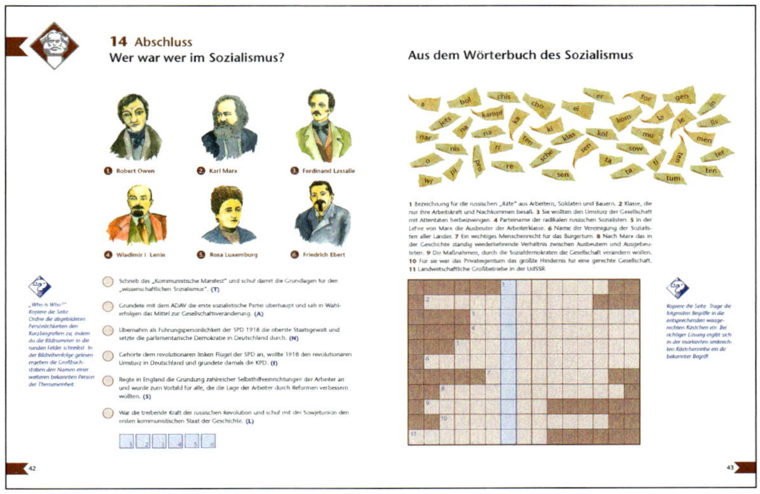

Kleine Symbole helfen dir, dich in den Kapiteln zurechtzufinden:

Jede Themeneinheit hat ihr eigenes Bild. Du findest es auf jeder Doppelseite links oben in der Ecke.

Hier findest du Vorschläge für Projekte, Lesetipps und Adressen von Informationsstellen.

Dieses Symbol nennt interessante Internet-Adressen oder verweist auf die Software „Zeitreise multimedial“.

Wichtige geschichtliche Begriffe oder auch schwierige Wörter werden an dieser Stelle kurz und knapp erklärt.

Standpunkte

Über geschichtliche Ereignisse wird oft gestritten. In den Standpunkte-Kästen findest du unterschiedliche Meinungen zu einem Thema.

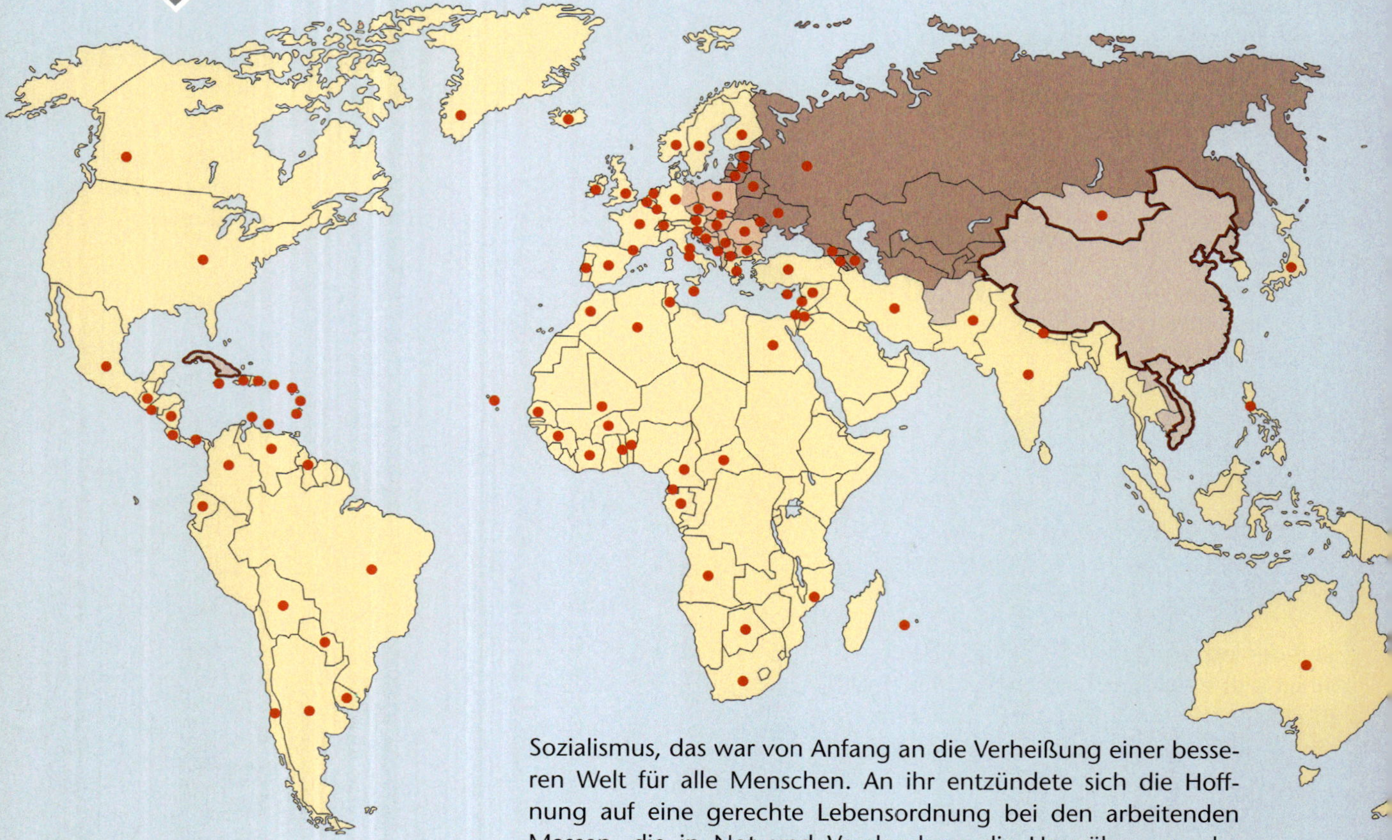

vor dem Ende der UdSSR (1991)

- Sowjetunion
- weitere kommunistische Staaten Osteuropas
- außereuropäische kommunistische Staaten

im Jahr 2005

- Staat unter kommunistischem Regime
- Land mit sozialdemokratischen Parteien, die Mitglieder der Sozialistischen Internationale sind

Sozialismus, das war von Anfang an die Verheißung einer besseren Welt für alle Menschen. An ihr entzündete sich die Hoffnung auf eine gerechte Lebensordnung bei den arbeitenden Massen, die in Not und Verelendung die Umwälzungen der industriellen Revolution erlebten.
Größten Einfluss auf die Entwicklung des Sozialismus hatte die Lehre von Marx und Engels. Auf sie beriefen sich sozialdemokratische und kommunistische Parteien. Die Machthaber der einstigen Sowjetunion erhoben sogar den Anspruch, dass in ihrem Staat die Verheißungen des Sozialismus verwirklicht seien. Die Sowjetunion zerfiel, doch nicht mit ihr der Sozialismus. Er gehört weltweit immer noch zu den starken politischen Kräften.

Ende 18./ Anfang 19. Jh.

Bürger und Arbeiter kämpfen zeitweise gemeinsam für mehr Rechte.

1848

Marx und Engels veröffentlichen das „Kommunistische Manifest".

1863

Ferdinand Lassalle gründet den „Allgemeinen Deutschen Arbeiterverein", die erste sozialdemokratische Partei der Welt.

Sozialismus – der Weg zu einer besseren Welt?

„Der neue Planet", Gemälde von Konstantin Juon aus dem Jahr 1921. Der Maler feiert die russische Oktoberrevolution 1917 als Aufgang eines neuen Planeten, auf dem die Verheißungen des Sozialismus Wirklichkeit werden.

1917

ussische Oktoberrevolution
und Gründung des ersten
kommunistischen Staates
unter Führung Lenins

ab 1945

Kommunistischer und sozialdemokratischer Sozialismus im Nachkriegsdeutschland

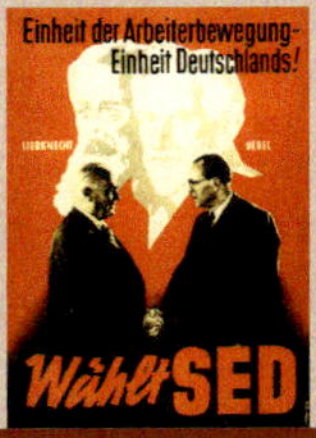

1991

Zusammenbruch der Sowjetunion und des Sowjetkommunismus

2004

Die Sozialistische Internationale verfügt über mehr als 100 Mitgliedsparteien.

1 Sozialismus – immer noch Hoffnungsträger?

1 *Einzug des Sowjetvolkes* in das irdische Paradies der Errungenschaften des Sozialismus, sinnbildliche Darstellung. – Welche Versprechungen enthält das Bild?

Sozialismus
(von lat. socialis = gesellschaftlich) strebt Veränderungen in der Gesellschaft zum Wohle der arbeitenden Bevölkerung an.

Kommunismus
(von lat. communis = gemeinschaftlich) betont die Gleichheit aller Menschen und die Aufhebung des Privateigentums.

Ende des Sowjetkommunismus

Eines der einschneidendsten Ereignisse in der Geschichte des Sozialismus war der Zusammenbruch der UdSSR und des Sowjetkommunismus 1989/91. Hatten doch die Führer der UdSSR und ihre Anhänger den Anspruch erhoben, die Sowjetunion sei der sozialistische Musterstaat, Verkörperung des „real existierenden Sozialismus". In ihr sei der „wissenschaftliche Sozialismus" nach der Lehre von Marx und Engels mit all seinen Versprechungen von Fortschritt und Wohlstand für die arbeitenden Menschen verwirklicht.

Aber Anspruch und Wirklichkeit des Sowjetkommunismus klafften weit auseinander. Es erwies sich – trotz einiger Erfolge – nachträglich als Fehler, dass das System von Anfang an mit starrer Parteidiktatur und Planwirtschaft (vgl. S. 156) „hochgepeitscht" worden war. Starrheit wurde zum Dauerzustand, notwendige Reformen wurden versäumt. Das, so sahen es die meisten Beobachter, war der wesentliche Grund für das Ende der UdSSR und ihres Kommunismus.

Kein Ende des Sozialismus

Einige freilich setzten das Ende des Sowjetkommunismus mit dem Ende des Sozialismus überhaupt und mit dem Sieg von Liberalismus und Kapitalismus gleich. Das aber war falsch. Denn auch nach dem Ende der UdSSR gab es noch kommunistische Regimes und Parteien. Zudem hatte es neben der kommunistischen stets eine sozialdemokratische Richtung des Sozialismus gegeben. Diese wollte eine gerechte Ordnung für die arbeitende Bevölkerung in einer freiheitlichen Gesellschaft durch parlamentarische Mehrheiten und Reformen erreichen. Und die aus dieser Richtung hervorgegangenen Parteien sahen zu Recht den Sturz des Sowjetkommunismus als Bestätigung für ihren eigenen sozialistischen Kurs an.

Alte und neue Herausforderungen

Massenarmut, als ungerecht empfundene Verteilung des gesellschaftlichen Reichtums und ein ausbeuterischer Kapitalismus waren der Nährboden für die sozialistische Bewegung. Sie entstand während der industriellen Revolution, doch Herausforderungen dieser Art existieren heutzutage immer noch. Wir erleben eine Weltwirtschaft, die vom kapitalistischen Glauben an die Vorzüge der freien Konkurrenz und des freien Marktes geprägt ist. Bei schwachem Wirtschaftswachstum wirken sich solche Grundsätze zugunsten wohlhabender Staaten und reicher Kapitalbesitzer aus. Wirtschaftlich schwache Staaten und Bevölkerungsgruppen tragen die Lasten. Die Kluft zwischen Reichen und Armen nimmt auch in der heutigen Zeit ständig zu.

Sozialismus entstand als Hoffnungsträger für eine gerechte Ordnung im Interesse der Benachteiligten. Überlegen wir: Hat sich der Sozialismus im Laufe der Zeit bewährt? Und welche Rolle spielt er in der heutigen Gesellschaft?

2 *Den Zusammenbruch des Sowjetkommunismus deutete der Soziologe Dahrendorf 1989 so:*

Trotz der Hoffnungen vieler Intellektueller hatte die russische Revolution nur geringe Bedeutung für die entwickelte [europäische] Welt; allerdings war sie von großer Bedeutung für die sich noch entwickelnde [Dritte] Welt und sie ist es bis heute. Sie war der Versuch [alte Formen] autoritärer Ordnung und vorindustrieller Produktion zu ersetzen durch eine Methode der Modernisierung, die schnell und [wirkungsvoll] zu sein schien (...). Aber dieser Prozess konnte die beiden Schlüsselfaktoren der westlichen Modernisierung nicht hervorbringen: politische Mitbestimmung und [wirtschaftliche] Eigeninitiative, den Bürger und den Unternehmer. Eine [Hierarchie] von Funktionären statt bürgerlicher Mitbestimmung, eine gigantische Planungsmaschinerie anstelle der Privatinitiative – aus beiden Missständen wuchs das bürokratische Ungeheuer, (...) das für viele [gleichbedeutend mit] Sozialismus wurde. Offensichtlich funktioniert dieser Sozialismus nicht.

3 *Enttäuschte Hoffnungen. Aus einem polnischen Stimmungsbericht (2002):*

In der Stimmung (...) des Jahres 1989 (...) konnte es scheinen, als glaube niemand mehr an die Möglichkeit eines anderen Weges zum Erfolg, als ihn der Weg der liberalen Demokratie nach westlichem Vorbild darstellte, [der] zugleich ein Übergang zur Marktwirtschaft [und zum Kapitalismus] sein musste (...). Ich ahnte nicht im Voraus, was sich bald darauf einstellen sollte: (...) Der Realsozialismus hatte sehr wenige Reize, doch er bot den einfachen Menschen relative Sicherheit. Er bot ihnen ein kümmerliches und tristes Dasein, das aber in mancher Hinsicht leichter war als das Leben, welches sie im neuen System des Liberalismus und Kapitalismus erwartete. Sie wurden der bisherigen Sicherheit weitgehend beraubt; denn unerwartet wurden sie mit Arbeitslosigkeit oder dem Verlust staatlicher Leistungen konfrontiert, die sie als ihnen zustehend betrachtet hatten (...). Das neue System war, wie sich herausstellte, nicht allen gleichermaßen wohlgesinnt, im Gegenteil. Es entpupppte sich als feindlich für all jene, die weder Unternehmungsgeist, noch Kapital, noch Bildung, noch „Beziehungen" hatten (...). Im Jahr 2001 war die Mehrheit der Bevölkerung der Meinung, dass der Systemwechsel den Menschen mehr Nach- als Vorteile gebracht habe.

4 *„Neuer Sozialismus", wie ihn ein Soziologe aus Chile sieht (2003):*

Der Sozialismus des 21. Jahrhunderts hat es mit neuen Kämpfen zu tun. Nicht die Revolution wird ihr Ziel sein, sondern die [Umwandlung] des bestehenden Kapitalismus (...). Sozialismus heißt, der Gleichheit gemeinsam mit der Freiheit Raum zu schaffen (...), hart darauf hinzuarbeiten, die Plagen des Kapitalismus zurückzudrängen (...), zu verhindern, dass die Wirtschaft eine Maschinerie ist, die Tod bringt statt Leben zu spenden (...) [und] dass die Politik eine Maschinerie ist, die Tod und Unterdrückung bringt. (...) Von allen Katastrophen, die uns im 20. Jahrhundert widerfahren sind, wäre die schlimmste der Zusammenbruch der Hoffnung, dass es möglich sein wird, eine bessere Gesellschaft hervorzubringen.

5 *Der Gegensatz von Arm und Reich in Jakarta,* der Hauptstadt Indonesiens: Beispiel für die Herausforderungen des Sozialismus in unserer Zeit.

1 Begründe, warum das Ende des Sowjetkommunismus nicht das Ende des Sozialismus überhaupt war (VT, Q2).

2 Erkläre die Stimmungsumschwünge der Polen, indem du ihre Erfahrungen unter dem „Realsozialismus" (VT, Q3) mit denen nach der Wende 1989 (Q3) vergleichst.

3 Vergleiche die in Q4 genannten Ziele und Vorschläge für eine bessere Welt mit denen des Sowjetkommunismus (VT, Q1, Q2).

4 Nimm nach der Lektüre von VT und Q1–Q5 Stellung zur Frage in der Überschrift.

A-Z

Liberalismus
(von lat. liber = frei) strebt die persönliche Freiheit und Entfaltungsmöglichkeit jedes Einzelnen an.

Kapitalismus
Wirtschaftsordnung, in der Privateigentümer ihr Kapital vermehren wollen. Sie ist vom freien Wettbewerb geprägt.

2 Eigentum – ein problematisches Menschenrecht?

Q 1 *„Die Freiheit führt das Volk an"*, Gemälde von Eugène Delacroix, 1831. Darstellung der französischen Revolution von 1830: Im Kampf um politische Freiheit und Mitbestimmung verbündeten sich Bürger und Arbeiter gegen den Staat.

Proletariat, Proletarier (von lat. proles = Nachkomme) bezeichnet jene Menschen, deren einziges „Eigentum" ihre Arbeitskraft und die ihrer Kinder war. Karl Marx sah im Proletariat den Bevölkerungsteil, der dem Sozialismus zum Sieg verhelfen werde.

Das Eigentum der Bürger

Für das Bürgertum des 18. und 19. Jahrhunderts stellte der Schutz des Eigentums ein wichtiges Grundrecht dar. Ein Grund dafür war, dass der absolutistische Staat das Eigentum der Bürger mit hohen Steuern belastet hatte, während Adel und Klerus fast steuerfrei waren. Das sahen die Bürger als ungerechtfertigten Eingriff in ihr Eigentum an. In Frankreich hatte dies 1789 mit zur Revolution geführt. Wo es den Bürgern gelang, ihre Forderungen durchzusetzen, z. B. in Frankreich in den Verfassungen von 1791 und 1795, da führten sie den staatlichen Schutz des Eigentums ein. Auch die Beschränkung des Wahlrechts auf Eigentümer entsprach bürgerlichem Denken: Aus dieser Sicht war Eigentum die Voraussetzung für politische Mitbestimmung. Wer nichts besaß, sollte auch nichts zu sagen haben.

Die Begründung dafür hatten liberale Denker wie der Engländer John Locke (1632–1704) geliefert. Locke lehrte, Gott habe den Menschen die Erde als gemeinsames Eigentum gegeben. Aber was sich der Einzelne davon erarbeite, etwa durch Ackerbau oder Viehzucht, das dürfe er als sein Privateigentum betrachten. Da es tüchtige und weniger tüchtige Menschen gebe, sei es – vollkommen gerecht – zur ungleichen Verteilung des Eigentums gekommen. Der Schutz dieses Eigentums sei die Hauptaufgabe des Staates.
Manche wie der französische Revolutionär Robespierre sahen das anders: Wo Menschen durch Eigentumsverhältnisse benachteiligt würden, höre der Schutz des Staates auf.

Das „Eigentum" der Proletarier

Seit dem Ende des 18. Jahrhunderts nahm die Bevölkerung Europas rasch zu. Die beginnende industrielle Revolution veränderte die Lebensbedingungen vieler Menschen grundlegend. Handwerker, wie die Weber, konnten mit den Maschinen nicht mehr konkurrieren. Viele wurden arbeitslos. Bald gab es mehr Arbeitsuchende als Arbeitsplätze. Viele Arbeiter waren gezwungen, ihre Arbeitskraft – das Einzige, was sie besaßen – auch zu ungünstigen Bedingungen zu verkaufen. Ganz schlimm wurde die Situation, wenn Missernten die Nahrungsmittelpreise in die Höhe trieben. So konnte sich in der ersten Hälfte des 19. Jahrhunderts ein wachsender Teil der Bevölkerung in den Industrieländern Europas kaum am Leben halten. Bürgerliche Politiker sahen die Verelendung großer Menschenmassen mit Besorgnis. Manche betrachteten das Proletariat als „gefährliche Klasse", weil für die Eigentumslosen die bürgerliche Welt der Eigentümer als fremde, ja feindliche Welt erscheinen konnte.

Q5 *Bürgerwehr schießt auf demonstrierende Arbeiter in Berlin,* Leipziger Illustrierte Zeitung zum 16.10.1848.
Wo die Arbeiter soziale Forderungen stellten, wurden Bürger zu Feinden.

Q2 *Aus der Verfassung der französischen Republik vom 22. August 1795:*

Die Rechte des Menschen in der Gesellschaft sind: Freiheit, Gleichheit, Sicherheit, Eigentum. Die Freiheit besteht darin, tun zu können, was den Rechten eines anderen nicht schadet. Die Gleichheit besteht darin, dass das Gesetz für alle das gleiche ist (...). Das Eigentum ist das Recht, sein Vermögen, seine Einkünfte, den Ertrag seiner Arbeit und seines Fleißes zu genießen und darüber zu verfügen. (...) Auf der Erhaltung des Eigentums beruhen der Ackerbau, alle Erzeugnisse, alle Quellen der Arbeit und die ganze gesellschaftliche Ordnung.

Q3 *Der Dichter Jeremias Gotthelf beschreibt 1841 die Armennot:*

Es ist die Armut eine andere geworden, als sie ehedem war, wo sie in jedem Volke lebte (...) ; sie ist eine Wucherpflanze geworden, die sich unaufhaltsam ausbreitet, sie nimmt nicht mehr ab, sie nimmt nur zu (...).
Das Schreckliche an der Armut dieser Zeit liegt [aber] nicht nur in ihrem stetigen Anschwellen, sondern auch in der drohenden Haltung, welche sie gegenüber dem Reichtum angenommen hat. (...) Einzelne demütige, dankbar Arme gibt es immer noch, aber in den Herzen der meisten kocht der Hass gegen die Reichen (...). In dieser Gesinnung der Armen liegt das fürchterlich Drohende der Armut.

Q4 *Der deutsche Gelehrte Karl Biedermann schreibt 1847 über das Proletariat:*

Um das Wesen des Proletariats genau kennen zu lernen müssen wir auf seine Ursachen zurückgreifen (...), nämlich auf folgendes Missverhältnis: Im Hinblick auf rechtliche Freiheit sind die unteren Klassen den oberen gleichgestellt, aber im Hinblick auf ihre wirtschaftliche Unfreiheit sind die unteren Klassen von den oberen völlig abhängig (...). Was hilft uns die Freiheit?, sagen oder denken sie; gibt sie uns Brot?, verschafft sie uns einen ausreichenden Arbeitsverdienst? Was hilft uns die bürgerliche Gleichstellung mit den oberen Klassen, wenn die Unterschiede der Besitztümer, wenn das Vorrecht des Reichtums eine ewig unübersteigbare Grenze zwischen ihnen und uns ziehen?

1. *Die Eigentumsfrage bildete einen der stärksten Anstöße des Sozialismus. Begründe (VT, Q2, Q4).*
2. *Betrachte die beiden Abbildungen und lege dar, wie das unterschiedliche Verhalten der Bürger und Arbeiter zueinander zu erklären ist (Q1, Q2, Q4, Q5, VT).*
3. *Stelle fest, worin Gotthelf (Q3) die Besonderheiten des Proletariats sieht. Steht er eher auf der Seite der Proletarier oder des Bürgertums?*

3 Eine gerechtere Gesellschaft schaffen – aber wie?

1 *Die Maschinenstürmer,* Stich von Hablot Browne (1816–1882), London. Durch Zerstörung der Maschinen zurück in ein Leben ohne technischen Fortschritt. War das ein Weg zu einer besseren Welt?

Sozialisten und Kommunisten

Armut und Verelendung breiteten sich Anfang des 19. Jahrhunderts in großen Teilen der Bevölkerung Europas aus. Wie war es dazu gekommen? Und wie war den Menschen aus ihrer Not zu helfen?

Diese Frage stellten sich viele Politiker und Gelehrte, die selbst meist dem Bürgertum oder Adel angehörten. Einige von ihnen sahen als Ursache die Ungerechtigkeit der bestehenden gesellschaftlichen Ordnung. Diese müsse so verändert werden, dass alle Menschen Arbeit hätten und sich ihre Grundbedürfnisse erfüllen könnten. Das Recht des Einzelnen sich zu bereichern lehnten sie ab. Damit werde nur die bestehende Ungleichheit zwischen Arm und Reich gerechtfertigt. Schon damals wurden solche Vorstellungen als sozialistisch bezeichnet und diejenigen, die sie vertraten, als Sozialisten. Manche Sozialisten sahen dabei das Hauptübel im Privateigentum und wollten es zu Gemeineigentum machen. Vertreter dieser Einstellung bezeichnete man als Kommunisten.

Sozialisten und Kommunisten waren sich einig, dass eine neue Ordnung geschaffen werden musste. Wie sie aber aussehen und wie die alte beseitigt werden sollte, darüber gingen die Meinungen weit auseinander.

Revolutionäre

Manche hielten einen gewaltsamen Umsturz, eine Revolution, für unverzichtbar. Der erste, der so eine kommunistische Ordnung schaffen wollte, war der Franzose Babeuf. Mit einer Gruppe Gleichgesinnter wollte er 1796 die französische Regierung stürzen und selbst die Macht ergreifen. Doch sein Vorhaben wurde aufgedeckt, er selbst 1797 hingerichtet.

Reformer

Andere strebten eine Verbesserung der Lebensverhältnisse der Arbeiter durch schrittweise Reformen an. Der englische Unternehmer Owen (1771–1858) vertrat diese Vorstellung. Ihm schwebte eine Gesellschaft vor, in der die Menschen harmonisch in kleineren Gemeinschaften (Genossenschaften) zusammenlebten. Gemeinsam sollten sie Güter produzieren. Diese waren für den eigenen Verbrauch (Konsum) gedacht, aber auch zum Tausch gegen Güter anderer Genossenschaften, die sie nicht selber herstellen konnten. Diese Vorstellung setzte Owen in die Tat um, indem er Konsum- und Produktionsgenossenschaften gründete. Energisch setzte er sich für staatliche Maßnahmen zugunsten der Arbeiterschaft ein und ermutigte die Arbeiter, sich zu organisieren und Hilfsvereine zu gründen. Auch die Einrichtung der ersten englischen Gewerkschaft geht auf ihn zurück.

Q4 *Arbeiter helfen sich selbst,* Ansichtskarte des britischen Arbeitervereins der Filzmacher (ca. 1824/1850). Ein Mitglied zahlt seinen Beitrag in die Unterstützungskasse.

Q2 *Babeufs „Manifest der Plebejer", veröffentlicht am 30. November 1795:*

Es ist Zeit, dass das mit Füßen getretene Volk seinen Willen kundgibt, auf dass das Elend ausgerottet werde (...). Wir werden deutlich aussprechen, dass das allgemeine Glück Ziel der Gesellschaft ist (...). Wir werden beweisen, dass Grund und Boden nicht Einzelnen, sondern allen gehört (...), dass alles, was sich jemand mehr davon aneignet als er zu seiner Ernährung braucht, Diebstahl an der Gesellschaft ist (...), dass alles, was diejenigen besitzen, die mehr haben als ihren gebührenden Anteil am Reichtum der Gesellschaft, Diebstahl ist. Dass es also gerecht ist, es ihnen wieder zu nehmen (...). Dass man dahin kommen muss, jedem Einzelnen und seinen Nachkommen den ausreichenden Bedarf und kein bisschen mehr zu sichern. Dass das einzige Mittel, dies zu erreichen, darin besteht, (...) das Privateigentum aufzuheben, jedem Menschen die für ihn geeignete Tätigkeit zuzuweisen, ihn zu verpflichten, den Ertrag derselben an das gemeinschaftliche Magazin abzuliefern, eine Verteilungsverwaltung einzurichten, die die Erträge in peinlichster Gleichheit verteilt.

Q3 *Über Arbeitervereine in England und ihr Wirken berichtet der deutsche Wirtschaftsexperte Hildebrand im Jahr 1848:*

Arbeitervereine, ursprünglich ungesetzlich (...), sind seit dem heilsamen Parlamentsgesetz von 1824, durch welches das der übrigen britischen Bevölkerung zustehende Recht, Vereine zu gründen und Versammlungen abzuhalten, auch den Arbeitern verliehen wurde, zu einer Stütze des allgemeinen Wohlstands und der öffentlichen Moral geworden. Sie haben nicht nur durch Aufhebung der Konkurrenz der Arbeiter untereinander und durch die gegenseitige Unterstützung die Nachteile der Konzentration des Kapitals [in den Händen weniger mächtiger Fabrikbesitzer] vermindert (...), sondern [die Vereine haben] auch die einzelnen Arbeiter sittlich veredelt. Diese, die einst voll Hass Maschinen zertrümmerten (...), haben jetzt Strafen für jede Beleidigung festgesetzt, die sich ein Vereinsmitglied gegen die Arbeitgeber zuschulden kommen lässt.

1. *Vergleiche die Ausführungen Babeufs (Q2) mit der französischen Verfassung von 1795 (S. 15, Q2). Wie verhalten sie sich zueinander?*
2. *Vergleiche die in Q1, Q3 und Q4 aufgezeigten Formen der Selbsthilfe von Arbeitern und beurteile ihre Zweckmäßigkeit.*
3. *Liste die auf der Doppelseite genannten Ansätze zur Veränderung der Lebensbedingungen der Arbeiter auf. Welche sind deiner Ansicht nach tatsächlich geeignet, für eine gerechtere Welt zu sorgen?*

4 Marx und Engels – Begründer des „wissenschaftlichen Sozialismus“

Q1 *Friedrich Engels (1820–1895; rechts) und Karl Marx (1818–1883)* mit seinen Töchtern Laura, Eleanor und Jenny in London 1864. Hier lebte Marx nach dem Scheitern der 1848er-Revolution. Engels wohnte in Manchester, wo sein Vater Teilhaber einer Fabrik war. Das ermöglichte ihm, die fast mittellose Marx-Familie großzügig zu unterstützen.

A-Z

Klassen
Gruppen der Bevölkerung, für die gleiche wirtschaftliche und soziale Gegebenheiten gelten.

Bourgeoisie
(franz. = „Bürgertum“) Marx und Engels meinen damit die Klasse der reichen Kapitalisten und Fabrikbesitzer aus der bürgerlichen Oberschicht, die sich mit dem Proletariat im Klassenkampf befindet.

Aus dem Leben von Marx und Engels

„Der Arbeiter ist zu einer Ware geworden, und es ist ein Glück für ihn, wenn er sich an den Mann bringen kann. Und die Nachfrage, von der das Leben des Arbeiters abhängt, hängt von der Laune der Reichen und Kapitalisten ab“, schrieb Karl Marx 1844 in Paris. Dort lebte er wegen seiner politischen Ansichten im Exil. In Paris begegnete er Friedrich Engels, der ähnliche Überzeugungen vertrat. Es begann eine lebenslange Freundschaft und Zusammenarbeit. Für den studierten Juristen Marx und den gelernten Kaufmann Engels wurde die soziale Frage zum Mittelpunkt des Lebens. 1847 traten beide in einen Arbeiterbund ein. Bald setzten sie durch, dass dieser künftig den Namen „Bund der Kommunisten“ trug. 1848 veröffentlichten sie ihre revolutionären Ideen im „Manifest der Kommunistischen Partei“.

Die Lehre vom Kampf der Klassen

Marx und Engels beanspruchten für sich, den Sozialismus zu einer Wissenschaft erhoben zu haben, mit der sich der Gegensatz zwischen Arbeiterschaft (Proletariat) und Kapitalisten (Bourgeoisie) richtig erklären lasse. Die Sozialisten vor ihnen hätten diesen Gegensatz zwar gesehen, ihn aber falsch gedeutet. Daher seien ihre Vorschläge zur Lösung der Arbeiterfrage nur Utopien gewesen, also wirklichkeitsfremde Ideen.

Anders als sie sahen Marx und Engels die gesamte Geschichte der Gesellschaft als eine Abfolge von Klassenkämpfen an. Stets sei es dabei um die Verteilung des Eigentums, der Arbeit, der Macht und um die Nutzung des technischen Fortschritts gegangen. Jedesmal hätten sich ausbeutende und ausgebeutete Klassen, Unterdrücker und Unterdrückte, gegenübergestanden. Geendet hätten die Kämpfe entweder mit dem gemeinsamen Untergang der Kämpfenden oder mit einer revolutionären Neuordnung der Gesellschaft. Dabei konnte aus den einst Unterdrückten – wie bei der Bourgeoisie nach ihrem Sieg über den Absolutismus – die Klasse der neuen Unterdrücker werden. Allerdings brachte nach Marx und Engels jeder revolutionäre Umbruch eine höher entwickelte, bessere Gesellschaftsordnung hervor. Daher waren für sie die Klassenkämpfe Motoren des gesellschaftlichen Fortschritts in der Geschichte.

Kapitalisten gegen Proletarier

Marx und Engels befassten sich vor allem mit dem in ihrer Zeit stattfindenden Klassenkampf zwischen Kapitalisten und Proletariern. Ihrer Ansicht nach war es der letzte

Klassenkampf überhaupt. Denn an seinem Ende werde der Sieg des Proletariats und der Übergang in die vollkommene klassenlose kommunistische Gesellschaft stehen. Dieses Ende hielten Marx und Engels für absehbar, da sich der Gegensatz zwischen Kapitalisten und Proletariern ständig verschärfe.
Die Ursache dafür sahen sie in der wachsenden Konkurrenz der Kapitalisten untereinander. In diesem Konkurrenzkampf würden sich die größeren gegen die kleineren Kapitalisten durchsetzen. Dadurch konzentriere sich ein immer größerer Reichtum bei einer immer kleineren Anzahl von Kapitalisten. Die Hauptleidtragenden des Wettbewerbs aber seien die Arbeiter, da die Kapitalisten alles täten, um billig zu produzieren: Senkung der Löhne, Verlängerung der Arbeitszeit, Ersetzung durch Maschinen und schließlich Entlassung. Diese Entwicklung führe zwangsläufig zur Revolution durch die unterdrückten Arbeiter.

Gemeinsamkeit macht stark

Nach Marx und Engels musste vor allem eine Voraussetzung erfüllt sein, damit das Proletariat zur aktiven Kraft des Umsturzes werden konnte: Es musste sich seiner Aufgabe, die Gesellschaft umzustürzen, bewusst werden. Für Marx und Engels half die Bourgeoisie dabei unbeabsichtigt: Die Konzentration des Reichtums führe zu immer größeren Betrieben mit immer größeren Belegschaften. Diese Zusammenballung ermögliche es den Arbeitern, miteinander zu reden, gemeinsame Interessen zu erkennen und Ideen für einen revolutionären Umsturz zu entwickeln. Die Führungsrolle sprachen Marx und Engels dabei den Angehörigen der kommunistischen Partei zu. Als Kenner ihrer Lehre sollten sie ihren Kollegen den Weg in die klassenlose Gesellschaft weisen.

Ziel: Die kommunistische Gesellschaft

Marx und Engels waren der Ansicht, das Proletariat müsse nach dem Umsturz zunächst eine Diktatur errichten und die Machtpositionen des Staates besetzen. Nach und nach würde sich dann eine klassenlose Gesellschaft herausbilden. An die Stelle des Staates werde die freie Vereinigung der Menschen treten. Die Arbeit verliere ihren bedrückenden Zwangscharakter und diene nur noch der Sinnerfüllung. Damit wäre das Ziel der Geschichte erreicht: die kommunistische Gesellschaft.
Marx und Engels schlossen allerdings – anders als die Anarchisten – eine friedliche Umwandlung der Gesellschaft durch demokratische Wahlen und parlamentarische Mehrheiten nicht aus.

Q 2 *Blick in eine Buchhandlung der chinesischen Provinzhauptstadt Chengdu (2004).* Die Bilder an der Wand veranschaulichen einen Brückenschlag von den Erfindern des „wissenschaftlichen Sozialismus" Marx und Engels bis in die Gegenwart. Denn so wie sich Lenin (rechts neben Engels), Gründer der kommunistischen Sowjetunion, auf Marx und Engels berief, so berief sich Mao Zedong (rechts von Lenin) , Gründer des kommunistischen China, auf Marx, Engels und Lenin. Seine 1967 im „Roten Buch" veröffentlichten Leitsätze zählen bis heute zum Lehrgut für chinesische Kommunisten.
– Wie verhält sich das Bild zu der Behauptung, das Ende der UdSSR bedeute auch das Ende des Sozialismus? (Vgl. S. 12/13.)

Anarchismus
(von griech. anarchia = Herrschaftslosigkeit)
Wie die Kommunisten erstrebten Anarchisten einen herrschafts- und klassenlosen Zustand. Beide arbeiteten zeitweise zusammen.

Q4 *Die Entwicklung des Sozialismus von der Utopie zur Wissenschaft beschrieb Friedrich Engels 1882 so:*

Der Klassenkampf zwischen Proletariat und Bourgeoisie trat in den Vordergrund der Geschichte der fortschrittlichsten Länder Europas (...). Die neuen Tatsachen zwangen [Marx] dazu, die ganze bisherige Geschichte einer neuen Untersuchung zu unterwerfen, und da zeigte sich, dass alle bisherige Geschichte (...) die Geschichte von Klassenkämpfen war, dass diese einander bekämpfenden Klassen der Gesellschaft jedes Mal Erzeugnisse sind der Produktions- und Verkehrsverhältnisse, mit einem Wort, der ökonomischen Verhältnisse ihrer Epoche (...). Hiernach erschien jetzt der Sozialismus nicht mehr als zufällige Entdeckung dieses oder jenes genialen Kopfes, sondern als das notwendige Erzeugnis des Kampfs zweier geschichtlich entstandenen Klassen, des Proletariats und der Bourgeoisie. Die Aufgabe des Sozialismus war (...), die kapitalistische Produktionsweise (...) in ihrem geschichtlichen Zusammenhang und ihrer Notwendigkeit für einen bestimmten geschichtlichen Zeitabschnitt darzustellen, andererseits ihren inneren Charakter bloßzulegen (...), [nämlich] die Ausbeutung des Arbeiters (...).
Diese beiden großen Entdeckungen (...) verdanken wir Marx. Mit ihnen wurde der Sozialismus zu einer Wissenschaft.

Q3 *Ermordung des französischen Staatspräsidenten Carnot durch einen Anarchisten,* „Le Petit Journal", Titelbild am 2. 7. 1894. Attentate auf hochrangige Vertreter der bestehenden Ordnung waren ein typisch anarchistisches Kampfmittel. Marx erkannte zwar die Anarchisten als Mitkämpfer für die Befreiung der Arbeiter an, lehnte aber ihre Gewaltmethoden ab.

Q5 *Die Ausbeutung des Arbeiters erklärte Marx 1865 so:*

Es dürfte klar sein, dass der Wert der Arbeitskraft bestimmt ist durch den Wert der Lebensmittel, die zur (...) Erhaltung der Arbeitskraft gebraucht werden (...). Angenommen die Produktion der Menge täglicher Lebensmittel für einen Arbeitenden brauche 6 Stunden Arbeit. Angenommen auch, 6 Stunden Arbeit seien in Geld 3 Schillinge wert. Dann wären 3 Schillinge der Geldwert für den Tageswert der Arbeitskraft eines Mannes (...).
Aber unser Mann ist Lohnarbeiter. Er muss daher seine Arbeitskraft einem Kapitalisten verkaufen (...) Durch Kauf der Arbeitskraft des Arbeiters (...) hat der Kapitalist wie jeder Käufer das Recht erworben, die gekaufte Ware [nach Belieben] zu gebrauchen oder zu nutzen (...). Der Kapitalist (...) wird daher den Arbeiter zwingen, sagen wir 12 Stunden täglich zu arbeiten (...). Indem der Kapitalist 3 Schillinge ausgibt, bekommt er also einen Wert von 6 zurück (...). Es ist diese Art von Austausch zwischen Kapital und Arbeit, worauf die kapitalistische Produktionsweise oder das Lohnsystem beruht (...). Ein Mensch (...), dessen ganze Lebenszeit (...) von seiner Arbeit für den Kapitalisten verschlungen wird, ist weniger als ein Lasttier. Er ist eine bloße Maschine zur Produktion von fremdem Reichtum, körperlich gebrochen und geistig verroht (...).

Q6 *Über die Machtergreifung des Proletariats heißt es im „Manifest der Kommunistischen Partei" 1848:*

Der erste Schritt der Arbeiterrevolution [ist] die Erhebung des Proletariats zur herrschenden Klasse, die Erkämpfung der Demokratie (...). Das Proletariat wird seine politische Herrschaft dazu benutzen, alle Produktionsinstrumente in die Hände des Staats, [den nun das Proletariat beherrscht], zu zentralisieren (...). Es kann dies natürlich zunächst nur geschehen vermittelst [gewaltsamer] Eingriffe in das Eigentumsrecht und in die bürgerlichen Produktionsverhältnisse (...). Für die fortgeschrittensten Länder werden die folgenden [Maßnahmen] ziemlich allgemein in Anwendung kommen können:

1. Enteignung des Grundeigentums (...)
2. Starker Anstieg der Besteuerung höherer Einkommen.
3. Abschaffung des Erbrechts.
4. Einziehung des Eigentums aller Flüchtlinge und Gegner (...)
8. Gleicher Arbeitszwang für alle (...)
10. Öffentliche und unentgeltliche Erziehung aller Kinder (...)

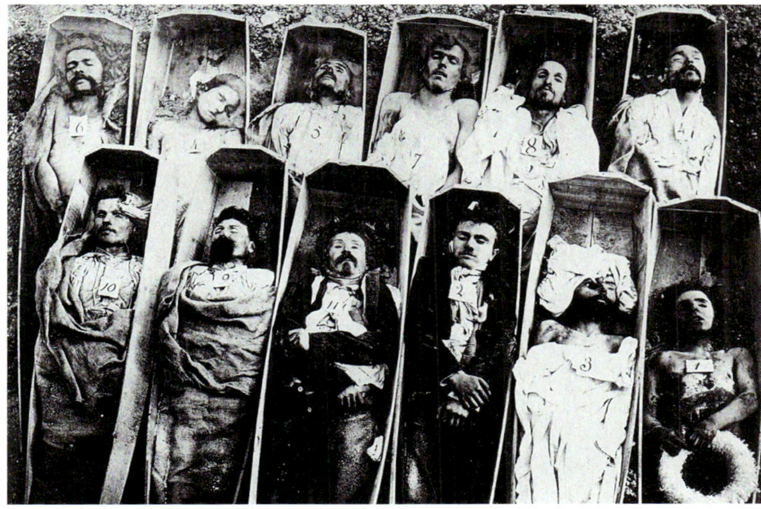

Q7 *Hingerichtete Mitglieder der kommunistischen Stadtregierung von Paris,* Foto. Sie hatte am 18. März 1871 gewaltsam die Macht an sich gerissen, musste aber am 28. Mai vor den Truppen der bürgerlich-republikanischen Regierung von Frankreich kapitulieren. Massenhinrichtungen und Verbannungen folgten. Für Marx und Engels bewies das Scheitern, dass eine erfolgreiche proletarische Revolution in mehreren Industrieländern gleichzeitig erfolgen musste und nicht willkürlich „gemacht" werden konnte.

D1 *Klassenlose Gesellschaft: So stellten sich Marx und Engels den Ablauf des letzten Klassenkampfes vor.*

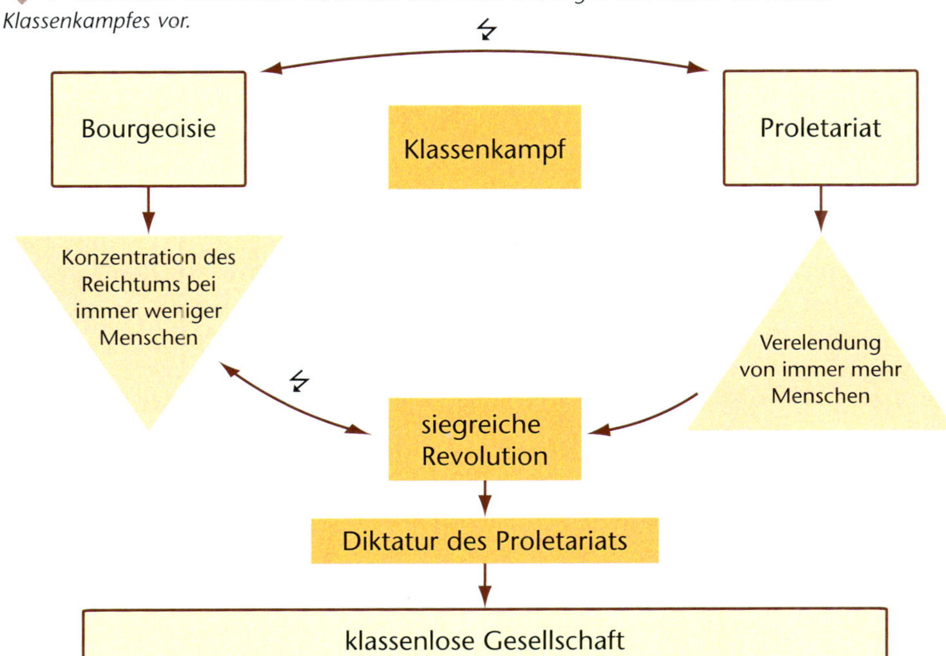

1 Lege dar, worin das Neue des wissenschaftlichen Sozialismus von Marx und Engels bestand (VT, Q4, Q5, D1).

2 Zeige Gemeinsamkeiten und Verschiedenheiten von wissenschaftlichem Sozialismus und Anarchismus auf (VT, Q3, Q4, Q7).

3 Ergibt sich deiner Ansicht nach durch die in Q6 genannten Maßnahmen eine gerechtere Gesellschaft?

4 Stelle fest, welche Rolle Gewaltanwendung in der Lehre von Marx und Engels spielte (VT, Q3, Q4, Q6, Q7, D1). Würdest du sie als „Gewaltprediger" bezeichnen?

5 „Einigkeit macht stark"

Q1 *SPD-Kundgebung* mit dem SPD-Reichtagsabgeordneten Ledebour als Redner, Foto, vor 1914. Seit dem 19. Jahrhundert spielen Massen eine immer größere Rolle in der Öffentlichkeit. Wer Massen anzuziehen und in Bewegung zu setzen vermag, kann Macht und Einfluss demonstrieren.

Politische Parteien entstehen

Zu den demokratischen Neuerungen des 19. Jahrhunderts gehörte auch die Entwicklung und Gründung politischer Parteien. Sie entstanden als Interessenvertretungen bestimmter Bevölkerungsgruppen. Für die Interessen der Arbeiter setzten sich speziell die sozialistischen Parteien ein.

Die deutschen Sozialdemokraten

1863 wurde in Leipzig der „Allgemeine Deutsche Arbeiterverein" (ADAV) gegründet. Er war die erste sozialistische Partei überhaupt. Sein Programm ging auf Ferdinand Lassalle (1825–1864) zurück, damals der populärste Vertreter des Sozialismus in Deutschland. Er schätzte die Lehre von Marx und Engels, lehnte aber ihren Glauben an die Notwendigkeit einer Revolution ab. Er sah im allgemeinen Wahlrecht das entscheidende Mittel, um Reformen zugunsten der Arbeiter durchzusetzen. Daran glaubten auch August Bebel (1840–1913) und Wilhelm Liebknecht (1826–1900), die 1869 in Eisenach eine zweite sozialistische Partei gründeten: die Sozialdemokratische Arbeiterpartei (SAP). Die Gemeinsamkeiten der beiden Parteien ermöglichten 1875 in Gotha ihre Vereinigung zur „Sozialistischen Arbeiterpartei Deutschlands". Auf Anhieb gewann sie im Jahr 1877 bei den Reichstagswahlen 13 Mandate. Und die Partei – ab 1891 unter dem Namen Sozialdemokratische Partei Deutschlands (SPD) – wuchs weiter. Die Arbeiter erkannten die SPD als „ihre" Partei an.

Die Internationale

Mitglieder französischer und englischer Arbeitervereine gründeten 1864 in London die erste internationale Vereinigung von Sozialisten, kurz „Internationale" genannt. Ihr Ziel war, die Zusammenarbeit der Arbeitervertretungen über die Staatsgrenzen hinweg zu organisieren. So sollte sie etwa verhindern, dass Unternehmer die Löhne einheimischer Arbeiter drückten. Bald schon belasteten weltanschauliche Richtungskämpfe – vor allem zwischen Kommunisten und Anarchisten – die Zusammenarbeit. 1876 kam sie ganz zum Erliegen. 1886 wurde eine zweite Internationale gegründet. Für sie kam 1919 das Ende. Wieder waren Richtungskämpfe die Ursache, diesmal zwischen Sozialdemokraten und den in Russland an die Macht gekommenen Kommunisten.

1874	Sozialdemokratische Arbeiterpartei von Nordamerika	1890	Ungarische sozialdemokratische Partei
1875	Sozialdemokratische Partei Deutschlands (Zusammenschluss des ADAV und der SAP)	1892	Italienische Arbeiterpartei
1879	Partei der Sozialistischen Arbeiter Frankreichs	1893	Unabhängige Arbeiterpartei Großbritanniens
1879	Sozialistische Partei Spaniens	1893	Sozialdemokratische Partei der rumänischen Arbeiter
1880	Sozialdemokratischer Verbund Dänemarks	1894	Sozialdemokratische Arbeiterpartei der Niederlande
1887	Die Norwegische Arbeiterpartei	1894	Sozialdemokratische Partei Bulgariens
1888	Sozialdemokratische Partei der Schweiz	1895	Polnische Sozialistische Partei
1889	Sozialdemokratische Partei Österreichs	1896	Argentinische Sozialistische Partei
1889	Schwedische sozialdemokratische Arbeiterpartei	1898	Russische Sozialdemokratische Arbeiterpartei
		1901	Sozialdemokratische Partei Japans

D **1** *Gründungen sozialistischer Parteien bis zur Jahrhundertwende*

Q **2** *Aus der Satzung der Ersten Internationalen von 1871:*

In seinem Kampf gegen die vereinigte Macht der besitzenden Klassen kann das Proletariat nur dann als Klasse auftreten, wenn es sich selber zu einer politischen Partei konstituiert, die allen früheren, von den besitzenden Klassen gebildeten Parteien gegenübersteht. Diese Vereinigung des Proletariats zur politischen Partei ist unentbehrlich um den Triumph der sozialen Revolution zu sichern. Der Zusammenschluss der Arbeitskräfte, der durch den wirtschaftlichen Kampf bereits erreicht ist, muss [ein Hebel sein für die Erringung der politischen Macht].

Q **4** *Grußpostkarte zur sozialistischen Maifeier,* Leipzig um 1900.
– Welche Botschaft enthält die Karte?

Q **3** *Aus dem Gothaer Programm der „Sozialistischen Arbeiterpartei Deutschlands" 1875:*

In der heutigen Gesellschaft sind die Arbeitsmittel Monopol [alleiniger Besitz] der Kapitalistenklasse; die hierdurch bedingte Abhängigkeit der Arbeiterklasse ist die Ursache des Elends und der Knechtschaft (...). Die Befreiung der Arbeit erfordert die Verwandlung der Arbeitsmittel in Gemeingut der Gesellschaft (...) mit gemeinnütziger Verwendung und gerechter Verteilung des Arbeitsertrages. Die Befreiung muss das Werk der Arbeiterklasse sein, der gegenüber alle anderen Klassen nur reaktionäre Masse sind.

Von diesen Grundsätzen ausgehend, erstrebt die Sozialistische Arbeiterpartei Deutschlands mit allen gesetzlichen Mitteln den freien Staat und die sozialistische Gesellschaft (...), die Aufhebung der Ausbeutung in jeder Gestalt, die Beseitigung aller politischen und sozialen Ungleichheiten (...). Die Sozialistische Arbeiterpartei Deutschlands fordert als Grundlagen des Staates:

1. Allgemeines, gleiches, direktes Wahl- und Stimmrecht mit geheimer und verpflichtender Stimmabgabe aller Staatsangehöriger vom zwanzigsten Lebensjahr an für alle Wahlen in Staat und Gemeinde. Der Wahl- oder Abstimmungstag muss ein Sonntag oder Feiertag sein.
2. Direkte Gesetzgebung durch das Volk (...)
4. Abschaffung (...) aller Gesetze, welche die freie Meinungsäußerung (...) beschränken.

1. *Zeige auf, welche Rolle Parteien bei der Ausbreitung des Sozialismus spielten (VT, D1, Q1–Q4).*
2. *Überlege, was sich aus den Namen der Parteien ableiten lässt (VT, D1).*
3. *Lege dar, welche Ziele mit welchen Mitteln die SPD verfolgte (VT, Q1, Q3, Q4).*
4. *Kennzeichne das Verhältnis der SPD zur Lehre von Marx (vgl. S. 18–21).*

6 Lenin und die russische Revolution

Sowjets
„Räte“, ausschließlich von Arbeitern, Soldaten und Bauern gewählte und gebildete „Parlamente“.

Bolschewiki/ Menschewiki
(von russ. bolsche = mehr und mensche = weniger) Die Namen entstanden auf dem Spaltungsparteitag der Sozialdemokratischen Partei Russlands 1903. Die Mehrheit der Abgeordneten (Bolschewiki) entschied sich für den revolutionären Kurs Lenins. Eine knappe Minderheit (Menschewiki) wollte eine demokratische Massenpartei.

Ein weltgeschichtliches Ereignis

Das wohl bedeutendste Ereignis in der Geschichte des Sozialismus war die russische Oktoberrevolution von 1917 und die Gründung Sowjetrusslands, des ersten kommunistischen Staates der Welt. Treibende Kraft war der Anführer der radikalsozialistischen Partei der Bolschewiki, Lenin (1870–1924).

Ein rückständiges Land

Wie kam es dazu? Russland zählte um 1900 zwar zu den europäischen Großmächten, war aber die rückständigste von allen. Wirtschaftlich war es noch ein Agrarland. Die Industrialisierung machte zwar Fortschritte, erreichte aber längst nicht den Stand der anderen Mächte. Rückständig war auch das politische System. Der Zar regierte im Stil eines absolutistischen Alleinherrschers.
Die Unzufriedenheit war groß im Land: bei den Bauern wegen ungerechter Landverteilung zu Gunsten adliger Großgrundbesitzer, bei Bürgern und Arbeitern wegen fehlender politischer Mitbestimmung. Das förderte die Entstehung politischer Parteien: Das liberale Bürgertum sammelte sich in der Kadettenpartei, während das Bauerntum von der Partei der Sozialrevolutionäre vertreten wurde. Die Sozialdemokratie schließlich galt als Vertretung der Arbeiterschaft. Ein Führer dieser Partei war Lenin. Er wollte sie zu einem Bündis radikaler Berufsrevolutionäre machen. Damit waren nicht alle Parteimitglieder einverstanden. Deshalb kam es 1903 zur Spaltung der Partei in die radikalen Bolschewiki unter Lenins Leitung und die gemäßigten Menschewiki.
Wirkliche Mitspracherechte aber hatten zu dieser Zeit weder die Parteien noch das 1906 widerwillig vom Zaren zugelassene russische Parlament, die Duma. Und so blieb es, solange sich der Zar auf die Unterstützung der Polizei und der Armee verlassen konnte.

Q 1 *„Der Sturm auf das Winterpalais des Zaren“,* den Sitz der Provisorischen Regierung am 25. Oktober 1917, Ölgemälde von E. I. Deshalyt. In Wirklichkeit gab es keinen Sturm. Die Bolschewiki betraten durch einen unbewachten Nebeneingang das Palais. Die Provisorische Regierung ergab sich kampflos.
– Warum hat der Maler die Szene wohl anders dargestellt? (Vgl. dazu S. 30/31.)

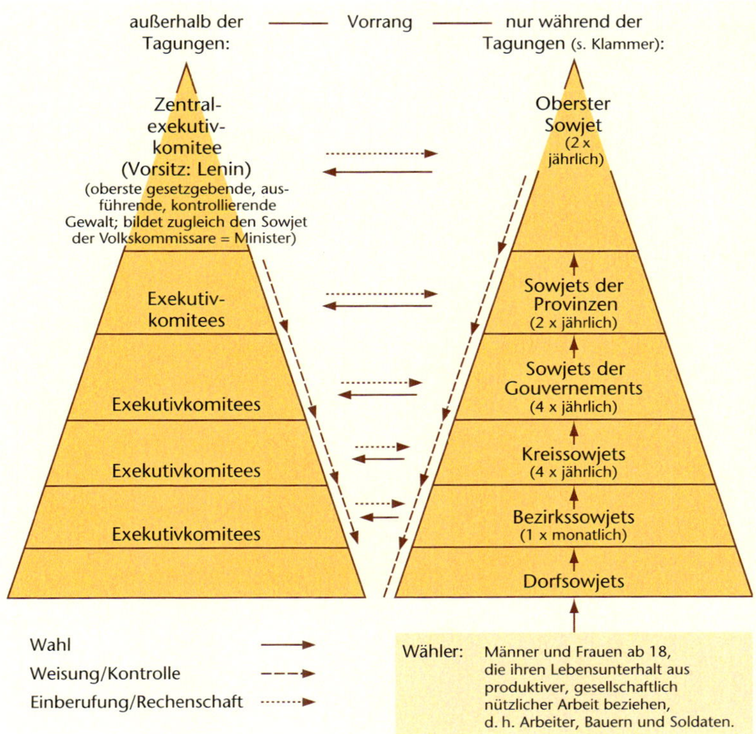

D 1 *Aufbau der russischen Sowjetrepublik nach der Verfassung vom 10. Juli 1918.* – Bedenke bei diesem Schaubild, dass es damals nur die kommunistische Partei gab. Beachte außerdem die zeitlich sehr begrenzte Machtausübung der Sowjets gegenüber der Machtfülle der Exekutivkomitees, besonders des Zentralexekutivkommitees.

Vom Sturz des Zaren ...

Das Versagen der Zarenregierung im Ersten Weltkrieg brachte die Wende in Russland. Eine Serie von Niederlagen an der Front und große Hungersnot in der Heimat führten im Februar 1917 zu schweren Unruhen von Arbeitern und Soldaten in der Hauptstadt Petrograd. Erstmals verweigerten dagegen eingesetzte Truppen den Gehorsam. Unfähig, Ordnung zu schaffen, dankte der Zar ab. Eine Provisorische Regierung aus adligen und bürgerlichen Duma-Abgeordneten übernahm die Herrschaft. Die eigentliche Macht aber lag bei den Räten (Sowjets), die überall im Lande von Arbeitern, Soldaten und Bauern gewählt wurden. In den Sowjets hatten anfangs Sozialrevolutionäre und Menschewiki die Mehrheit. Sie duldeten die Provisorische Regierung, weil sie Russland für den Übergang zum Sozialismus noch nicht reif hielten.

... zur Oktoberrevolution

Das sah Lenin ganz anders. Er forderte die Sowjets auf, sofort die Macht zu ergreifen, den Krieg zu beenden und den Sozialismus – wenn nötig mit Gewalt – in Russland einzuführen. Aber noch beherrschten die Gegner Lenins die Sowjets. Das änderte sich, als auch die Provisorische Regierung die Lage an der Front und im Land nicht in den Griff bekam. Jetzt fanden die Bolschewiki mit ihren Forderungen nach Frieden und Brot Anklang beim Volk und wurden verstärkt in die Sowjets gewählt. Im Oktober hatten sie die beiden wichtigsten Sowjets, in Petrograd und Moskau, unter Kontrolle. Das nutzte Lenin zum Umsturz. Am 25. Oktober ließ er die Provisorische Regierung verhaften und übernahm selber an der Spitze einer bolschewistischen Regierung die Macht.

Diktatur des Proletariats ...

Noch war es völlig offen, ob sich das neue Regime würde halten können. Doch Lenin brach mit äußerster Härte den Widerstand seiner Gegner. Die neue Geheimpolizei „beseitigte" bürgerliche Politiker, Sozialrevolutionäre und Menschewiki. 1918 gab es nur noch die Bolschewiki, die sich nun in „kommunistische Partei" umbenannten. Zarentreue Truppen, die das Regime bedrohten, wurden von der neuen Revolutionsarmee, der „Roten Armee", besiegt. 1921 war die Revolution gesichert und mit ihr die kommunistische Sowjetrepublik.

... aber keine Weltrevolution

Lenin hatte gehofft, die russische Revolution würde zumindest die Arbeiter der Verliererstaaten des Ersten Weltkriegs – Deutschland und Österreich – mit sich reißen. Zwar gründeten sich dort kommunistische Parteien, deren Aufstände aber wurden niedergeschlagen. Auch der Versuch, den Kommunismus gewaltsam mit Hilfe der Roten Armee auszubreiten, scheiterte. Truppen des polnischen Generals und Sozialdemokraten Pilsudski brachten den Vormarsch an der Weichsel zum Stehen.
Erfolgreicher war Lenin mit der Kommunistischen Internationalen. 1919 gründete er in Moskau die Organisation, in der die kommunistischen Parteien aller Länder zusammengeschlossen waren.

A-Z

Komitee
Versammlung einer Gruppe von Personen; Ausschuss

2 *Über den Aufbau des Sozialismus in Russland schrieb Lenin 1923:*

Diktatur des Proletariats – von einem anderen Ausweg kann für ein Land, das eine außergewöhnlich schnelle Entwicklung mit außergewöhnlich großen Wandlungen durchmacht, bei der fürchterlichen Zerrüttung durch den Krieg nicht einmal die Rede sein. Alle maßvollen Entscheidungen sind entweder Betrug der Bourgeoisie oder Stumpfsinn kleinbürgerlicher (Sozial-)Demokraten (...). Wir müssen die Notwendigkeit (...) des Zwanges für den Übergang vom Kapitalismus zum Sozialismus anerkennen (...). Deshalb besteht nicht der geringste grundsätzliche Widerspruch zwischen der [Einführung der] sozialistischen Rätedemokratie und der Anwendung diktatorischer Macht einzelner Personen. Der Unterschied zwischen der proletarischen Diktatur und der bürgerlichen besteht darin, dass die erste – auch durch einzelne Personen – ihre Schläge gegen die Minderheit der Ausbeuter im Interesse der ausgebeuteten Mehrheit richtet (...). Vom Standpunkt der Aufgaben dieses Moments aus muss man sagen, dass die Fundament[legung] des Sozialismus eine unbedingte und strenge Einheit des Willens erfordert, der die gemeinsame Arbeit von Hunderten, Tausenden, Zehntausenden Menschen leitet (...). Das ist stets von allen, die jemals über den Sozialismus nachgedacht haben, als seine Voraussetzung anerkannt worden. Aber wie kann die strengste Einheit des Willens gesichert werden? Durch die Unterordnung des Willens von Tausenden unter den Willen eines Einzigen.

4 *Genosse Lenin säubert die Welt von Unrat,* Plakat eines unbekannten Künstlers.

3 *Programm der Komintern 1920:*

Die Kommunistische Internationale stellt sich zum Ziel: mit allen Mitteln, auch mit der Waffe in der Hand, für den Sturz der internationalen Bourgeoisie und für die Schaffung einer internationalen Sowjetrepublik, als Übergangsstufe zur völligen Vernichtung des Staates, zu kämpfen (...). Und die Kommunistische Internationale hält die Sowjetmacht für die geschichtlich gegebene Form der Diktatur des Proletariats (...). Die Kommunistische Internationale unterstützt voll und ganz die Eroberungen der großen proletarischen Revolution in Russland, der ersten siegreichen sozialistischen Revolution in der Weltgeschichte, und ruft die Proletarier der ganzen Welt auf, denselben Weg zu gehen (...). In der gegenwärtigen Epoche des verschärften Bürgerkrieges wird die kommunistische Partei nur dann imstande sein, ihrer Pflicht zu genügen, wenn sie auf möglichst zentralistische Weise organisiert ist, wenn eiserne Disziplin in ihr herrscht und wenn ihr Parteizentrum [in Moskau] mit der Fülle der Macht, Autorität und den weitestgehenden Befugnissen ausgestattet wird (...). Jede Partei, die der Kommunistischen Internationale angehören will, hat den Namen zu tragen: kommunistische Partei des und des Landes (...). Es ist notwendig, dass einem jeden einfachen Werktätigen der Unterschied zwischen den kommunistischen Parteien und den alten offiziellen „sozialdemokratischen" und „sozialistischen" Parteien, die das Banner der Arbeiterklasse verraten haben, klar ist.

Standpunkte: Urteile über Lenin

Q5 *Der österreichische Journalist Hugo Portisch kommt 1991 zu folgendem Urteil:*

Man hat damals und bis heute oft die Frage gestellt, ob die Sowjetunion nicht einen völlig anderen Weg eingeschlagen hätte, wäre Lenin länger am Leben geblieben (…). Die meisten heutigen Historiker [sind der Ansicht], seine Nachfolger, insbesondere Stalin, hätten später nur entwickelt, was Lenin im Ansatz schon geplant, ja vorgeschrieben hatte. (...) Mit Sicherheit lässt sich das natürlich nicht sagen. Aber mit noch weniger Recht lässt sich annehmen, dass der Sowjetstaat unter einem langlebigen Lenin ein liberalerer, demokratischer, wohlhabenderer Staat geworden wäre. Keine der von Lenin nach der Oktoberrevolution gesetzten Maßnahmen (…) lässt eine solche Vermutung zu. Nichts war ihm wichtiger als die Macht. Alles andere hat er diesem Ziel untergeordnet.

Q7 *Der französische Historiker François Furet urteilt 1995 so:*

Lenins Paradox [Widerspruch] besteht darin, dass er alles daransetzte, die Diktatur seiner Partei zu errichten, und die daraus entstehenden Folgen fürchtete. Dieser fanatische Prinzipienreiter und entschlossene Mann der Tat scheute nicht davor zurück, den Staat unter die Vormundschaft der Partei zu stellen und Terror walten zu lassen, doch vor seinem Tod wurde ihm angst angesichts der wachsenden Bürokratisierung des Regimes, das er begründet hatte. (…) Auf Lenin geht die Diktatur der Partei zurück, die er mit der Diktatur des Proletariats gleichgesetzt hat. (…) Dennoch wird unter Lenin in der Partei diskutiert. [Die Partei], die ihre alte Mannschaft um jeden Preis aus dem Wege räumen will, das ist Stalin.

Q6 *Lenin verkündet das Werden des sozialistischen Russland,* Plakat von G. Kluzis, 1930. Lenin wurde zur Kultfigur des Sowjetkommunismus.

Q8 *Lenin* erlitt 1922/23 mehrere Schlaganfälle, die ihn an den Rollstuhl fesselten (Foto mit seiner Schwester und einem Arzt). Er starb am 24. Januar 1924.

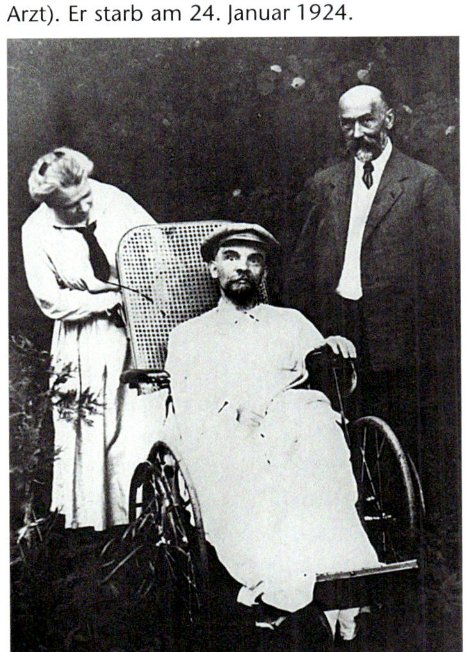

1. *Beschreibe, wie es zur Machtergreifung der Bolschewiki und zur Entstehung des kommunistischen Russland kam (VT, Q1–Q3, D1). Hebe heraus, welchen persönlichen Anteil Lenin daran hatte.*
2. *Lenin gilt als Begründer des sowjetischen „demokratischen Zentralismus". Lege anhand von Q2, Q3 und D1 dar, was darunter zu verstehen ist. Würdest du dabei auch von „demokratisch" sprechen?*
3. *Vergleiche die Urteile über Lenins Wirken (Q5 und Q7). Ergeben sie ein einheitliches Bild?*
4. *Nimm Stellung: Wie beurteilst du die Aussage auf Seite 12, der entscheidende Fehler des Sowjetsystems wäre schon bei der Entstehung, also durch Lenin, gemacht worden?*
5. *Vergleiche die Darstellungen Lenins auf den Plakaten (Q4, Q6) mit der auf dem Foto (Q8). Überlege, warum das Foto bis zum Ende der Sowjetunion geheim gehalten wurde.*

7 Stalin und der „Stalinismus“

Q1 *Funktionäre der kommunistischen Partei (KP)* erläutern russischen Bauern die Kolchosenwirtschaft und fordern sie auf, ihr Land und ihren sonstigen Besitz in Gemeinschaftseigentum zu überführen. Wer sich nicht fügte, musste mit schweren Strafen rechnen.

A–Z

Kolchose
Landwirtschaftlicher Großbetrieb in sozialistischen Ländern.
Land, Vieh und Werkzeuge der Kolchose sind Gemeinschaftseigentum. Ähnlich wie bei Industriebetrieben musste nach genauen Zeit- und Leistungsvorgaben gearbeitet werden.

Stalinismus
Die von Stalin geprägte Art des Sowjetkommunismus mit den Merkmalen: kultische Verehrung der Person und Parteilehre Stalins sowie rigoroser Terror gegen jede Abweichung davon.

Hochgesteckte Ziele

Niemand hat den Sowjetkommunismus so geprägt wie Stalin (1879–1953), der 1924 die Nachfolge Lenins antrat. Er wollte aus dem wirtschaftlich rückständigen Russland das Musterland des Kommunismus machen, das die fortschrittlichsten kapitalistischen Länder ein- und überholen sollte.

„Sozialismus in einem Land“

Stalin verabschiedete sich vom Gedanken an die Weltrevolution. Er konzentrierte sich allein auf den wirtschaftlichen und gesellschaftlichen Umbau Russlands, wollte den Sozialismus in einem Land. Um die Erträge in der Landwirtschaft zu erhöhen, ließ er Kolchosen einrichten. Dafür mussten die Bauern ihren Besitz in Gemeineigentum überführen, das gemeinschaftlich bewirtschaftet wurde. Oft geschah das gegen den Willen der Betroffenen. Großbauern, Kulaken, wurden einfach enteignet. Eine Wahl hatten aber auch die anderen nicht. Arbeitszeiten, Anbauarten und -mengen, Ablieferung und Verteilung der Erzeugnisse, alles wurde genau festgelegt und überwacht. Abweichungen davon galten als Verbrechen gegen den Staat, die streng bestraft wurden. Wirtschaftlich zeigte das System Erfolge. Russland wurde zum größten Getreideexporteur – zwar zu Lasten der Eigenversorgung, aber das Geld wurde dringend für den Import von Industriegütern gebraucht.

Die Industrialisierung wurde ebenfalls radikal vorangetrieben. Fünfjahrespläne legten seit 1929 fest, welche Aufbauleistungen zu erbringen waren. Fabriken und Kraftwerke, Verkehrswege, ganze Städte wurden buchstäblich aus dem Boden gestampft. In kurzer Zeit stieg die Sowjetunion zu einer wirtschaftlichen und – durch den Ausbau der Rüstungsindustrie – auch militärischen Großmacht auf.

Gewaltherrschaft „Stalinismus“

Der wirtschaftliche Aufbau war jedoch aufs Engste mit der rücksichtslosen Ausbeutung der Bevölkerung verbunden und offenbarte den Staat Stalins als eine menschenverachtende Diktatur.

Ca. 20 Millionen Menschen, so wird geschätzt, mussten den sozialistischen Aufbau der Landwirtschaft und Industrie mit dem Leben bezahlen. Sie wurden hingerichtet oder starben an den Folgen des rücksichtslosen Arbeitseinsatzes und der Zwangsumsiedlungen. Ein riesiges Netz von Lagern mit oftmals willkürlich verurteilten Strafgefangenen lieferte ständig die „Sklaven“ für den Bau der Großprojekte. Kritik war tödlich. Schon der bloße Verdacht, nicht die Parteilinie Stalins zu vertreten, reichte zum Todesurteil. Das bekam während der großen „Parteisäuberung“ 1936–1938 auch die Parteiprominenz zu spüren.

Der Stalinismus war folgenschwer für den Sowjetkommunismus. In einem Klima der Angst und des Terrors wurde starre Parteihörigkeit so zur Gewohnheit, dass Reformfähigkeit nicht mehr da war, als sie nötig wurde.

Q2 *Stalin verkündet den „Sozialismus in einem Land" (1925):*

Wir arbeiten und bauen unter den Bedingungen der kapitalistischen Umkreisung. Das bedeutet, dass unsere Wirtschaft und unser Aufbau sich im Gegensatz zwischen unserem sozialistischen Wirtschaftssystem und dem kapitalistischen Wirtschaftssystem entwickeln werden. Diesem Widerspruch können wir in keiner Weise entrinnen. (...) [Unser Ziel ist,] unser Land zu einem wirtschaftlich selbstständigen, unabhängigen, auf dem inneren Markt basierenden Land zu machen, zu einem Land, das zum Anziehungsfeld für alle anderen Länder wird, die nach und nach vom Kapitalismus abfallen und in die Bahnen der sozialistischen Wirtschaft einlenken werden. (...) Anders wird sich die Lage gestalten, sobald die Revolution in Deutschland oder Frankreich oder in beiden Ländern gesiegt hat. (...) Dann werden wir zur Politik der Einbeziehung unseres Landes in die gemeinsame Bahn der sozialistischen Entwicklung übergehen.

Q4 *„Ruhm dem großen Stalin – dem Architekten des Kommunismus"*, Plakat von N. Petrow/K. Iwanow, 1952 (Stalin im Kreml vor der Kulisse Moskaus). Personenkult wurde unter Stalin groß geschrieben.

Q3 *Lew Kopelew, späterer Stalingegner, berichtet 1975 über seine Zeit als KP-Funktionär unter Stalin:*

Damals [um 1930] war ich von einem fest überzeugt: Das Ziel heiligt die Mittel. Unser großes Ziel war der Sieg des Weltkommunismus; um seinetwillen kann man und muss man lügen, rauben, Hunderttausende ja Millionen von Menschen vernichten – alle, die diesem Ziel hinderlich im Wege stehen oder auch nur im Wege stehen könnten. (...) So urteilte ich auch, als ich sah, wie die „totale Kollektivierung" und die „Entkulakisierung" [der Landwirtschaft] durchgeführt wurden, wie die Bauern im Winter 1932/1933 erbarmungslos ausgeplündert wurden. Ich war selbst dabei, hörte nicht auf das Heulen der Weiber, das Winseln der Kinder. Damals war ich überzeugt, dass wir alle die große sozialistische Umgestaltung des Dorfes vollbringen, dass es danach allen Bauern unendlich viel besser gehen würde (und) dass die, die mich geschickt hatten, besser als die Bauern wussten, wie diese zu leben, zu pflügen, zu säen hatten.

Q5 *Wolfgang Leonhard (geb. 1922), mit seiner Mutter, einer deutschen Kommunistin, seit 1935 in Moskau im Exil, erlebte die Parteisäuberung als Opfer:*

Jeder von uns [in unserem Moskauer Heim für Kinder von Exilkommunisten] wusste längst, dass Mutter oder Vater unschuldig verhaftet waren. (...) Aber bei keinem von uns – wir waren etwa 10 Jugendliche, deren Eltern [wie meine Mutter] verhaftet worden waren – führte dieser persönliche schwere Schicksalsschlag sofort zur Opposition gegen das System. Instinktiv schreckten wir vor dem Gedanken zurück, dass es sich bei den Massenverhaftungen der Jahre 1936–1938 um etwas handelte, was zu unseren Idealen des Sozialismus in direktem Gegensatz stand (...). Immer wieder versuchten wir, die Säuberung zu rechtfertigen, um uns unser Ideal, unseren Glauben an die Sowjetunion als das erste Land des Sozialismus, zu erhalten. (...) Noch [kam es bei mir] nicht zu einem innerlichen Bruch mit dem System. (...) Mein Bruch mit dem Stalinismus sollte erst mehr als zehn Jahre später erfolgen.

1 Zeige auf, welche Ziele Stalin verfolgte und wie er sie zu erreichen suchte (VT, Q1–Q5).

2 Erkläre, wie Stalin seine Politik begründete (Q2).

3 Untersuche, wie sich Stalins Begründung in Lew Kopelews Denken und Handeln niederschlägt (Q2, Q3).

4 Vergleiche die Sichtweisen in Q3 und Q5. Was fällt auf?

5 Lege dar, warum es deiner Ansicht nach zu der verhängnisvollen Entwicklung des Sowjetkommunismus unter Stalin kam (VT, Q1–Q5).

8 Methode
Verfälschte Bildaussagen interpretieren

Bilder, die lügen

Mit Bildern lassen sich falsche Wirklichkeitsvorstellungen beim Betrachter erzeugen. Die Bildaussage erweckt stets den Anschein, Abbild der Wirklichkeit zu sein. Das gilt besonders für Fotos, weil sie scheinbar „automatisch“ entstehen und daher „objektiv“ wirken. Tatsächlich aber lassen sie sich manipulieren, also verfälschen: schon durch die Wahl des Ausschnitts oder des Moments. Dinge können wegretuschiert oder dazumontiert werden, eine anscheinend spontane Szene kann gestellt oder der Bildkommentar irreführend sein. Heute ist die „Technik“ der Manipulation fast grenzenlos geworden.

Für den Betrachter sind Verfälschungen nur erkennbar, wenn er Dargestelltes und Wirklichkeit vergleichen kann (etwa als Augenzeuge oder durch den Vergleich mit anderen Bildern oder Berichten). Um die Absicht einer Verfälschung zu verstehen, braucht man Hintergrundinformationen, wie in dem Beispiel links etwa über den Machtkampf bei der Nachfolge des zur Kultfigur erhobenen Lenin.

Q 1 *Foto oben: Lenin bei einer Rede* zu Soldaten vor ihrem Einsatz im Bürgerkrieg am 5. Mai 1920 in Moskau. Rechts auf der Treppe des Rednerpodiums zwei Parteigrößen und enge Gefolgsleute Lenins: Trotzki (vorn) und Kamenew.
Foto Mitte: Aufnahme, die derselbe Fotograf wenig später machte, aber mit einer in der Stalinzeit vorgenommenen Retuschierung. Stalin, 1924 Lenins Nachfolger, ließ die Rivalen Trotzki und Kamenew beseitigen.
Gemälde unten: Darstellung des Ereignisses nach dem retuschierten Foto durch den Maler Brodsky 1932. Unter Stalin wurde der Personenkult wichtiger Bestandteil des Sowjetkommunismus, oberste Kultfigur war Lenin.

Methodische Arbeitsschritte

1. Analysiere und deute das Bild so, wie es vor dir liegt. Wende dabei die dir bereits bekannten Schritte zur Interpretation eines Gemäldes bzw. eines Fotos an. Vergleiche dazu S. 286 im Methodenglossar.
2. Stelle durch Bildvergleich oder mit Hilfe der Textinformation zur Verfälschung die Art der Manipulation fest.
3. Stelle, noch ohne Informationen zu wichtigen Begleitumständen und Hintergrundereignissen zu lesen, Vermutungen darüber an, welche Absichten hinter der Manipulation stecken könnten.
4. Lies die Informationen zu wichtigen Begleitumständen bzw. Interessen des Fälschers und benutze sie zu einer Deutung der Manipulation.

1 Wende die Arbeitsschritte auf das mittlere Foto (Q1) und das Gemälde (Q2) an.

2 Kopiere die Abbildung Q2, nimm die beschriebene Manipulation durch Retuschierung vor, kopiere die retuschierte Kopie und stelle Vermutungen über die Absicht der Manipulation an (Arbeitsschritte 2 und 3).

3 Deute die Manipulation unter Zuhilfenahme des Hintergrundwissens.

Q2 *„Lenin verkündet die Sowjetmacht"*, Gemälde von Vladimir Serov, 1947. Hinter Lenin die drei Parteigrößen Stalin, Kalinin, Ordschonikidse.
Information zur Manipulation: 1957 muss Serov das Bild noch einmal malen – ohne Stalin.
Hintergrundwissen: 1956 erklärt Chruschtschow, damals an der Spitze der UdSSR, Stalin wegen seiner „Taten" zum Verbrecher und verurteilt das Angedenken an ihn.

9 Kunst im Sozialismus

Im Griff der Partei

Die Aufgabe der Künstler in den kommunistischen Staaten war eindeutig festgelegt: Sie sollten ihr Können ganz in den Dienst des Kommunismus stellen und dabei die Menschen von der Richtigkeit der Parteientscheidungen überzeugen. Dementsprechend bestimmte die Partei auch die Kunst.

Die Partei und ihre Funktionäre schrieben den Künstlern vor, wie sie ihre Kunst auszuüben hatten, und kontrollierten die „Kunstprodukte". Zu diesem Zweck wurden in der Sowjetunion seit 1932 die Künstler der einzelnen Gattungen (Maler, Bildhauer usw.) in Verbänden zusammengefasst, die von der Partei gelenkt wurden. Nur als Verbandsmitglied fand der Künstler bezahlte Arbeit, indem er im Auftrag der Partei, der Armee oder von Betrieben Kunstwerke anfertigte. Sozialistische Kunst war also „Auftragskunst", und wer nicht die Parteilinie vertrat, bekam keine Aufträge.

„Sozialistischer Realismus"

Schon Lenin hatte gefordert, dass die Kunst 1. volkstümlich, 2. der Parteilehre entsprechend und 3. dem proletarischen Klassenbewusstsein gemäß sein sollte. Mit dem „sozialistischen Realismus" entstand ein Kunststil, der sich diesen Zielen verpflichtet fühlte. Er wurde 1934 in der Sowjetunion zur einzig gültigen Kunstrichtung erklärt. Seine Aufgabe: die Erziehung des Menschen im Geiste des Kommunismus.

Die Künstler sollten lernen die Wirklichkeit genau abzubilden. So mussten sie Fabriken und Kolchosen besuchen, um die Arbeit des einfachen Volkes kennen zu lernen und um zu lernen, welche Art von Kunst die Menschen haben wollten. Daraus entstanden naturnahe, teils fotoähnliche Darstellungen. Bevorzugte Motive waren Personen oder Ereignisse, die der Partei wichtig waren, etwa Parteifunktionäre, die Industrialisierung, Arbeiten auf der Kolchose. Grundsätzlich sollten die Künstler heile Gegenwart im Licht noch glorreicherer Zukunft darstellen.

Q 1 *„Denn seht, Großes ist vollbracht"*, Ölgemälde von Werner Petzold, DDR 1972/73. Das Bild zeigt die Arbeiter und ihr Werk in fast religiöser Verklärung.

Q 2 *Plakat zum ersten Fünfjahresplan von Natalja Pinus, 1931.* Text: „Delegierte, Arbeiterin, Stoßarbeiterin, sei die erste im Kampf für eine siegreiche Vollendung des letzten Jahres des Fünfjahresplans …" Plakatierte Fotomontagen galten damals als stärkste Form sozialistischer Kunst.

Q 3 *Bericht des Sekretärs der sowjetischen Künstlergruppe „OKTJABR" über den proletarischen Künstler, Oktober 1930:*

Der individualistische Künstler? Der individualistische kleinbürgerliche Künstler mit seinem Dünkel über eine angeblich in den Wolken schwebende „reine" Kunst stirbt bei uns ab. Durch seine Teilnahme an der materiellen Produktion hört er auf ein kleinbürgerlicher Individualist zu sein. Er hat die kollektive Psychologie des revolutionären Proletariats erhalten. An seinen Kunstwerken arbeitet das Kollektiv seines Betriebs mit (…). Die Arbeiter korrigieren die Entwürfe des Künstlers.

Q 4 *Über die neue proletarische Kunst schrieben 1930 kommunistische Vertreter sowjetischer Künstlervereinigungen:*

Die materielle Erfassung des Menschen, angefangen vom Betrieb und der Wohnung bis zu allen Gegenständen des Haushaltes (…), alles, was Seele und Leben der Werktätigen beeinflusst, das sind die Anhaltspunkte für die schöpferischen Bestrebungen der proletarischen Künstler (…). Aufbau der sozialistischen Gesellschaft (…), Kampf für den [mehr als sein Soll leistenden] Stoßarbeiter, der in sich alles Gute und Heldenhafte der Arbeiterklasse verkörpert, der in sich die Keime des neuen, kommunistischen Menschen trägt – das ist der Inhalt der proletarischen Kunst.

Q 5 *Der russische Maler S. Nikritin vor der amtlichen sowjetischen Kunstkommission bei der Ablehnung eines seiner Bilder, Verhandlungsprotokoll vom 10. April 1935:*

Wie ich diese Kritik nehme? (…) Ich habe das Gefühl und sage es offen und aufrichtig, dass alles heute hier und in der letzten Zeit Gezeigte in keiner wie auch immer gearteten Beziehung zur Sowjetmalerei steht. Diese [von Ihnen angenommenen] Arbeiten folgen der Linie des geringsten intellektuellen Widerstands. Ich bekenne, was ich denke – vielleicht spreche ich heute zum letzten Mal. Wonach ich suche, ist ein großer sozialistischer Stil, vielseitig, philosophisch (…) und nicht Fotografien wie diese, die Sie gestern [als gut] einschätzten.

Q 6 *Leonid Breschnew,* von 1964–1982 Staatsoberhaupt der Sowjetunion, amtliches Porträt des Malers Boulatov von 1979. Im Strahlenkranz sowjetischer Herrschafts- und Staatssymbole erinnert die Darstellung an mittelalterliche Heiligenbilder. – Überlege, zu welcher Deutung der Betrachter dadurch veranlasst werden soll.

1. *Kennzeichne das Verhältnis von Kunst und Partei/Staat nach sowjetischem Verständnis (VT, Q2–Q4).*
2. *Stelle die Besonderheiten des sozialistischen Realismus heraus (VT, Q3, Q4) und wende sie zur Deutung der Abbildungen Q1, Q2 und Q6 an.*
3. *Vergleiche die Kunstauffassungen des Verbands OKTJABR (Q3) und des Malers Nikritin (Q5). Wie würdest du zwischen beiden entscheiden?*
4. *Untersuche, ob das Plakat Q2 den Merkmalen von Q4 entspricht. Begründe.*

10 Feindliche Verwandte – die Spaltung der Sozialdemokratie in Deutschland

Reform oder Revolution?

Die SPD bekannte sich in ihrem Programm von 1891 zur Lehre von Karl Marx. In der Parteiarbeit hielt sie sich jedoch streng an die Gesetze des Kaiserreichs. Einigen in der Partei wie Rosa Luxemburg (1870–1919) und Karl Liebknecht (1871–1919) passte der Widerspruch nicht. Sie wollten revolutionäre Aktionen wie Massenstreiks. Die Parteimehrheit lehnte das ab. Sie wollte mit Hilfe von Parlamentsbeschlüssen und Wahlen das Land reformieren, zumal die SPD seit 1912 stärkste Partei im Reichstag war.

Q1 *Wahlplakat der MSPD*, Dezember 1918. Damit warb die MSPD um Stimmen bei der Wahl der Nationalversammlung im Januar 1919.

Der Bruch

Im Ersten Weltkrieg weiteten sich die Meinungsverschiedenheiten in der SPD aus. Es kam zum Bruch. Die Mehrheit der SPD (MSPD = Mehrheits–SPD) unter dem Vorsitzenden Friedrich Ebert beschloss, für die Kriegszeit die Opposition gegen die kaiserliche Regierung aufzugeben. Das machte eine radikale Minderheit – der Spartakusbund um Luxemburg und Liebknecht sowie entschiedene Kriegsgegner – nicht mit. Sie spalteten sich ab und gründeten eine Unabhängige SPD (USPD).

Die Spaltung

Die deutsche Niederlage und das Ende des Kaiserreichs 1918 brachten schließlich die völlige Spaltung der SPD. Der letzte kaiserliche Reichskanzler übertrug Ebert als dem Vorsitzenden der stärksten Reichstagspartei die Regierungsgeschäfte. Für die MSPD und ihre Spitzenpolitiker Ebert und Scheidemann kam als neuer Staat, der das Kaiserreich ablösen sollte, nur eine parlamentarische Demokratie in Frage. An der Verfassung dafür sollte das ganze Volk mitwirken, indem es eine verfassunggebende Nationalversammlung wählte.

Dagegen leistete der Spartakusbund erbitterten Widerstand. Unter der Führung von Liebknecht und Luxemburg erklärte er sich 1918/19 zur Kommunistischen Partei Deutschlands (KPD) und trat der Internationalen Lenins bei. Die KPD beteiligte sich nicht an den Wahlen zur Nationalversammlung und rief stattdessen zur Diktatur des Proletariats auf. Wie in Sowjetrussland sollten nur Arbeiter- und Soldatenräte die Macht ausüben und die bürgerliche Ordnung umstürzen. Es kam zu Kämpfen, in denen die MSPD die demokratische Ordnung durchsetzte. Damit war gleichzeitig die endgültige Spaltung der Sozialdemokratie vollzogen.

Q **2** *Verschiedene Wege des Sozialismus?*

a) Aus dem „Norddeutschen Volksblatt" (Zeitschrift der MSPD), 20. Oktober 1918:

Ein Sozialismus, der nicht aus dem Leben der Demokratie gewachsen ist, bleibt eine lebensunfähige Missgeburt. „Was will das Volk?" Das muss für uns Sozialdemokraten die erste Frage sein. Die Antwort kann nur lauten: „Das Volk wünscht ganz offensichtlich den Fortschritt zur Demokratie, es ist wahrscheinlich auch für weit gehende Reformen im Sinne des Sozialismus zu haben, aber die Politik der Unabhängigen (bzw. des Spartakusbundes) lehnt es ab." Welche Mittel hätte die rein proletarische Diktaturregierung an der Hand um die Volksernährung sicherzustellen? Zur Sicherung der Volksernährung gehört eine willig produzierende Bevölkerung auf dem Lande und ein williger Verwaltungsapparat. Wie will man das beschaffen? (...) Und die Umwandlung der kapitalistischen Wirtschaftsordnung in eine sozialistische – wie stellt man sich das vor? Kann irgendein vernünftiger Mensch glauben, eine solche Entwicklung ließe sich über das Knie brechen (...)? Mit Gewalt ist das nicht zu erreichen (...).

Wir Sozialdemokraten wollen zunächst den Frieden und die Volksregierung. Dann wollen wir alle sozialistischen Reformen einführen, zu denen wir die Zustimmung des Volkes gewonnen haben. Bewähren sie sich, so wird uns das Vertrauen des Volkes rasch höher und höher tragen, bis wir das ganze Werk des Sozialismus vollenden können.

b) Aus dem Programm der KPD, verfasst von Rosa Luxemburg 1918/1919:

Die Verwirklichung der sozialistischen Gesellschaftsordnung ist die gewaltigste Aufgabe, die je einer Klasse und einer Revolution der Weltgeschichte zugefallen ist. Diese Aufgabe erfordert einen vollständigen Umbau des Staates und eine vollständige Umwälzung in den wirtschaftlichen und sozialen Grundlagen der Gesellschaft. Dieser Umbau und diese Umwälzung können nicht durch irgendeine Behörde, Kommission oder ein Parlament verordnet, sie können nur von der Volksmasse selbst in Angriff genommen und durchgeführt werden. (...) Von der obersten Spitze des Staates bis zur kleinsten Gemeinde muss deshalb die proletarische Masse die alten Organe der bürgerlichen Klassenherrschaft, die Bundesräte, Parlamente, Gemeinderäte, durch Organe der eigenen Klasse, nämlich durch Arbeiter- und Soldatenräte, ersetzen (...). Die Befreiung der Arbeiterklasse muss das Werk der Arbeiterklasse selbst sein. (...) Es ist ein toller Wahn zu glauben, die Kapitalisten würden sich gutwillig der sozialistischen Anordnung eines Parlaments, einer Nationalversammlung fügen. (...) Nicht wo der Lohnsklave neben dem Kapitalisten (...) in verlogener Gleichheit [sitzt], um über ihre Lebensfragen parlamentarisch zu debattieren, sondern dort, wo die millionenköpfige Proletariermasse die ganze Staatsgewalt mit ihrer schwieligen Faust ergreift, (...) dort allein ist die Demokratie, die kein Volksbetrug ist.

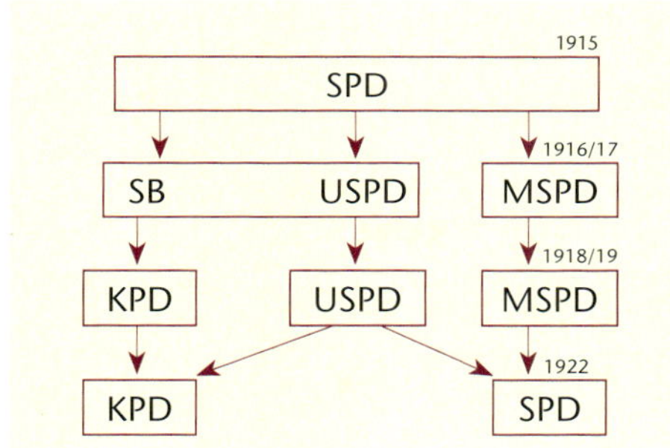

D **1** *Spaltung der SPD* (1915–1922) (SB = Spartakusbund)

1. *Vergleiche Q2a und Q2b wie folgt:*
   a) *Was verstehen die Verfasser jeweils unter Demokratie?*
   b) *Wen zählen sie jeweils zum Volk?*
   c) *Wie wollen sie ihre Ziele verwirklichen?*
2. *Deute die Abbildungen Q1 mit Hilfe von Q2a, Q3 mit Hilfe von Q2b.*
3. *Stelle fest, welche Bedeutung die russische Revolution für die Spaltung der SPD hatte (VT, Q2ab, Q3, D1).*
4. *Nimm Stellung zu der Behauptung: Die Haltung der MSPD war ein Glück für Deutschland.*

Q **3** *Wahlplakat der KPD* (früherer Spartakusbund) zur Reichstagswahl von 1920

11 Neubeginn 1945 – Anpassung und Richtungssuche

Im geteilten Deutschland
In Hitler-Deutschland waren alle Parteien außer der NSDAP verboten gewesen. Die Neugründung von Parteien vollzog sich nach 1945 unter Aufsicht der Alliierten. In ihren Programmen knüpften die Parteien zwar an Traditionen der Weimarer Zeit an, wurden aber stark vom weltanschaulichen Gegensatz zwischen den Hauptbesatzungsmächten, der kommunistischen Sowjetunion und der demokratischen USA, geprägt.
In der Sowjetzone (ab 1949 DDR) führte das zum Aufbau einer politischen Ordnung nach sowjetischem Muster. 1946 schlossen sich dort die beiden sozialistischen Parteien SPD und KPD zur Sozialistischen Einheitspartei Deutschlands (SED) zusammen, die in Aufbau und Lehre genau der sowjetischen KP entsprach. Sie besaß das Machtmonopol in der DDR. 1952 verordnete sie dort den „Aufbau des Sozialismus". Es entstand ein Staat, der dem Einzelnen zwar leidliche soziale Sicherheiten bot, aber auch seine Parteitreue kleinlich überwachte.

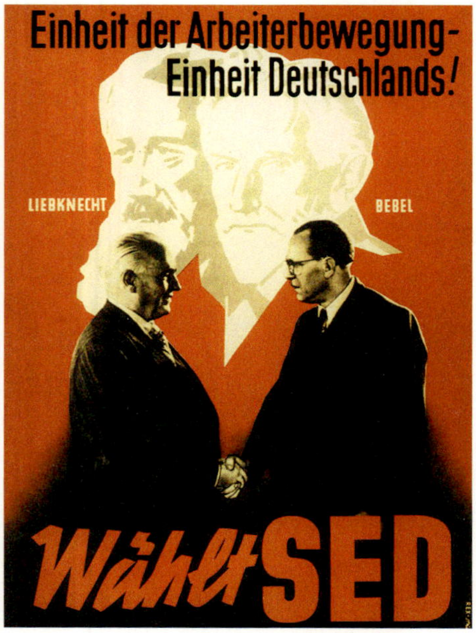

Q1 *Wahlplakat der SED von 1946.* Unter dem Bild der beiden Gründer der SPD von 1869 reichen sich Wilhelm Pieck (KPD, links) und Otto Grotewohl (SPD) die Hand zur Vereinigung. Dass sie unter massivem Druck der sowjetischen Besatzungsmacht erfolgte, verschweigt die Abbildung natürlich.

Die 1945 gegründete West-SPD griff die freiheitlich-demokratische Ausrichtung der SPD der Weimarer Zeit auf. Sie lehnte daher die Zusammenarbeit mit der SED ab. Als ernste Konkurrenz betrachtete sie den von der CDU vertretenen „Sozialismus in christlicher Verantwortung". Ihren neuen Ansatz dokumentierte die SPD im „Godesberger Programm" 1959: Verurteilung des Kommunismus, Betonung der freiheitlich-demokratischen Ausrichtung, Absage an das Image als Arbeiterpartei und Erklärung zur Volkspartei.

Im wiedervereinigten Deutschland
Das Ende der DDR und die Wiedervereinigung veränderten die Parteienlandschaft erheblich. Die 1989 gegründete Ost-SPD vereinigte sich mit ihrer Schwesterpartei im Westen zu einer gesamtdeutschen SPD. Sozialistische Konkurrenz entstand ihr mit der „Partei des demokratischen Sozialismus" (PDS), der sich zur freiheitlichen Demokratie bekennenden Nachfolgepartei der SED. Dies und der Machtkampf mit der Regierungspartei CDU veranlasste die SPD 1998, ihren Standort in einem „Grundsatzprogramm" neu festzulegen: Darin betonte sie, ihr Weg des Sozialismus sei, anders als der Weg der PDS, stets richtig gewesen. Gegenüber der CDU erklärte sie sich als „Partei der neuen Mitte".
Bei den Bundestagswahlen 1998 und 2002 wurde die SPD stärkste Partei und stellte die Regierung. Im Jahr 2005 fiel sie bei den Wahlen hinter die CDU/CSU zurück. Doch auch jene Wähler, die für die aus PDS und WASG („Wahlalternative Arbeit & Soziale Gerechtigkeit") neu gegründete „Linkspartei" stimmten, wählten „sozialistisch". Damit blieb der Sozialismus, wenn auch in zwei rivalisierende Lager gespalten, stärkster Hoffnungsträger in schwierigen wirtschaftlichen Verhältnissen.

Q4 *Arbeitnehmerdemonstration am 3. April 2004 in Berlin gegen die Reformpolitik von SPD-Kanzler Schröder,* die zur notwendigen Anpassung an schwierige wirtschaftliche Verhältnisse Leistungskürzungen des Sozialstaats vorsieht.
– Wie verträgt sich eine solche Reformpolitik mit den Erwartungen der Menschen an die SPD (vgl. Q2, Q3)? Wovon erhoffen sie sich die Lösung der Probleme (vgl. Plakat vorn)?

Q2 *Aus dem Grundsatzprogramm der SPD von 1998:*

Freiheit, Gerechtigkeit und Solidarität sind die Grundwerte des Demokratischen Sozialismus. Sie sind unser Maßstab (...) für eine neue und bessere Ordnung. (...) In diese Republik bringen wir den Demokratischen Sozialismus ein, damit sie werden kann, was sie nach ihrer Verfassung sein soll: ein demokratischer Sozialstaat. Dazu bedarf es dauernder Reform. Wir sind die Partei der Reform. (...) Wir brauchen ein breites Reformbündnis, mit möglichst vielen Gruppen und Kräften, weil wir den Widerstand derer zu überwinden haben, die alles zum Fortschritt erklären, was ihren Gewinnerwartungen, ihrer wirtschaftlichen oder politischen Macht zugute kommt. Gegen die Übermacht der wenigen hilft nur der gemeinsame Wille der vielen (...). Wir versprechen nicht das Paradies auf Erden, aber gemeinsam können wir Gefahren abwehren, Risiken mindern und eine neue, bessere Ordnung erreichen (...) [eine] Gesellschaft, in der die Einkommen gerechter verteilt sind (...) und die soziale Sicherung verlässlich bleibt.

Q3 *Rede des Vorsitzenden der IG-Metall, Peters, vor Funktionären der Gewerkschaft (2004):*

Die Abkehr der Sozialdemokratie von Werten der sozialen Sicherheit und Gerechtigkeit hinterlässt ein schmerzhaftes politisches Vakuum. (...) Darum ist eine politische Wende hin zu sozialer Gerechtigkeit und ökonomischer Vernunft und vor allem hin zu mehr Zuverlässigkeit dringend erforderlich. Daran werden wir die Sozialdemokratie immer wieder erinnern (...). Wir sind darum gefordert, den von der Sozialdemokratie Enttäuschten ein inhaltliches Politikangebot zu machen. Ein Politikangebot, das Werte ihres politischen Bezugsrahmens – Werte wie soziale Sicherheit und Gerechtigkeit – aufgreift und in politische Forderungen umwandelt. Wir sind gefordert, so den Rückzug der Menschen ins Private zu verhindern und in ein politisches Engagement für Arbeit und soziale Gerechtigkeit umzuwandeln. Um es auf den Punkt zu bringen: Wir sind gefordert eine breite Bürgerbewegung aufzubauen, die die Sozialdemokraten zwingt, zur Vernunft zu kommen.

1. *Zeige die Entwicklung des kommunistischen und demokratischen Sozialismus in Deutschland nach 1945 auf (VT, Q1–Q4).*
2. *Lege Gründe für die Richtungswechsel der SPD 1959 und 1998 dar (VT, Q2).*
3. *Überprüfe, welche Aussagen des Grundsatzprogramms (Q2) zur alten Tradition des Sozialismus zu zählen sind.*
4. *Vergleiche die Versprechungen des SPD-Programms (Q2) mit den Forderungen des Gewerkschaftlers (Q3).*
5. *Überlege, warum der Zwang zur Kürzung von sozialen Leistungen gerade eine sozialistische Partei in Begründungsschwierigkeiten bringen kann (Q2–Q4).*
6. *Vermute: Welche Antworten könnten die Demonstranten (Q4) auf die Leitfrage dieser Themeneinheit geben?*

12 Internationaler Sozialismus heute – Organisationen, Ziele, Möglichkeiten

Neoliberalismus
(aus griech. =„neu“ und lat. = „frei“)
Ansicht, dass eine von sozialstaatlichen Einschränkungen möglichst freie Marktwirtschaft zu Wirtschaftswachstum und -blüte führt. Begünstigt wirtschaftlich starke Marktteilnehmer; zeitweise in USA vorherrschend.

Neugründung der Internationalen
Zur wichtigsten Organisation des internationalen Sozialismus nach dem Zweiten Weltkrieg wurde die 1951 in Frankfurt neu gegründete Sozialistische Internationale (SI). Anlass für die Gründung war der vom sowjetischen Diktator Stalin vertretene Anspruch, der Sowjetkommunismus sei das allein gültige Modell des Sozialismus. Dem stellte die Sozialistische Internationale, die sich ausdrücklich als Nachfolgerin der 1919 am Gegensatz zum Sowjetkommunismus zerbrochenen Zweiten Internationalen verstand, ihr Modell eines demokratischen Sozialismus entgegen.
Die Organisation erweist sich schon über Jahre als sehr lebenskräftig. Hatten im Jahr 1951 Vertreter von 34 sozialdemokratischen Parteien an ihrer Gründung mitgewirkt, so zählte die Sozialistische Internationale 2004 bereits weit über 100 Mitgliedsparteien. Einzige deutsche Mitgliedspartei in der SI ist die SPD.

Eine Art sozialistisches Weltgewissen
Die Sozialistische Internationale verfügt über keine militärischen oder wirtschaftlichen Druckmittel. Sie übt ihren Einfluss auf die internationale Politik als eine Art Weltgewissen aus, indem sie überall auf der Welt demokratische Reformen unterstützt, Missstände anprangert, sich mit Unterdrückten und Verfolgten solidarisch erklärt. Die wichtigste Plattform dafür sind die regelmäßig stattfindenden Weltkongresse. Hier werden zu aktuellen Problemen der Weltpolitik Stellungnahmen und Reformvorschläge erarbeitet und als „Erklärungen“ veröffentlicht.
Zu den Weltmächten, der UdSSR (solange es sie gab) und der USA, hat die Internationale stets kritische Distanz gewahrt. Sie verurteilte Gewaltaktionen und Menschenrechtsverletzungen beider Mächte gleichermaßen und kritisiert heute die negativen Auswirkungen des amerikanischen Neoliberalismus so wie früher die Auswirkungen des Sowjetkommunismus.

Q1 *„Für eine humanere Gesellschaft, für eine gerechtere Welt“*, der damalige SI-Präsident Guterres stellt auf dem Kongress von Paris eine Erklärung über die Herausforderungen der Globalisierung vor.

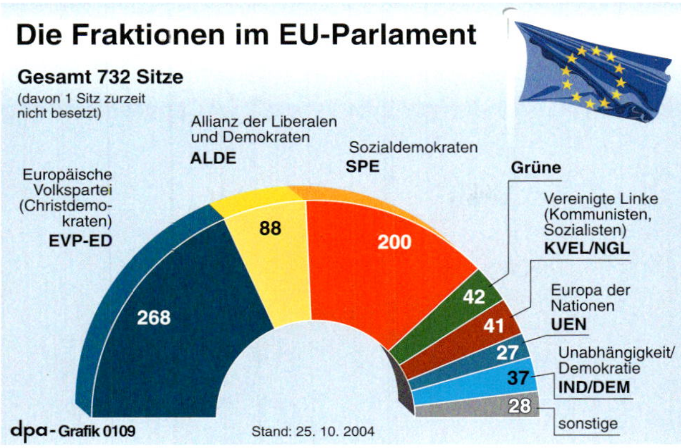

D1 *Weltweit aktiv:* Seit 2001 treffen sich sozialistische Abgeordnete aus Europa regelmäßig auf internationalen Konferenzen mit Sozialisten aus aller Welt (rechts: Treffen von Mumbai/ Indien 2004 unter dem Motto „another world is possible").

Q2 *Aus der Erklärung der Sozialistischen Internationale auf dem Weltkongress von Lima/Peru 1986:*

Sozialismus ist eine Bewegung zur Befreiung durch Demokratisierung (...). Man kann sagen: Sozialismus ist Demokratie in ihrer nächsten entwickelten (...) Ausdrucksform (...). Wir kämpfen gegen politische Unterdrückung und wirtschaftliche Ausbeutung aus vielen Gründen – aber der wichtigste davon ist, dass Demokratie der wesentliche Mechanismus ist, mit dem die Menschen ihre wirtschaftlichen und gesellschaftlichen Lebensbedingungen kontrollieren (...). Deshalb lehnen wir alle Klassendiktatur und jede Art von Diktatur ab (...). Demokratischer Sozialismus ist nicht einfach Sozialisierung von Eigentum oder zentrale Planung, obwohl beides als Mittel eingesetzt werden kann (...). [Es gibt] kein alleiniges sozialistisches Modell (...) und wir glauben, dass sozialistische Theorien an eine sich verändernde Weltgesellschaft angepasst werden müssen, sodass jedes Volk und jede Generation ihr Leben selbst gestalten können.

Q3 *Rede des Präsidenten der SI, Guterres, zu deren 50. Jahrestag 2001:*

Dieser 50. Jahrestag sollte ein Augenblick des Nachdenkens sein über das, was getan werden muss, um die Ungleichheiten zwischen entwickelten und unterentwickelten Ländern zu beseitigen (...). Für uns ist es klar, dass die Marktwirtschaft für sich allein kein Heilmittel gegen diese Probleme war noch ist (...). Für uns Anhänger des Sozialismus und der Sozialdemokratie bleibt es ein zentrales Anliegen, dass der Staat seine regulierende Rolle gegenüber der Wirtschaft und seine korrigierende Rolle gegenüber sozialer Ungleichheit behält. Wir wollen eine Marktwirtschaft, aber keine vom Markt beherrschte Gesellschaft, vor allem eine solidarische Gesellschaft (...). Die Sozialistische Internationale hat eine globale Agenda [Liste mit Zielen] für Reformen: Sie richtet sich auf [eine] ausgeglichene Welt sowie eine regulierte Globalisierung (...) im Rahmen von Gerechtigkeit, ohne Globalisierung der Armut und Vertiefung der Zweiteilung zwischen den erfolgreichen und den von den Segnungen des Fortschritts ausgeschlossenen Personen, Regionen oder Ländern (...). Wir sind stolz auf [unsere] Geschichte, (...) Werte und Ideen, (...) aber wir müssen uns auch die Fähigkeit erhalten, von einer besseren Welt zu träumen, weil sie möglich ist.

Informationen zum internationalen Sozialismus im Internet unter: www.socialistinternational.org

1. *Zeige die Ziele der SI in der internationalen Politik auf (VT, Q1–Q3).*
2. *Deute Q2 und Q3 als Auseinandersetzung der SI mit der UdSSR und den USA.*
3. *Beschreibe die Arbeitsweise der SI (Q1–Q3, D1).*
4. *Nimm Stellung: Hältst du die Einflussmöglichkeiten der SI für wirksam genug, um sozialistische Forderungen zu verwirklichen?*
5. *Erläutere die Aussage des ehemaligen SI-Präsidenten Palme, die Wunschvorstellung von einer besseren Welt sei die treibende Kraft des Sozialismus.*

13 Projekt
Umfrage: Was halten Sie vom Sozialismus?

„Was halten Sie vom Sozialismus?"
Es gibt viele Meinungen zu dieser Frage. Eine kleine Auswahl findet ihr in den Sprechblasen. Es gibt wohl kaum jemanden, der überhaupt nichts dazu zu sagen wüsste. Denn der Sozialismus gehört zu den großen Bewegungen, die das Denken und Handeln der Menschen des 19. und 20. Jahrhunderts nachhaltig beeinflusst haben. Ihr selber habt euch inzwischen vermutlich auch ein Urteil dazu gebildet.

Eine Studentin aus Indien:
Hier sagt man, Sozialismus sei Schnee von gestern. In der Dritten Welt sieht man das oft anders.

Ein Aussiedler aus der früheren UdSSR:
Ich habe keine guten Erinnerungen. Man konnte seine Meinung nicht frei sagen und wurde überwacht.

Eine Sozialarbeiterin:
Sozialismus ist für mich Solidarität mit Hilfsbedürftigen. Das brauchen wir in einer Gesellschaft, in der sich Egoismus breit macht.

Ein Unternehmer:
Das war ein System ohne Leistungsanreize. Deshalb hat der Kapitalismus auch gesiegt.

Ein Politiker:
Der alte Kommunismus ist tot. Aber solange es Probleme wie zum Beispiel die Arbeitslosigkeit gibt, bleibt der Sozialismus nachdenkenswert.

Eine Arbeitslose in Leipzig:
Als es den noch gab, hatte ich Arbeit und stand nicht auf der Straße.

Ein Historiker:
Man darf Sozialismus und Kommunismus nicht in einen Topf werfen. Denken Sie nur an die großen Sozialdemokraten und die SPD. Ihre Leistungen gehören zu unserer demokratischen Tradition.

Eine frühere SED-Funktionärin:
Sicher gabs manchmal Leerlauf und Fehlplanung. Aber da war auch Kameradschaft, und Gleichberechtigung war gar kein Thema.

Eine Journalistin:
Wir müssen lernen, dass wir eine Menschheit sind und die Erde uns allen gemeinsam gehört. Und dabei können uns auch die Lehren des Sozialismus helfen.

Persönliche Meinungen können unterschiedliche Grundlagen haben: Manche spontane Äußerung basiert auf einem ungeordneten Wissen. Man hat hier und dort etwas gehört, gelesen oder gesehen. Wer sich länger und intensiver mit einem Thema beschäftigt hat, wird Zusammenhänge auch begründeter beurteilen können. Andere beziehen bei ihrer Meinungsäußerung sehr stark ihre eigenen, unmittelbaren Erlebnisse und Erfahrungen ein. Aus den unterschiedlichsten Gründen kommen auch unterschiedliche Meinungen zustande. Das kann dazu herausfordern, die eigene Meinung zu überdenken. Nehmt also einmal ein Projekt in Angriff, bei dem Meinungen zur Zukunft des Sozialismus eingeholt und dann dokumentiert werden. Spannend ist es natürlich dabei auch zu erfahren, wie die Menschen zu ihren Meinungen gekommen sind.

Q 1 *Ein Rentner erzählt von seinen Erfahrungen mit dem Sozialismus.* Woran mag er sich erinnern, wovon wird er berichten? Die Schülerin hat sich auf die Interview-Situation gut vorbereitet, schreibt die wichtigsten Antworten mit.

Q 2 *Umfrage zum Thema Sozialismus in der Fußgängerzone.* Das Mikrofon wirkt nicht nur professionell, die Antworten der Passanten lassen sich mit einem Aufnahmegerät zudem auch ganz einfach mitschneiden.

„Was halten Sie vom Sozialismus?" – eine Umfrage starten

1 Damit eure Befragung gut gelingt und möglichst vielseitige Ergebnisse bringt, solltet ihr sie gut vorbereiten. Überlegt zunächst, was ihr erfragen und wie ihr die Antworten festhalten wollt:
Entwickelt einen Fragebogen, möglicherweise mit der Überschrift dieses Projekts als Leit- und Eröffnungsfrage. Für ein ausführlicheres Interview sind – abgestimmt auf den Gesprächspartner – weiterführende Fragen zu überlegen. Dafür können euch die vorangegangenen Kapitel Anregungen geben, zum Beispiel:
- Leistung von Marx und Engels
- Leistungen des Sozialismus in der Vergangenheit
- Ende der Sowjetunion – Ende des Sozialismus?
- Probleme der Gegenwart – Zukunft des Sozialismus

Führt die Befragung dann in Gruppen durch, sodass bestimmte Gruppen für bestimmte Gesprächspartner zuständig sind. Besprecht, wie ihr die Ergebnisse festhalten wollt (Notizen, Rekorder, Videokamera, ... – die Bilder auf dieser Seite geben euch Tipps).

2 Überlegt euch, wen ihr ansprechen wollt und wo eure Befragung durchgeführt werden soll:
- Politiker verschiedener Parteien – beispielsweise Stadtrat- oder Kreistagsabgeordnete könnt ihr in die Schule einladen oder nach vorheriger Anmeldung in den Geschäftsstellen der Parteien besuchen.
- Personen, die den „real existierenden Sozialismus" in den ehemaligen kommunistischen Ländern Osteuropas selbst erlebt haben – etwa Aussiedler – , sind interessante Gesprächspartner.
- Eltern und Großeltern könnt ihr zu Hause, Passanten auf der Straße, ältere Zeitzeugen nach Anmeldung in Seniorenheimen befragen.

3 Zwischenergebnisse können Fotoreportagen der einzelnen Gruppen sein. Als Schlussergebnis könnt ihr einen bebilderten zusammenfassenden Zeitungsbericht über euer Projekt anfertigen. Die Redaktion eurer Schülerzeitung oder vielleicht auch eure örtliche Tageszeitung freuen sich vermutlich, ein aktuelles, gut aufbereitetes und brisantes Thema zu veröffentlichen.

14 Abschluss
Wer war wer im Sozialismus?

1. Robert Owen

2. Karl Marx

3. Ferdinand Lassalle

4. Wladimir I. Lenin

5. Rosa Luxemburg

6. Friedrich Ebert

„Who is Who?“
Kopiere die Seite.
Ordne die abgebildeten Persönlichkeiten den Kurzbiografien zu, indem du die Bildnummer in die runden Felder schreibst. In der Bildreihenfolge gelesen ergeben die Großbuchstaben den Namen einer weiteren bekannten Person der Themeneinheit.

- ◯ Schrieb das „Kommunistische Manifest“ und schuf damit die Grundlagen für den „wissenschaftlichen Sozialismus“. **(T)**
- ◯ Gründete mit dem ADAV die erste sozialistische Partei überhaupt und sah in Wahlerfolgen das Mittel zur Gesellschaftsveränderung. **(A)**
- ◯ Übernahm als Führungspersönlichkeit der SPD 1918 die oberste Staatsgewalt und setzte die parlamentarische Demokratie in Deutschland durch. **(N)**
- ◯ Gehörte dem revolutionären linken Flügel der SPD an, wollte 1918 den revolutionären Umsturz in Deutschland und gründete damals die KPD. **(I)**
- ◯ Regte in England die Gründung zahlreicher Selbsthilfeeinrichtungen der Arbeiter an und wurde zum Vorbild für alle, die die Lage der Arbeiter durch Reformen verbessern wollten. **(S)**
- ◯ War die treibende Kraft der russischen Revolution und schuf mit der Sowjetunion den ersten kommunistischen Staat der Geschichte. **(L)**

1	2	3	4	5	6

Aus dem Wörterbuch des Sozialismus

1 Bezeichnung für die russischen „Räte" aus Arbeitern, Soldaten und Bauern. **2** Klasse, die nur ihre Arbeitskraft und Nachkommen besaß. **3** Sie wollten den Umsturz der Gesellschaft mit Attentaten herbeizwingen. **4** Parteiname der radikalen russischen Sozialisten. **5** In der Lehre von Marx die Ausbeuter der Arbeiterklasse. **6** Name der Vereinigung der Sozialisten aller Länder. **7** Ein wichtiges Menschenrecht für das Bürgertum. **8** Nach Marx das in der Geschichte ständig wiederkehrende Verhältnis zwischen Ausbeutern und Ausgebeuteten. **9** Die Maßnahmen, durch die Sozialdemokraten die Gesellschaft verändern wollen. **10** Für sie war das Privateigentum das größte Hindernis für eine gerechte Gesellschaft. **11** Landwirtschaftliche Großbetriebe in der UdSSR.

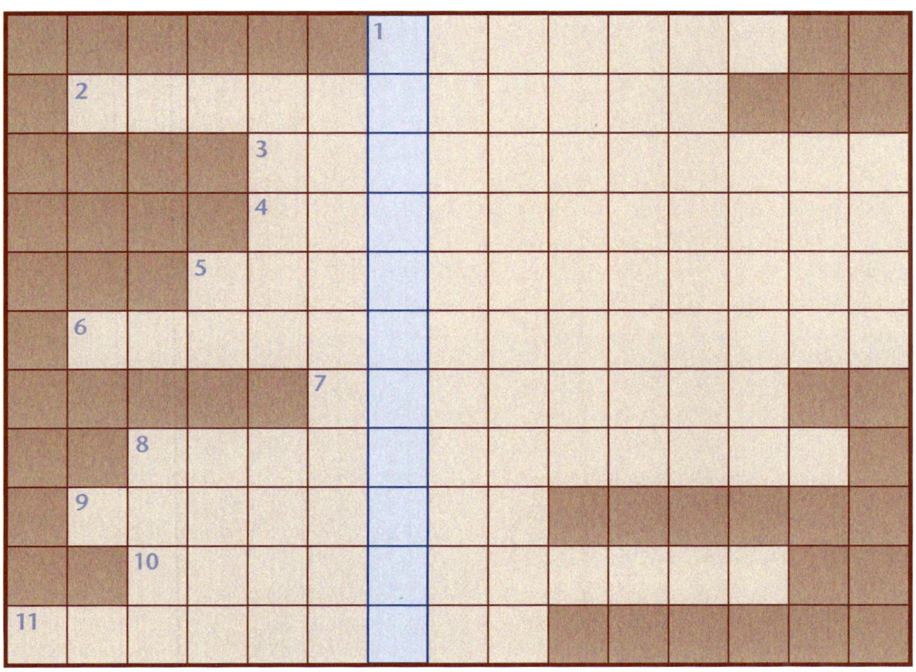

Kopiere die Seite. Trage die folgenden Begriffe in die entsprechenden waagerechten Kästchen ein. Bei richtiger Lösung ergibt sich in der markierten senkrechten Kästchenreihe ein dir bekannter Begriff.

1918

Nach der Novemberrevolution wird in Deutschland die Republik ausgerufen.

1919

Die Siegermächte aus dem Ersten Weltkrieg legen im Versailler Vertrag die Friedensbedingungen fest.

1922

In Italien errichtet Benito Mussolini eine faschistische Diktatur.

Europa zwischen Demokratie und Diktatur

11. November 1918: In Paris und London läuten die Siegesglocken. Der Erste Weltkrieg ist zu Ende, aber der Friede hat keineswegs begonnen. Vielmehr bricht in Europa eine Zeit der Spannungen und Konflikte an.
Revolutionen und Bürgerkriege, Wirtschaftskrisen und die verzweifelte Suche nach Ordnung und Orientierung prägen das Gesicht des Kontinents. Heute wissen wir, dass die Nachkriegszeit zugleich eine Vorkriegszeit war. Bis 1939 zerfiel Europa in zwei Lager: Während die Demokratien im Westen und Norden Bestand hatten, beschritten Deutschland und das übrige Europa nach und nach den Weg in die Diktatur. Was trieb diese Staaten zur „Flucht in die Unfreiheit“? Und war der Niedergang der Demokratie zwangsläufig oder gab es bis zuletzt nicht auch die Chance des Erfolges?

Wahlen zum Reichstag am 31. Juli 1932: Der damalige Reichskanzler der Weimarer Republik Franz von Papen verlässt ein Wahllokal. Die Bandbreite der politischen Parteien reichte damals von den rechtsextremen Nationalsozialisten bis zu den linksradikalen Kommunisten.

1923

Französische Truppen besetzen das Ruhrgebiet. In Deutschland erreicht die Inflation ihren Höhepunkt.

1929

Dramatische Kurseinbrüche an der New Yorker Börse lösen eine Weltwirtschaftskrise aus.

1933

In Deutschland beendet die Diktatur der Nationalsozialisten die Weimarer Republik.

1 Europa auf der Suche nach einer neuen Ordnung

Q 1 *„Flandern", Ölgemälde von Otto Dix, 1934–1936.* Dix hat an den blindwütig-sinnlosen Flandernschlachten des Ersten Weltkriegs teilgenommen. Er brauchte Jahre, um seine Kriegseindrücke zu verarbeiten und dieses Bild zu malen.

Bild- und Tondokumente zum Ende des Ersten Weltkriegs auf Zeitreise multimedial „Das 20. Jahrhundert"

„Urkatastrophe des 20. Jahrhunderts"

Am 11. November 1918 ging mit dem Waffenstillstand zwischen den Alliierten und dem Deutschen Reich der verheerendste Krieg zu Ende, den die Menschheit bis dahin erlebt hatte. Rund 10 Millionen Gefallene, 21 Millionen Verwundete, dazu zahlreiche Opfer in der Zivilbevölkerung – so lautete die erschreckende Bilanz des Ersten Weltkrieges. 1914 hatten die Menschen dem Krieg geradezu entgegengefiebert, viele waren jubelnd als Freiwillige an die Front gezogen. Am Ende blieben Millionen zerfetzter und verwester Leiber auf den Schlachtfeldern zurück. Bei denjenigen, die diese „Urkatastrophe des 20. Jahrhunderts" überlebten, hatten sich die Schrecken der Fronterlebnisse tief in die Seele eingebrannt.

Verheerende Kriegsfolgen

Der Kriegsausgang teilte Europa in Sieger und Besiegte, deren Probleme sich jedoch ähnelten. Die hohen Rüstungsausgaben hatten Unsummen verschlungen, die Wirtschaft lag am Boden und die Arbeitslosigkeit stieg dramatisch an. Während die Preise unaufhörlich kletterten, verlor das Geld zugleich rapide an Wert. Viele Menschen lebten in ständiger Sorge vor dem sozialen Abstieg in die Armut. Verunsicherung und Orientierungslosigkeit waren die Folge.

Die Umwälzung alles Bestehenden

Der Erste Weltkrieg hatte die politische Landkarte Europas einschneidend verändert. Neue Staaten wie Jugoslawien und die Tschechoslowakei entstanden, die bisherigen Großmächte Deutschland und Russland verloren weite Gebiete, Österreich-Ungarn und das Osmanische Reich zerfielen ganz. Die alten Reiche brachen allerdings nicht nur territorial auseinander, der Krieg hatte auch ihre innere politische Ordnung zerstört. Die Kaiser von Deutschland und Österreich mussten abdanken, in Russland hatte bereits die Februarrevolution 1917 den Sturz des Zaren herbeigeführt. Doch was sollte an die Stelle der monarchischen Staatsform treten?

Zwischen Demokratie und Diktatur

1914 hatte es nur drei Republiken in Europa gegeben, nach Kriegsende stieg diese Zahl auf 13, darunter auch Deutschland und Österreich. Doch viele der jungen Demokratien konnten sich nicht in Ruhe entfalten, da sie von zwei anderen Zukunftsentwürfen bedroht wurden. So waren viele Menschen von der Idee des in Russland per Revolution durchgesetzten Sozialismus fasziniert. Andere wiederum erlebten die individuelle Freiheit in der Demokratie als Verlust alter Ordnungsmuster und Gewissheiten. Zugunsten von „Sicherheit" waren sie zum Verzicht auf Freiheit bereit und jubelten Benito Mussolini zu, der auf dem Weg war, in Italien eine faschistische Diktatur zu errichten.

Q 2 *Der Soldat und spätere Schriftsteller Erich Maria Remarque beschrieb 1929 in seinem Roman „Im Westen nichts Neues" den Ersten Weltkrieg aus der Sicht eines jungen deutschen Soldaten, der gemeinsam mit seinen Klassenkameraden an die Front ziehen musste. Am Ende des Buches heißt es:*

Der Waffenstillstand kommt bald, ich glaube es jetzt auch. Dann werden wir nach Hause fahren. (...) Wären wir 1916 heimgekommen, wir hätten aus dem Schmerz und der Stärke unserer Erlebnisse einen Sturm entfesselt. Wenn wir jetzt zurückkehren, sind wir müde, zerfallen, ausgebrannt, wurzellos und ohne Hoffnung. Wir werden uns nicht mehr zurechtfinden können.

Man wird uns auch nicht verstehen – denn vor uns wächst ein Geschlecht, das zwar die Jahre hier gemeinsam mit uns verbrachte, das aber Bett und Beruf hatte und jetzt zurückgeht in seine alten Positionen, in denen es den Krieg vergessen wird, – und hinter uns wächst ein Geschlecht, ähnlich uns früher, das wird uns fremd sein und uns beiseite schieben. Wir sind überflüssig für uns selbst, wir werden wachsen, einige werden sich anpassen, andere sich fügen, und viele werden ratlos sein; – die Jahre werden zerrinnen, und schließlich werden wir zugrunde gehen.

D 1 *Der Historiker Gunther Mai beschreibt die Veränderungen in Europa nach 1918:*

In keinem der im Weltkrieg unterlegenen Staaten (denen sich Italien selbst zurechnete) überdauerten die parlamentarischen Systeme. Die revolutionäre Transformation [Umgestaltung] im Zeichen der militärischen Niederlage wurde von weiten Teilen der Bevölkerung nicht akzeptiert, und die Friedensbedingungen wirkten zusätzlich krisenverschärfend: die Prestige- und Statusverluste, die ökonomischen [wirtschaftlichen] Konsequenzen (Reparationen, Handelsbegrenzungen usw.), die territorialen Einbußen. In Ost- und Südosteuropa widerstand mit Ausnahme der Tschechoslowakei in keiner der Gesellschaften das parlamentarische System den Belastungen des politischen und ökonomischen Staatenbildungsprozesses. Bezeichnenderweise überlebte das demokratische System vor allem in den Staaten, die den Krieg gewonnen hatten oder in diesem neutral geblieben waren und in denen die Monarchie als Staatsform das Kriegsende überdauerte (Großbritannien, die skandinavischen Staaten und die Benelux-Länder) bzw. in denen das republikanische System bereits vor 1914 etabliert war (Frankreich, Schweiz).

Q 3 *Bevölkerung in Deutschland beim Anstehen nach Brot gegen Ende des Krieges 1918*

1. *Welche Aspekte des Krieges rückt Otto Dix mit seinem Gemälde (Q1) in den Vordergrund? Inwiefern lässt sich sein Bild auch auf die Situation Europas nach dem Ersten Weltkrieg übertragen (VT)?*
2. *Die jungen Soldaten, die 1918 aus dem Krieg heimkehrten, werden häufig als verlorene Generation bezeichnet. Erläutere diesen Begriff mit Hilfe von Q2.*
3. *Erstelle anhand des VT und Q3 eine Mindmap zur politischen, wirtschaftlichen und sozialen Lage im Nachkriegseuropa.*
4. *Von Anfang an mussten die jungen Demokratien Europas vor Feinden von links und rechts auf der Hut sein. Überlege, was mit dieser Aussage gemeint sein könnte.*
5. *Welche Gründe führt der Historiker G. Mai (D1) dafür an, dass sich die Demokratie in vielen Ländern Europas nach dem Ersten Weltkrieg nicht dauerhaft durchsetzen konnte?*

2 Faschisten auf dem Vormarsch

Q 1 *Simulierter Staatsstreich:* Erst am Tag nach der Machtübernahme zog Mussolini (in Anzug und Krawatte) mit seinen Kampfverbänden in die Hauptstadt ein. Die faschistische Propaganda behauptete später, ein triumphaler „Marsch auf Rom“ habe Mussolini an die Macht gebracht.

Faschistische Bewegungen entstehen

In vielen Ländern Europas ähnelte sich die Situation nach dem Ersten Weltkrieg: Unterschiedliche Gruppierungen rangen um ihren Platz in der Nachkriegsgesellschaft, was zu heftigen sozialen Spannungen führte. Die Sehnsucht nach Ruhe und Ordnung sowie einem wirtschaftlich gesicherten Leben war dennoch groß. Vor allem im Bürgertum machte sich wegen der Ereignisse in Russland die Angst vor einer kommunistischen Revolution breit. Die noch jungen Demokratien wurden von vielen als zu schwach angesehen, um mit der Situation und den Problemen der Nachkriegszeit fertig zu werden. Die in dieser Zeit entstehenden faschistischen Bewegungen machten sich diese Stimmung zu Nutze. Sie schürten die Angstgefühle in der Bevölkerung, stellten sich konsequent gegen Demokratie und Kommunismus und versprachen gleichzeitig Sicherheit.

Merkmale des Faschismus

Obwohl die faschistischen Bewegungen im Nachkriegseuropa immer auch nationale Eigenarten und unterschiedliche Erscheinungsbilder aufwiesen, sind gemeinsame Merkmale unverkennbar. Sie alle waren nationalistisch und militaristisch, sie betonten also den Vorrang der eigenen Nation und verfügten über bewaffnete Kampfgruppen, um ihre politischen Ziele gewaltsam durchzusetzen. Die Faschisten versuchten Staat und Partei nach dem „Führerprinzip“ aufzubauen. Dies beinhaltete die Beseitigung aller demokratischen Rechte und die bedingungslose Unterwerfung aller unter den „Führerwillen“. Mit Propaganda und Terror sollten Zustimmung und Gehorsam der Bevölkerung gesichert werden. In Italien gelang es den Faschisten auf diese Weise schon früh, die Regierungsmacht zu erobern.

Die „Fascisti“ in Italien

Das Ende des Krieges bedeutete für Italien den Beginn einer schweren Krise: Die Nationalisten waren über die Siegermächte empört, weil diese dem verbündeten Italien vorher zugesicherte Gebietsgewinne verweigerten. Streiks und Bauernunruhen lähmten die Wirtschaft, im Parlament kamen keine dauerhaften Mehrheiten zustande.

Im März 1919 gründete der ehemalige Sozialist Benito Mussolini faschistische „Kampfbünde“ – ein Sammelbecken für Enttäuschte und Verbitterte, die Gewalt als Mittel der Politik befürworteten. Bei den Wahlen hatten die „Fascisti“ (Faschisten) allerdings wenig Erfolg. Deshalb verschärfte Mussolini den Terror der Straße. Seine Stoßtrupps zerstörten Gewerkschaftshäuser und sprengten Arbeiterversammlungen. Während einer Regierungskrise im Oktober 1922 versammelte Mussolini etwa 25 000 „Schwarzhemden“ in Neapel und befahl ihnen den „Marsch auf Rom“. Um einen Bürgerkrieg zu vermeiden, beauftragte der italienische König den „Duce“, wie sich Mussolini nannte, mit der Regierungsbildung.

Der Weg in die Diktatur

Nach und nach höhlte Mussolini die Demokratie aus. Das Parlament wurde entmachtet, oppositionelle Parteien wurden verboten und verfolgt. Es gab nur noch die faschistische Partei, die 1926 auch noch das Streikrecht abschaffte. Dennoch bemühte sich die Regierung auch um die Zustimmung unterschiedlicher Bevölkerungsgruppen – etwa durch Gesetze, mit denen die Lebensverhältnisse der Arbeiter und Bauern verbessert wurden. Zudem halfen staatliche Bauaufträge die Arbeitslosigkeit zu senken. Gezielte Machtdemonstrationen und der propagandistische Einsatz moderner Massenmedien (Radio, Kino) stützten den Ausbau der Diktatur.

2 *Ehemaliges Reiterstandbild Francos in Madrid.* Das Denkmal wurde im Jahr 2005 abgebaut. – Überlege, warum die Statue wohl entfernt wurde.

Faschistische „Falange" in Spanien

Auch Spanien hatte in den 1920er- und 1930er-Jahren mit schwerwiegenden sozialen Problemen zu kämpfen: Ein großer Teil des Landes gehörte dem Adel und der Kirche. Dagegen lebten auf dem Land wie in den Städten viele Fabrikarbeiter, Bauern und Landarbeiter in elenden Verhältnissen. Die krasse Ungerechtigkeit zwischen den sozialen Schichten führte zu blutigen Unruhen, die auch eine vorübergehende Militärdiktatur nicht eindämmen konnte. In dieser angespannten Situation schlossen sich vorwiegend junge Leute zur faschistischen „Falange" (Kampfschar) zusammen. Sie wollten den Landbesitz neu aufteilen, lehnten den Kapitalismus ab und wollten die Banken und Industriebetriebe verstaatlichen.

Von der Republik zur Diktatur

1931 fanden Wahlen zur Nationalversammlung statt, die eine republikanisch-sozialistische Mehrheit brachten und zur Abdankung des Monarchen führten. Spanien wurde Republik. Nur fünf Jahre später stand die junge Demokratie jedoch vor einer Zerreißprobe. Zur Wahl traten zwei sich erbittert bekämpfende Lager an: die antidemokratische Nationale Front unter Beteiligung der „Falange" und die Volksfront, ein Zusammenschluss aus Sozialisten, Republikanern und Kommunisten. Die linke Volksfront siegte, während die „Falange" nicht über 4 % hinauskam. Daraufhin schürten die Faschisten durch Straßenterror ein Klima der Angst und Gewalt. Die Regierung handelte: Sie verbot die „Falange" und ließ ihre Führer verhaften. Doch nun putschte das Militär unter General Franco gegen die Volksfrontregierung. Er begriff sein Vorgehen als „Kreuzzug gegen den Kommunismus". Es entbrannte ein blutiger Bürgerkrieg, der 1939 mit dem Sieg der „Franquisten" endete. Während die linke Regierung von der Sowjetunion und von Freiwilligen aus ganz Europa unterstützt wurde, lieferten das faschistische Italien und das nationalsozialistische Deutschland General Franco Waffen und Truppen. Im April 1937 legten Flugzeuge der deutschen Luftwaffe die kleine baskische Stadt Guernica in Schutt und Asche. Dabei wurden etliche Einwohner getötet.

Nach seiner Machtübernahme formte Franco die „Falange" zu einer rechtsgerichteten Einheitspartei. Ihr mussten alle Beamten und Offiziere angehören. Auf der Basis dieser Staatspartei baute der „Generalissimus", der Spanien bis zu seinem Tod 1975 regierte, ein diktatorisches Regime auf, in dem keine Opposition geduldet wurde.

3 *„Der Duce" (Führer)* entrichtet bei einer Versammlung der faschistischen „Schwarzhemden" im Jahr 1935 den antiken Gladiatorengruß.

5 *„Glaubensbekenntnis" des Faschismus:*

1. Der Faschist, besonders der Milizsoldat, darf nicht an den ewigen Frieden glauben.
2. Strafen sind immer verdient.
3. Auch der Wachtposten vor dem Benzinfass dient dem Vaterland.
4. Der Kamerad ist dein Bruder: 1. weil er mit dir lebt, 2. weil er denkt und fühlt wie du.
5. Gewehr und Patronentasche sollen nicht während der Ruhezeit vernachlässigt, sondern für den Krieg bereitgehalten werden.
6. Sage niemals: Die Regierung zahlt's, denn du selbst bist es, der zahlt, und die Regierung hast du selbst gewollt, und du trägst ihre Uniform.
7. Gehorsam ist der Gott der Heere, ohne ihn ist kein Soldat denkbar, wohl aber Unordnung und Niederlagen.
8. Mussolini hat immer Recht.
9. Der Freiwillige hat keine Vorrechte, wenn er nicht gehorcht.
10. Eines muss dir über allem stehen: das Leben des Duce.

4 *Kinder und Jugendliche,* hier in der Uniform der Faschisten, sollten nach Mussolinis Grundsatz erzogen werden: „Glauben, gehorchen, kämpfen".

6 *Der führende italienische Sozialist Giacomo Matteotti schilderte 1921 in einer Rede vor dem Parlament das Muster faschistischer Terroraktionen (1924 wurde Matteotti von Faschisten ermordet):*

Mitten in der Nacht, während die Bevölkerung schläft, kommen die Lastwagen mit Faschisten in den kleinen Dörfern an, natürlich von den Häuptern der lokalen Agrarier [Grundbesitzer] begleitet, immer von ihnen geführt, denn sonst wäre es nicht möglich, in der Dunkelheit, inmitten der weiten Landschaft, das Häuschen des Ligenführers [Gewerkschaftsführer] oder das kleine erbärmliche Arbeitsvermittlungsbüro auszumachen. (…) Es sind zwanzig oder auch hundert Personen, mit Gewehren und Revolvern bewaffnet. Man ruft nach dem Ligenführer und befiehlt ihm herauszukommen. Wenn er keine Folge leistet, sagt man ihm: „Wenn du nicht herunterkommst, verbrennen wir das Haus, deine Frau und deine Kinder." Der Ligenführer kommt herunter, wenn er die Tür öffnet, packt man ihn, bindet ihn, schleppt ihn auf den Lastwagen, man lässt ihn die unaussprechlichsten Martern erleiden, indem man so tut, als wolle man ihn totschlagen oder ertränken, dann lässt man ihn irgendwo im Felde liegen, nackt, an einen Baum gebunden. Wenn der Ligenführer (…) die Tür nicht öffnet und Waffen zu seiner Verteidigung gebraucht, dann wird er sofort ermordet, im Kampf von hundert gegen einen.

7 *Bericht eines jungen deutschen Soldaten vor der Abreise. Er gehörte zu den Freiwilligen der „Legion Condor", die Deutschland 1936 den spanischen Putschisten zu Hilfe schickte:*

Die Männer wussten, dass sie großen Ereignissen entgegenfuhren. Sie hatten alle das gleiche Ziel und ließen sich nur von einem Gedanken beseelen: Wir sind die ersten

deutschen Freiwilligen, die nach Spanien ziehen, um für den Sieg und die gerechte Sache dieses Landes zu kämpfen (...). Rote Mordbrenner hatten über Nacht die Brandfackel entzündet und dem unglücklichen Land den Krieg gebracht. Sie wollten hier an den schönen Ufern des Mittelmeeres einen kommunistischen Staat schaffen, um von hier aus das westliche Europa für ihre wahnsinnigen Pläne zu erobern. Endlose Reihen unschuldiger Menschen wurden in roher Weise ermordet und unsägliches Elend über Spanien gebracht. Das ganze Land sollte ein einziger Trümmerhaufen werden (...).
Jetzt, da sie [die Freiwilligen] mit jeder Stunde der Erfüllung ihrer Wünsche näher kamen, bewegte sie Freude und Begeisterung. Sie fühlten sich glücklich wie selten im Leben (...). So klangen denn ihre alten Soldatenweisen hinaus in Nacht und Meer: Die Kampflieder der Freiwilligen von Spanien.

Q8 *Die Bombardierung von Guernica durch deutsche Kampfflieger der „Legion Condor" am 26. April 1937 erlebte der junge Padre Alberto de Onaindía:*

Es war ein wunderbar klarer Tag, der Himmel war weich und klar. Wir kamen in den Vororten von Guernica gegen 5 Uhr an. In den Straßen war viel Betrieb, denn es war Markttag. Plötzlich hörten wir die Sirene, und wir bekamen Angst.
(...) Von unserem Versteck konnten wir sehen, was geschah, ohne selbst gesehen zu werden. Die Flugzeuge kamen ganz tief angeflogen (...). Unterdessen stürzten Frauen und Kinder und alte Männer getroffen nieder, wie Fliegen, überall sahen wir große Pfützen von Blut.
Ich sah einen alten Bauern, der allein auf dem Feld stand: Eine Maschinengewehrgarbe tötete ihn. Mehr als eine Stunde blieben die achtzehn Maschinen in einer Höhe von wenigen hundert Metern über Guernica, und sie warfen Bombe auf Bombe.
Von dem Lärm der Explosionen und dem Geräusch der einstürzenden Häuser macht man sich keinen Begriff (...). Das zweite Bombardement dauerte fünfunddreißig Minuten, aber es reichte hin, um den ganzen Ort in einen gewaltigen Feuerofen zu verwandeln (...). Die Angriffe und die Zerstörung der Stadt hielten noch weitere zwei Stunden und fünfundvierzig Minuten an (...). Bei Sonnenuntergang konnte man immer noch nicht weiter als fünfhundert Meter sehen. Überall wüteten die Flammen, und dicker schwarzer Rauch stieg auf. Um mich herum beteten die Leute und streckten die Arme in Kreuzform gegen den Himmel, um Gnade zu erbitten.

1. *Betrachte Q1 und Q3. Welchen Eindruck wollte Mussolini von sich und seiner Bewegung vermitteln?*
2. *Beschreibe mit Hilfe von Q4 und Q5 die Rolle des Menschen im faschistischen Staat.*
3. *Trage die Gemeinsamkeiten und Unterschiede der faschistischen Bewegungen in Italien und Spanien in eine Tabelle ein.*
4. *Schildere anhand von Q6 und Q8, mit welchen Terrorinstrumenten die Faschisten ihre Gegner bekämpften.*
5. *Vergleiche den Bericht Q8 mit dem Bild von Picasso (Q9). Welche Darstellung findest du eindringlicher? Begründe deine Ansicht.*

Q9 *So stellte der Maler Picasso (1881–1973) den Bombenangiff auf die baskische Stadt Guernica dar.*

3 Deutschlands Weg in die Republik

Q 1 *Mitglieder des Arbeiter- und Soldatenrates* besetzen am 9. November 1918 in Berlin eine Militärkaserne.

Räte
Von Arbeitern und Soldaten gewählte Vertreter. Ihr Vorbild waren die erstmals in Russland von Arbeitern, Soldaten und Bauern gewählten „Sowjets".

Weimarer Nationalversammlung
Sie arbeitete vom 6. Februar bis zum 31. Juli 1919 in Weimar die Verfassung der neuen Republik aus (daher der Name „Weimarer Republik"). Ihre Mitglieder waren in den ersten demokratischen Wahlen vom Volk gewählt worden.

Von der Rebellion zur Revolution

Das Ende des Ersten Weltkriegs brachte in Deutschland eine Revolution und damit dramatische Veränderungen: Innerhalb kürzester Zeit trat an die Stelle des Kaiserreiches eine demokratische Republik. Auslöser dieser Entwicklung waren die Geschehnisse in den letzten Kriegstagen: Obwohl das Ende der Kämpfe bereits abzusehen war, wollten fanatische Offiziere die Flotte im Oktober 1918 zu einem letzten Gefecht in die Schlacht schicken. Doch die Schiffsbesatzungen wollten sich nicht sinnlos opfern lassen. Sie widersetzten sich dem Befehl, es kam zur Rebellion. Werftarbeiter und aus dem Krieg zurückkehrende Soldaten verbündeten sich mit den Matrosen. Sie riefen zum Generalstreik auf und besetzten die Rathäuser der Küstenstädte. Deren Kontrolle übernahmen gewählte Vertreter aus den eigenen Reihen: die Arbeiter- und Soldatenräte. In den folgenden Tagen weitete sich der Aufstand zur Revolution aus. In fast allen Städten übernahmen rasch gebildete Arbeiter- und Soldatenräte die Macht.

Das Ende der Monarchie

Am 9. November 1918 erreichte die Revolution Berlin. Riesige Demonstrationszüge bewegten sich auf das Schloss und den Reichstag zu. Streikende Arbeiter forderten die sofortige Beendigung des Krieges und die Abdankung des Kaisers. Nun überschlugen sich die Ereignisse: Unter dem Druck der Massen verkündete der Reichskanzler der kaiserlichen Regierung eigenmächtig den Rücktritt des Monarchen. Er ernannte den Vorsitzenden der SPD, Friedrich Ebert, zum neuen Reichskanzler. Fast zeitgleich riefen Philipp Scheidemann (SPD) und Karl Liebknecht (Spartakusbund) am Nachmittag des 9. November die Republik aus – allerdings mit unterschiedlichen Zielen.

Die Aufgaben der neuen Regierung

Ebert bildete eine provisorische Regierung, die sich „Rat der Volksbeauftragten" nannte. Ihr gehörten je drei Politiker der SPD und der USPD an. Die Übergangsregierung stand vor großen Problemen: Wie sollten die Soldaten von der Front zurückgeführt und wieder in den Arbeitsprozess eingegliedert werden? Was war gegen Arbeitslosigkeit und Hungersnot zu tun? Aufgrund der Notlage waren insbesondere die SPD-Mitglieder im Rat der Volksbeauftragten dazu bereit, mit den führenden Kräften des alten Kaiserreichs – der Obersten Heeresleitung, den Beamten und den Unternehmern – zusammenzuarbeiten. Selbst offene Gegner der Republik blieben dadurch im Amt.

Parlament oder Räte?

Wie aber sollte die künftige Republik aussehen? Die SPD unter Friedrich Ebert strebte eine parlamentarische Demokratie an. Eine von den Deutschen gewählte Nationalversammlung sollte eine Verfassung ausarbeiten. Der linke Flügel der USPD und der kommunistische Spartakusbund dagegen wollten eine Räterepublik nach russischem Vorbild: Die Wirtschaft sollte verstaatlicht und die Macht in die Hände von Arbeiter- und Soldatenräten gelegt werden. Die Entscheidung fiel im Dezember auf einem Kongress der Arbeiter- und Soldatenräte in Berlin. Die große Mehrheit stimmte dort für die Wahl zur Nationalversammlung und somit für die parlamentarische Demokratie.

„Berliner Blutwoche"

Der Spartakusbund war jedoch nicht bereit, die Vorstellung von der Räterepublik kampflos aufzugeben. Am 1. Januar gründeten die Spartakisten zusammen mit anderen linksradikalen Gruppierungen die Kommunistische Partei Deutschlands. Um die Wahl zu verhindern und die Revolution voranzutreiben, organisierte die KPD am 5. Januar in Berlin einen bewaffneten Aufstand. Die Regierung rief Einheiten der Reichswehr und Freiwilligenverbände zu Hilfe. Diese so genannten Freikorps bestanden meist aus entlassenen Berufssoldaten. Sie lehnten zwar die Demokratie ab, ihr Hass auf die „Roten" war aber noch größer. Innerhalb einer Woche wurde die Revolte mit großer Härte niedergeworfen. Dabei wurden auch die bekannten KPD-Führer Rosa Luxemburg und Karl Liebknecht von Freikorpssoldaten ermordet.

Wahl zur Nationalversammlung

Bei den ersten freien, geheimen und gleichen Wahlen auf deutschem Boden entschied sich die große Mehrheit für demokratische Parteien. Erstmals durften auch Frauen als gleichberechtigte Bürgerinnen an den Wahlen teilnehmen. Die SPD wurde stärkste Partei, erreichte aber nur 39 Prozent der Stimmen. Viele Arbeiter hatten der Arbeiterpartei das Bündnis mit den Militärs nicht verziehen. Weil man weitere Unruhen in Berlin befürchtete, trat die Nationalversammlung am 6. Februar in Weimar zusammen. Diese wählte Friedrich Ebert zum Reichspräsidenten. Die SPD bildete mit der Zentrumspartei und der DDP die Regierung. Ebert ernannte den SPD-Politiker Scheidemann zum Reichskanzler.

Q 2 *Der Rat der Volksbeauftragten, Postkarte aus den 1920er-Jahren.*
Links: Mitglieder aus den Reihen der USPD.
Rechts: Mitglieder aus den Reihen der SPD.
In der Mitte: Ausrufung der Republik durch Philipp Scheidemann. Die Szene wurde 1927 nachgestellt, da es von diesem Moment kein Foto gibt.

Die Weimarer Verfassung

Am 11. August 1919 trat die von der Nationalversammlung ausgearbeitete neue Verfassung in Kraft. Sie sicherte allen Deutschen die Menschenrechte als Grundrechte zu. Gewählt wurde künftig nach dem Verhältniswahlrecht: Alle Parteien schickten genau im Verhältnis ihres erreichten Stimmenanteils Abgeordnete in den Reichstag. Das Volk sollte aber auch durch Volksbegehren und Volksentscheide direkt über Gesetze abstimmen können.

Der Reichspräsident als „Ersatzkaiser"?

Staatsoberhaupt war der Reichspräsident, der alle sieben Jahre direkt vom Volk gewählt wurde. Die Verfassung sprach ihm eine große Machtfülle zu. In Krisenzeiten konnte er Notverordnungen erlassen und so ohne den Reichstag regieren. Der Reichspräsident sollte als eine Art „Ersatzkaiser" die Anhänger der Monarchie mit der Republik versöhnen und ein Gegengewicht zum Parlament bilden.

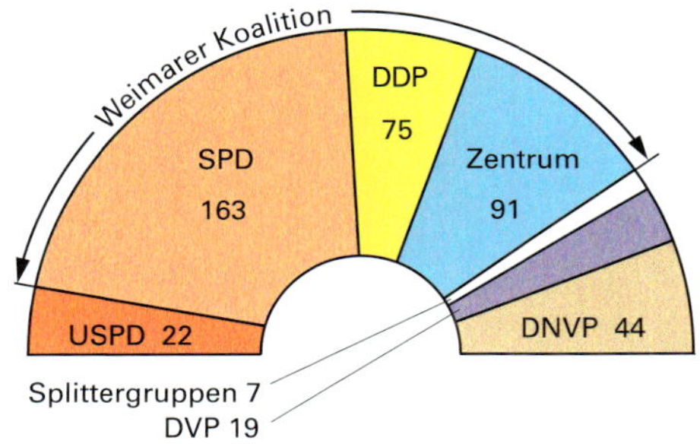

D 1 *Ergebnis der Wahlen zur Nationalversammlung:*
Die Deutsche Demokratische Partei (DDP) vertrat bürgerliche Schichten, das Zentrum den katholischen Bevölkerungsteil. Als Vertreterin der Industrie verstand sich die Deutsche Volkspartei (DVP). Die Deutschnationale Volkspartei (DNVP) wurde vor allem von Anhängern der Monarchie gewählt.
Die KPD hatte die Wahl boykottiert.

Q 3 *Zweimal Ausrufung der Republik am 9. November 1918 in Berlin.*

a) Philipp Scheidemann gegen 14 Uhr vom Balkon des Reichstagsgebäudes:

Arbeiter und Soldaten! Das deutsche Volk hat auf der ganzen Linie gesiegt. Das alte Morsche ist zusammengebrochen. (…) Die Hohenzollern haben abgedankt! Es lebe die deutsche Republik! Der Abgeordnete Ebert ist zum Reichskanzler ausgerufen worden. (…) Jetzt besteht unsere Aufgabe darin, diesen glänzenden Sieg (…) nicht beschmutzen zu lassen, und deshalb bitte ich Sie, sorgen Sie dafür, dass keine Störung der Sicherheit eintrete. (…) Ruhe, Ordnung und Sicherheit ist das, was wir jetzt brauchen.

b) Karl Liebknecht gegen 16 Uhr vor dem Berliner Schloss:

Der Tag der Revolution ist gekommen. Wir haben den Frieden erzwungen. (…) Parteigenossen, ich proklamiere die freie sozialistische Republik Deutschland. (…) Die Herrschaft des Kapitalismus, der Europa in ein Leichenfeld verwandelt hat, ist gebrochen. (…) Wenn auch das Alte niedergerissen ist, dürfen wir doch nicht glauben, dass unsere Aufgabe getan ist. Wir müssen alle Kräfte anspannen, um eine Regierung der Arbeiter und Soldaten aufzubauen und eine neue staatliche Ordnung des Proletariats zu schaffen.

Q 4 *Auszüge aus der Weimarer Verfassung:*

Art. 1: Das Deutsche Reich ist eine Republik. Die Staatsgewalt geht vom Volke aus. (…)
Art. 25: Der Reichspräsident kann den Reichstag auflösen, jedoch nur einmal aus dem gleichen Anlass. (…)
Art. 48: Der Reichspräsident kann, wenn im Deutschen Reiche die öffentliche Sicherheit und Ordnung erheblich gestört oder gefährdet wird, die zur Wiederherstellung der öffentlichen Sicherheit und Ordnung nötigen Maßnahmen treffen, erforderlichenfalls mit Hilfe der bewaffneten Macht einschreiten. Zu diesem Zwecke darf er vorübergehend die (…) Grundrechte ganz oder zum Teil außer Kraft setzen.
Art. 54: Der Reichskanzler und die Reichsminister bedürfen zu ihrer Amtsführung des Vertrauens des Reichstags. Jeder von ihnen muss zurücktreten, wenn ihm der Reichstag durch ausdrücklichen Beschluss sein Vertrauen entzieht.
Art. 109: Alle Deutschen sind vor dem Gesetze gleich. Männer und Frauen haben grundsätzlich dieselben staatsbürgerlichen Rechte und Pflichten.

8. Extraausgabe. Sonnabend, den 9. November 1918.

Vorwärts

Berliner Volksblatt.
Zentralorgan der sozialdemokratischen Partei Deutschlands.

Arbeiter, Soldaten, Mitbürger!

Der freie Volksstaat ist da!
Kaiser und Kronprinz haben abgedankt!
Fritz Ebert, der Vorsitzende der sozialdemokratischen Partei, ist Reichskanzler geworden und bildet im Reiche und in Preußen eine neue Regierung aus Männern, die das Vertrauen des werktätigen Volkes in Stadt und Land, der Arbeiter und Soldaten haben. **Damit ist die öffentliche Gewalt in die Hände des Volkes übergegangen. Eine verfassunggebende Nationalversammlung tritt schnellstens zusammen.**
Arbeiter, Soldaten, Bürger! Der Sieg des Volkes ist errungen, er darf nicht durch Unbesonnenheiten entehrt und gefährdet werden. Wirtschaftsleben und Verkehr müssen unbedingt aufrecht erhalten werden, damit die Volksregierung unter allen Umständen gesichert wird.
Folgt allen Weisungen der neuen Volksregierung und ihren Beauftragten. Sie handelt im engsten Einvernehmen mit den Arbeitern und Soldaten.

Hoch die deutsche Republik!

Der Vorstand der Sozialdemokratie Deutschlands.
Der Arbeiter- und Soldatenrat.

Q 5 *links: Extraausgabe des „Vorwärts" vom 9. November 1918.* Der „Vorwärts" war die offizielle Parteizeitung der SPD. Am 9. November wurden insgesamt sechs Extraausgaben gedruckt.

Q 6 Frauen als Wahlkämpferinnen: Erstmals durften Frauen an deutschen Parlamentswahlen teilnehmen. – Erkläre, wie sich die politische Stellung der Frau in der Weimarer Republik veränderte (vgl. Q4).

1 *Halte Deutschlands Weg vom Kaiserreich zur Republik auf einem Zeitstrahl fest.*

2 *Untersuche, welche Ziele Philipp Scheidemann (SPD) und Karl Liebknecht (Spartakusbund) verfolgten (VT, Q3).*

3 *Auf welchen Wegen versuchten SPD und Spartakusbund (später KPD) ihre politischen Ziele zu erreichen (VT, Q5)?*

4 *Erkläre das schlechte Abschneiden der SPD bei den Wahlen zur Nationalversammlung (VT, D1).*

5 *Beschreibe die Grundzüge der Weimarer Verfassung (VT, D2). Vergleiche dabei auch die Stellung des Reichspräsidenten mit der des Reichskanzlers (Q4).*

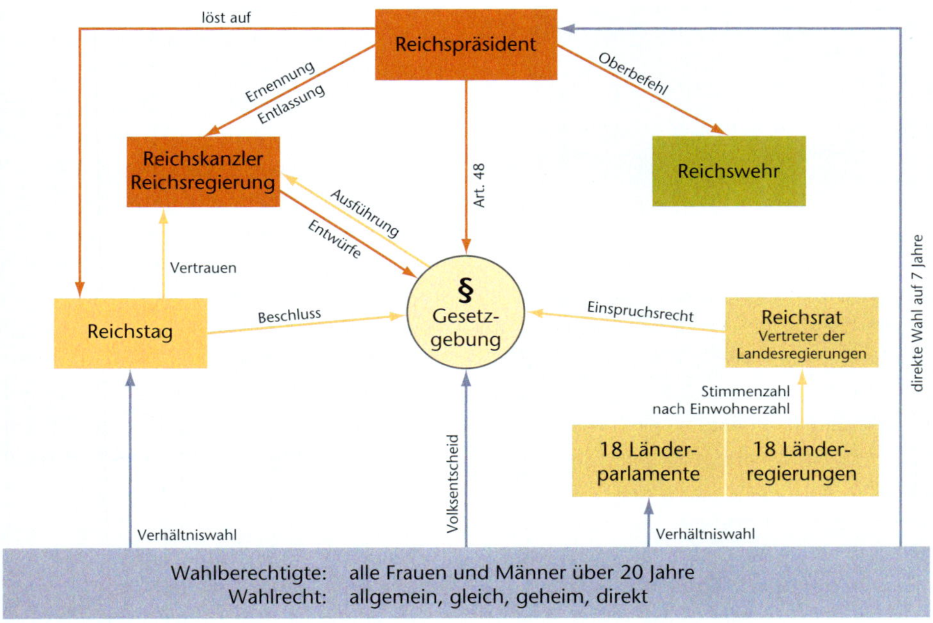

D 2 Die Weimarer Verfassung. Im Reichstag war jede Partei ihrem Stimmenanteil entsprechend vertreten. Eine Fünfprozentklausel gab es nicht. Das begünstigte Splitterparteien und erschwerte die Bildung von kompromissfähigen Regierungsmehrheiten.

D 3 Politische Grundeinstellung der wichtigsten Parteien der Weimarer Republik

	linksradikale Parteien	*sozialistische Parteien*	*christliche Parteien*	*liberale Parteien*		*konservative Parteien*	*rechtsradikale Parteien*
Partei	Kommunistische Partei Deutschlands (KPD)	Sozialdemokratische Partei Deutschlands (SPD)	Zentrum (Z)	Deutsche Demokratische Partei (DDP)	Deutsche Volkspartei (DVP)	Deutschnationale Volkspartei (DNVP)	Nationalsozialistische Deutsche Arbeiterpartei (NSDAP)
	Unabhängige Sozialdemokratische Partei Deutschlands (USPD)						
angestrebte Staatsform	Rätedemokratie bzw. Diktatur des Proletariats	parlamentarische Demokratie Republik	parlamentarische Demokratie Republik	parlam. Dem. Republik	parlam. Monarchie	parlamentarische Mitwirkung in der Monarchie	antiparlamentarische autoritäre Diktatur

4 Lasten und Legenden – die junge Republik unter Druck

1 *Ausschnitt aus einem Wahlplakat* der Deutschnationalen Volkspartei 1924

Die „Dolchstoßlegende"

Oktober 1918: Der Krieg ist verloren. Die Oberste Heeresleitung (OHL) fordert den Abschluss eines Waffenstillstandes. Wer aber soll die Verhandlungen führen? Generalfeldmarschall Ludendorff vor seinen Offizieren: „Ich habe aber seine Majestät gebeten, jetzt auch diejenigen Kreise an die Regierung zu bringen, denen wir es in der Hauptsache zu verdanken haben, dass wir so weit gekommen sind. (...) Die sollen nun den Frieden schließen, der jetzt geschlossen werden muss. Sie sollen die Suppe jetzt essen, die sie uns eingebrockt haben." Gemeint waren Politiker der SPD und der Zentrumspartei, denen Ludendorff mit diesem Schachzug die Verantwortung für die Niederlage aufbürden wollte.

November 1918: Der Zentrumspolitiker Matthias Erzberger unterzeichnet als Leiter der deutschen Delegation auf Drängen der OHL trotz größter Bedenken ein Waffenstillstandsabkommen. Nur wenige Monate später verbreiteten die Generäle von Hindenburg und Ludendorff jedoch in der Öffentlichkeit, das Heer sei „im Felde unbesiegt", man habe es „von hinten erdolcht". Für die Niederlage machten sie die Novemberrevolution und demokratische Politiker verantwortlich, die hinterrücks den Waffenstillstand ausgehandelt hätten.

Der Versailler Vertrag

Bösen Beschimpfungen im eigenen Lande sahen sich auch diejenigen Politiker ausgesetzt, die sich für die Unterzeichnung eines Friedensvertrages einsetzten. Im Januar 1919 kamen im Pariser Vorort Versailles die Vertreter der Kriegsgegner Deutschlands zusammen, um über Friedensbedingungen zu beraten. Die Siegermächte verlangten sehr hohe Reparationsleistungen. Deutschland musste zudem umfangreiche Gebiete an andere Länder abtreten. Doch besonders schwer wog: Dem Deutschen Reich wurde die Alleinschuld am Krieg angelastet. Das empfanden viele Deutsche als Kränkung ihrer nationalen Ehre. Um eine Wiederaufnahme der Kriegshandlungen zu verhindern, unterschrieben die Vertreter der jungen deutschen Republik das „Friedensdiktat" im Juni 1919 notgedrungen.

Anfeindungen von rechts und links

Die „Dolchstoßlegende" und der „Schandvertrag von Versailles" vergifteten das politische Klima in Deutschland. Die Ablehnung der Demokratie kam im Hass auf die Politiker von Weimar zum Ausdruck. Für die Anhänger des alten Kaiserreichs waren sie „Novemberverbrecher" und „Vaterlandsverräter", für die Kommunisten „Arbeiterschlächter" und „Spartakusmörder". Die Hetzkampagnen hatten schwerwiegende Folgen: Demokratische Politiker, die in der militärischen Niederlage die Verantwortung auf sich genommen hatten, wurden von rechtsgerichteten Fanatikern ermordet – so etwa 1921 Matthias Erzberger, der Unterzeichner des Waffenstillstandes, und 1922 Walther Rathenau, der Reichsaußenminister.

A-Z

Reparationen
(von lat. reparare = wiederherstellen, erneuern)
Den Besiegten eines Krieges auferlegte Leistungen zum Ausgleich der Kriegsschäden der Sieger. Dies können Geldzahlungen oder Sachlieferungen sein.

Q 2 *Der Journalist Kurt Tucholsky schreibt 1919 unter dem Titel „Das erdolchte Heer“:*

Die Generale habens gesagt
und haben die Heimat angeklagt.
Die Heimat – heißt es – erdolchte das Heer.
Aber die Heimat litt viel zu sehr!
Sie schrie und ächzte unter der Faust.
Es würgt der Hunger, der Winterwind saust.
Ihr habt der Heimat erst alles genommen
und seid noch besiegt zurückgekommen.
Besiegt hat euch euer eigener Wahn.
Dreimal kräht jetzt der biblische Hahn.
Und nach so vielen Fehlern und falschen Taten
habt ihr nun auch die Heimat verraten.
Die Heimat, die Frauen, die Schwachen, die Kranken –
Wir danken, Generale, wir danken!

Q 3 *Der Schriftsteller Stefan Zweig kommentiert am 5. Dezember 1918 in einem Zeitschriftenbeitrag die Lage der jungen deutschen Republik:*

Ich will versuchen, etwas deutlich zu sagen, was man vorerst nicht gerne wird wissen wollen, obwohl es jeder weiß. Dass nämlich in Deutschland die Republik noch nicht da ist, sondern nur ihre Form. (…) Die Republik ist da, aber noch kein republikanisches Bewusstsein. (…) Dieses – das republikanische Bewusstsein – muss erst geschaffen werden; nichts tut mehr Not für die nächsten Stunden, nächsten Wochen, nächsten Jahre. (…) Es [das Volk] hat die Republik als eine Hoffnung auf Rettung in dem ungeheuren Elend genommen wie eine Arznei. Betrügen wir uns nicht: Es war nicht der Geist, der Glaube, die Überzeugung, die jene Wandlung bewirkten, sondern die Not, der Hass, die Erbitterung.

Politische Morde begangen von:	*Linksstehenden*	*Rechtsstehenden*
Anzahl der Morde	*22*	*354*
ungesühnte Morde	*4*	*326*
teilweise gesühnte Morde	*1*	*27*
gesühnte Morde	*17*	*1*
verurteilte Mörder	*38*	*24*
freigesprochene Täter	*—*	*23*
hingerichtete Mörder	*10*	*—*
Freiheitsstrafe je Mord	*15 Jahre*	*4 Monate*

D 2 *Gerechte Richter? Rechtsprechung in den Jahren 1918–1922*

D 1 *Die Bestimmungen des Versailler Vertrages für das Deutsche Reich*

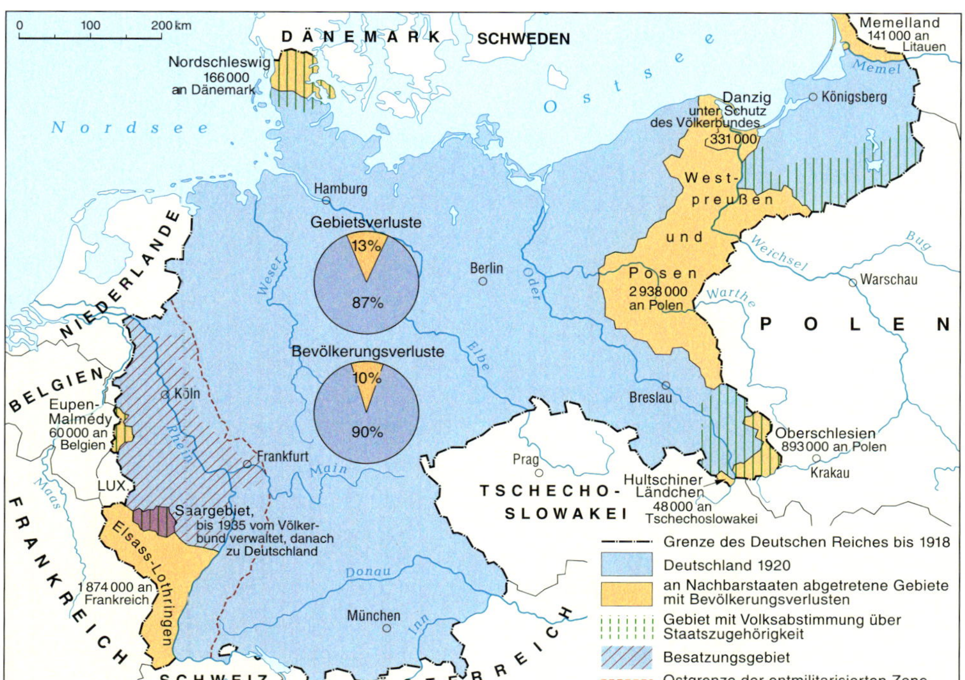

1. *Vergleiche Q1 und Q2 miteinander. Wem wird hier die Schuld an der Kriegsniederlage zugeschrieben?*
2. *Erläutere, warum die „Dolchstoßlegende“ und der Versailler Vertrag enorme Belastungen für die erste deutsche Republik darstellten (VT, D1).*
3. *Diskutiert anhand von D2 die Behauptung, die Justiz der Weimarer Republik sei „auf dem rechten Auge blind“ gewesen.*
4. *Stefan Zweig unterscheidet in seinem Artikel (Q3) republikanische Form und republikanisches Bewusstsein. Was meint er damit?*

5 Das Krisenjahr 1923 – Ruhrbesetzung, Inflation, Putsch

Q 1 *Plakat der Reichsregierung aus dem Jahr 1923*

Am Abgrund
Der britische Botschafter in Berlin notierte Silvester 1923 in sein Tagebuch: „Nun geht das Krisenjahr zu Ende. Die inneren und äußeren Gefahren waren so groß, dass sie Deutschlands ganze Zukunft bedrohten. Wenn man zurückblickt, sieht man klarer, wie nah dieses Land am Abgrund stand." Was war in Deutschland geschehen?

Ruhrbesetzung
Im Januar 1923 marschierten französische Truppen ins Ruhrgebiet ein, weil Deutschland mit Reparationslieferungen im Rückstand war. Soldaten sollten den Transport von Kohle nach Frankreich überwachen. Eine Welle der Empörung einte ausnahmsweise alle politischen Lager in Deutschland. Die Regierung rief zum „passiven Widerstand" auf: Zechen wurden stillgelegt, Fabriken bestreikt. Beamte verweigerten die Zusammenarbeit mit den Besatzern. Radikale Kräfte sprengten sogar Gleise und überfielen Wachposten.

Inflation – das Geld verliert an Wert
Der Staat unterstützte die Streikenden finanziell. Dabei verschlang der „Ruhrkampf" allerdings eine Unmenge Geld: Allein der Produktions- und Steuerausfall sowie die Versorgung der Bevölkerung an der Ruhr kosteten die Staatskasse täglich rund 40 Millionen Goldmark. Um das bezahlen zu können, ließ die Regierung Geld drucken. 300 Papierfabriken und 150 Druckereien waren in der Hochphase der Ruhrbesetzung mit der Herstellung von Banknoten beschäftigt. Die in Umlauf gebrachten Geldscheine waren jedoch nicht durch Gold oder staatlichen Besitz gedeckt. Zudem standen der aufgeblähten Geldmenge immer weniger käufliche Güter gegenüber. Das heizte die Inflation an: Die Warenpreise stiegen unaufhörlich, der Wert des Geldes verfiel in rasender Geschwindigkeit.

Probleme vom Kaiserreich geerbt
Die eigentliche Ursache für die Inflation lag aber weiter zurück: Um die enormen Kriegskosten aufzubringen, hatte die Regierung des Kaiserreichs die Papiergeldmenge zwischen 1914 und 1918 drastisch erhöht. Dieses Vorgehen hatte zur Folge, dass die Mark bereits in diesem Zeitraum über 90% an Wert verlor. Zudem hatte sich die damalige Regierung unter dem Druck der Industrie dazu entschlossen, den Krieg nicht über höhere Steuern, sondern fast ausschließlich durch Anleihen zu finanzieren. So betrugen die Schulden des Deutschen Reichs Ende 1918 164 Mrd. Mark, zu Kriegsbeginn hatten sie noch bei 5 Mrd. Mark gelegen. Nur ein Sieg im Weltkrieg hätte es dem Staat ermöglicht, diese Summen zurückzuzahlen. So aber litt der Weimarer Staat von Beginn an unter den Folgen der Kriegsinflation und unter einem desolaten Staatshaushalt, in dem die Zahlungen für Schulden und deren Zinsen die Einnahmen auffraßen.

Inflation
bezeichnet den Wertverlust des Geldes durch Vermehrung der Geldmenge. Der Staat lässt Geld drucken, die Warenmenge wird aber nicht vermehrt. Dies führt zu steigenden Preisen. Sachwerte, wie Grundstücke oder Schmuck behalten ihren Wert. Wer Schulden hat, kann sie nun leichter zurückbezahlen.

Zusammenbruch und Währungsreform

Durch die Kriegsniederlage und die dadurch fälligen Reparationsleistungen entstanden der Weimarer Republik als „Erbin“ des Kaiserreichs zusätzliche Kosten, die der junge Staat wiederum nur durch die Betätigung der Notenpresse zu begleichen wusste. Dadurch brach die deutsche Währung weiter ein und lag 1920/1921 nur noch bei 7 – 8 % ihres Vorkriegswerts.

Deutschland war also zu Beginn des Jahres 1923 bereits hoch verschuldet und litt seit fast einem Jahrzehnt unter der galoppierenden Geldentwertung. Durch Streik und Produktionsausfall lag die Wirtschaft im September des Jahres nun völlig am Boden. Der Ruhrkampf musste deshalb schließlich abgebrochen werden. Nachdem man den Franzosen weitere Reparationszahlungen zugesichert hatte, räumten sie 1925 das Ruhrgebiet wieder. Um die Inflation zu stoppen, führte die Regierung eine Währungsreform durch: 1 Billion Papiermark entsprachen ab dem 15. November einer Rentenmark.

Gewinner und Verlierer der Inflation

Der Zusammenbruch der Währung traf vor allem diejenigen, die ihre Ersparnisse auf Konten angelegt hatten: Angestellte und Beamte, Handwerker und Arbeiter. Sie fühlten sich von der Republik belogen und betrogen, ihr Vertrauen in die Demokratie war schwer erschüttert.

Besitzer von Sachwerten und Schuldner zählten hingegen zu den Gewinnern der Inflation. Sie konnten ihre Verpflichtungen schlagartig mit wertlosem Geld zurückzahlen. Zahlreiche Fabrikanten schüttelten auf diese Weise ihre Kredite ab. Gewinner war auch der Staat. Seine gesamten Kriegsschulden sanken am 15. November 1923 auf den Wert von 16,4 Pfennig.

2 *Plakat zum Hitler-Putsch am 8./9. November 1923*

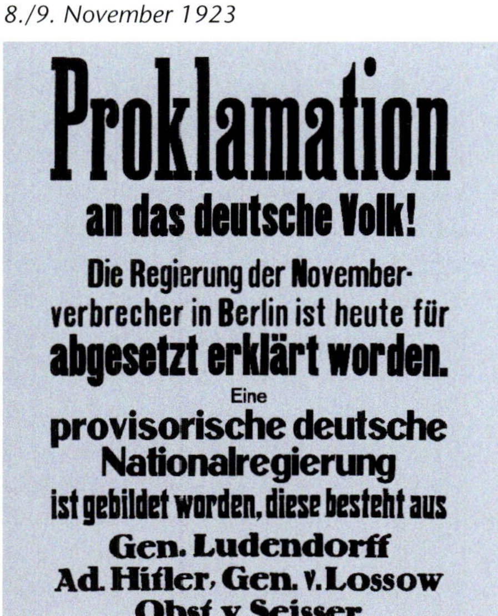

3 *Kinder bauen aus wertlos gewordenen Papiergeldscheinen ein Kartenhaus.*

Hitler-Putsch

Im Spätherbst 1923 versuchte Adolf Hitler, der „Führer“ der rechtsradikalen NSDAP (Nationalsozialistische Deutsche Arbeiterpartei), die Krise der Republik für sich zu nutzen. Sein Ziel war es, die Regierung mit Waffengewalt zu stürzen. Gemeinsam mit dem ehemaligen General Ludendorff rief er die „Nationale Revolution“ aus und marschierte am 9. November mit etwa 2000 Anhängern durch München. Vor der Feldherrnhalle ging die bayerische Polizei jedoch gegen die Putschisten vor. Hitler wurde verhaftet, die NSDAP verboten.

Bild- und Tondokumente zum Krisenjahr 1923 auf Zeitreise multimedial „Das 20. Jahrhundert“

Staatshaushalt
Ausgaben und Einnahmen des Staates

Anleihe
Langfristige Geldbeschaffung des Staates bei Privatleuten oder Unternehmen gegen die Zahlung von Zinsen. Um den Ersten Weltkrieg zu finanzieren, lieh sich der Staat von Bürgern und Unternehmern Geld. Dabei verpflichtete er sich, das Geld verzinst zurückzuzahlen.

Zinsen
Vergütung für geliehenes Geld. Sowohl für das Ausleihen als auch für das Verleihen von Geld werden Zinsen fällig. Die Zinshöhe wird meist in Prozent des Geldes pro Jahr ausgedrückt.

4 *Ein französischer Soldat bewacht einen Güterzug,* der Steinkohle aus dem besetzten Ruhrgebiet nach Frankreich transportiert.

5 *„Jetzt bin ich Millionär – mein Gott, wie werd ich erst als Milliardär aussehn!“,* Karikatur von Thomas Theodor Heine, 1923.

6 *Der Schriftsteller Max Krell erinnert sich an die Zeit der Inflation:*

Die Mark rutschte, fiel, überstürzte sich, verlor sich im Bodenlosen. Städte, Fabriken, Handelsunternehmungen druckten Assignaten [Papiergeld] nach eigenem Belieben, ließen Milliardenflocken auf die Straße schneien. Keiner wollte die bunten Zettel wirklich haben. Wer wusste denn, ob sie gedeckt waren? Die Inflation machte aus dem Geld einen Unsinn. Wer etwas davon in die Tasche bekam, stopfte es am Vormittag in irgendeine Geschäftskasse, um etwas zu erstehen, das er nicht brauchte, der Kaufmann stürzte mit dem Papier in ein anderes Geschäft, nur fort damit, es war, als ob die Geldzettel giftig oder feucht wären; ein Mann kaufte zwanzig Badewannen, das Wort „Sachwerte“ wurde Trumpf.

7 *Aus den Erinnerungen des Buchautors Curt Riess (geb. 1902):*

Diejenigen aber, die alles verloren, waren in der großen Mehrheit. Was uns persönlich anging – mein Vater begriff erst, woran er war, als er feststellen musste, dass die Rechnung für 3,20 Meter Tuch, aus dem ein Anzug gemacht werden konnte, höher war als die Rechnung, die er einem Kunden für den Anzug ausstellen konnte. Von diesem Tag an fertigte er nur noch Anzüge gegen Dollar an. So blieb ihm sein Geschäft erhalten. Aber nicht jeder deutsche Kaufmann reagierte so schnell. Viele gingen zugrunde. Und wie stand es um die so genannten kleinen Leute, die Gehaltsempfänger? Sie mussten am Ende des Monats feststellen, dass sie sich für den Lohn, den sie erhielten, so gut wie nichts mehr kaufen konnten. Um diesem Desaster abzuhelfen, wurde es zur Regel, dass Angestellte und Arbeiter nicht mehr monatlich bezahlt wurden, sondern wöchentlich, dann jeden dritten Tag, schließlich täglich. Dann sausten sie (...) in die nahen Geschäfte und kauften ein. Und die Geschäftsinhaber brachten das eingenommene Geld so schnell wie möglich auf die Bank und kauften dafür, wenn irgend möglich, fremde Währung, vor allem Dollar, Pfund oder Schweizer Franken.

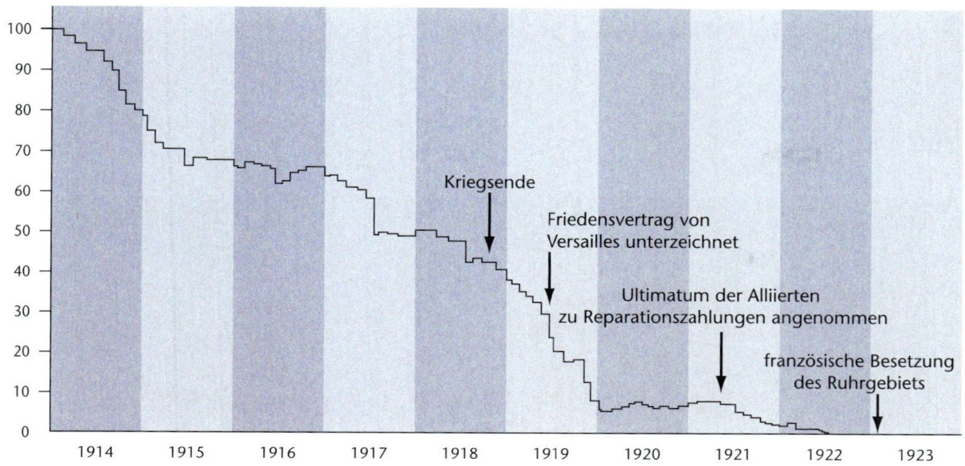

D 1 *Der Wertverfall der Mark 1914–1923 (Januar 1914 = 100)*

D 2 *Der Historiker Heinrich August Winkler zeigt auf, wen die Inflation schädigte und wem sie nützte:*

Wer seinen Lebensunterhalt aus Ersparnissen (...) zu bestreiten gewohnt war, der stand am Ende der Inflationsperiode buchstäblich vor dem Nichts. Hart betroffen waren auch jene Akademikerfamilien, die das Studium ihrer Kinder traditionell aus Ersparnissen zu finanzieren pflegten. Auf der anderen Seite gab es auch in den Mittelschichten viele, die aus der Geldentwertung Nutzen zogen: Haus- und Grundbesitzer wurden schuldenfrei (...). Die eigentlichen Inflationsgewinner waren die meist hoch verschuldeten Großgrundbesitzer, die durch die Geldentwertung ihrer Schulden ledig wurden, und die Besitzer großer industrieller Vermögen. Materiell war auch der Staat ein Gewinner der Inflation: Die Rückzahlung von Schulden und namentlich der gigantischen Summe der Kriegskredite in wertlosem Papiergeld kam einer Schuldenbefreiung gleich. (...) Seine Glaubwürdigkeit war durch die Inflation fundamental erschüttert worden, und es war die Republik, gegen die sich das Ressentiment [die Abneigung] der Enttäuschten richtete. Die Monarchie, die die Inflation 1914 ausgelöst hatte, erschien hingegen fünf Jahre nach Kriegsende vielen Deutschen schon wieder in einem verklärten Licht.

Die Preise der neuen Woche.

In Milliarden Mark.

Brot, grau (77 Pf.)	770	Mark
Brot, weiß (84 Pf.)	840	„
Schrippe (3 Pf.)	30	„
Vollmilch, 1 Liter	280	„
Magermilch, 1 Liter	95	„
Gas, 1 Kubikmeter	210	„
Elektr. Strom, 1 Kilowattstunde	420	„
Wasser, 1 Kubikmeter	210	„
Briketts, Zenter frei Keller	1981	„
Straßenbahn	150	„
Hochbahn, 3. Klasse	100 u. 150	„
Hochbahn, 2. Klasse	150 u. 200	„
Stadtbahn, 3. Klasse (15 Pf.)	150	„
Stadtbahn, 2. Klasse (25 Pf.)	250	„
Omnibus	150 u. 200	„
Brief, Berlin	40	„
Brief, außerhalb	80	„
Postkarte, Berlin	16	„
Postkarte, außerhalb	40	„
Telephongespräch (10 Pf.)	100	„

Q 8 *Preise der letzten Inflationswoche (November 1923)*

Q 9 *Inflationsgeld*, überdruckter 20-Mark-Schein

1. *Stelle die einzelnen Aspekte, die das Jahr 1923 zu einem Krisenjahr machten, in einer Mindmap dar.*
2. *Ordne die Quellen dieses Kapitels den damaligen Krisenfeldern „Wirtschaft", „Außenpolitik" und „Innenpolitik" zu.*
3. *Erläutere, welche Ursachen die Inflation hatte und wie sie das Leben der Menschen veränderte (VT, Q6–Q8).*
4. *Viele Menschen gaben der Republik die Schuld an der Inflationskrise. Nimm dazu Stellung und begründe deine Meinung (VT, D1).*
5. *Erläutere mit Hilfe von D2, warum der Weimarer Staat gleichzeitig Gewinner und Verlierer der Inflation von 1923 war.*
6. *Warum verkehren sich in der Karikatur von T. T. Heine (Q5) die Begriffe „Millionär" und „Milliardär" in ihr Gegenteil?*
7. *Überlege, warum Parteien wie die NSDAP von solchen Krisenzeiten oftmals profitieren.*

6 Goldene Zwanziger?

1 *„Großstadt"*, ein berühmtes Gemälde der „Neuen Sachlichkeit" von Otto Dix, 1927/28. Viele Maler und Schriftsteller machten die Metropole Berlin zum Thema ihrer Werke.

Neue Sachlichkeit
Eine in den 1920er-Jahren in Deutschland aufgekommene Kunstrichtung, die die Wirklichkeit realistisch erfasste und sich kritisch mit der Gesellschaft auseinander setzte. Der Begriff geht auf eine Ausstellung moderner Malerei in Mannheim 1925 zurück.

„Hoppla, wir leben!"
So heißt ein Theaterstück von Ernst Toller, das 1927 in Hamburg uraufgeführt wurde. Der Titel spiegelt den vorsichtigen Optimismus, der sich in Deutschland infolge der leichten wirtschaftlichen und politischen Erholung nach dem Krisenjahr 1923 ausbreitete. Es schien, als ginge es nun endlich aufwärts. Eine schillernde Zeit voller Lebenshunger und Modernität brach an, aber auch eine unruhige Zeit voller Extreme und Ungewissheiten. Schon den Zeitgenossen erschienen die „Goldenen Zwanziger Jahre" deshalb als „Tanz auf dem Vulkan".

Weltstadt Berlin
Vor allem die Metropole Berlin mit ihren 4 Millionen Einwohnern verkörperte die neue, moderne Welt. Mitte der 1920er-Jahre existierten in der Hauptstadt 49 Theater, 3 Opernhäuser sowie 75 Kabarett- und Varietébühnen. Das Nachtleben blühte: In Tanzhallen und Bars war Jazz- und Swingmusik aus den USA zu hören, zu der neue Tänze wie der Charleston ausprobiert wurden. Zwar konnte sich dieses aufregende Leben nur ein kleiner Kreis von Wohlhabenden leisten, doch auch für die breite Masse der Bevölkerung nahm das Freizeitangebot zu. Etliche Tageszeitungen, „Groschenromane" und die neuartigen Illustrierten warben um Leser. Hinzu kamen die ersten Radioprogramme und Tonfilme im Kino. Eine Massenkultur war entstanden.

Kulturelle Blütezeit
Die Umbrüche und Veränderungen, die die Weimarer Republik hervorgerufen hatte, setzten enorme künstlerische Energie und Kreativität im Kulturleben frei. Viele Künstler ließen sich von der großstädtischen Atmosphäre inspirieren und experimentierten mit neuen Stilen und Formen. Dabei schockierten sie oftmals die Öffentlichkeit. Einige Kritiker beklagten deshalb lautstark die „Verrottung der Kunst".
Die „Neue Sachlichkeit" wurde zur dominierenden Kunstrichtung, die Großstadt zum zentralen Thema. So fingen Maler wie Otto Dix und George Grosz das Leben in den modernen Metropolen in ihren Bildern ein. Alfred Döblin schilderte in seinem Roman „Berlin Alexanderplatz" den Alltag des „kleinen Mannes", während Regisseur Fritz Lang im Science-Fiction-Film „Metropolis" seine Vision von einer Zukunftsstadt offenbarte.

Q 2 *Filmplakat zu „Metropolis".* Der Stummfilm hatte am 10. Januar 1927 im Ufa-Palast am Berliner Zoo Premiere.

Q 3 *Ein junger Mann aus einem Berliner Arbeiterviertel schreibt über die 1920er-Jahre:*
Von der kulturellen Metropole Europas merkten wir im Norden Berlins wenig. Die „goldenen zwanziger Jahre" fanden in den Theaterzentren, Galerien und feinen Restaurants statt, waren eine Angelegenheit sensationeller Bälle und Galas der Neureichen, der Nachtlokale und Künstler-Cafés (...). Den Kulturbedarf der breiten Massen befriedigten das Radio, der neue Unterhaltungsfilm, die Trivialliteratur sowie Revuen und Tanzlokale. Die Schlager (...) halfen Luftschlösser bauen, erleichterten die Flucht aus dem grauen Alltag.

D 1 *Über die Entstehung der modernen Massenkultur schreibt die Historikerin Ursula Becher:*
Erst in der Weimarer Republik wurde mit Arbeitszeitverkürzung und Urlaubsregelung die Voraussetzung für die moderne Freizeit geschaffen. Erst jetzt war es einer breiten Bevölkerung möglich, die nach ihrer Berufstätigkeit verbleibende Zeit nach eigenen Wünschen zu gestalten und an Vergnügungen teilzunehmen, die bisher vorwiegend dem Bürgertum vorbehalten waren. Außer den traditionellen und erweiterten Bildungsangeboten wie Theater, Bibliotheken, Museen, Konzerte, Veranstaltungen der Volkshochschulen wurde Massenspektakel populär: Boxkämpfe und Sechstagerennen zogen Zuschauermengen an. Die neuen Kinopaläste, Varietés, Tanzsäle, Sportarenen waren Hochburgen der neuen Freizeitwelt. (...)
Massenkultur ist nicht zu denken ohne Massenkonsum. Die Versorgung der Bevölkerung mit neuen Produkten verbesserte sich stetig. Im Jahr 1932 kamen in Deutschland auf je 1000 Einwohner 66 Rundfunkgeräte, 52 Fernsprechanschlüsse und 8 Personenautos. Das entsprach dem europäischen Durchschnittswert.

Q 4 *Titelblatt einer Mode- und Frauenzeitschrift vom Mai 1922.* Das Bild eines neuen Frauentyps wurde in den 1920er-Jahren durch Werbung, Filme und Zeitschriften verbreitet.

Q 5 *Blechdose für Zigaretten, 1925–1930*

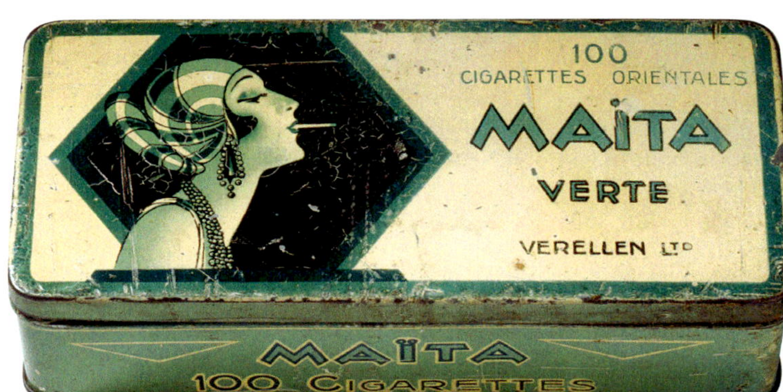

TIPP

Bild- und Tondokumente zur Kultur der Weimarer Republik findest du unter www.dhm.de/lemo/home.html

1. *Beschreibe Q1 genau. Wie ist das Großstadtleben dargestellt?*
2. *Erläutere den Begriff „Massenkultur". Zeige auf, wie und in welchen Bereichen sich diese Kultur entwickelt hat (VT, D1, Q3).*
3. *Lies den Abschnitt „Frauen in der Weimarer Zeit" auf S. 96 und untersuche, welche Botschaft Zeitschrift (Q4) und Werbung (Q5) von der „neuen Frau" vermitteln wollen.*
4. *Informiert euch unter der oben angegebenen Webadresse über die Bereiche Literatur, Theater, Kino, Architektur („Bauhaus") und den Alltag der „neuen Frau". Stellt eure Ergebnisse in Kurzreferaten vor.*

7 Republik im Untergang

1 *Auf verzweifelter Suche nach Arbeit* waren während der Wirtschaftskrise Millionen Menschen in den Industrieländern.

Weltwirtschaftskrise bezeichnet die große Wirtschaftskrise, die ab 1929 alle großen Industrieländer erfasste. Sie begann mit dem „Schwarzen Freitag“ am 24. Oktober 1929 in New York. An der dortigen Börse brachen die Kurse ein, weil Aktien zuvor weit über Wert gehandelt worden waren.

Der New Yorker Börsencrash

Nachdem es Ende 1923 gelungen war, die Inflation zu stoppen, blühte die deutsche Wirtschaft in den Folgejahren auf. Allerdings war der Wohlstand auf Pump finanziert. Vor allem aus den USA flossen Anleihen und Kredite in Milliardenhöhe. Deshalb wurde Deutschland von der amerikanischen Wirtschaftskrise, die im Herbst 1929 schlagartig mit dramatischen Kurseinbrüchen an der New Yorker Börse einsetzte, besonders hart getroffen. Die Krise der USA griff aber auch auf andere Länder über und weitete sich schnell zur Weltwirtschaftskrise aus.

Die Wirtschaftskrise …

Deutschland bekam die Folgen des amerikanischen Niedergangs doppelt zu spüren. Zum einen ging der deutsche Export stark zurück. In den Überseehäfen stauten sich Schiffe, die ihre Güter nicht entladen konnten, weil die Empfänger nicht in der Lage waren, die Waren zu bezahlen. Zum anderen forderten amerikanische Banken wegen des Geldmangels in den USA Kredite zurück, die sie nach Deutschland vergeben hatten. Einige deutsche Banken wurden dadurch zahlungsunfähig. Eine verhängnisvolle Spirale setzte nun ein: Der Zusammenbruch der Banken zog den Konkurs von Betrieben nach sich, die auf die Kredite angewiesen waren. Andere Firmen mussten wegen mangelnder Aufträge ihre Produktion herunterfahren und Arbeitnehmer entlassen. Dadurch wurden weniger Waren gekauft und auch die Steuereinnahmen des Staates gingen zurück. Dieser sah sich zu Sparmaßnahmen gezwungen und konnte weniger Aufträge an die Wirtschaft vergeben.

… und ihre Folgen

Die Zahl der Arbeitslosen, die auch in den wenigen Jahren des wirtschaftlichen Aufschwungs recht hoch war, stieg nun dramatisch an. Seit 1927 gab es zwar eine Arbeitslosenversicherung, aber deren Leistungen garantierten kaum das Existenzminimum. 1932 bekamen von mehr als sechs Millionen Arbeitslosen rund 800 000 Familien überhaupt keine Unterstützung mehr. Viele dieser Menschen hungerten und mussten ihre Wohnung aufgeben. Nackte Existenzangst machte sich breit – auch unter denjenigen, die noch Arbeit besaßen.

Regierung zerbricht an den Problemen

Seit den Reichstagswahlen von 1928 regierte eine Große Koalition der gemäßigten demokratischen Parteien. Die Interessengegensätze in ihr waren groß und Kompromissbereitschaft wie so oft in jenen Jahren kaum vorhanden. Ausgangspunkt des Konflikts, an dem die Koalition schließlich zerbrechen sollte, war die verzweifelte finanzielle Lage der Arbeitslosenversicherung.

Während die DVP als Vertreterin der Großindustrie eine Senkung der Leistungen forderte, beharrte die SPD auf einer Erhöhung der Beiträge. Daraufhin verließ die DVP 1930 die Koalition und die Regierung trat zurück. Danach sollte es nie mehr gelingen, eine demokratische Mehrheit im Reichstag zu finden.

Die Zeit der Notverordnungen

Fortan schlug die Stunde der Präsidialkabinette, die mit der Unterstützung des Reichspräsidenten Hindenburg regierten. Dieser war 1925 zum Staatsoberhaupt gewählt worden. Der überzeugte Monarchist und Urheber der „Dolchstoßlegende" im höchsten Staatsamt von Weimar – das war ein schwerer Schlag für die Republik. Nach dem Ende der Großen Koalition ernannte Hindenburg den Zentrumspolitiker Heinrich Brüning zum neuen Reichskanzler. Die Regierung Brüning war die erste von vier so genannten Präsidialregierungen. Sie hatten keine Mehrheit im Parlament, waren allein vom Vertrauen des Reichspräsidenten abhängig und regierten vor allem mit Hilfe von Notverordnungen nach Art. 48 der Verfassung. Als die Abgeordneten im Juli 1930 versuchten, eine Notverordnung Brünings wieder aufzuheben, löste Hindenburg den Reichstag auf und schrieb Neuwahlen aus. Dieses Vorgehen wurde zur gängigen Praxis der nächsten $2^1/_2$ Jahre.

Die Stunde der Gegner

Brüning glaubte, die Wirtschaftskrise mit einer drastischen Sparpolitik überwinden zu können. Doch Not und Arbeitslosigkeit nahmen immer weiter zu. Insbesondere diejenigen, die durch Krieg, Inflation und Wirtschaftskrise alles verloren hatten, waren zunehmend anfällig für die radikalen Parolen der Republikfeinde. So versprach die KPD das Ende aller Not, sobald der Kapitalismus vernichtet sei. Die NSDAP machte die demokratischen Politiker für die schlimme Lage verantwortlich und forderte einen autoritären „Führerstaat". Die Hetzkampagnen verfehlten ihre Wirkung nicht. Nach den Neuwahlen im September 1930 gehörten etwa 40 % der Reichstagsabgeordneten antidemokratischen Parteien an. Gleichzeitig schürten Kommunisten und Nationalsozialisten mit gewalttätigen Demonstrationen und Straßenschlachten bewusst die Furcht vor einem Bürgerkrieg. Viele riefen deshalb nach einem „starken Mann", der wieder für Ruhe und Ordnung sorgen sollte.

Das Ende der Weimarer Republik

Als bei den Reichstagswahlen im Juli 1932 NSDAP und KPD die Stimmenmehrheit im Reichstag erhielten, hatten die Demokraten den Kampf endgültig verloren. Vorher war schon Reichskanzler Brüning durch Intrigen von Beratern Hindenburgs, der so genannten Kamarilla, gestürzt worden. Führende konservative Politiker, Industrielle, Adelige und Angehörige der Reichswehr gehörten zu diesem engsten Beraterkreis des Reichspräsidenten. Sie lehnten die demokratische Republik ab und hatten maßgeblichen Einfluss auf die Politik der Präsidialkabinette seit 1930. Teile dieser Kamarilla sprachen sich Ende 1932 für Adolf Hitler als Reichskanzler aus. Sie glaubten, den Führer der NSDAP für ihre Ziele einspannen zu können. Hindenburg hatte zwar große Zweifel gegenüber Hitler, aber den Beratern gelang es, diese Bedenken zu zerstreuen. Am 30. Januar 1933 wurde Adolf Hitler zum deutschen Reichskanzler ernannt.

Q 2 *Das Hakenkreuz,* Symbol der Nationalsozialisten, Karikatur aus „Der wahre Jacob" von Anfang 1933. – Wie sah der Zeichner die NSDAP?

Q 3 *Menschenansammlung vor den geschlossenen Toren einer Berliner Bank.* In der Wirtschaftskrise gehörten Bankenzusammenbrüche zum alltäglichen Geschehen, viele Menschen verloren ihre gesamten Ersparnisse, Foto, Juli 1931.

4 *Auswirkungen der Weltwirtschaftskrise auf die Bevölkerung. Der 24-jährige Günther Prien war damals immer wieder vergeblich auf Arbeitsuche:*

Ich ging auf die Straße hinaus. Nun war ich also wieder unten, ganz unten. (...) Warum? Jeder, den man fragte, zuckte die Achseln: „Ja es gibt eben keine Arbeit, das sind die Verhältnisse, mein Lieber!" Ja, verflucht noch mal, waren denn die da oben, die Minister, die Parteibonzen, (...) nicht dazu da, die Verhältnisse zu ändern? Wie konnten sie ruhig schlafen, solange es noch Menschen gab, kräftig und gesund, willig zur Arbeit (...) und nun verrottend wie faules Stroh? Die paar elenden Pimperlinge, die sie uns hinwarfen, schützten gerade vor dem Hungertode. Sie gaben sie widerwillig her, weil sie Angst hatten vor unserer Verzweiflung und sie wickelten uns das Lumpengeld in das Papier ihrer Zeitungen, die von schönen Redensarten (...) trieften. Ein wütender Zorn (...) packte mich. In diesen Tagen wurde ich Mitglied der nationalsozialistischen Bewegung.

Bild- und Tondokumente zur Weltwirtschaftskrise auf Zeitreise multimedial „Das 20. Jahrhundert"

5 *„Notverordnung:* Nach den Erfahrungen der letzten Tage ist verfügt worden, dass jeder Demonstrationszug seinen eigenen Leichenwagen mitzuführen hat.", Karikatur aus der Zeitschrift „Simplicissimus", 1931.

6 *In einer Schulchronik aus dem Jahre 1932 findet sich folgende Eintragung:*

Immer häufiger erscheinen morgens Mütter oder Väter in der Schule mit dem Bescheid: „Ich kann meine Kinder nicht schicken; wir haben kein Stück Brot im Haus. Wir haben die Kinder im Bett gelassen, da merken sie den Hunger nicht so." – Oder es heißt: „Die Schuhe sind ganz durch. Gestern ging's noch, da war's trocken, aber heute ist die Straße nass." Am 10. November eröffnete die Schule (...) eine Frühspeisung für zunächst 25 Kinder. Ihr Appell an die noch erwerbstätigen Eltern und Freunde der Schule setzte sie in die Lage, die Zahl auf 40 bis 50 zu erhöhen (von 430 Kindern hatten noch rund 170 erwerbstätige Väter und Mütter).

7 *Petition (politische Bittschrift) an den Reichspräsidenten von Vertretern der Wirtschaft, der Banken und des Großgrundbesitzes im November 1932:*

Gegen das bisherige parlamentarische Parteiregime sind nicht nur die Deutschnationale Volkspartei und die ihr nahe stehenden kleinen Gruppen, sondern auch die Nationalsozialistische Deutsche Arbeiterpartei grundsätzlich eingestellt (...).

Wir erkennen in der nationalen Bewegung, die durch unser Volk geht, den verheißungsvollen Beginn einer Zeit, die durch Überwindung des Klassengegensatzes die unerlässliche Grundlage für einen Wiederaufstieg der deutschen Wirtschaft erst schafft. Wir wissen, dass dieser Aufstieg noch viele Opfer erfordert. Wir glauben, dass diese Opfer nur dann willig gebracht werden können, wenn die größte Gruppe dieser nationalen Bewegung führend an der Regierung beteiligt wird.

Die Übertragung der verantwortlichen Leitung eines mit den besten sachlichen und persönlichen Kräften ausgestatteten Präsidialkabinetts an den Führer der größten nationalen Gruppe wird die Schwächen und Fehler, die jeder Massenbewegung notgedrungen anhaften, ausmerzen und Millionen Menschen (...) zu bejahender Kraft mitreißen.

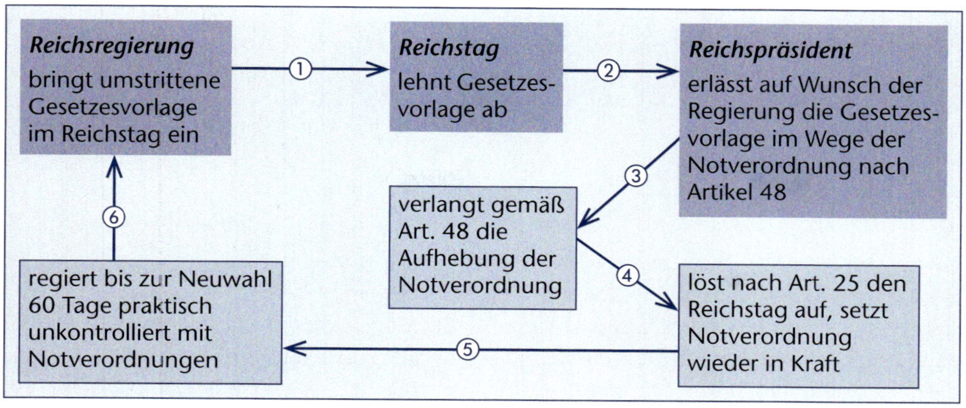

D 1 *Die Funktionsweise der Präsidialregierungen (1930–1933).* Die Präsidialregierungen beruhten auf der Kombination der Artikel 48 und 25 der Weimarer Verfassung. Durch Androhung und Anwendung beider Artikel konnte der Reichspräsident das Parlament ausschalten.

D 2 *Ergebnisse der Reichstagswahlen vom 31. Juli 1932 in %:*

	KPD	SPD	Zentrum	DVP	DNVP	NSDAP	Sonstige
Deutsches Reich	14,5	21,6	12,5	1,2	5,9	37,4	6,9
Bochum	20,8	19,2	21,8	1,2	3,9	29,4	3,7
Dortmund	27,9	23,7	18,6	1,4	4,9	19,6	3,9
Duisburg	26,9	13,6	22,4	1,2	5,8	27,5	2,6
Essen	25,1	12,7	30,7	0,7	4,0	24,0	2,8
Gelsenkirchen	29,8	13,1	24,9	1,9	4,3	23,0	3,0

D 3 *Arbeitslosigkeit in Deutschland (Jahresdurchschnitt)*

1929	1 899 000	8,5 Prozent
1930	3 076 000	14,0 Prozent
1931	4 520 000	21,9 Prozent
1932	5 603 000	29,9 Prozent

D 4 *Reguläre Gesetzgebung und Notverordnungspraxis 1930–1932*

	Gesetze	Notverordnungen	Reichstagssitzungen
1930	98	5	94
1931	34	44	41
1932	5	60	13

1. *Versuche den „Teufelskreislauf", in den die deutsche Wirtschaft ab 1929 geriet, zu verdeutlichen, indem du den VT zu diesem Thema in eine Skizze umwandelst.*
2. *Beschreibe die Not der Menschen während der Krise (VT, D3, Q1, Q3, Q6).*
3. *Erkläre, welcher Zusammenhang sich zwischen Wirtschaftskrise und politischen Veränderungen erkennen lässt (Q4, Q8).*
4. *Erläutere mit Hilfe des Schaubildes (D1) und der Statistik (D4) das System der Präsidialregierungen. Inwiefern trugen sie zur Zerstörung der parlamentarischen Demokratie bei?*
5. *Beschreibe die Methoden, die die NSDAP einsetzte, um an die Regierung zu gelangen (Q2, Q5). Welche Rolle spielte dabei die Kamarilla (VT, Q7)?*

Q 8 *Die Bewohner der Hinterhofwohnungen in der Berliner Köpenicker Straße* treten 1932 in den Mieterstreik. – Welche Rückschlüsse auf die politischen Einstellungen der Bewohner lassen sich aus dem Foto ziehen?

8 Methode
Politische Plakate analysieren

Bei der Reichstagswahl am 31. Juli 1932 hatten sich rund 30 Parteien zur Wahl gestellt. Sie alle warben mit Wahlplakaten, die sie an Litfaßsäulen, Häuserfassaden und Bäumen anbrachten, massiv um die Gunst der Wählerstimmen. In keiner anderen Epoche hatten Plakate eine so große Bedeutung wie in der Weimarer Republik. Sie waren ein wichtiges Mittel der politischen Auseinandersetzung, denn nur gedruckte Medien boten damals die Möglichkeit, viele Menschen in Wort und Bild anzusprechen.

Für den heutigen Betrachter stellen Wahlplakate eine wertvolle Geschichtsquelle dar. Zum einen geben sie Auskunft über den politischen Standpunkt einer Partei. Zum anderen greifen die Parteien in ihren Plakaten oftmals soziale oder wirtschaftliche Probleme der Zeit auf und bieten Lösungen an. So erfährt man, was die Menschen damals bewegte, welche Ängste und Hoffnungen sie hatten.

Q 1 *Wahlplakat der NSDAP von 1932*

Q 2 *Wahlplakat der KPD aus dem Jahr 1932*

Q 3 *Wahlplakat der SPD von 1932*

Q 4 *Wahlplakat des Zentrums aus dem Jahr 1932*

Methodische Arbeitsschritte

Um Botschaft und Absicht eines politischen Plakates zu ergründen, ist es sinnvoll, dessen Wort- und Bildsprache zu analysieren:

1. Kläre die Hintergründe:
   - Von wem stammt das Plakat, an wen richtet es sich?
   - Wann und aus welchem Anlass ist es entstanden?
2. Beschreibe das Plakat genau:
   - Welche Personen, Gegenstände, Situationen sind abgebildet?
   - Wie lautet der Text des Plakates?
3. Untersuche die Gestaltungsmittel:
   - Wie sind die Personen dargestellt (Aussehen, Gesichtszüge, Körpersprache)?
   - Welche Symbole werden eingesetzt? Wofür stehen sie?
   - Welche Farben und Schriftzüge werden verwendet? Welche Wirkung wird damit erzielt?
   - Arbeitet das Plakat mit Argumenten, Gefühlen, Feindbildern?
4. Bewerte das Plakat:
   - In welcher Beziehung steht das Plakat zur damaligen politischen Situation?
   - Was will die Partei mit dem Plakat erreichen?
   - Was erfährt man durch das Plakat über die Partei und ihre Politik?

1 Analysiere die politischen Plakate mit Hilfe der methodischen Arbeitsschritte.

2 Vergleiche die Wahlplakate aus der Endphase der Weimarer Republik mit aktuellen Wahlplakaten. Worauf sind die Unterschiede zurückzuführen?

3 Liste auf, welche anderen Werbemittel Parteien heute einsetzen, um Wählerstimmen zu gewinnen.

9 Wer wählte die NSDAP?

Q 1 *„Das Firmenschild. Vor den Proleten und vor den zahlungskräftigen Kreisen“*, Karikatur aus dem „Wahren Jacob“, 1931.

Aufstieg der NSDAP zur Massenpartei

Bei der Reichstagswahl 1928 entschieden sich nur 2,6 % der Wähler für die NSDAP. Vier Jahre später konnte die Hitlerbewegung 37,4 % der Stimmen auf sich vereinigen. 13,8 Millionen Menschen hatten im Juli 1932 die NSDAP gewählt, die damit zur weitaus stärksten politischen Kraft aufstieg. Keine andere Partei in der deutschen Geschichte hat in so kurzer Zeit einen derartigen Sprung in der Wählergunst geschafft. Wie lässt sich dieser Aufstieg von einer kleinen, relativ erfolglosen Splitterpartei zur stärksten Fraktion des Reichstags erklären?

Volkspartei des Protestes

Nach dem gescheiterten Putschversuch von 1923 änderte die NSDAP ihre Taktik. Die revolutionären Bestrebungen wurden zurückgestellt, die Republik sollte von innen ausgehöhlt werden. Ziel war es, die Herrschaft im Parlament und auf der Straße zu erlangen. Dabei bemühte sich die NSDAP darum, als Partei für das ganze Volk aufzutreten und möglichst alle gesellschaftlichen Gruppen zu umwerben. Dies kam allein schon in der Namensgebung der Partei zum Ausdruck: Während das „N“ Konservative aus dem bürgerlichen Lager ansprechen sollte, zielte das „S“ darauf ab, traditionelle Wähler der Arbeiterparteien zu gewinnen. Mit Hilfe einer Propaganda, die für jede Sozialschicht spezielle „Heilsbotschaften“ bereithielt, gelang es der NSDAP, Menschen ganz unterschiedlicher Herkunft zu einen: Den Arbeitslosen versprach die NSDAP Arbeit und Brot, dem Mittelstand nahm sie die Furcht vor dem sozialen Abstieg, der Oberschicht versicherte sie Schutz vor der kommunistischen Gefahr, dem Militär gab sie die Hoffnung auf eine neue große Armee. Beharrlich schürte die NSDAP in der Bevölkerung das Feuer aus Angst und Unzufriedenheit. Hitler wurde zum Heilsbringer aufgebaut, seine Bewegung zur Sammelpartei des sozialen und wirtschaftlichen Protestes.

Zwischen Attraktivität und Immunität

Insbesondere junge Menschen fühlten sich von der NSDAP angezogen. Für sie stellte die Partei, die sich besonders dynamisch und aggressiv gab, eine Art Aufbruchsbewegung in eine bessere Zukunft dar. 1933 war fast jedes zweite Parteimitglied zwischen 18 und 30 Jahre alt. Als einigermaßen immun gegenüber den nationalsozialistischen Versprechungen erwiesen sich hingegen Katholiken und Kommunisten, die ihren angestammten Parteien zumeist die Treue hielten. Offensichtlich verfügten das katholische Zentrum und die KPD über eine stärkere Bindekraft zu ihren Wählern als die übrigen Parteien.

Unter dem Stichwort „Reichstagswahlen“ findest du auf der Internetseite www.dhm.de/lemo/suche/index.html Statistiken und Diagramme zur Entwicklung der einzelnen Parteien zwischen 1919 und 1933.

Q 2 *Der Journalist Helmut von Gerlach kommentiert in einem Zeitungsartikel vom 6. Oktober 1930 den Erfolg der NSDAP bei den Septemberwahlen:*

Die Welt zerbricht sich den Kopf darüber, worauf die Verneunfachung der Hitlerstimmen zurückzuführen ist. (...) „Deutschland hat drei Millionen Arbeitslose, sie haben fast sämtlich nationalsozialistisch gewählt. Ergo." So konnte man wörtlich in Paris und anderswo lesen.

Irrtum! Von den drei Millionen Erwerbslosen hat nur ein verschwindend geringer Prozentsatz Hitler seine Stimme gegeben. Diese drei Millionen stellen vielmehr das Gros der kommunistischen Wähler dar. (...) Die Arbeitslosen waren also nicht die Hauptwähler Hitlers. Wohl aber ist richtig, dass die Wirtschaftskrisis, deren äußeres Symptom die riesenhafte Arbeitslosigkeit ist, die Grundlage des hitlerischen Sieges war.

Die Hitlerwähler setzen sich aus zwei Kategorien zusammen: einer kleinen Minderheit von Nationalsozialisten, die auf das Hakenkreuz eingeschworen sind, und einer riesigen Mehrheit von Mitläufern.

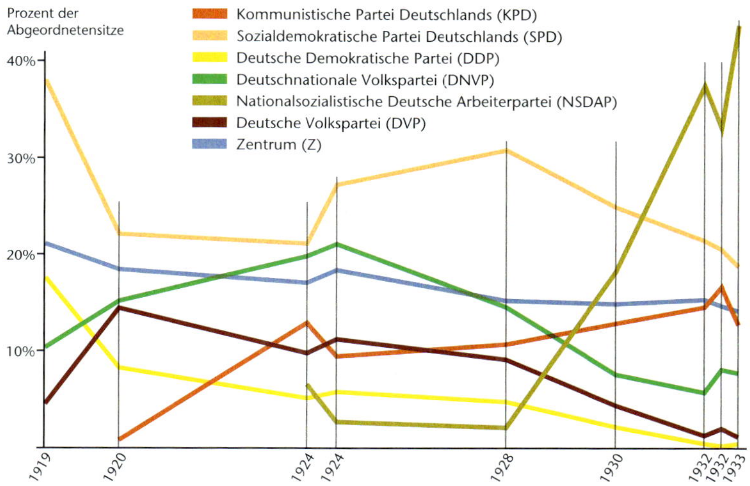

D 1 *Entwicklung der Parteien bei den Reichstagswahlen*

D 2 *Die soziale Zusammensetzung der NSDAP-Wählerschaft nach Berufsgruppen.*
1932J = Juli; *1932N* = November; *Alle* = Anteil der Berufsgruppe an allen Wahlberechtigten;
Berufslose = davon ca. 90% Rentner und Pensionäre (1933);
Lesebeispiel: 26% der NSDAP-Wähler im Jahre 1928 gehörten zur Berufsgruppe der Selbstständigen und mithelfenden Familienangehörigen, 1933 waren es 31%. Der Anteil dieser Berufsgruppe an allen Wahlberechtigten lag in diesem Zeitraum bei 24%.

	1928	*1930*	*1932J*	*1932N*	*1933*	*Alle*
Selbstständige/Mithelfende	26	27	31	30	31	24
Angestellte/Beamte	12	13	11	12	12	15
Arbeiter	30	26	25	26	26	32
Berufslose	13	17	17	17	16	13
Hausfrauen usw.	17	17	16	16	16	17

D 3 *Der Wahlerfolg von NSDAP und KPD in Gebieten mit extrem hoher und extrem niedriger Arbeitslosigkeit*

Kreis/Bezirksamt	*Arbeitslose*	*NSDAP 1930*	*NSDAP 1932J*	*NSDAP 1933*	*KPD 1932N*
Neustadt b. Coburg	30	37	45	48	13
Berlin-Wedding	26	8	16	23	39
Berlin-Friedrichshain	26	9	18	25	35
Bochum (Stadt)	25	16	26	33	20
Nördlingen (Land)	2	10	43	55	1
Königshofen/Grabfeld	2	18	37	52	1
Gerabronn	2	12	46	64	2
Rothenburg/T. (Land)	2	29	76	79	0

1 Worauf führt der Karikaturist (Q1) den Wahlerfolg der Nationalsozialisten zurück?

2 Historiker haben den Aufstieg der NSDAP in der Weimarer Republik unterschiedlich erklärt. Überprüfe mit Hilfe der Materialien folgende Theorien:

- *Die NSDAP ist fast ausschließlich von Angehörigen der Mittelschicht gewählt worden (VT, D2).*
- *Die Wirtschaftskrise hat die Arbeitslosen in die Arme der NSDAP getrieben (D1, D3, Q2).*
- *Durch den Niedergang der Wirtschaft und die Massenarbeitslosigkeit verloren viele Menschen das Vertrauen in das Weimarer System und wählten aus Protest die NSDAP (VT, D1, Q2).*

10 Warum scheiterte die erste deutsche Demokratie?

Auf der Suche nach Gründen

Mit der nationalsozialistischen Machtübernahme am 30. Januar 1933 war die Weimarer Republik gescheitert. Vorausgegangen waren ihr Kaiserreich und Monarchie, abgelöst wurde sie nun von einer faschistischen Diktatur. Nicht einmal 15 Jahre hatte die erste deutsche Demokratie Bestand gehabt. In dieser kurzen Zeit verschliss die Republik 20 Regierungen mit einer Durchschnittsdauer von 8 Monaten. 4 von ihnen überstanden nicht einmal die ersten 100 Tage. 12 Reichskanzler versuchten in insgesamt 8 Koalitionsvarianten die Geschicke der Republik zu lenken. Allein diese Zahlen lassen erahnen, wie instabil und zerrüttet das politische Leben in den Weimarer Jahren war. Nicht zuletzt deshalb konnte die NS-Diktatur errichtet werden, durch die Millionen Menschen auf der Welt Krieg und Massenmord erlitten. Was waren die Gründe für das Scheitern, welche Fehler wurden gemacht? Das fragten sich Zeitgenossen und Historiker immer wieder und führten dabei bis heute verschiedene Ursachen an. Aus der Vielzahl von Büchern zu diesem Thema findest du im Standpunkte-Teil zwei unterschiedliche Positionen.

Q 1 *„Stützen der Gesellschaft"?:*
Viele Historiker sehen in der Ablehnung der republikanischen Staatsform durch breite Teile der Bevölkerung eine der Hauptursachen für das Scheitern der Weimarer Republik. Sie prägten deshalb das Schlagwort von der „Republik ohne Republikaner". Der Künstler George Grosz porträtierte in seinem Gemälde „Stützen der Gesellschaft" aus dem Jahr 1926 die gesellschaftlichen Kräfte, die in der Weimarer Republik einen großen Einfluss hatten. – Ordne die abgebildeten Figuren der Gesellschaft den Bereichen Kirche, Presse, Parlament, Justiz und Militär zu. Welche Grundhaltung der Gruppen zur Republik kommt auf dem Bild zum Ausdruck?

Standpunkte: Wie kam es zum Untergang der Weimarer Republik?

D 1 *Karl Dietrich Erdmann (1973):*

Durch den Bruch der Großen Koalition am 27. März 1930 schaltete der deutsche Reichstag sich selber aus. Damals waren von 491 Abgeordneten nur 12 Nationalsozialisten und 54 Kommunisten. Der Parlamentarismus der Weimarer Republik ist nicht von außen zu Fall gebracht worden. Er ging an sich selber zugrunde, als die Flügelparteien der Großen Koalition nicht mehr die Kraft und den Willen aufbrachten, über den widerstreitenden Interessen der hinter ihnen stehenden Gruppen eine zum Kompromiss fähige (...) Staatsgesinnung zur Geltung zu bringen. (...)

Erst in dem Machtvakuum, das durch das Versagen der Parteien der Großen Koalition geschaffen wurde, konnte sich die Präsidialgewalt, gestützt auf die Reichswehr, entwickeln. Die Geschichte der Präsidialregierungen zeigte, dass es zum Parteienstaat schließlich nur die Alternative der Diktatur einer Partei gab. Es war eine Illusion zu glauben, dass sich in der Person des Staatsoberhauptes ein überparteilicher Staatswille verkörpere. Unter den Bedingungen des Parteienstaates konnte der Staatswille sich nicht anders artikulieren [äußern] als dadurch, dass die (...) Interessengruppen sich zum Interessenausgleich bereit und fähig zeigten. Das Versagen der demokratischen Parteien vor dieser Aufgabe machte den Weg frei für Hitler.

Q 2 *„Der Reichstag wird eingesargt.“*, Collage von John Heartfield, 1932.

D 2 *Eberhard Kolb (2002):*

Gewiss war die erste deutsche Republik im Ergebnis der Gründungsphase mit einer fundamentalen Schwäche behaftet. In ihrer 1919 konstituierten konkreten Gestalt wurde die parlamentarische Demokratie nur von einer Minderheit der Bevölkerung wirklich akzeptiert und mit kämpferischem Elan verteidigt, breite Bevölkerungsschichten verharrten in Distanz, Skepsis und offener Ablehnung, bereits im Verlauf der Gründungsphase organisierten sich auf der politischen Rechten und der äußersten politischen Linken die antidemokratischen Kräfte zum Kampf gegen die Republik. Unter diesen Umständen muss es als ein kleines Wunder – und als eine beachtliche Leistung – gelten, dass es den republikanischen Politikern gelang, die Weimarer Demokratie durch die von komplexen innen- und außenpolitischen Gefährdungen erfüllten Anfangsjahre hindurchzuretten und schließlich einen bemerkenswerten Grad von politischer und wirtschaftlicher „Normalisierung“ zu erreichen. (...)

Mit dem Übergang zum Präsidialsystem wurde eine Abwendung von der parlamentarischen Regierungsweise vollzogen und die Position gerade der republiktreuen und staatsbejahenden Kräfte empfindlich geschwächt, (...) sodass die extrem nationalistische und demokratiefeindliche NSDAP jenen Auftrieb erhielt, der sie zur Massenbewegung machte. Aber trotz aller Erfolge bei der Massenmobilisierung und an den Wahlurnen war die NSDAP nur deshalb schließlich siegreich, weil die alten Eliten in Großlandwirtschaft und Industrie, Militäraristokratie und Großbürgertum zur autoritären Abkehr von Weimar entschlossen waren und glaubten, die nationalsozialistische Massenbewegung für sich benutzen zu können.

1 Stelle die in den beiden Texten genannten Gründe für den Untergang von Weimar tabellarisch gegenüber.

2 Nimm Stellung zu den Aussagen der Historiker. Welche Position erscheint dir überzeugender?

3 Sammelt in der Klasse weitere Punkte, die zum Scheitern der ersten deutschen Demokratie beigetragen haben könnten.

11 Abschluss
Die Zwischenkriegszeit im Spiegel von Karikaturen

In den 1920er- und 1930er-Jahren hatten politische Karikaturen in aller Welt Hochkonjunktur. Mit spitzer Feder kommentierten die Zeichner wichtige Ereignisse der Zwischenkriegszeit und spiegelten so den Zeitgeist der Epoche. Wenn du die einzelnen Karikaturen auf diesen Seiten analysierst, entsteht ein Gesamtbild jener Jahre.

1

Geschichtlicher Zusammenhang:

○ *Der Versailler Vertrag stellte eine schwere Bürde für die junge Republik dar. Staatsfeindliche Parteien gewannen mit ihrem Versprechen, den „Schandfrieden" aufzuheben, viele Sympathien.*

○ *In vielen Ländern Europas entstanden nach dem Ersten Weltkrieg faschistische Bewegungen. So auch in Italien, das ab dem Jahre 1922 von dem Faschisten Mussolini mit den Mitteln des Terrors und der Unterdrückung regiert wurde.*

○ *In der Endphase der Republik folgten immer mehr Menschen den Versprechungen der Nationalsozialisten. Der Weg in die Diktatur war der Weg in die Katastrophe.*

○ *Ungeliebte Republik: Die Mehrheit der Weimarer Gesellschaft empfand die parlamentarische Demokratie als ein von den Siegermächten des Ersten Weltkrieges aufgezwungenes Übel.*

2

Texte:

◯ ***„Sie tragen die Buchstaben der Firma – wer aber trägt den Geist?"***
Karikatur von Th. Th. Heine, 1927.

◯ ***„Versailles – Auch Sie haben noch ein Selbstbestimmungsrecht: Wünschen Sie, dass Ihnen die Taschen vor oder nach dem Tode ausgeleert werden?"***
Karikatur von Th. Th. Heine, 1919. Dargestellt sind die Staatschefs David Lloyd George (Großbritannien), Georges Clemenceau (Frankreich) und Woodrow Wilson (USA).

◯ ***„Das Verhängnis"***
Zeichnung von A. Paul Weber, 1932.

◯ ***„Der Duce"***
Karikatur einer sowjetischen Künstlergruppe, 1937.

1. *Füge zunächst Zeichnungen und Texte zusammen, sodass die Originalkarikaturen entstehen.*
2. *Ordne dann die Karikaturen in den jeweiligen geschichtlichen Zusammenhang ein.*
3. *Analysiere anschließend die einzelnen Karikaturen. (Tipp: Im Methodenglossar auf S. 285 findest du hierzu Hilfestellungen.) Nutze dein Wissen über die Zwischenkriegszeit für deine Analyse.*

3

4

Machtausdehnung des Deutschen Reiches vom Regierungsantritt Hitlers bis Kriegsbeginn (1933–31.8.1939)

- Deutsches Reich 1933–1937
- Januar 1935: Wiedereingliederung des Saarlandes nach Abstimmung der Bevölkerung
- 1935: Besetzung der entmilitarisierten Rheinlandzone
- März 1938: Eingliederung Österreichs
- Grenze der Tschechoslowakei bis März 1938
- Oktcber 1938: Eingliederung des Sudetenlandes
- März 1939: Besetzung und Annexion Böhmens und Mährens
- März 1939: Annexion des Memellandes
- Grenze der Slowakei seit November 1938 bzw. März 1939
- Grenze des Deutschen Reiches am 31.8.1939

0 100 200 300 km

1933

Die Nationalsozialisten übernehmen die Macht.

1935

Die „Nürnberger Gesetze" grenzen Juden aus der Gesellschaft aus.

1938

In der Pogromnacht werden jüdisch Bürger misshandelt, terrorisiert und ermordet.

Der Nationalsozialismus

Zwölf Jahre dauerte die nationalsozialistische Diktatur in Deutschland. Jahre, die geprägt waren von Krieg, Terror und Völkermord. Von Anfang an strebten die Nationalsozialisten nach Machtausdehnung (siehe Karte). Dies führte zum Weltkrieg, in dem Millionen Menschen ihr Leben ließen. Juden und andere Minderheiten wurden von den Nationalsozialisten systematisch ausgegrenzt, verfolgt und schließlich vernichtet.
Wie konnte es zu dieser Schreckensherrschaft in Deutschland kommen? Wie gelang es den Nationalsozialisten, so viele Anhänger unter den Deutschen zu gewinnen? Und warum wehrten sich so wenig Menschen gegen die nationalsozialistischen Verbrechen?

Deportation einer jüdischen Familie in ein Vernichtungslager, 1942

1939

t dem Einmarsch in Polen löst Deutschland den Zweiten Weltkrieg aus.

ab 1941

Beginn des Völkermords, Deportationen von Juden in Vernichtungslager

1944

Stauffenbergs Attentat auf Hitler scheitert.

1945

Kapitulation: Ende des Zweiten Weltkriegs und der NS-Herrschaft

1 Kam Hitler legal an die Macht?

Q1 *„Der 30. Januar 1933"*, Gemälde von Arthur Kampf (1938); Fackelzug durch das Brandenburger Tor anlässlich der Machtübernahme Hitlers. – Welchen Eindruck vom Geschehen will der Maler beim Betrachter erzeugen?

SA
(Abkürzung für Sturm-Abteilung)
Die SA war die Parteiarmee der NSDAP. Sie zählte 1932 rund 400 000 braun uniformierte Mitglieder – meist arbeitslose, unzufriedene junge Männer, die bereit waren, jederzeit Gewalt anzuwenden.

Reichskanzler Hitler

Am Abend des 30. Januar 1933 fand in Berlin ein gewaltiger Fackelzug statt: Die Nationalsozialisten feierten die Ernennung Hitlers zum Reichskanzler. Einflussreiche Personen aus Politik, Wirtschaft, Adel und Reichswehr hatten Reichspräsident Hindenburg so zugesetzt, dass dieser zustimmte und Hitler zum Reichskanzler ernannte. Diese konservativen Kreise glaubten, Hitler kontrollieren, ja sogar „zähmen" zu können. Hitler war zwar der Führer der stärksten Partei im Reichstag (Novemberwahl 1932: 33,1 % für die NSDAP), doch in der neuen Regierung gab es neben ihm nur zwei weitere Nationalsozialisten als Minister. Hitler aber wollte die ganze Macht. Er setzte für den 5. März Neuwahlen an. Dort wollte er die absolute Mehrheit für die NSDAP erreichen.

Der Reichstagsbrand und seine Folgen

In der Nacht vom 27. auf den 28. Februar 1933 brannte das Reichstagsgebäude in Berlin. Die Nationalsozialisten machten die Kommunisten dafür verantwortlich und schürten die Furcht vor einem kommunistischen Aufstand. Mit Zustimmung des Reichspräsidenten wurde eine von den Nationalsozialisten vorbereitete Notverordnung erlassen. Diese setzte wichtige Grundrechte der Weimarer Verfassung außer Kraft. Die so genannte „Reichstagsbrandverordnung" blieb bis 1945 in Kraft. Sie war die Grundlage des NS-Terrors: Unliebsame politische Gegner wurden nun verhaftet, Zeitungen verboten, die Versammlungs- und Meinungsfreiheit eingeschränkt. Die SA konnte ungestört den Wahlkampf anderer Parteien behindern. Trotzdem verfehlte die NSDAP bei den Wahlen mit 43,9 % die absolute Mehrheit.

Entmachtetes Parlament

Noch war Hitlers Macht nicht unbeschränkt. Die Nationalsozialisten wollten deshalb den Reichstag ausschalten. Am 23. März legte Hitler dem Parlament ein „Gesetz zur Behebung der Not von Volk und Reich" vor. Dieses so genannte „Ermächtigungsgesetz" sah für die Regierung Hitler das Recht vor, Gesetze ohne Zustimmung des Parlaments zu erlassen. Allerdings war dazu eine Zweidrittelmehrheit im Reichstag notwendig. Schon Tage vor der Abstimmung warben die Nationalsozialisten mit Terror und Drohungen für das Gesetz. SA-Männer verhafteten in der Funktion von Hilfspolizisten willkürlich politische Gegner.
Am Tag der Abstimmung selbst war das Parlamentsgebäude von SA-Leuten umstellt. Die Drohkulisse verfehlte ihre Wirkung nicht: Zwei Drittel der Abgeordneten sprachen sich für das Gesetz aus. Nur die SPD stimmte dagegen. Die Abgeordneten der KPD konnten an der Sitzung nicht teilnehmen, da sie bereits verhaftet oder auf der Flucht vor den Nazis waren. Das Parlament war damit entmachtet: Gesetze konnten künftig ohne Zustimmung des Reichstags beschlossen werden.

Q2 *Aus der „Verordnung des Reichspräsidenten zum Schutz von Volk und Staat" vom 28. Februar 1933:*

§1 Es sind daher Beschränkungen der persönlichen Freiheit, des Rechts der freien Meinungsäußerung, einschließlich der Pressefreiheit, des Vereins- und Versammlungsrechts, Eingriffe in das Brief-, Post- und Fernsprechgeheimnis, Anordnungen von Hausdurchsuchungen und von Beschlagnahme sowie Beschränkungen des Eigentums auch außerhalb der sonst hierfür bestimmten gesetzlichen Grenzen zulässig.

Q3 *Die Abstimmung über das „Ermächtigungsgesetz".*

a) Otto Wels spricht für die SPD:

Freiheit und Leben kann man uns nehmen, die Ehre nicht. Nach den Verfolgungen, die die Sozialdemokratische Partei in der letzten Zeit erfahren hat, wird billigerweise niemand von ihr verlangen oder erwarten können, dass sie für das hier eingebrachte Ermächtigungsgesetz stimmt. Die Wahlen vom 5. März haben den Regierungsparteien die Mehrheit gebracht und damit die Möglichkeit gegeben, streng nach Wortlaut und Sinn der Verfassung zu regieren. Wo diese Möglichkeit besteht, besteht auch die Pflicht. Kritik ist heilsam und notwendig. Noch niemals, seit es einen Deutschen Reichstag gibt, ist die Kontrolle der öffentlichen Angelegenheiten durch die gewählten Vertreter des Volkes in solchem Maße ausgeschaltet worden, wie es jetzt geschieht, und wie es durch das neue Ermächtigungsgesetz noch mehr geschehen soll.

b) Aus der Regierungserklärung Hitlers vor der Abstimmung zum „Ermächtigungsgesetz":

Es würde dem Sinn der nationalen Erhebung widersprechen, (...) wollte die Regierung sich für ihre Maßnahmen von Fall zu Fall die Genehmigung des Reichstages erhandeln oder erbitten. Die Regierung wird dabei nicht von der Absicht getrieben, den Reichstag als solchen aufzuheben, im Gegenteil, sie behält sich auch in Zukunft vor, ihn von Zeit zu Zeit über ihre Maßnahmen zu unterrichten oder aus bestimmten Gründen, wenn zweckmäßig, auch seine Zustimmung einzuholen (...). [Die Regierung] bietet den Parteien des Reichstags die Möglichkeit einer ruhigen Entwicklung (...). Mögen Sie, meine Herren, nunmehr selbst die Entscheidung treffen über Frieden oder Krieg.

Q4 *Aus dem Ermächtigungsgesetz vom 23. März 1933:*

Artikel 1 Reichsgesetze können (...) auch durch die Reichsregierung beschlossen werden.

Artikel 2 Die von der Reichsregierung beschlossenen Reichsgesetze können von der Reichsverfassung abweichen.

Artikel 3 Die von der Reichsregierung beschlossenen Reichsgesetze werden vom Reichskanzler ausgefertigt und im Reichsgesetzblatt verkündet.

Q5 *Joseph Goebbels, Reichsminister für Volksaufklärung und Propaganda, erklärt in seinem Buch 1934:*

Wir Nationalsozialisten haben niemals behauptet, dass wir Vertreter eines demokratischen Standpunktes seien, sondern wir haben offen erklärt, dass wir uns demokratischer Mittel nur bedienen, um die Macht zu gewinnen.

1 Erkläre, welche Folgen der Reichstagsbrand für den Wahlkampf und die Abschaffung der Demokratie hatte (VT, Q2).

2 Fasse die Aussagen von Wels und Hitler (Q3a, Q3b) in eigenen Worten zusammen und vergleiche sie. Was stellst du fest?

3 Erläutere die Auswirkungen des Ermächtigungsgesetzes für die Regierung und für die Opposition (VT, Q4).

4 Diskutiert, welcher der Begriffe für Hitlers Regierungsantritt am besten passt:
– Machtergreifung
– Machterschleichung
– Machtübertragung

5 Kam Hitler legal an die Macht? Nimm Stellung zur Überschrift dieser Doppelseite.

Q6 *Wer den Brand gelegt hat, weiß man bis heute nicht genau.*
– Welche Wirkung sollte das Plakat vom 29. Februar 1933 erzielen?

2 Auf dem Weg in den Führerstaat

Q1 *Die SA marschiert.* Die Aufmärsche sollten Stärke und Entschlossenheit zeigen und politischen Gegnern Furcht einflößen. Nach der „Gleichschaltung" wurde die SA von Hitler entmachtet.

Ausschaltung der Opposition

Das Ermächtigungsgesetz gab Hitler beim Aufbau seiner Diktatur freie Hand. Ohne Kontrolle des Parlaments schufen die Nationalsozialisten einen Staat, in dem sich alles dem „Willen des Führers" unterzuordnen hatte. Für anderes Denken oder gar eine Opposition sollte im künftigen „Führerstaat" kein Platz mehr sein. In diesem Sinne wurden wichtige Bereiche des Staates und der Gesellschaft „gleichgeschaltet". Einer der ersten Schritte auf diesem Weg war das „Gesetz zur Wiederherstellung des Berufsbeamtentums" vom April 1933. Es erlaubte die Entlassung missliebiger Beamter. Im gleichen Monat beseitigte das „Gesetz zur Gleichschaltung der Länder mit dem Reich" die bisherige Eigenständigkeit der Länder.
Auch die Arbeiterbewegung blieb nicht verschont. Anfang Mai wurden sämtliche freien Gewerkschaften zerschlagen. Leichtes Spiel hatten die Nationalsozialisten mit den politischen Parteien: Die meisten lösten sich selbst auf oder traten gar der NSDAP bei, die SPD wurde im Juni 1933 verboten. Im Gesetz gegen die Neubildung von Parteien vom 14. Juli wurde die NSDAP schließlich zur einzigen politischen Partei in Deutschland erklärt.

A-Z

SS
(Abkürzung für Schutzstaffel)
Sie stand als Leibwache und Elitetruppe zur persönlichen Verfügung Hitlers. Nach der Entmachtung der SA beherrschte sie unter Führung Heinrich Himmlers die gesamte Polizei.

Morde vollenden die Diktatur

Nach der Ausschaltung jeglicher Opposition drohte der NSDAP nun lediglich Gefahr aus den eigenen Reihen. Grund dafür war ein Konflikt zwischen SA und Reichswehr. Der Führer der SA, Ernst Röhm, wollte die Reichswehr mit der bewaffneten Parteiarmee unter seiner Führung „gleichschalten". Dies lehnte die Reichswehrführung strikt ab. Hitler brauchte aber die Reichswehr für seine Aufrüstungspläne. So schlug er sich in diesem Streit auf die Seite der Generale und ließ im Morgengrauen des 30. Juni 1934 Röhm und andere wichtige SA-Führer verhaften und ohne Gerichtsurteil ermorden. Dabei schaltete Hitler auch andere politische Gegner aus.

Führer und Reichskanzler

Als am 2. August 1934 Reichspräsident Hindenburg starb, ernannte Hitler sich selbst als „Führer und Reichskanzler" zum Staatsoberhaupt. Mit diesem Amt übernahm er auch den Oberbefehl über die Wehrmacht, die auf seine Person vereidigt wurde. Innerhalb weniger Monate hatten die Nationalsozialisten in Deutschland eine Diktatur errichtet und jegliche Opposition ausgeschaltet.

Q2 *„Gleichschaltung" auf allen Gebieten,* Schild bzw. Schmuckblatt des Deutschen Roten Kreuzes. Das Hakenkreuz wurde zum Symbol des NS-Staates.

Q3 *Ernst Niekisch, ein sozialistisch orientierter Schriftsteller, der 1937 verhaftet und zu lebenslänglichem Zuchthaus verurteilt wurde, schrieb 1935:*

Der Punkt, an dem der Hebel ansetzt, welcher den Menschen gleichschaltet, ist die Existenzfrage. Wenn der Mann nicht richtig liegt, bekommt er kein Futter mehr. Unverhüllter wurde noch niemals auf den Magen gedrückt, um die richtige Gesinnung herauszupressen. Der Beamte zittert um Gehalt und Versorgung. (...) Angestellten und Arbeitern erging es nicht besser; sie verloren die Arbeitsplätze, wenn ihr Eifer der Gleichschaltung enttäuschte. Entzog sich ein Arbeiter dem anbefohlenen Aufmarsch, wurde er fristlos entlassen: Er war als Staatsfeind nicht würdig, wirtschaftlich geborgen zu sein. (...) Wurden sie [die freien Berufe wie Architekten, Ärzte, Rechtsanwälte; Gewerbetreibende, Handwerker und Kaufleute] aus ihrer Berufskammer entfernt, war ihnen das Recht auf Berufsausübung genommen; sie waren brotlos und ins wirtschaftliche Nichts verstoßen. Die nationalsozialistische Weltanschauung zog ihre überzeugende Kraft aus der Sorge um den Futterplatz; weil der nationalsozialistische Herr den Brotkorb monopolisiert hatte [weil er alleiniger Arbeitgeber war], sang jedermann sein Lied.

Q4 *In einem Bericht des Regierungspräsidenten von Schwaben vom August 1933 heißt es:*

Ein größerer Teil der Bevölkerung hat allzu schnell und offenkundig die Farbe gewechselt, um mit Sicherheit sagen zu können, dass sie aus innerster Überzeugung hinter der nationalen Regierung steht. Da Denunziantentum und Schutzhaft [Verhaftung politisch Andersdenkender] gefürchtet werden, ist es oft sehr schwierig, die wahre Einstellung kennen zu lernen.

Q5 *Eine an den Ortsverband der SPD gerichtete Erklärung vom 29. März 1933:*

Die Machtverhältnisse haben sich in ungeahnter Weise überschlagen. Deshalb komme ich dem Verbot – der SPD als Mitglied noch weiter anzugehören – zuvor und erkläre hiermit meinen Austritt aus der Partei.

1. *Liste auf, welche demokratischen Grundlagen der Weimarer Republik von den Nationalsozialisten zerstört wurden. Berücksichtige auch die Seiten 78/79.*
2. *Erläutere den Begriff „Gleichschaltung" mit Hilfe von VT, Q2 und Q3.*
3. *Beschreibe die Auswirkungen der „Gleichschaltung" auf die Menschen. Beachte insbesondere D1, Q3 und Q5.*
4. *Nenne Gründe, warum sich die Bevölkerung ohne große Gegenwehr „gleichschalten" ließ (Q3–Q5).*

D1 *Das Herrschaftssystem der Nationalsozialisten.*
Die Doppelung von Ämtern in Staat und Partei führte zwar zu einer oft unübersichtlichen Überschneidung der Aufgaben und Machtbereiche, die Beibehaltung der alten Instanzen wirkte aber beruhigend auf die Bevölkerung.

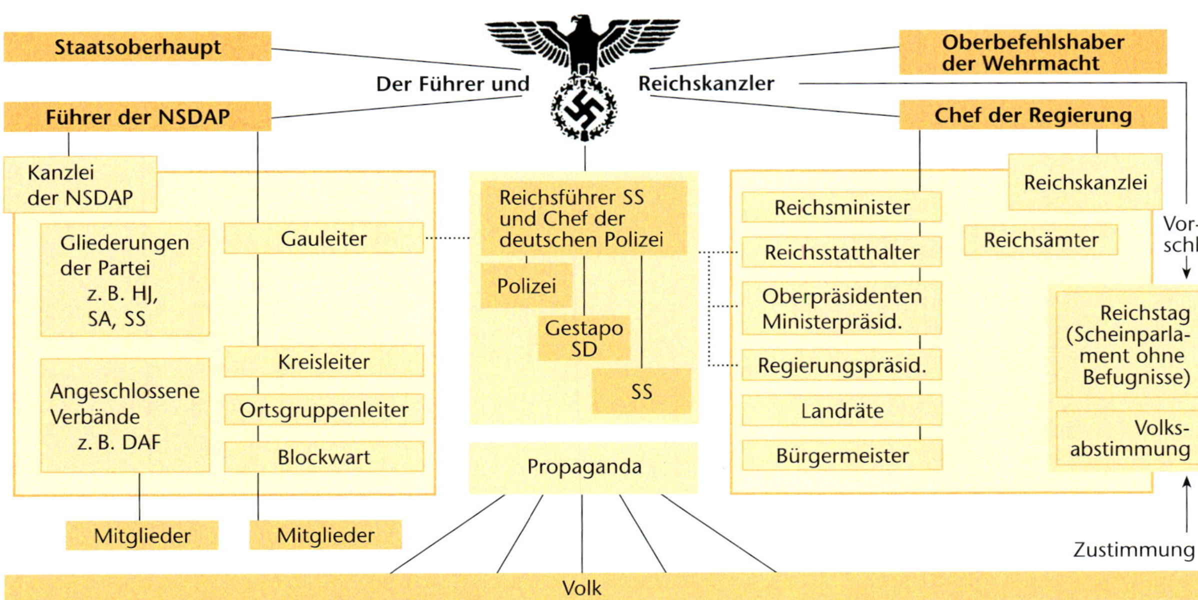

3 Adolf Hitler – Führerkult und Propaganda

Q1 *Führerkult* – die NS-Propaganda nutzte jede Möglichkeit, Hitler werbewirksam zu präsentieren, Foto aus einem Sammelbildalbum, 1933.

A–Z

Propaganda
(von lat. propagare = weiter ausdehnen, ausbreiten)
Versuch, mit Werbemethoden die Meinung anderer zu beeinflussen. Die Nationalsozialisten errichteten nach der Machtübernahme das „Reichsministerium für Volksaufklärung und Propaganda", das Joseph Goebbels leitete.

Führerkult

Hitlers öffentliche Auftritte lösten in den ersten Regierungsjahren häufig Jubel und Begeisterung aus. Oft warteten die Menschen stundenlang, um den „Führer" einmal „live" zu sehen. Hinter den Kulissen war die Wirkung seiner Auftritte zwar geschickt geplant. Doch bei aller Steuerung durch die NS-Propaganda war die Begeisterung der Bevölkerung meist echt. Mit seinem Talent als Redner verstand er es, große Menschenmassen zu faszinieren. Hitler sprach aus, was viele damals dachten oder hören wollten. Oft redete er über die Sehnsucht des deutschen Volkes nach Ordnung, Arbeit und Frieden oder hetzte gegen die Demokratie.

Wer war dieser Hitler?

Adolf Hitler wurde 1889 in Braunau am Inn in Österreich geboren. Ohne Abschluss verließ er die Realschule und bewarb sich vergeblich an der Wiener Kunstakademie. Später zog er nach München und meldete sich 1914 freiwillig für den Ersten Weltkrieg. Als Gefreiter wurde er mehrfach verwundet, erhielt zwei Auszeichnungen. Den Politikern der Weimarer Republik gab er die Schuld an der Kriegsniederlage. 1919 trat er in die Deutsche Arbeiterpartei (DAP) ein und übernahm 1921 deren Führung. Am 9. November 1923 versuchte er einen Putsch in München, der jedoch niedergeschlagen wurde. Hitler wurde verhaftet, des Hochverrats angeklagt und verurteilt. Im Gefängnis schrieb er das Buch „Mein Kampf", ein Bekenntnis seiner politischen Überzeugungen. Bereits nach neun Monaten wurde er vorzeitig entlassen. Hitler übernahm die Führung der neu gegründeten NSDAP. 1930 konnte er mit der Partei einen ersten großen Wahlerfolg feiern. Drei Jahre später wurde er zum Reichskanzler ernannt. Am 30. April 1945 beging er kurz vor dem Ende des Zweiten Weltkriegs Selbstmord.

Propaganda für den „Führer"

Die Nationalsozialisten verstanden es geschickt, Hitler und seine öffentlichen Auftritte zu inszenieren. Jede Rede, jede Veranstaltung wurde bis ins kleinste Detail vorbereitet. Auf Plakaten, Fotos und in Filmen wurde der Eindruck erzeugt, Hitler werde von allen geliebt, insbesondere von den Frauen. Verantwortlich für die NS-Propaganda war Joseph Goebbels. Er war der Leiter des Ministeriums für Volksaufklärung und Propaganda. Goebbels galt als ähnlich talentierter Redner wie Hitler. Für seine Ansprachen nutzte er häufig das für die Menschen damals noch neue Radio. Der „Volksempfänger", ein preiswertes Radiogerät, wurde bald zum Verkaufsschlager. Goebbels gelangte dadurch in etliche Wohnstuben Deutschlands und bestimmte so die öffentliche Meinung. Auch die Zeitungen wurden von ihm kontrolliert. Presse- und Meinungsfreiheit gab es im NS-Staat nicht. Wer öffentlich widersprach, riskierte Freiheit und Leben.

Q2 *Faszination Hitler?*

a) Emil Kolb, Jahrgang 1917:

Ich bin 1933 aus meiner Heimatstadt Graslitz im Sudetenland mit dem Zug nach Zwickau gefahren, um Hitlers Rede zu hören. Als ich um neun Uhr morgens im Stadion ankam, waren bereits 50 000 Menschen da. Seine Rede war für halb elf Uhr angekündigt, aber er kam erst um vier Uhr an und kein Mensch ist weggegangen. Die Musik spielte, und es herrschte ein unglaublicher Jubel, eine tolle Stimmung. Dann kam Hitler mit dem Flugzeug, wurde begeistert begrüßt und hielt seine Rede. Sie handelte vom Versailler Vertrag, von der Arbeitslosigkeit, von Reparationszahlungen und von der Rheinlandbesetzung. Ich war von diesem Mann beeindruckt und von dem, was er sagte. Als junger Mensch war ich begeistert und viele andere auch, ob Arbeiter, Bauern, Handwerker oder Intellektuelle.

b) Sybill Gräfin Schönfeld, Jahrgang 1927:

Hitlers Gegenwart löste eine unglaubliche Begeisterung aus. Das wirkte wie eine ansteckende Krankheit. Besonders bei älteren Mädchen, die gerade in die „Schwärm"-Phase kamen, konnte man das beobachten. Schon die Tatsache, Hitler gesehen zu haben oder gar vom ihm berührt zu werden, galt so viel wie ein Besuch beim Heiligen Vater in Rom. Wie beim Papst fühlten die Leute sich schon durch die Berührung gesegnet. Mir ist es heute nicht mehr erklärlich, wie es den Nationalsozialisten gelungen ist, Hitler zu einem solchen Idol zu machen.

Q3 *Der Historiker Hans-Ulrich Thamer schreibt über die Faszination Hitlers:*

Wann immer Zweifel an Hitlers Politik entstanden und in der Bevölkerung Klage über die immer wieder auftretenden Engpässe in der Versorgung mit Lebensmitteln geführt wurden (...), wurden diese Unmutsäußerungen durch die Wirkungsmacht des Hitler-Mythos oder durch die (...) Überredungsgabe Hitlers aufgefangen. Das bewirkte weniger die vielzitierte Ausstrahlungskraft Hitlers als die (...) Anpassungsbereitschaft und Selbsttäuschung. Sie sahen in Reichskanzler Adolf Hitler den Retter und sozialen Wohltäter, den sie nach Jahren der [Krise] erwartet hatten, und machten die vermeintlich radikaleren und unfähigen Unterführer für die Unzuträglichkeiten und Zumutungen im Herrschaftsalltag verantwortlich. „Wenn das der Führer wüsste", war ein geflügeltes Wort, das diese Ablenkung und Selbsttäuschung zum Ausdruck brachte.

Q4 *Werbeplakat für den Volksempfänger*

Q5 *So wurde 1936 der Reichsparteitag in Nürnberg inszeniert:* Das Gelände wurde nachts durch Scheinwerfer wirkungsvoll beleuchtet; Fackel- und Fahnenträger zogen auf; Trommelwirbel und Fanfarenstöße ertönten; uniformierte Parteimitglieder bildeten geschlossene Blocks, andere ein Spalier, durch das Hitler zum Podium schritt.

1 *Überlege, welchen Eindruck von Hitler die Bilder Q1 und Q5 bei der Bevölkerung vermitteln sollten.*

2 *Stelle zusammen, welche Mittel die NS-Propaganda einsetzte, um die Bevölkerung zu beeinflussen (VT, Q1, Q2, Q4, Q5).*

3 *Erläutere in deinen eigenen Worten, wie der Historiker Thamer die Führerbegeisterung erklärt (Q3).*

4 Ziele und Ideen der Nationalsozialisten – wie reagierten die Deutschen?

Q1 *Empfang Hitlers auf dem Berliner Wilhelmplatz* nach dem Waffenstillstand mit Frankreich 1940

Volksgemeinschaft: das Versprechen
Mit viel Propaganda verkündeten die Nationalsozialisten ihre Idee der Volksgemeinschaft, in der alle gesellschaftlichen Gruppen verschmelzen sollten. Das klang für viele Deutsche verlockend. Egal ob arm oder reich, Mann oder Frau, Arbeiter oder Unternehmer – die Nationalsozialisten versprachen anscheinend eine Gesellschaft ohne Klassenunterschiede. Standesgegensätze und Parteienstreit sollte es nicht mehr geben. Gemäß der Parole „Du bist nichts, dein Volk ist alles" sollten sich Einzelinteressen dem Gemeinwohl unterordnen. Mit solchen Vorstellungen wollten die Nationalsozialisten die Deutschen für ihre Politik gewinnen.

A-Z

Ideologie
(griech. = Lehre von den Ideen)
Man versteht darunter die Weltanschauung gesellschaftlicher oder politischer Gruppen. Zu einer Art Religionsersatz gesteigert, soll sie alle Vorgänge in der Welt erklären.

Verführung durch soziale Verlockungen
Unterstützung der Bevölkerung erhoffte sich die NS-Regierung auch durch sozialpolitische Maßnahmen: So bot die 1933 gegründete Organisation „Kraft durch Freude" (KdF) allen, die sich zur Volksgemeinschaft bekannten, ein kulturelles und touristisches Freizeitprogramm. Besonders begehrt waren die zu günstigen Preisen angebotenen Ausflüge und Auslandsreisen, die auch für weniger wohlhabende Bevölkerungsteile erschwinglich sein sollten. Dies sollte den Eindruck erwecken, alle seien Teil einer großen Volksgemeinschaft. Die Aktionen des Winterhilfswerks (WHW) verfolgten ein ähnliches Ziel. Die Organisation sammelte Geld für Arme und Arbeitslose. An den einmal im Monat stattfindenden „Eintopf-Sonntagen" sollten die Deutschen auf Fleisch verzichten. Das eingesparte Geld wurde dem WHW gespendet.

Volksgemeinschaft: die Wirklichkeit
Die Nationalsozialisten strebten mit der Volksgemeinschaft jedoch nicht tatsächlich die Gleichheit aller Deutschen an. Im Gegenteil: Volksgemeinschaft bedeutete verstärkte Kontrolle und „Gleichschaltung". Sowohl im Beruf als auch im Privatleben sollte sich der „Volksgenosse" nur nach den Vorstellungen der Nationalsozialisten richten. Tat er das nicht, machte er sich verdächtig. Er drohte ebenso aus der Volksgemeinschaft ausgeschlossen zu werden wie all jene, die den nationalsozialistischen Rassevorstellungen nicht entsprachen.

Rassenlehre
Die Rassenlehre war das Kernstück der NS-Ideologie. Danach gehörten alle Menschen unterschiedlich wertvollen Rassen an. Als hochwertigste Rasse galten die Arier. Zu ihnen wurden die germanischen Völker und somit auch die Deutschen gezählt. Arier wa-

ren angeblich groß, blond, blauäugig und besonders klug und mutig. Als Gegenstück dazu galten die Juden. Sie waren in den Augen der Nationalsozialisten eine wertlose Rasse. Den Juden gab man die Schuld an allem Übel der Welt.
Als „rassisch minderwertig" galten außerdem Behinderte sowie Sinti und Roma. Sie waren ebenso wie die Juden von Anfang an Ziel der menschenverachtenden, grausamen Hetze der Nationalsozialisten.

„Lebensraum"
Die Nationalsozialisten predigten das Recht des Stärkeren. Sie waren überzeugt, dass sich die in ihren Augen höherwertigen Rassen im so genannten Lebenskampf durchsetzen würden. Sich selbst sahen sie als „Herrenrasse", die über andere Völker herrschen werde. Aus diesen Ideen entstand die Vorstellung, mehr „Lebensraum" für das deutsche Volk zu erobern. Dieser müsse durch Kriege im Osten erkämpft werden, denn die im Osten lebenden Völker galten als minderwertig. Diese ideologischen Grundgedanken der Nationalsozialisten hatte Hitler bereits 1924 in seinem Buch „Mein Kampf" niedergeschrieben.

Terror gegen Andersdenkende
Wer dem Rasseideal der Nazis nicht entsprach, wer es wagte, Kritik zu üben oder wer eine andere Meinung vertrat, bekam den Terror der Nationalsozialisten zu spüren. Viele Schriftsteller, Künstler, Wissenschaftler und politisch Andersdenkende verließen Deutschland nach 1933. Sie sahen sich in ihrer Meinungsfreiheit beschränkt oder fürchteten gar um ihr Leben.
Schon in den ersten Tagen nach dem Regierungsantritt Hitlers konnten Menschen ohne gerichtliche Anordnung verhaftet werden. Diese so genannte Schutzhaft stützte sich auf die Reichstagsbrandverordnung. Da die Verhafteten kein Recht auf richterliche Anhörung oder einen Anwalt hatten, waren sie völlig der Willkür und der Gewalt der als Hilfs-Polizei agierenden SA-Schlägertrupps ausgesetzt. In dieser Zeit entstanden die ersten Konzentrationslager.

Q2 *Politische Gegner werden in einer Berliner SA-Kaserne zusammengetrieben,* Foto 1933.

Die Deutschen – überzeugte Nazis?
Die Mehrheit der Bevölkerung nahm den Terror widerspruchslos hin. Die ersten Gewalttaten gegen politische Gegner und Andersdenkende wurden als notwendige Maßnahmen auf dem Weg zur nationalen Erneuerung akzeptiert. Die Hetze gegen die Juden fiel bei vielen Deutschen auf fruchtbaren Boden. Die Juden waren als Sündenböcke für alles in den letzten Jahren Erlittene hochwillkommen. Und auch die Forderung nach mehr „Lebensraum" war populär. Sie kam all jenen entgegen, die sich nach dem verlorenen Weltkrieg nach mehr nationaler Größe sehnten.
Waren also alle Deutschen begeisterte Nationalsozialisten? Eine große Anzahl war anfangs wohl vom Nationalsozialismus überzeugt. Viele ließen sich dabei von den sozialen Versprechungen blenden, glaubten an die Volksgemeinschaft. Groß war auch die Zahl derjenigen, die den Staat unterstützten, weil sie sich davon persönliche Vorteile versprachen. Manche profitierten von der Ausgrenzung anderer, etwa im Beruf. Aus diesem Grund akzeptierten sie die verbrecherische NS-Politik.
Natürlich gab es auch Menschen, die Terror und NS-Ideologie vollständig ablehnten. Viele unternahmen jedoch nichts, weil sie fürchteten, sich selbst in Gefahr zu bringen. Jeder, selbst in der eigenen Familie, konnte ein Denunziant sein und von der NS-Gesinnung abweichendes Verhalten anzeigen.

A-Z

Arier
(altindisch = der Edle)
Nach der NS-Rassenideologie stellten die Arier durch ihre körperlichen (groß, blond, blauäugig) und geistig-seelischen (tapfer, heldisch, opferbereit) Eigenschaften die höchste Rasse dar. Den Kern der arischen Rasse bildeten nach dieser „Lehre" die germanischen Völker und hier vor allem die meisten Deutschen.

Q5 *Hitler in „Mein Kampf" über Rasse:*
Die völkische Weltanschauung (…) glaubt somit keineswegs an eine Gleichheit der Rassen, sondern erkennt mit ihrer Verschiedenheit auch ihren höheren oder minderen Wert und fühlt sich (…) verpflichtet, (…) den Sieg des Besseren, Stärkeren zu fördern, die Unterordnung des Schlechteren und Schwächeren zu verlangen. (…) Sie sieht nicht nur den verschiedenen Wert der Rassen, sondern auch den verschiedenen Wert der Einzelmenschen. (…)
Was nicht gute Rasse ist auf dieser Welt, ist Spreu. Alles weltgeschichtliche Geschehen ist aber nur die Äußerung des Selbsterhaltungstriebs der Rassen im guten oder schlechten Sinne. (…) Menschliche Kultur und Zivilisation sind auf diesem Erdteil unzertrennlich gebunden an das Vorhandensein des Ariers. Sein Aussterben oder Untergehen wird auf diesen Erdball wieder die dunklen Schleier einer kulturlosen Zeit senken.

Q3 *Titelblatt eines Werbeprospekts für den KdF-Wagen von 1938.* Die KdF warb für den Kauf eines preisgünstigen Autos. Wöchentlich konnten Interessenten Sparmarken erwerben, bis der Kaufpreis von 990 Reichsmark erreicht war. Zwar zahlten viele Deutsche ein, einen Wagen bekamen sie aber nicht. Für den Zweiten Weltkrieg wurde die Produktion nämlich auf Militärfahrzeuge umgestellt.

Q4 *Anzeige in einer Hildesheimer Zeitung,* März 1936. Unter dem Druck der Ausgrenzungspolitik sahen sich die jüdischen Inhaber der Firma Gebrüder Alsberg gezwungen, ihr Geschäft weit unter Wert zu verkaufen. – Wie beurteilst du das Verhalten Wilhelm Fiedlers?

> **Neues deutsches Geschäft!**
>
> Dadurch, daß ich Ende Februar die weit über Hildesheims Grenzen hinaus bekannte Firma Gebrüder Alsberg käuflich erworben habe, ist dieses Unternehmen deutsch geworden.
>
> Sie können in diesem Hause wieder angenehm und vorteilhaft kaufen. Meine Leistungsfähigkeit findet den stärksten Ausdruck in der Mittelpreislage. Ich führe Ware, die allen Anforderungen an Qualität, Verarbeitung und der neuesten Moderichtung entspricht.
>
> Bitte besuchen Sie mich. Ich verspreche Ihnen im voraus, daß ich mir jede erdenkliche Mühe geben werde, um Sie zufriedenstellend zu bedienen.
>
> Modehaus **Wilhelm Fiedler**
> Hildesheim

Q6 *Hitlers Menschenbild:*
Was für ein Glück für die Regierenden, dass die Menschen nicht denken! Denken gibt es nur in der Erteilung oder im Vollzug eines Befehls. Wäre es anders, so könnte die menschliche Gesellschaft nicht bestehen. (…) Der Mensch ist von Geburt aus schlecht. Man bändigt ihn nur mit Gewalt. Um ihn zu leiten, sind alle Mittel zulässig. Man muss auch lügen, verraten, ja sogar morden können, wenn es die Politik erfordert.

Q7 *Hitler über seine „Lebensraum"-Politik:*
Wir Nationalsozialisten [müssen] unverrückbar an unserem außenpolitischen Ziel festhalten, nämlich dem deutschen Volk den ihm gebührenden Grund und Boden auf dieser Erde zu sichern. Und diese Aktion ist die einzige, die vor Gott und unserer deutschen Nachwelt einen Bluteinsatz gerechtfertigt erscheinen lässt. (…)
Wir (…) weisen den Blick nach dem Land im Osten. Wir (…) gehen über zur Bodenpolitik der Zukunft. Wenn wir aber heute in Europa von neuem Grund und Boden reden, können wir in erster Linie nur an Russland und die ihm untertanen Randstaaten denken.

Q8 *Denunziationsschreiben vom 22. Juni 1935 (Auszug):*
Wir hatten geschäftlich in Wiesbaden zu tun und begaben uns (…) in das Lokal des Hauser. (…) Kurze Zeit darauf betrat ein Jude das Lokal und bestellte sich ein Glas Wein. Einige Minuten später kam aus einem Raum hinter dem Büffet ein Mädchen (…). Das Mädchen nahm bei dem Juden am Tisch Platz. Selbiger unterhielt sich mit dem Mädchen in freundschaftlicher Form. Nach ungefähr einer halben Stunde verließ der Jude das Lokal, das Mädchen verschwand

dem Büffet. Daraufhin baten wir die Wirtin mit ruhigen Worten um Auskunft, ob das Mädel ihre Tochter sei und ob der Herr ein Jude. Die Wirtin tat entrüstet und erwiderte: „Das ist kein Jude, der ist längst vor dem Krieg getauft." Wir erwiderten: „Ob getauft, Jude bleibt Jude." Die Wirtin erwiderte daraufhin: „Gestatten Sie, wir sind schon lange mit dem Herrn befreundet, und er verkehrt sehr oft bei uns." In diesem Augenblick betrat der Wirt das Lokal und mischte sich sofort erregt in das Gespräch (...). Ich verbat mir die Äußerungen des Wirtes mit den Worten: „Ich bin SA-Mann, Parteigenosse und Amtsverwalter." Daraufhin erwiderte der Wirt: „Ich bin auch Untergruppenführer im Luftschutz." Mein Kamerad erwiderte. „Es ist eine große Zumutung für uns als Gäste, dass Sie in Ihrem Lokal Juden bewirten." (...)

Q11 *Im Mai 1933 organisierte das Propagandaministerium eine großangelegte Bücherverbrennung* (im Bild eine Szene aus Hamburg). In ganz Deutschland wurden Bücher von berühmten deutschen Schriftstellern und Denkern verbrannt (z. B. von Ernst Bloch, Bertolt Brecht, Thomas Mann, Heinrich Mann, Stefan Zweig, Erich Kästner, Anna Seghers und vielen anderen).

Q9 *Lina Haag war mit einem Kommunisten verheiratet. 1933 wurde sie mit ihrem Mann verhaftet und über vier Jahre in ein KZ gesperrt. Sie berichtet:*

Am Ostersonntag peitscht er eigenhändig drei Frauen aus. Die Genossin Steffie ist dabei. Sie hatte ihrem Freund, einem Juden, zur Flucht verholfen. Bald darauf stirbt sie. Sie hält das nicht aus. So feiert der Kommandant des Konzentrationslagers Ostern. Mit drei, auf dem Holzpflock geschnallten Frauen, die er auspeitscht, bis er nicht mehr kann. Würde das draußen ein Mensch glauben? Angenommen es würde einer glauben, vielleicht sogar weitererzählen – ein Gestapodaumennagel genügt, um ihn augenblicklich alles vergessen zu lassen. Die leiseste Drohung genügt und das Volk schweigt. Schweigt nicht nur, jubelt, marschiert, denunziert, steht geschlossen hinter dem Führer, wie es der Führer will.

Q10 *„Eintopfsonntag":* Einmal im Monat sollten alle Deutschen auf Fleisch verzichten und Eintopf essen. Das eingesparte Geld wurde dem Winterhilfswerk gespendet.

1. *In seinem Buch „Mein Kampf" erläutert Hitler seine Ideologie. Fasse sie mit Hilfe von Q5 – Q7 zusammen und nimm kritisch Stellung dazu.*
2. *Stelle zusammen, wie die Nationalsozialisten die Bevölkerung für ihre Politik gewinnen wollten (VT, Q3, Q10).*
3. *Liste auf, wer zur Volksgemeinschaft gehörte und wer nicht (VT, Q2, Q5, Q9, Q11).*
4. *Schildere, wie die Nazis mit Andersdenkenden umgingen. Beachte dabei VT, Q2, Q9, Q11.*
5. *Überlege, welche Motive hinter Anzeigen wie Q8 wohl standen.*
6. *Suche in der Bücherei nach Texten von Dichtern, deren Werke die Nazis verbrannten. Warum bekämpften sie diese Autoren?*

5 NS-Wirtschaftspolitik – den Krieg im Visier

Q1 *Autobahnbau in Handarbeit,* Foto von 1936

Ein Wirtschaftswunder?
Die von der Weltwirtschaftskrise ausgelöste hohe Arbeitslosigkeit war ein Grund, warum die Nationalsozialisten in Deutschland an die Macht gekommen waren. Wie würde die Regierung Hitler nun mit dem Problem von sechs Millionen Arbeitslosen fertig werden?
Tatsächlich sank die Zahl der Arbeitslosen in den ersten drei Jahren der NS-Herrschaft stark: Im Herbst 1936 waren in Deutschland nur noch rund eine Million Menschen ohne Arbeit. Wie war das möglich?

Arbeitsbeschaffung …
Die NS-Regierung vergab als Sofortprogramm gegen die Arbeitslosigkeit große Staatsaufträge: Autobahnen, öffentliche Gebäude, Kasernen und Flugplätze wurden gebaut. Dabei griffen die Nationalsozialisten meist auf bereits vorliegende Pläne aus der Weimarer Zeit zurück. Die Bauten fanden zum Großteil ohne Maschinen statt und erforderten den Einsatz von vielen Menschen. Das schuf Arbeitsplätze und kurbelte die Wirtschaft an.

… und geschönte Statistiken
1935 trat das „Reichsarbeitsdienstgesetz" in Kraft. Alle 18–25-jährigen Jugendlichen mussten für ein halbes Jahr gemeinnützige Arbeit, etwa in der Landwirtschaft oder beim Straßenbau leisten. Rund 200 000 bis 300 000 junge Männer und Frauen befanden sich ständig in den Lagern des Reichsarbeitsdienstes und verschwanden aus der Statistik der Arbeitslosen. Auch die Wiedereinführung der Wehrpflicht im März 1935 ließ die Zahl der Arbeitslosen sinken. Schließlich sorgte auch das so genannte Ehestandsdarlehen für eine geschönte Statistik. Frisch verheiratete Paare bekamen ein günstiges Darlehen vom Staat unter der Bedingung, dass die Frau ihren Arbeitsplatz aufgab. Bis 1935 wurden so rund 370 000 Frauen aus dem Berufsleben gedrängt.

Aufrüstung für den Krieg
Zahlreiche neue Arbeitsplätze gab es zudem durch die seit 1934 voll anlaufende Aufrüstung des Staates in den Betrieben der Rüstungsindustrie.
Den meisten Deutschen erschien die Wirtschaftspolitik Hitlers in diesen Jahren erfolgreich, sank doch die Zahl der Arbeitslosen. Nur wenige erkannten die Schattenseiten: Um die staatlichen Großaufträge, die Maßnahmen zur Senkung der Arbeitslosigkeit und die Ankurbelung der Rüstungsindustrie zu finanzieren, machte der Staat enorme Schulden, die er unter normalen Umständen gar nicht zurückzahlen konnte. Doch längst hatten die führenden Nationalsozialisten beschlossen, dieses Problem durch Krieg und Eroberung zu lösen.

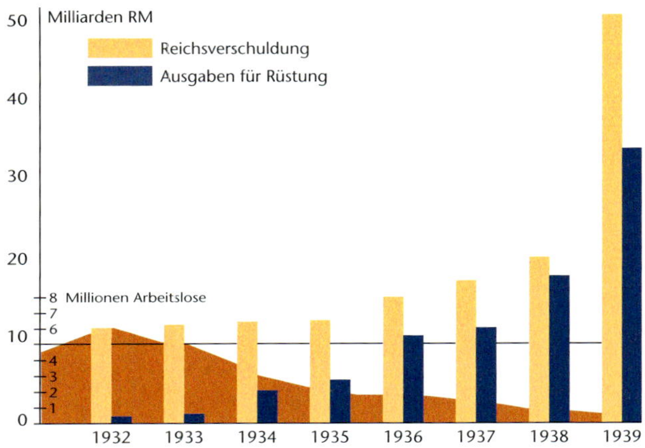

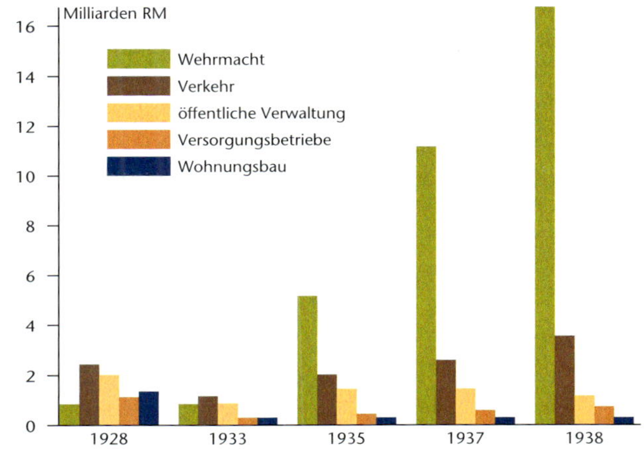

Q2 *Im August 1936 legte Hitler eine geheime Schrift zur Wirtschaftspolitik vor. Darin heißt es unter anderem:*

Es hat eine Mobilmachung der Wirtschaft zu erfolgen, und zwar mit Tempo, mit Entschlossenheit und wenn nötig auch mit Rücksichtslosigkeit. (…) In diesem Sinne ist die deutsche Brennstofferzeugung im schnellsten Tempo vorwärts zu treiben. Diese Aufgabe ist mit derselben Entschlossenheit wie die Führung eines Krieges anzufassen und durchzuführen; denn von ihrer Lösung hängt die kommende Kriegsführung ab. (…) Ich stelle damit folgende Aufgabe:
1. Die deutsche Armee muss in vier Jahren einsatzfähig sein.
2. Die deutsche Wirtschaft muss in vier Jahren kriegsfähig sein.

D3 *Statistiken links: Arbeitslosigkeit, Rüstung, Staatsschulden rechts: Öffentliche Investitionen in Deutschland*

	1928	*1937*
Fleisch (kg)	146,5	118,5
Eier (Stück)	472	258
Milch (l)	481	358
Kartoffel (kg)	507,8	530,3
Gemüse (kg)	127,3	117,8
Obst (kg)	96,2	64,9

D4 *Lebensmittelverbrauch im Vergleich.* Durchschnittlicher Jahreskonsum in einem Vier-Personen-Haushalt.

Standpunkte: Die NS-Wirtschaftspolitik

D1 *Der Historiker Sebastian Haffner emigrierte 1938 von Deutschland nach England. Er kehrte 1954 nach Deutschland zurück. In seinem Buch „Anmerkungen zu Hitler", das 1978 erschien, schreibt er:*

Unter den positiven Leistungen Hitlers muss an erster Stelle, alles andere in den Schatten stellend, sein Wirtschaftswunder genannt werden. Den Ausdruck gab es damals noch nicht; er ist erst für die überraschend schnelle Wiederaufbauleistung nach dem Zweiten Weltkrieg geprägt worden. Aber er passt noch viel besser auf das, was im Deutschland der mittleren dreißiger Jahre unter Hitler vor sich ging. Im Januar 1933, als Hitler Reichskanzler wurde, gab es in Deutschland sechs Millionen Arbeitslose. Drei kurze Jahre später, 1936, herrschte Vollbeschäftigung.

D2 *Der Historiker Werner Bührer schreibt in einem Aufsatz über die Wirtschaftspolitik Hitlers:*

Die wirtschaftliche Entwicklung Deutschlands unter dem Nationalsozialismus (…) war gekennzeichnet durch einen raschen, kontinuierlichen und lang anhaltenden Aufschwung, der sich vor allem in den Investitions- und Produktionsgüterindustrien bemerkbar machte, verbunden mit einem deutlichen Rückgang der Arbeitslosigkeit bis zum Erreichen der Vollbeschäftigung im Jahr 1936. Ohne die spätestens seit 1935 unübersehbare einseitige Ausrichtung der staatlichen Wirtschaftspolitik auf die Aufrüstung wären diese Erfolge freilich kaum möglich gewesen.

1. *Erkläre mit eigenen Worten die Ziele der nationalsozialistischen Wirtschaftspolitik (VT, Q1, Q2).*
2. *Stelle fest, inwieweit sich die Kosten für die Aufrüstung auf den Lebensstandard der Bevölkerung ausgewirkt haben (D3, D4).*
3. *War Hitlers Wirtschaftspolitik erfolgreich? Nimm Stellung.*
4. *Zwei deutsche Historiker bewerten die Wirtschaftspolitik (D1, D2). Vergleiche die Aussagen. Was stellst du fest?*

6 Jugend unter dem Hakenkreuz

1 *Plakat, um 1940.*
– Wie sollen hier die Jugendlichen angesprochen werden?

Jungvolk
Unterabteilung der Hitler-Jugend (HJ). Das Jungvolk war die Jugendorganisation für die 10- bis 14-jährigen Jungen. Die 14- bis 18-Jährigen waren in der eigentlichen HJ zusammengefasst.

BDM
Abkürzung für „Bund Deutscher Mädel“. Jugendorganisation für die 14- bis 18-jährigen Mädchen innerhalb der Hitler-Jugend. Die 10- bis 14-Jährigen waren im Jungmädelbund organisiert.

Die Hitler-Jugend

Von Anfang an schenkten die Nationalsozialisten der Jugend und deren Erziehung große Aufmerksamkeit. Nach dem Grundsatz „Wer die Jugend besitzt, hat die Zukunft“ sollten Jungen und Mädchen schon früh auf die Ideologie des Staates eingeschworen werden.
Das sollte vor allem mit der Hitler-Jugend (HJ) erreicht werden. 1926 als nationalsozialistische Jugendorganisation gegründet, zählte die HJ Anfang 1933 rund 100 000 Mitglieder. Nach der Machtübernahme wurden andere Jugendgruppen zwangsweise „gleichgeschaltet“, also aufgelöst oder in die HJ übernommen. Ende 1934 war die Hitler-Jugend dadurch mit 3,5 Millionen Jugendlichen zu einer regelrechten Massenorganisation angewachsen. Ab Dezember 1936 wurde die HJ zur Pflichtorganisation für alle Jungen und Mädchen zwischen 10 und 18 Jahren.

Erziehungsziel: Krieg

Die Nationalsozialisten wollten umfassende Kontrolle über die Jugend. Mädchen und Jungen sollten zu treuen Gefolgsleuten erzogen werden. Zugleich sollten sie auf die Aufgabe vorbereitet werden, die Hitler für Deutschland und „sein Volk“ vorgesehen hatte: den Krieg. Die körperliche und militärische Ausbildung stand daher gleichberechtigt neben der ideologischen Schulung. Die Nationalsozialisten wollten mutige, vor allem aber anpassungsfähige und gehorsame Menschen.

Anziehungskraft …

Viele Jugendliche waren in den ersten Jahren mit Begeisterung bei der HJ, denn sie bot durch Zeltlager, Geländespiele, Lagerfeuer und Ausflüge abenteuerliche Erlebnisse mit Freunden und eine Abwechslung vom Alltag. Auch der Gemeinschaftsgedanke, die Gruppenabende oder das Tragen der Uniform faszinierte einige Jugendliche.
Die Veranstaltungen der HJ, die oft die Wochenenden belegten, entfremdeten Kinder und Jugendliche von den Eltern. Tatsächlich hat es Fälle gegeben, in denen Kinder ihre eigenen Eltern wegen negativer Äußerungen über die NSDAP angezeigt haben.

… und Abneigung

Doch nicht alle Jugendlichen ließen sich von der HJ vereinnahmen. Manche störte die politische oder militärische Gesinnung, andere fühlten sich durch den Zwangscharakter der HJ schlicht in ihrer Freiheit eingeschränkt. Doch nur wenige wagten es, diesen Protest auch offen zu zeigen. Sie schlossen sich in eigenen Cliquen zusammen, die unter Namen wie „Edelweißpiraten“, „Meuten“ oder „Swing-Jugend“ bekannt wurden. Diese Jugendlichen distanzierten sich von der HJ und beteiligten sich teilweise sogar an Widerstandsaktionen.

Q2 *In einer Rede vom 2. Dezember 1938 hat Hitler die Erziehungsziele der Nationalsozialisten dargelegt:*

Diese Jugend, die lernt ja nichts anderes als deutsch denken, deutsch handeln, und wenn diese Knaben mit 10 Jahren in unsere Organisation hineinkommen und dort oft zum ersten Mal überhaupt eine frische Luft bekommen und fühlen, dann kommen sie vier Jahre später vom Jungvolk in die Hitlerjugend, und dort behalten wir sie wieder vier Jahre. Und dann (...) nehmen wir sie sofort in die Partei, in die Arbeitsfront, in die SA oder SS, in das NSKK und so weiter. Und wenn sie dort zwei Jahre oder anderthalb Jahre sind und noch nicht ganz Nationalsozialisten geworden sein sollten, dann kommen sie in den Arbeitsdienst und werden dort wieder sechs Monate geschliffen, alle mit einem Symbol, dem deutschen Spaten. Und was dann nach sechs oder sieben Monaten noch an Klassen- oder Standesdünkel (...) vorhanden sein sollte, das übernimmt die Wehrmacht. (...) Und wenn sie (...) zurückkehren, dann nehmen wir sie, damit sie auf keinen Fall rückfällig werden, sofort wieder in die SA, SS und so weiter, und sie werden nicht mehr frei ihr ganzes Leben.

Q4 *Plakat, um 1940*

Q3 *Erika Martin, eine ehemalige Jungmädelführerin, berichtet:*

Wir machten eine Fahrt, wir wanderten, wir machten eine Schnitzeljagd, wir veranstalteten eine Fuchsjagd. Das waren so Wald- und Feldspiele, wie man sie vielleicht heute gar nicht mehr so spielt, aber die massig Spaß machten. Und hinterher wurde dann

Q5 *Das Frauenideal der NS-Ideologie* wurde im Bund Deutscher Mädel (BDM) propagiert.

Bild und Tondokumente über Jugendliche im Nationalsozialismus auf Zeitreise multimedial „Das 20. Jahrhundert"

auch irgendwo ein Lagerfeuer entfacht und ein ordentlicher Kessel Erbsensuppe aufgesetzt. Und dieses alles, dieses Neue, dieses freie In-der-Natur-sich-bewegen-Dürfen ohne Zwang, ohne den strengen Blick des Vaters oder die Sorge der Mutter hinter sich zu spüren, dieses freie Selbstgestalten, das war es eigentlich, was sehr glücklich machte.

Q7 *Werner Brölsch aus Mülheim erinnert sich 2003 an die Erlebnisse seines Bruders bei der HJ:*

Mein jüngerer Bruder wurde eines Tages zu einem Pimpfenabend geladen. Ihm gefiel die Gemeinschaft und er wurde Mitglied des Jungvolks. Er machte schon nach einigen Jahren Karriere und wurde Fähnleinführer. Er, der fünfzehnjährige Junge, durfte den anderen Befehle erteilen. Ich weiß genau, wie begeistert er anfangs zu den Übungen ging, besonders dann, wenn Sport oder Schießen auf dem Plan stand. Auch das Exerzieren, mit den Kommandos wie „ Stillgestanden", „Rührt euch", „Rechts um", „Marsch Marsch", wurde von den Jungen hingenommen. Neben den Oster- und Pfingstfahrten veranstaltete die HJ auch Fahrten ins Ausland. Erst nach und nach wurde mein jüngerer Bruder nachdenklicher. Die zunehmende Militarisierung der Veranstaltungen und die offene Vorbereitung auf den Krieg wurden ihm immer bewusster.

Q6 *„Jungvolk" bei Schießübungen*

Q8 *Karl-Heinz Schnibbe (geb. 1924) wurde 1942 vom Volksgerichtshof wegen „Hochverrats" zu Gefängnis verurteilt. Er hat seine Lebensgeschichte aufgeschrieben. Hier Auszüge:*

Als ich in die Hitler-Jugend überschrieben wurde, hatte ich keine Lust mehr, und jetzt gefiel mir der Druck und der Zwang nicht mehr so. Zuerst ging es vielleicht noch, aber dann passte mir die Schreierei und das Kommandieren nicht mehr. (...)
Ich habe auch keine HJ-Uniform gehabt, weil meine Eltern mir keine gekauft haben. Sie haben immer gesagt: „Wenn die euch drin haben wollen, dann sollen die euch auch eine Uniform kaufen." Die HJ-Führung hat das zwar dann für mich gemacht, aber trotzdem habe ich die Uniform nicht angezogen. (...) Einmal tauchte ich wieder hübsch in Zivil beim Dienst in unserm Hitler-Jugendheim auf. Alle waren in Uniform und mit blank geputzten Stiefeln da, und unserm Scharführer passte es nicht. (...) Ein Wort gab das andere, und schließlich habe ich ihm eine geschoben. (...) Am Ende habe ich ihn vor all den anderen verprügelt. Ein paar Wochen später kriegte ich ein Schreiben vom Gebietsführer und musste zu einer Ehrenverhandlung. Man legte keinen Wert mehr auf meine Mitgliedschaft. Ich wurde wegen Befehlsverweigerung aus der Hitlerjugend ausgeschlossen. Was ich natürlich nicht ahnte, war, dass die Gestapo mir später diese Episode übel nehmen und vorhalten würde.

Q9 *Ein ehemaliger Edelweißpirat aus Düsseldorf berichtet:*

In dem Jahr, in welchem der Krieg begann, beendete ich die allgemeine Volksschule und begann eine Dreherlehre bei der Firma Losenhausen. Trotz der verschiedenen Formen des Drucks und Schikanen, denen ich ausgesetzt war, weigerte ich mich, der HJ beizutreten. Es war keine politisch motivierte Weigerung: Ich hasste nur den militärischen Drill und die Erziehung zum Krieg, die in der HJ betrieben wurde. Sicher hat dabei die Erziehung durch meine Eltern, die Sozialdemokraten und bewusste

Antimilitaristen waren, eine große Rolle gespielt. In Gerresheim wo ich aufgewachsen bin, fand sich bald ein Kreis gleichgesinnter Jugendlicher zusammen. Bald wurden der Ostpark und der Floragarten beliebte Treffpunkte. Dorthin fuhren wir an den Wochenenden, wenn wir keine Wanderungen unternahmen.

Q10 *Für Jugendliche, die sich von der HJ nicht vereinnahmen ließen, gab es spezielle Konzentrationslager. Mädchen und Jungen im Alter von 10 bis 25 Jahren wurden in diese „Jugendschutzlager" eingeliefert. Die 14-jährige B. mit der Lagernummer 26 berichtete über ihr Schicksal:*

Ich weiß noch, als ich eingeliefert wurde, kam ich zuerst ins KZ Ravensbrück. Da mussten wir uns ausziehen und dann unter die eiskalte Dusche. Anschließend mussten wir vor zwei oder drei SS-Ärzten aufmarschieren, die uns ganz oberflächlich anschauten. Der eine schaute nur mal kurz auf meine langen schönen Haare und sagte: Läuse! Ich hatte bestimmt keine Läuse. Aber die haben erst alles abgeschnitten und den Rest mit dem Rasierapparat. Eine totale Glatze. Da stand ich nun splitternackt vor diesen SS-Leuten mit einer Glatze. Bisher hatte mich noch niemand außer meinen Eltern nackt gesehen. Das war grauenhaft.

Q11 *Aus einem Schreiben des Reichsführers der SS Heinrich Himmler an den Leiter der Gestapo Reinhard Heydrich vom Januar 1942 zu Maßnahmen gegen die „Swing-Jugend", die durch lässige Haltung und Kleidung sowie ihre Vorliebe für Jazz und Swing auffiel:*

Anliegend übersende ich Ihnen einen Bericht, den mir der Reichsjugendführer Axmann über die „Swing-Jugend" in Hamburg zugesandt hat.
Ich weiß, dass die Geheime Staatspolizei schon einmal eingegriffen hat. Meines Erachtens muss jetzt das ganze Übel radikal ausgerottet werden. Ich bin dagegen, dass wir hier nur halbe Maßnahmen treffen.
Alle Rädelsführer, und zwar die Rädelsführer männlicher und weiblicher Art, unter den Lehrern diejenigen, die feindlich eingestellt sind und die Swing-Jugend unterstützen, sind in ein Konzentrationslager einzuweisen. Dort muss die Jugend zunächst einmal Prügel bekommen und dann in schärfster Form exerziert und zur Arbeit angehalten werden, irgendein Arbeitslager oder Jugendlager halte ich bei diesen Burschen und diesen nichtsnutzigen Mädchen für verfehlt. Die Mädchen sind zur Arbeit im Weben und im Sommer zur Landarbeit anzuhalten. Der Aufenthalt im Konzentrationslager für diese Jugend muss ein längerer, 2–3 Jahre, sein. Es muss klar sein, dass sie nie wieder studieren dürfen. Bei den Eltern ist nachzuforschen, wie weit sie das unterstützt haben. Haben sie es unterstützt, sind sie ebenfalls in ein KL. zu verbringen und das Vermögen ist einzuziehen.
Nur, wenn wir brutal durchgreifen, werden wir ein gefährliches Umsichgreifen dieser anglophylen (sic!) Tendenz in einer Zeit, in der Deutschland um seine Existenz kämpft, vermeiden können.

Q12 *„Edelweißpiraten"*, Anfang der 1940er-Jahre. Sie verweigerten sich der HJ.
– Vergleiche das Bild mit Q5 und Q6.

1 *Liste die Ziele der Jugenderziehung im NS-Staat auf (VT, Q1, Q2, Q4–Q6). Diskutiert, ob sie erreicht wurden.*
2 *Nenne Gründe, warum viele Mädchen und Jungen Gefallen an der HJ und dem BDM fanden (VT, Q3, Q5–Q7)*
3 *Überlege: Was hätte dich an der HJ fasziniert, was hätte dir nicht gefallen?*
4 *„Und sie werden nicht mehr frei ihr ganzes Leben." Erläutere, was Hitler damit meint (Q2).*
5 *Überlege, warum die Nationalsozialisten gegenüber Jugendlichen, die sich nicht vereinnahmen ließen, so brutal reagierten (Q10, Q11).*

7 Schule im NS-Staat

Nationalsozialistische Schulbildung

Die HJ stand im Mittelpunkt der NS-Jugenderziehung. Doch auch auf den Schulunterricht versuchten die Nationalsozialisten Einfluss zu nehmen. Schule und Unterricht sollten gemäß der NS-Ideologie gestaltet werden. Ein erster Schritt auf diesem Weg war ein Gesetz vom April 1933. Es ermöglichte die Entlassung von jüdischen, regimekritischen und demokratisch gesinnten Lehrern aus dem Schuldienst.

Änderungen gab es auch bei den Unterrichtsinhalten. Die Lehrpläne der Fächer Deutsch, Geschichte, Biologie und Erdkunde wurden zum Teil auf die NS-Ideologie abgestimmt. Die nationalsozialistische „Rassenlehre" war künftig Pflichtunterricht. Im neu geschaffenen Fach „Rassenkunde" lernten Jungen und Mädchen, dass die Einteilung der Menschen in höher- und minderwertige Rassen angeblich wissenschaftlich nachzuweisen sei. Als besonders wichtig galt auch die körperliche Ertüchtigung im Sportunterricht. Manche Schüler hatten fünf Stunden Sport pro Woche.

Die Klassenzimmer waren häufig mit nationalsozialistischen Symbolen ausgestattet. An den Wänden befanden sich Hakenkreuzfahnen oder Gemälde von Hitler. Morgens begrüßte man sich mit dem Hitlergruß, an manchen Schulen gab es auch einen Fahnenappell, bei dem feierlich eine Hakenkreuzflagge gehisst wurde.

Viele Schulbücher enthielten Darstellungen über Gewalt, Krieg und Soldaten. Selbst in Fächern wie Mathematik und den Naturwissenschaften wurde der Krieg verherrlicht und die Landesverteidigung in Aufgaben thematisiert. Im Chemieunterricht an höheren Schulen waren beispielsweise über 100 Versuche mit Kampfstoffen Bestandteil des Lehrplans.

NS–Eliteschulen

Die zukünftige männliche Elite des Staates sollte auf besonderen Schulen ausgebildet werden: den so genannten „Adolf-Hitler-Schulen" und den „Nationalpolitischen Erziehungsanstalten" (Napola). Nur unter bestimmten Voraussetzungen wurden die Jungen dort aufgenommen. Sie mussten eine Aufnahmeprüfung bestehen, in der neben Wissen und Gesinnung auch körperliche Fähigkeiten überprüft wurden.

Neben der wissenschaftlichen Ausbildung und der Erziehung zu nationalsozialistischem Denken wurde besonderer Wert auf die „körperliche" Ertüchtigung gelegt. Geländesport sowie Fechten, Reiten, Rudern, Schwimmen, Auto- und Motorradfahren gehörten zum Unterrichtsangebot. In den Anfangsjahren der Eliteschulen bestand noch ein ausgewogenes Verhältnis in der Vermittlung von Wissen, NS-Ideologie und Sport. Nach und nach verlagerte sich jedoch die Gewichtung zu reiner militärischer Schulung und Ausbildung.

Q1 *Schule im Dritten Reich – Propagandaaufnahme.* – Vergleiche den Raum mit deinem Klassenzimmer.

Q2 *Lehrer unter Beobachtung.*
a) Beurteilung einer Lehrerin durch einen Ortsgruppenleiter in Trier, Januar 1935:
A. ist erst seit 1. Juli 1934 Mitglied des Opferrings und der NS-Frauenschaft. Sie bezieht unsere Presse nicht und steht in engster Verbindung mit dem Klerus [Kirche] (…). Wie mir vertraulich mitgeteilt wurde, ist A. alles andere, nur nicht Nationalsozialist. Ihre ganze jetzige Einstellung uns gegenüber ist nur als Schein zu betrachten, um ihre Stellung zu behaupten.

b) Beurteilung einer Turnlehrerin durch einen Ortsgruppenleiter in Trier, Mai 1935:
A. ist nicht Mitglied der NSDAP, gehört aber dem BDM an. Der Vater, Lehrer B., gehört dem Opferring, zwei weitere Söhne der SA an. An Spenden usw. beteiligt sich die Familie B. sehr rege. In politischer Hinsicht kann die Familie B. und insbesondere auch die Tochter A. als politisch zuverlässig angesehen werden.

Q3 *Ein NS-Rechenbuch lieferte Zahlen zur militärischen Stärke benachbarter Länder und stellte unter der Überschrift „Luftangriffe drohen überall" folgende Fragen:*
a) Wie viele Kriegsflugzeuge haben die angegebenen Staaten, soweit sie Nachbarn Deutschlands sind, insgesamt?
c) Ein moderner Nachtbomber kann 1800 Brandbomben tragen. Auf wie viel Kilometern Streckenlänge kann er diese Bomben verteilen, wenn er bei einer Stundengeschwindigkeit von 250 Kilometern in jeder Sekunde eine Bombe wirft?

Q4 *1934 schrieben die Schülerinnen und Schüler einer dritten Volksschulklasse in München folgendes Diktat:*
Wie Jesus die Menschen von der Sünde und Hölle befreite, so rettete Hitler das deutsche Volk vor dem Verderben. Jesus und Hitler wurden verfolgt, aber während Jesus gekreuzigt wurde, wurde Hitler zum Kanzler erhoben. Während die Jünger Jesu ihren Meister verleugneten und ihn im Stich ließen, fielen 16 Kameraden für ihren Führer. Die Apostel vollendeten das Werk ihres Herrn. Wir hoffen, dass Hitler sein Werk selbst zu Ende führen darf. Jesus baute für den Himmel, Hitler für die deutsche Erde.

Q5 *Nicht immer herrschte Kasernenton im Klassenzimmer. Über ihre Schulzeit während des Nationalsozialismus an der Essener Helene-Lange-Realschule berichtete Helga Breil 1998:*
Eines Tages wurden die Kreuze aus jedem Klassenzimmer herausgeholt. Das übliche Gebet vor dem Unterricht wurde verboten, stattdessen sollten nationalsozialistische Lieder gesungen werden. Erst später wurde mir bewusst, wie viel Mut meine Lehrerinnen bewiesen, die einfach die Anweisungen missachteten und weiterhin das Morgengebet beibehielten. Mir sind nur drei Lehrer in Erinnerung, die mit dem Hitlergruß vor die Klasse traten, bei den anderen blieb es beim „Guten Morgen, meine lieben Kinder". (…) Im Geschichtsunterricht hatten wir zwar Bücher von der Schule bekommen, meine Lehrerin benutzte sie nie, sie gab sich große Mühe, stellte selbst Texte zusammen und diktierte sie uns.

Q6 *Rassenkunde in der Schule.* Schulhelferinnen, die als Maßnahme gegen den Lehrermangel ausgebildet wurden, vermitteln mit Hilfe von Schautafeln die nationalsozialistische Rassenlehre, Bild von 1943.

1 *Heinrich Böll schrieb über seine Schulzeit: „Wir lernten nicht fürs Leben in der Schule, sondern für den Tod." Nimm Stellung zu diesem Ausspruch und versuche die Aussage mit Hilfe des VT und Q3 zu belegen.*
2 *Nenne Beispiele, wie die Nationalsozialisten den Unterricht beeinflussten (VT, Q1, Q3, Q4, Q6).*
3 *Es gab auch Lehrerinnen und Lehrer, die versuchten, der Beeinflussung zu entgehen. Mit welchen Mitteln (Q5)?*
4 *Diskutiert, wie unser Staat heute Einfluss auf die Jugend und die Erziehung nimmt.*

8 Frauen im NS-Staat

Q 1 *Unterschiedliche Frauenbilder.*
links: Werbeplakat aus den 1920er-Jahren.
rechts: Nationalsozialistisches Idealbild einer Familie von Paul Hermann Schoedder aus dem Jahre 1938.

Frauen in der Weimarer Zeit

Während der Weimarer Republik fielen überall in größeren Städten die „neuen Frauen" auf: Sie hatten einen „Bubikopf", trugen kurze Röcke und rauchten in der Öffentlichkeit – Zeichen für das gestiegene Selbstbewusstsein und den eigenständigen Lebensstil von meist jungen, unverheirateten Frauen. Neue Frauenberufe wie Stenotypistin, Telefonistin oder Sekretärin ermöglichten ihnen ein eigenes Einkommen.

Zwar galt der Typ der neuen Frau als Leitbild – etwa in der Werbung, auf Illustrierten, in Kinofilmen und Romanen. Für die Konservativen jedoch kam dieses Frauenbild einem Kulturverfall gleich.

NS-Idealbild der Frau …

Die Nationalsozialisten hatten andere Vorstellungen von der Rolle der Frau: Sie sollte eine treue Gattin und eine fürsorgliche Mutter sein, die sich ganz dem Haushalt und der Kindererziehung widmet. Die NS-Propaganda bemühte sich, die Frauen von diesem Idealbild zu überzeugen und sie zum Verzicht auf Beruf oder Studium zu bewegen. Frauen sollten ihre Arbeit aufgeben und somit die Arbeitslosigkeit senken.

… und die Wirklichkeit

Allenfalls als Kindergärtnerinnen, in Pflegediensten oder in landwirtschaftlichen Berufen wurden Frauen noch geduldet. Im Schulwesen wurden sie aus Leitungsposten verdrängt, ab 1936 durften Frauen weder Richterinnen noch Staats- oder Rechtsanwältinnen werden. Kinderreiche Mütter wurden dagegen mit Orden und Auszeichnungen belohnt.

Als in der Rüstungsindustrie zunehmend Arbeitskräfte gebraucht wurden, klafften das Idealbild der Frau und die Wirklichkeit jedoch weit auseinander: Um die Produktion während der Kriegsjahre aufrechterhalten zu können, sollten die Frauen nun auch in den „Männerberufen" arbeiten.

Q2 *Hitler zur Rolle der Frau:*

Analog der Erziehung des Knaben kann der völkische Staat auch die Erziehung des Mädchens von den gleichen Gesichtspunkten aus leiten. Auch dort ist das Hauptgewicht vor allem auf die körperliche Ausbildung zu legen, erst dann auch die Förderung der seelischen und zuletzt der geistigen Werte. Das Ziel der weiblichen Erziehung hat unverrückbar die kommende Mutter zu sein.

Q3 *Gerda Zorn erzählte 1980 zum Thema „Frauen unter dem Hakenkreuz“:*

Nach ihrer Heirat musste meine Mutter ihre Sekretärinnenstelle aufgeben, weil es so genannte Doppelverdiener nicht geben durfte. (...) Die Nazis machten eine Religion daraus, den Frauen die Rolle als Hausfrau und Mutter zuzuweisen. Meine Mutter hasste die „Drei-K-Rolle“ [Kinder–Küche–Kirche]. Als geselliger Mensch sehnte sie sich nach Kontakten mit anderen Menschen. Da sie sich weder mit der Nazi-Ideologie noch mit der Nachbarschaft, die dieser Ideologie mehr oder weniger verfallen war, anfreunden konnte, blieben ihr nur Haushalt und Garten.

Q4 *Eine emigrierte Deutsche schrieb 1939 aus Paris:*

Jahrelang haben die Nazis sich als Retter der deutschen Familie ausgegeben und Märchen darüber verbreitet, dass andere Ideologien die Familien zerstören. Während in anderen Ländern der Wohlstand der Familien gesichert wird, werden in Hitlers Reich durch die Kriegspolitik die Familien gewaltsam auseinander gerissen und zerstört. (...) Die Ehe ist für die Nazis keine Gemeinschaft zweier Menschen, die das Glück ihrer Familie und ihre Zukunft gestalten und darum gerne Kinder haben wollen. Im Dritten Reich wird die Ehe als Zuchtanstalt und die Frau als Gebärmaschine betrachtet.

Q5 *Mann sucht Frau. Inserat aus den „Münchener Neuesten Nachrichten“:*

Zweiundfünfzig Jahre alter, rein arischer Arzt, Teilnehmer an der Schlacht bei Tannenberg, der auf dem Lande zu siedeln beabsichtigt, wünscht sich männlichen Nachwuchs durch eine standesamtliche Heirat mit einer gesunden Arierin, jungfräulich, jung, bescheiden, sparsame Hausfrau, gewöhnt an schwere Arbeit, breithüftig, flache Absätze, keine Ohrringe, möglichst ohne Eigentum.

Q6 *Frau sucht Mann. Heiratsannonce aus dem „Völkischen Beobachter“:*

Deutsche Minne, BDM-Mädel, gottgläubig, aus bäuerlicher Sippe, artbewusst, kinderlieb, mit starken Hüften, möchte einem deutschen Jungmann Frohwalterin seines Stammhalters sein (niedere Absätze – kein Lippenstift). Nur Neigungsehe mit zackigem Uniformträger.

Q7 *NS-Plakat von 1944.*
– Was sagt das Plakat darüber aus, welche Tätigkeiten Frauen in den Augen der Nationalsozialisten ausüben sollten? Beachte auch die Jahreszahl.

1 Erläutere mit Hilfe der Quellen und des VT das nationalsozialistische Frauenbild.

2 Nenne Gründe dafür, warum die Nationalsozialisten dem Muttertag, den es schon in der Weimarer Republik gab, so große Beachtung schenkten.

3 Erkläre, inwiefern Q5 und Q6 das NS-Frauenbild widerspiegeln.

4 Begründe, warum die Nationalsozialisten heimlich, still und leise von ihrer ursprünglichen Frauenpolitik abrückten (VT, Q7).

Q8 *Das Mutterkreuz* wurde Frauen ab vier Kindern verliehen und sollte einen Anreiz geben, möglichst viele Kinder zu gebären und sich für die Familie aufzuopfern.

9 Ausgegrenzt, verfolgt, ermordet

1 *Brennende Essener Synagoge* einen Tag nach den Ausschreitungen am 9. November 1938

Unterdrückung im NS-Staat
Die Nationalsozialisten duldeten in ihrem Staat keine Menschen, die nicht ihren Vorstellungen entsprachen. Wer nicht in das Schema der Volksgemeinschaft passte, wurde unterdrückt, ausgegrenzt oder gar ermordet. Vor allem für die jüdischen Bürger begann mit der Machtübernahme der Nationalsozialisten ein unvorstellbarer Leidensweg.

Boykott gegen Juden
Im Jahr 1932 lebten rund 550 000 Juden in Deutschland. Mit dem Regierungsantritt Hitlers begannen die Nationalsozialisten, deren bürgerliches Leben systematisch zu zerstören. Am 1. April 1933 rief die NSDAP zum Boykott jüdischer Läden, Anwaltskanzleien und Arztpraxen auf. SA-Mitglieder versperrten den Zugang zu jüdischen Geschäften und beschmierten Schaufenster mit Sprüchen wie „Juden raus". Dabei kam es mehrfach zu Gewalttaten. Bereits eine Woche später trat ein Gesetz in Kraft, das es ermöglichte, jüdische Beamte aus dem Staatsdienst zu entlassen.

Ausgrenzung per Gesetz
Mit den Nürnberger Rassegesetzen von 1935 wurden die Juden zu Bürgern zweiter Klasse. Sie durften nicht mehr wählen und kein öffentliches Amt übernehmen. Eheschließungen zwischen Juden und Nichtjuden wurden verboten. Sogar der Kontakt zwischen Juden und Nichtjuden wurde strafrechtlich verfolgt. Während der Olympischen Spiele in Berlin 1936 nahmen die Nazis Rücksicht auf die ausländische Öffentlichkeit und versuchten die Entrechtung der Juden zu verschleiern. Danach jedoch kaum noch: Jüdische Unternehmen mussten an Nichtjuden verkauft werden, jüdische Ärzte und Rechtsanwälte durften ihre Berufe nicht mehr ausüben, die Reisepässe von Juden wurden mit einem „J" gekennzeichnet.

Die Pogromnacht
In der Nacht vom 9. auf den 10. November 1938 organisierten die Nationalsozialisten die bis dahin schlimmste Verfolgung von jüdischen Bürgern. Als Vorwand diente das Attentat eines jüdischen Jugendlichen auf einen deutschen Diplomaten. Der 17-Jährige wollte mit seinem Anschlag gegen die Ausweisung seiner Eltern nach Polen protestieren.
Aufgestachelt von einer wüsten Hetzrede Goebbels prügelten SA-Männer Tausende von Juden durch die Straßen. Jüdische Menschen wurden verhöhnt, gedemütigt und misshandelt, ihre Geschäfte wurden geplündert, Synagogen gingen in Flammen auf. Hunderte Juden wurden bei diesen Ter-

roraktionen kaltblütig ermordet oder starben an den Folgen. Doch damit nicht genug: In den folgenden Tagen sperrte man annähernd 30 000 jüdische Männer in Konzentrationslager (KZ). Und es gab weitere Schikanen: Juden durften keine öffentlichen Verkehrsmittel mehr benutzen, Autos oder Motorräder besitzen, keine Kinos, Theater oder Konzerte besuchen.

Was tat die Bevölkerung?

Die Deutschen reagierten unterschiedlich auf Ausgrenzung und Verfolgung ihrer Mitbürger. Auch wenn ein nicht geringer Teil der Bevölkerung mit der Diskriminierung der Juden grundsätzlich einverstanden war, lehnten die meisten doch Gewalttaten, Verfolgungen oder gar Morde ab. Nur wenige beteiligten sich direkt an den Boykottaktionen oder dem Pogrom.

Öffentlichen Protest gegen den Nazi-Terror gab es aber auch nur selten. Die große Mehrheit schwieg, schaute weg, unternahm nichts und nahm so den Anschlag auf die Menschenwürde hin – aus Angst, Anpassung oder Gleichgültigkeit. Allmählich entstand so eine Kluft zwischen Juden und Nichtjuden: Freundschaften wurden gelöst, Nachbarn nicht mehr gegrüßt, jüdische Kinder gehänselt und verspottet.

Jüdische Auswanderung

Bis 1938 wanderten etwa 130 000 Juden aus Deutschland aus. Diese Zahl erscheint sehr gering, wenn man den Terror und die Gewalttaten gegen die Juden betrachtet. Auszuwandern war jedoch eine schwerwiegende Entscheidung: Man verließ die Heimat, Verwandte, Freunde und wusste nicht, was einen in der Fremde erwartete. Die Beschlagnahmung von jüdischem Vermögen und hohe Auswanderungsabgaben stellten weitere Hindernisse dar.

Als 1938 eine neue Auswanderungswelle einsetzte, weigerten sich mehrere Staaten weitere Juden aufzunehmen. 1941 wurde den Juden schließlich eine Auswanderung aus Deutschland verboten. Zu diesem Zeitpunkt lebten noch rund 170 000 Juden in Deutschland.

„Artfremd“ und „asozial“

Neben den Juden gab es weitere Minderheiten, die bis in den Tod verfolgt wurden. Zu ihnen zählten die Sinti und Roma, die im Sinne des NS-Rassenwahns als „artfremd“ oder „asozial“ galten. Nach ersten Ausgrenzungsmaßnahmen wie Schul- und Berufsverboten wurden sie ab 1938 in Konzentrationslager verschleppt. Während des Zweiten Weltkriegs kam es dort zur systematischen Vernichtung. 90 000 bis 200 000 Sinti und Roma wurden Opfer dieses Völkermords. Verfolgt, verhaftet und teils ermordet wurden auch jene Menschen, deren Glaubensrichtung (Zeugen Jehovas) oder Lebensführung (Homosexuelle) den Nationalsozialisten nicht passte.

Behinderte werden ermordet

Auch für Behinderte war in der nationalsozialistischen Volksgemeinschaft kein Platz. Psychisch kranke, missgebildete oder geistig behinderte Menschen durften im Staate Hitlers weder heiraten noch Kinder bekommen. 1939 ordnete Hitler die so genannte Vernichtung „unwerten Lebens“ an. In einer Geheimaktion wurden über 100 000 körperlich und geistig behinderte Menschen ermordet. Nach öffentlichen Protesten stellten die Nazis den Massenmord 1941 zwar ein. Einzeltötungen gab es aber weiter.

Q2 *Judenstern.*
Ab 1941 mussten alle Juden in Deutschland dieses Zeichen auf ihrer Kleidung tragen.

Q3 *„Rassenschande“.*
Ein Paar wird öffentlich gedemütigt.

Bild- und Tondokumente über die Verfolgung und Entrechtung der Juden im NS-Staat auf Zeitreise multimedial „Das 20. Jahrhundert"

Q4 *Reisepass von Susanne Blumenthal* mit „J-Stempel" und dem Zwangsnamen „Sara". In den Ausweisen wurde ein „J" (für Jude) gestempelt und die zusätzlichen Vornamen „Sara" bzw. „Israel" eingetragen.

Kennort: Berlin
Kennummer: A. 427 425
Gültig bis 15. März 1944
Name Blumenthal geb. [illegible]
Vornamen Susanne Sara
Geburtstag 17. Mai [illegible]
Geburtsort Stettin
Beruf [illegible]
Unveränderliche Kennzeichen fehlen
Veränderliche Kennzeichen fehlen
Bemerkungen:

Rechter Zeigefinger
Linker Zeigefinger
Susanne Sara Blumenthal
(Unterschrift des Kennkarteninhabers)
Berlin, den 15. März 1939
Der Polizeipräsident in Berlin
Abteilung II
(Ausstellende Behörde)
(Unterschrift des ausfertigenden Beamten)

Q5 *Während des Parteitags in Nürnberg 1935 wurden die so genannten „Nürnberger Rassegesetze" beschlossen. Darin heißt es:*
§1 Eheschließungen zwischen Juden und Staatsangehörigen deutschen oder artverwandten Blutes sind verboten. Trotzdem geschlossene Ehen sind nichtig (...)
§2 Außerehelicher Verkehr zwischen Juden und Staatsangehörigen deutschen oder artverwandten Blutes ist verboten.
§3 Juden dürfen weibliche Staatsangehörige deutschen oder artverwandten Blutes unter 45 Jahren in ihrem Haushalt nicht beschäftigen.

Q6 *In den „Amtlichen Mitteilungen für die Stadtverwaltung Mülheim an der Ruhr" Nr. 11 vom 28. November 1935 heißt es unter der Überschrift „Ausschaltung des jüdischen Einflusses":*
Als Abwehrmaßnahme der Stadt habe ich in der Stadthalle, in der Stadtbücherei und im Lesesaal, an den städtischen Sportplätzen und im Museum Schilder anbringen lassen, die darauf hinweisen, dass der Besuch der städtischen Veranstaltungen und die Benutzung der städtischen Einrichtungen durch Juden unerwünscht ist. Ferner verbiete ich den Verkauf von städtischen Häusern und Grundstücken oder sonstigem städtischen Eigentum an Juden. Dass jüdische Ärzte und Rechtsanwälte nicht in Anspruch genommen werden, ist selbstverständlich.

Q7 *Ein Deutscher beschwert sich 1936:*
Wie ich heute Morgen feststellen musste, waren im Hansabad 3 Juden und zwar 1 Jude und 2 Jüdinnen. Es ist mir unverständlich, dass Juden dort zugelassen sind. Der Wärter sagte, es bestände dort (...) kein Judenverbot. Es ist aber höchste Zeit, dass ein solches Verbot in Kraft tritt, da auch in anderen Städten derartige Verbote für Juden bestehen. Vielleicht lässt sich dieses auch in Bremen durchführen.

Q8 *Aus Berichten der „Rheinisch-Westfälischen Zeitung" vom 10. November 1938:*
Nach Bekanntwerden des Ablebens des durch feige jüdische Mörderhand niedergestreckten Diplomaten haben sich im ganzen Reich spontane judenfeindliche Kundgebungen entwickelt. Die tiefe Empörung des deutschen Volkes machte sich dabei auch vielfach in starken antijüdischen Aktionen Luft.
(...) [Im] Verlaufe der antijüdischen Demonstrationen in der Essener Innenstadt wurden die Schaufenster jüdischer Einzelhandelsgeschäfte zerstört und zwar sowohl der noch bestehenden jüdischen Geschäfte in den Hauptgeschäftsstraßen wie auch der zahlreichen kleinen Geschäfte im alten Gänsemarktviertel.

Q9 *Aus den Berichten der Sopade [Exil-SPD], November 1938:*
Alle Berichte stimmen dahin überein, dass die Ausschreitungen von der großen Mehrheit des deutschen Volkes scharf verurteilt werden. In den ersten Pogromtagen sind im ganzen Reich viele hundert Arier verhaftet worden, die ihren Unwillen laut geäußert haben. Oft wird die Frage gestellt: „Wer kommt nach den Juden an die Reihe?" – Man muss sich allerdings – wie groß die allgemeine Empörung auch sein mag – darüber klar werden, dass die Brutalitäten der Pogromhorden die Einschüchterung gesteigert und in der Bevölkerung die Vorstellung gefestigt haben, jeder Widerstand gegen die uneingeschränkte nationalsozialistische Gewalt sei zwecklos. (...) Bemerkenswert ist übrigens, dass, wie nach jeder früheren

Welle von Ausschreitungen so auch diesmal wieder, das Gerede auftaucht, Hitler habe das nicht gewollt. „Hitler will zwar, dass die Juden verschwinden, aber er will doch nicht, dass sie totgeschlagen und so behandelt werden" usw. usw.

Q10 *Aus einem Polizeibericht, März 1939:*

Der evangelische Pfarrer F. Seggel aus dem Landkreis Bayreuth wurde am 28. Februar 1939 angezeigt. Seggel hatte am 16. November 1938 bei seiner Predigt die Juden in Schutz genommen. Dabei sagte er u. a.: „Die in den vergangenen Tagen gegen die Juden durchgeführten Empörungsaktionen seien vom christlichen Standpunkt aus zu verurteilen. Ein Christenmensch mache so etwas nicht, das seien Untermenschen gewesen."

Q11 *Das „Gesetz zur Verhütung erbkranken Nachwuchses" vom 14. Juli 1933:*

§ 1 (1) Wer erbkrank ist, kann durch chirurgischen Eingriff unfruchtbar gemacht (sterilisiert) werden, wenn nach den Erfahrungen der ärztlichen Wissenschaft mit großer Wahrscheinlichkeit zu erwarten ist, dass seine Nachkommen an schweren körperlichen oder geistigen Erbschäden leiden werden. (…)

(3) ferner kann unfruchtbar gemacht werden, wer an schwerem Alkoholismus leidet.

Q13 *Wie Menschenverachtung gelehrt wird, zeigt diese Mathematikaufgabe:*

Ein Geisteskranker kostet täglich RM 4,–, ein Krüppel RM 5,50, ein Verbrecher RM 3,50. In vielen Fällen hat ein Beamter täglich nur etwa RM 4,–, ein Angestellter kaum RM 3,50, ein ungelernter Arbeiter noch keine RM 2,– auf den Kopf der Familie.

a) Stelle diese Zahlen bildlich dar. Nach vorsichtiger Schätzung sind in Deutschland 300 000 Geisteskranke, Epileptiker usw. in Anstaltspflege.

b) Was kosten diese jährlich insgesamt bei einem Satz von RM 4,–?

c) Wie viel Ehestandsdarlehen zu je RM 1000,– könnten – unter Verzicht auf spätere Rückzahlung – von diesem Geld jährlich ausgegeben werden?

Q12 *Ausmerzung des Kranken und Schwachen in der Natur,* Propagandamaterial für die Schule

1. *Liste auf, wer im NS-Staat Opfer von Terror und Verfolgung werden konnte (VT). Berücksichtige auch die Seiten 84 bis 87.*
2. *Stelle die staatlichen Maßnahmen zur Ausgrenzung der jüdischen Bevölkerung zusammen (VT, Q2–Q7).*
3. *Beschreibe, wie sich die Bevölkerung zur Ausgrenzung und Verfolgung verhielt (VT, Q1, Q7, Q9, Q10). Überlege, welche Motive dahinter standen.*
4. *Der Bericht der Exil-SPD (Q9) und der Zeitungsartikel (Q8) schildern die Pogromnacht völlig unterschiedlich. Erkläre, warum.*
5. *Wie und mit welchen Mitteln begründeten die Nationalsozialisten die Vernichtung „unwerten Lebens" (VT, Q11–Q13)?*

10 Der Weg in den Krieg

Q1 *Hitler fährt nach dem „Anschluss" Österreichs,* der in Wirklichkeit eine militärische Besetzung war, durch Wien.

Selbstbestimmungsrecht der Völker
meint den Anspruch eines Volkes auf Unabhängigkeit und Entscheidungsfreiheit über seine Angelegenheiten. Hitler missbrauchte dieses Recht für seine Eroberungspläne.

Appeasement-Politik
(von engl. to appease = beschwichtigen)
Politik der englischen Regierung bis 1938: Zugeständnisse gegenüber Hitlers Aufrüstungsplänen und Gebietsansprüchen sollten ihn davon abhalten, Gewalt anzuwenden.

Ziel: Weltmacht

In seinem Buch „Mein Kampf" hatte Hitler als Ziel der nationalsozialistischen Außenpolitik formuliert: „Deutschland wird entweder Weltmacht oder überhaupt nicht mehr sein." In Hitlers Vorstellungen spielte dabei der Gedanke von „mehr Lebensraum im Osten" eine große Rolle. Das bedeutete die gewaltsame Ausdehnung Deutschlands nach Osten, also Krieg. Hitler verstand es jedoch, seine Ziele nach außen hin zu verbergen. Obwohl er Krieg plante, sprach er in der Öffentlichkeit immer nur vom Frieden.

Deutschland rüstet auf

Anfangs verfolgte die NS-Außenpolitik vor allem ein Ziel: die Rücknahme der Bestimmungen des Versailler Vertrages. Das war bei vielen Deutschen populär, die sich nach alter Macht und Größe sehnten. Bereits 1933 trat Deutschland aus dem Völkerbund aus. Die Nationalsozialisten konnten sich so internationaler Kontrolle entziehen und heimlich aufrüsten. 1935 verletzte die NS-Regierung gleich zweimal die Rüstungsbeschränkungen des Versailler Vertrags: Im März wurde die Wehrpflicht wiedereingeführt, im Juli kam es zu einem Flottenabkommen mit England. Ein Jahr später besetzten deutsche Truppen das entmilitarisierte Rheinland. Die ausländischen Regierungen protestierten nur schwach.

Großdeutsches Reich

1938 befahl Hitler den Einmarsch in Österreich. Dabei berief er sich auf das Selbstbestimmungsrecht der Völker. Während die österreichische Regierung protestierte, jubelten die meisten Österreicher über die Vereinigung mit Deutschland zum „Großdeutschen Reich".
Noch im selben Jahr forderte Hitler auch für die in der Tschechoslowakei lebenden Sudetendeutschen das Selbstbestimmungsrecht: Das Sudetenland sollte Deutschland angegliedert werden. Als Hitler mit Krieg drohte, gaben die Staatsmänner Englands, Frankreichs und Italiens nach. Auf der Münchener Konferenz beschlossen sie, dass die Tschechoslowakei das Sudetenland abtreten musste. Dafür wurde die Existenz der übrigen Tschechoslowakei garantiert. Hitler erklärte, keine weiteren Forderungen zu stellen. Der Frieden in Europa schien gerettet.

Am Vorabend des Krieges

Als im März 1939 deutsche Truppen in die Tschechoslowakei einmarschierten, war die britische Appeasement-Politik gescheitert. England und Frankreich gaben nun Polen eine Garantieerklärung, denn dieser Staat schien als Nächster ins Visier Hitlers zu geraten. Ende August 1939 überraschten Deutschland und die Sowjetunion die übrige Welt mit der Unterzeichnung eines Nichtangriffspaktes. In einem geheimen Zusatzprotokoll teilten sie bereits Polen als Kriegsbeute auf. Am 1. September griffen deutsche Soldaten Polen an. England und Frankreich hielten sich an ihre Garantiezusage und erklärten Deutschland den Krieg. Der Zweite Weltkrieg hatte begonnen.

Q2 *Aus der Regierungserklärung Hitlers vor dem Deutschen Reichstag am 23. März 1933:*
Das deutsche Volk will mit der Welt in Frieden leben (...). Die Begriffe von Siegernationen und von Besiegten können nicht als eine dauernde Basis freundschaftlicher Beziehungen der Völker untereinander gelten (...). Die nationale Regierung ist bereit, jedem Volke die Hand zu einer aufrichtigen Verständigung zu reichen, das gewillt ist, die traurige Vergangenheit endlich einmal grundsätzlich abzuschließen (...). Die Reichsregierung wird jede Bemühung unterstützen, die darauf gerichtet ist, einer allgemeinen Abrüstung wirksam zu dienen und den dabei schon längst fälligen Anspruch Deutschlands zur Gleichberechtigung sicherzustellen (...). Wir sind (...) der Überzeugung, dass ein solcher Ausgleich in unserem Verhältnis zu Frankreich möglich ist.

Q3 *Auf einer Besprechung äußerte sich Hitler 1937 zur Außenpolitik. Sein Adjutant Oberst Hoßbach notierte diese Gedanken:*
Das Ziel der deutschen Politik sei die Sicherung und Erhaltung der Volksmasse und deren Vermehrung, somit handle es sich um das Problem des Raumes. (...) Dass jede Raumerweiterung nur durch Brechen von Widerstand und unter Risiko vor sich gehen könne, habe die Geschichte aller Zeiten – römisches Weltreich, englisches Empire – bewiesen. Auch Rückschläge seien unvermeidbar. Weder früher noch heute habe es herrenlosen Raum gegeben, der Angreifer stoße stets auf den Besitzer. Für Deutschland laute die Frage, wo größter Gewinn unter geringstem Einsatz zu erreichen sei. (...) Zur Lösung der deutschen Frage könne es nur den Weg der Gewalt geben.

Q6 *„Der Mann mit den zwei Gesichtern“*, Karikatur aus der französischen Zeitung „Le Rempart“ von 1933. – Erläutere die Aussage der Karikatur mit Hilfe des VT. Achte auf die Einzelheiten der Zeichnung.

1. *Liste die Schritte der NS-Außenpolitik zwischen 1933 und 1939 auf. Nimm dabei die Karte auf S. 76 zu Hilfe.*
2. *Erläutere, inwieweit das Motto „Den Frieden verkünden, den Krieg vorbereiten“ auf die Außenpolitik Hitlers zutrifft (VT, Q2, Q3, Q5).*
3. *Erkläre die Aussage der Karikatur Q4.*
4. *Die NS-Propaganda bezeichnete den Einmarsch in Österreich als „Anschluss“. Diskutiert über diese Denkweise.*

Q4 *Karikatur zum „Hitler-Stalin-Pakt“, USA 1939.* Polen (Rotkäppchen) trifft auf Deutschland (Wolf) und die Sowjetunion (Bär).

Q5 *Bewohner Prags beim Einmarsch deutscher Truppen 1939.* – Mit welchen Gesten werden die Soldaten empfangen? Vergleiche mit Q1.

11 Der Krieg in Europa – Völkervernichtung

Q 1 *Jüdische Zwangsarbeiter im Dienste der Wehrmacht in Mogilew (Weißrussland),* Foto einer Propaganda-Kompanie der Wehrmacht, 1944

„Blitzkriege" in Europa
Der Krieg in Polen dauerte nur wenige Wochen. Zwar hatten England und Frankreich, gemäß ihrem Bündnisversprechen, Deutschland den Krieg erklärt, doch sie beteiligten sich nicht an den Kämpfen. Beide Länder fürchteten, einem Krieg noch nicht gewachsen zu sein. So standen die polnischen Truppen alleine einer überlegenen, hochgerüsteten deutschen Wehrmacht gegenüber. Als Mitte September 1939 zudem sowjetische Soldaten in Polen eindrangen, war das polnische Schicksal endgültig besiegelt. Wie im „Hitler-Stalin-Pakt" verabredet, wurde das Land zwischen Deutschland und der Sowjetunion aufgeteilt.
Nach der Eroberung Polens verlagerte sich der Krieg zunächst nach Nord- und Westeuropa. Da die Erzimporte aus Schweden für die deutsche Kriegswirtschaft sehr wichtig waren, ließ Hitler Dänemark und Norwegen besetzen. Im Mai 1940 begann der so genannte Westfeldzug. Die deutschen Truppen besetzten zunächst die Niederlande und Belgien. Dann griff die Wehrmacht Frankreich an. Mit Hilfe der überlegenen Panzer- und Luftwaffe wurde es binnen weniger Wochen zur Kapitulation gezwungen. Im Mittelmeerraum kämpften deutsche Truppen gemeinsam mit ihren italienischen Verbündeten. Die Wehrmacht besetzte den Balkan, Griechenland und Nordafrika.
Weite Teile Europas standen 1941 unter nationalsozialistischer Besatzung. Einzig England wehrte sich erfolgreich gegen die Angriffe. Die von Hitler geplante Eroberung der britischen Insel ließ sich nicht verwirklichen.

Vernichtungskrieg im Osten
Am 22. Juni 1941 brach die deutsche Regierung ihren Nichtangriffspakt mit Stalin: Deutsche Truppen fielen in die Sowjetunion ein. Der Kampf im Osten war von Anfang an ein Vernichtungskrieg. Er wurde mit äußerster Brutalität geführt. Vor allem SS-Männer, teilweise aber auch Soldaten der deutschen Wehrmacht, ermordeten Millionen Kriegsgefangene und Zivilisten. Die Nationalsozialisten führten diesen Krieg nicht, um einen Staat zu erobern, sondern um das Land auszubeuten und die in ihren Augen „rassisch minderwertige" Bevölkerung zu vernichten.
Bereits im Oktober 1939 hatten deutsche Sondereinheiten in Polen mit der Vernichtung der dortigen Intelligenz und Führungsschicht begonnen. Bis Kriegsende starben dabei mindestens eine Million Polen. Das Gleiche wiederholte sich nun in der Sowjetunion. Mehr als 20 Millionen Russen kostete der Kampf gegen die Nationalsozialisten das Leben, darunter etliche Zivilisten. Rund 3,3 Millionen sowjetische Soldaten kamen allein in deutscher Kriegsgefangenschaft ums Leben. Sie starben an Hunger, Erfrierungen, Seuchen oder den Folgen der Zwangsarbeit.

Q2 *Hinrichtungsopfer* wurden in Belgrad zur „Abschreckung" öffentlich aufgehängt, Foto, August 1941

Q3 *Aus einem Brief des Generalmajors Hellmuth Stieff vom 31. Oktober 1939 (Stieff gehörte später zum Widerstand gegen Hitler und wurde hingerichtet):*

Es ist eine Stadt und eine Bevölkerung [in Warschau], die dem Untergang geweiht ist. (…) Man bewegt sich dort nicht als Sieger, sondern als Schuldbewusster. (…) Dazu kommt noch all das Unglaubliche, was dort am Rande passiert und wo wir mit verschränkten Armen zusehen müssen! Die blühendste Fantasie einer Gräuelpropaganda ist arm gegen die Dinge, die eine organisierte Mörder-, Räuber- und Plünderbande unter angeblich höchster Duldung dort verbricht. (…) Diese Ausrottung ganzer Geschlechter mit Frauen und Kindern ist nur von einem Untermenschentum möglich, das den Namen Deutsch nicht mehr verdient. Ich schäme mich ein Deutscher zu sein!

Q4 *Der ehemalige Wehrmachtssoldat Bruno Schneider berichtet:*

1941 gehörte ich zur 4. Kompanie. Mit dieser Einheit kam ich Ende Juni 1941 von Frankreich nach Russland. Kurz vor unserem Abmarsch wurden wir von unserem Kompaniechef, dem Oberleutnant Prinz, in einer Scheune versammelt. Hier erhielten wir folgenden Geheimbefehl: „Kriegsgefangene sind von der Roten Armee nur in Ausnahmefällen, d. h. wenn es unvermeidlich ist zu machen. Im Übrigen sind gefangene Sowjetsoldaten zu erschießen. Stets zu erschießen sind Frauen, die in den Einheiten der Roten Armee dienen." Ich kann nun noch sagen, dass sich der große Teil der Soldaten meiner Einheit nicht so verhielt, wie es der obige Befehl von ihnen forderte. Ich sah aber auch, wie sich die deutsche Armee ein grauenhaftes Ansehen erwarb.

1 Betrachte die Bilder und beschreibe mögliche Reaktionen der Bevölkerung (Q1, Q2).

2 Erläutere, worin sich der Krieg im Westen vom Krieg im Osten unterschied (VT, Q3, Q4).

3 Erkläre mit eigenen Worten, warum bei den Völkern Osteuropas die Taten der SS-Männer und der Soldaten nicht vergessen und wohl auch nicht vergeben werden können.

D1 *Der Krieg in Europa 1939 bis 1945:*
① Phase der deutschen „Blitzkriege";
② größte Ausdehnung der deutschen und italienischen Mächte während des Krieges im Jahre 1942;
③ die Zeit der alliierten Invasion und Offensiven, die am 8. Mai 1945 zur Kapitulation des Deutschen Reiches führten.

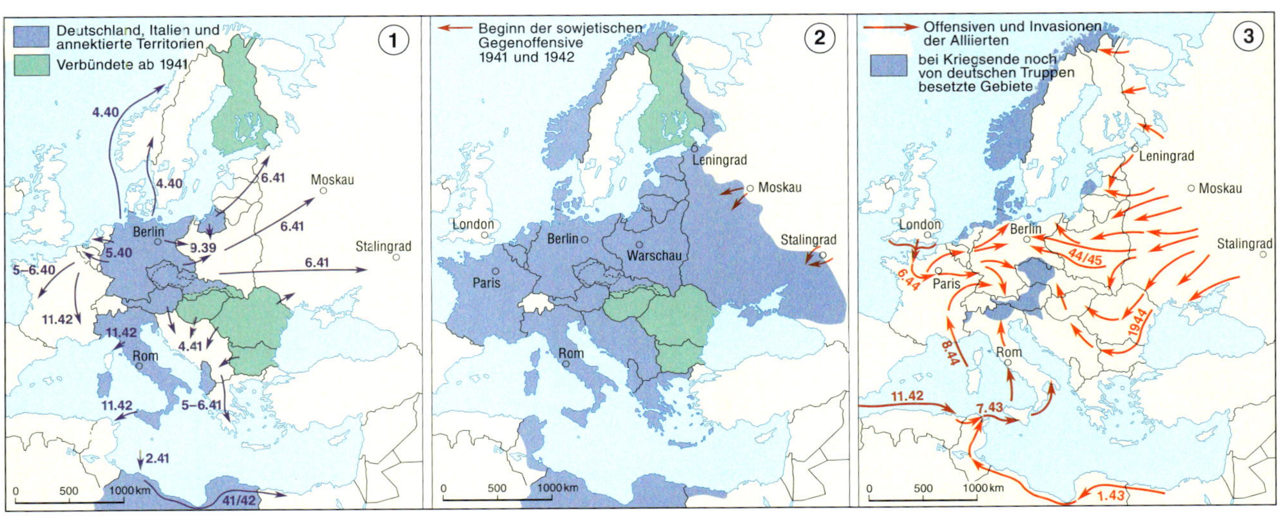

12 Holocaust – Shoa

Q1 *Auf dem Bahnsteig des Vernichtungslagers Auschwitz-Birkenau* sortierten SS-Ärzte und Wachpersonal die Ankommenden in zwei Gruppen: Schwangere, Mütter mit Kindern, Invaliden und alte Menschen kamen sofort in die Gaskammern. Alle anderen wurden dem Lager zur „Vernichtung durch Arbeit" zugewiesen.

Holocaust/Shoa
(von griech. „holocaustos"= „völlig verbrannt") Mit dem Begriff Holocaust bezeichnet man heute die Ermordung der Juden während der nationalsozialistischen Diktatur. Häufig wird für dieses Verbrechen auch der Begriff „Shoa" verwendet. Das hebräische Wort bedeutet „großes Unheil, Katastrophe".

Unfassbare Verbrechen

Wer sich mit dem Holocaust beschäftigt, gerät schnell an die Grenze seines Vorstellungsvermögens. Sechs Millionen Menschen jüdischer Abstammung wurden unter dem Nazi-Regime systematisch ermordet. Die Leiden der Opfer sind kaum vorstellbar. Sie wurden erschossen, in Ghettos getrieben und ausgehungert, durch schwere Zwangsarbeit zu Tode gebracht oder in Konzentrationslagern vergast und verbrannt. Noch heute fällt es schwer, Antworten auf die Frage zu finden, wie es zu diesem beispiellosen Verbrechen kommen konnte.

„Endlösung der Judenfrage"

Schon seit dem Machtantritt Hitlers wurden die Juden in Deutschland unterdrückt, gedemütigt, entrechtet und verfolgt. Mit Beginn des Krieges wurden die Nationalsozialisten noch radikaler. Auf der „Wannsee-Konferenz" in Berlin im Januar 1942 besprachen führende Nationalsozialisten die Organisation der „Endlösung der Judenfrage". Gemeint war damit die systematische Vernichtung aller Juden in Europa. Der Völkermord an den Juden war zu diesem Zeitpunkt schon beschlossene Sache. Seit Herbst 1941 wurden Juden aus Deutschland und den seit Kriegsbeginn besetzten Ländern in Konzentrationslager und Vernichtungslager in den eroberten Ostgebieten verschleppt.

„Todesfabrik" Auschwitz

Das Vernichtungslager Auschwitz war die größte Mordmaschine, die je erdacht und verwirklicht wurde. In Güterwaggons zusammengepfercht wurden die Menschen in das Lager gebracht und sofort bei der Ankunft in Arbeitsfähige und Todeskandidaten aussortiert. Es waren Frauen, Kinder, alte Menschen, die man sofort in den Tod schickte. Sie wurden vergast, ihre Leichen verbrannt. Die Arbeitsfähigen wurden als billige Arbeitskräfte eingesetzt. Doch auch sie starben, an Unterernährung, Seuchen, Misshandlungen und den unmenschlichen Bedingungen im Lager.
Neben Auschwitz gab es etliche weitere Vernichtungslager, in denen systematisch gemordet wurde. Allein in Auschwitz starben über eine Million Menschen.

Von allem nichts gewusst?

Die Vernichtung der Juden war schon vor 1933 ein erklärtes Ziel Hitlers. Allein mit dem wahnhaften Rassismus eines mächtigen Diktators lässt sich der Holocaust jedoch nicht erklären. Die Vernichtung hatte industrielle Ausmaße, zahlreiche Menschen waren daran beteiligt: Planer, Ingenieure, Buchhalter, Lieferanten, Lokführer, Wachpersonal und viele mehr. Mancher, der ahnte, was den Juden bevorstand, schaute bewusst weg, um ein so übergroßes Verbrechen überhaupt ertragen zu können.

Q5 *Großunternehmen und Konzerne* – darunter Siemens, Krupp, IG Farben – errichteten Fabriken neben den Vernichtungslagern und liehen sich von der SS Häftlinge als billige Arbeitskräfte, Zeichnung eines Häftlings des Lagers Sachsenhausen.

Q2 *Aus dem Protokoll der Wannsee-Konferenz, 20. Januar 1942:*

Unter entsprechender Leitung sollen im Zuge der Endlösung die Juden im Osten zum Arbeitseinsatz kommen. In großen Arbeitskolonnen, unter Trennung der Geschlechter, werden die arbeitsfähigen Juden Straßen bauend in diese Gebiete geführt, wobei zweifellos ein Großteil durch natürliche Verminderung ausfallen wird. Der allfällig endlich verbleibende Restbestand wird, da es sich bei diesem zweifellos um den widerstandsfähigsten Teil handelt, entsprechend behandelt werden müssen, da dieser, eine natürliche Auslese darstellend, bei Freilassung als Keimzelle eines neuen jüdischen Aufbaues anzusprechen ist.

Q3 *Ruth Klüger, eine Jüdin, die das Konzentrationslager überlebte, beschreibt in ihren Erinnerungen den Transport nach Auschwitz:*

Noch jetzt, wenn ich Güterwagen sehe, überläuft es mich. Es ist ja üblich, Viehwaggons zu sagen, aber auch Tiere werden normalerweise nicht so befördert und wenn, so sollte es nicht sein. Die Türen waren abgeschlossen, Luft kam durch ein kleines Viereck von einem Fenster. Waren es 60 oder 80 Menschen? Bald stank der Wagen nach Urin und Kot, es gab nur eine Luke, um Gefäße zu entleeren. Ich weiß nicht, wie lange die Reise gedauert hat. Aber die Fahrt war für mich die längste. Vielleicht hat der Zug auch mehrmals gehalten und ist herumgestanden. Bestimmt nach der Ankunft in Auschwitz, doch wohl auch schon vorher standen die Waggons und die Temperatur drinnen stieg. Panik, Ausdünstungen der Körper, die es nicht mehr aushielten in der Hitze und in einer Luft, die mit jeder Minute zum Atmen ungeeigneter wurde. Von daher glaube ich eine Ahnung zu haben, wie es in den Gaskammern gewesen sein muss.

Q4 *Rudolf Höß, der 1947 hingerichtete ehemalige Lagerkommandant von Auschwitz, beschreibt den Gastod:*

Die zur Vernichtung bestimmten Juden wurden möglichst ruhig – Männer und Frauen getrennt – zu den Krematorien geführt. Im Auskleideraum wurde ihnen (…) gesagt, dass sie hier nun zum Baden und zur Entlausung kämen, dass sie ihre Kleider ordentlich zusammenlegen sollten und vor allem den Platz zu merken hätten, damit sie nach der Entlausung ihre Sachen schnell wiederfinden könnten (...). Nach der Entkleidung gingen die Juden in die Gaskammer, die mit Brausen und Wasserleitungsrohren versehen, völlig den Eindruck eines Baderaumes machte. Zuerst kamen die Frauen mit den Kindern hinein, hernach die Männer (...). Die Tür wurde schnell zugeschraubt und das Gas sofort durch die (...) Decke der Gaskammer in einen Luftschacht bis zum Boden geworfen. Dies bewirkte die sofortige Entwicklung des Gases. Durch das Beobachtungsloch in der Tür konnte man sehen, dass die dem Einwurfschacht am nächsten Stehenden sofort tot umfielen. Man kann sagen, dass ungefähr ein Drittel sofort tot war. Die anderen fingen an zu taumeln, zu schreien und nach Luft zu ringen. Das Schreien ging aber bald in ein Röcheln über und in wenigen Minuten lagen sie alle. Nach mindestens 20 Minuten regte sich keiner mehr (...). Eine halbe Stunde nach Einwurf des Gases wurde die Tür geöffnet und die Entlüftungsanlage eingeschaltet (...). Den Leichen wurden nun (...) die Goldzähne entfernt und den Frauen die Haare abgeschnitten. Hiernach [wurden sie] durch den Aufzug nach oben gebracht vor die inzwischen angeheizten Öfen. Je nach Körperbeschaffenheit wurden bis zu drei Leichen in eine Ofenkammer gebracht. Auch die Dauer der Verbrennung war durch die Körperbeschaffenheit bedingt. Es dauerte im Durchschnitt 20 Minuten (...). Die Asche fiel (...) durch die Roste und wurde laufend entfernt und zerstampft. Das Aschenmehl wurde mittels Lastwagen nach der Weichsel gefahren und dort schaufelweise in die Strömung geworfen, wo es sofort abtrieb und sich auflöste.

D1 *Vernichtungslager und die Herkunftsländer der ermordeten Juden*

Q8 *„Wandelnde Leichen“,* Tuschezeichnung von Alfred Kantor. Kantor war gelernter Werbegrafiker, als er in ein KZ gebracht wurde, weil er Jude war.

Q6 *In einer Rede vor SS-Führern erklärte Heinrich Himmler, der Reichsführer der SS, am 4. Oktober 1943 in Posen:*

Ich will hier vor Ihnen in aller Öffentlichkeit auch ein ganz schweres Kapitel erwähnen. Unter uns soll es einmal ganz offen ausgesprochen sein und trotzdem werden wir in der Öffentlichkeit nie darüber reden (...). Ich meine jetzt die Judenevakuierung, die Ausrottung des jüdischen Volkes. Es gehört zu den Dingen, die man leicht ausspricht – „Das jüdische Volk wird ausgerottet“, sagt ein jeder Parteigenosse, „ganz klar, steht in unserem Programm, Ausschaltung der Juden, Ausrottung, machen wir.“ Und dann kommen sie alle an, die braven 80 Millionen Deutschen, und jeder hat seinen anständigen Juden. Es ist ja klar, die anderen sind Schweine, aber dieser eine ist ein prima Jude. Von allen, die so reden, hat keiner zugesehen, keiner hat es durchgestanden. Von euch werden die meisten wissen, was es heißt, wenn 100 Leichen beisammenliegen, wenn 500 daliegen oder (...) 1000 (...). Dies durchgehalten zu haben und dabei – abgesehen von Ausnahmen menschlicher Schwächen – anständig geblieben zu sein, das hat uns hart gemacht. Dies ist ein niemals geschriebenes und niemals zu schreibendes Ruhmesblatt unserer Geschichte.

Q7 *Was wussten die Deutschen vom Holocaust? Der Historiker Wolfgang Benz schreibt 1995 dazu:*

[Es] gab viele Möglichkeiten, davon zu erfahren – und man konnte sich dem Wissen kaum entziehen. Soldaten der Wehrmacht erzählten im Urlaub von der Ostfront oder schrieben nach Hause, was sie gesehen hatten. Die Existenz der Ghettos und Konzentrationslager konnte ebenso wenig verborgen bleiben wie die Deportation der Juden aus allen Teilen Europas „zur Siedlung im Osten“.

Dass es – über die Gerüchte hinaus – mehr oder weniger deutliches Wissen um den organisierten Völkermord am Ostrand des deutschen Herrschaftsgebiet gab, ist evident [klar]. Aber die Deutschen wussten von den Gaskammern und Vernichtungslagern, ohne davon wissen zu wollen. Was vielen Selbstschutz war, wurde nach dem Zusammenbruch des Hitlerstaats zur Lebenslüge einer Generation. Weil sie entsetzt und beschämt waren über die Verbrechen, wollten sie nicht durch Wissen mitschuldig gewesen sein und beteuerten nach 1945 gemeinsam, nichts gewusst zu haben, redeten sich ein, der Völkermord sei das Geheimnis einer kleinen Clique von Verbrechern gewesen.

1. *Vergleiche das Protokoll Q2 und den Bericht von Höß (Q4) mit der Schilderung von Ruth Klüger (Q3). Beachte vor allem die Sprache.*
2. *Stelle fest, wo sich die Vernichtungslager befanden (D1). Was kann man daraus schließen? Versuche zu klären, ob es auch in der Nähe deines Ortes ein Konzentrationslager gab.*
3. *Versuche Stellung zu nehmen zu dem unmenschlichen Leid, das den Menschen angetan wurde (Q1, Q3, Q4, Q8).*
4. *Der Historiker Benz schreibt, die Deutschen wussten vom Völkermord, „ohne davon wissen zu wollen“ (Q7). Erkläre, was er damit meint.*
5. *Diskutiert, warum es auch heute noch Menschen gibt, die den Massenmord der Nationalsozialisten leugnen.*

13 Vom totalen Krieg zur Kapitulation

Q1 *„Der letzte Pressetermin"*. Hitler verleiht den Jungen des Volkssturms im Garten der Reichskanzlei das Eiserne Kreuz, Foto vom 20. März 1945.

Alliierte
(von frz. „allier" = verbünden)
In Deutschland werden damit meist die verbündeten Siegermächte des Zweiten Weltkriegs bezeichnet: Frankreich, Großbritannien, die USA und die Sowjetunion.

Volkssturm
Männer im Alter von 16 bis 60 Jahren, die noch nicht zur Wehrmacht eingezogen worden waren, sollten ab September 1944 die Heimat verteidigen. Sie waren schlecht ausgebildet und nur dürftig bewaffnet. Tausende von ihnen starben in den letzten Kriegsmonaten.

Der Krieg wird zum Weltkrieg

Als am 7. Dezember 1941 Japan völlig überraschend den amerikanischen Flottenstützpunkt Pearl Harbor auf Hawaii angriff, weitete sich der Krieg aus. Die USA griffen nun auch zu den Waffen. Daraufhin erklärten Deutschland und Italien als Bündnispartner der Japaner den USA ebenfalls den Krieg. Die Amerikaner begannen verstärkt die alliierten Truppen in Europa mit Munition, Waffen und Soldaten zu unterstützen. Der Krieg war zum Weltkrieg geworden.

Stalingrad – die Wende

Neben dem Kriegseintritt der USA gilt die Schlacht um Stalingrad im Winter 1942/43 als Wendepunkt im Zweiten Weltkrieg. Etwa 250 000 Soldaten der sechsten deutschen Armee waren bei Stalingrad von sowjetischen Truppen eingekesselt worden. Hitler befahl, die Stadt zu verteidigen und untersagte einen möglichen Ausbruchversuch. Das führte zur Katastrophe. 160 000 deutsche Soldaten starben bei den Kämpfen, erlagen ihren Verletzungen oder verhungerten. 90 000 gerieten in Kriegsgefangenschaft. Die NS-Propaganda versuchte die Niederlage zu beschönigen. Im offiziellen Sprachgebrauch hieß es: Die Front im Osten sei begradigt worden.

Totaler Krieg

Wenige Tage nach der Katastrophe von Stalingrad rief Goebbels im Februar 1943 die Deutschen zum „totalen Krieg" auf. Das gesamte Leben an der „Heimatfront" wurde nun auf Krieg eingestellt: Die Arbeitszeiten wurden verlängert, Lebensmittel gab es nur noch gegen Bezugsscheine und immer mehr Frauen arbeiteten in Rüstungsbetrieben. Dabei war das Ende des Krieges nur eine Frage der Zeit. Zu groß war die Übermacht der Alliierten.

Die Menschen in Deutschland erlebten die Schrecken des Krieges nun auch am eigenen Leib: Bei Luftangriffen alliierter Bomber kamen mehr als 600 000 Menschen ums Leben, darunter zahlreiche Zivilisten. Etliche deutsche Städte wurden in Schutt und Asche gelegt. Die Stimmung in der Bevölkerung verschlechterte sich stetig. Dennoch begehrte kaum jemand gegen das Nazi-Regime auf. Zu groß war die Angst vor der Niederlage.

Ende des Krieges

Im Juni 1944 landeten alliierte Truppen in Frankreich und drangen unaufhaltsam Richtung Deutschland vor. Aus dem Osten rückte die Rote Armee der Sowjetunion immer näher. Die Niederlage war nun unvermeidlich. Da halfen weder Durchhalteparolen noch der so genannte Volkssturm. Am 8. und 9. Mai 1945 kapitulierte die deutsche Wehrmacht schließlich. Der Krieg in Europa war damit beendet. In Asien dauerten die Kämpfe an. Um die Kapitulation der Japaner zu erzwingen, setzten die USA erstmals in der Geschichte Atombomben ein. In Hiroshima und Nagasaki starben dabei über 150 000 Menschen.

Q4 *Berlin war 1945 das größte Trümmerfeld in Europa.* Zwischen 1943 und 1945 erlitt die Stadt insgesamt 351 Luftangriffe.

Q2 *Feldpostbrief eines deutschen Soldaten aus Stalingrad vom 31. Dezember 1942:*

Meine Lieben!

Jetzt ist Silvesterabend und wenn ich an zu Hause denke, dann will mir fast das Herz brechen. Wie ist das alles hier trost- und hoffnungslos. Seit 4 Tagen habe ich schon kein Brot mehr zu essen und lebe nur von dem Schlag Mittagssuppe. Morgens und abends einen Schluck Kaffee und alle 2 Tage 100 g Büchsenfleisch od. ½ Büchse Ölsardinen od. etwas Tubenkäse. – Hunger, Hunger, Hunger, und Läuse und Schmutz. Tag und Nacht werden wir von Fliegern angegriffen, und das Artillerie-Feuer schweigt fast nie. Wenn nicht in absehbarer Zeit ein Wunder geschieht, gehe ich hier zugrunde.

Q3 *Führer-Befehl vom 19. März 1945:*

Alle militärischen, Verkehrs-, Nachrichten-, Industrie- und Versorgungsanlagen sowie Sachwerte innerhalb des Reichsgebietes, die sich der Feind für die Fortsetzung des Kampfes irgendwie sofort oder in absehbarer Zeit nutzbar machen kann, sind zu zerstören.

Q5 *Propagandaplakat zur Mobilisierung der letzten Kräfte,* November 1944

1 *Erkläre mit eigenen Worten, was die Nationalsozialisten unter „totalem Krieg" verstanden (VT, Q3, Q5).*

2 *Diskutiert, warum es nicht früher zu einer Kapitulation kam.*

3 *Der Befehl Hitlers (Q3) ist kaum befolgt worden. Überlege, was die Ausführung dieser Anordnung für die Deutschen bedeutet hätte.*

4 *Erkundige dich bei Betroffenen nach ihren Kriegserfahrungen.*

14 Methode
Historische Reden untersuchen

Q 1 *Joseph Goebbels während einer Rede als Gauleiter in Berlin,* Foto, um 1931

„Wollt ihr den totalen Krieg?"
Als die 6. deutsche Armee Anfang 1943 in Stalingrad kapitulierte, war die Kriegswende auch für die deutsche Bevölkerung offensichtlich. Die Alliierten forderten die bedingungslose Kapitulation der Wehrmacht. In dieser Situation entschloss sich Reichspropagandaminister Joseph Goebbels zu einer Massenkundgebung. Mit einer Rede wollte er alle Kräfte für den angestrebten „Endsieg" mobilisieren. Am 18. Februar erschienen 14 000 Mitglieder der NSDAP auf Einladung der Partei im Berliner Sportpalast. Der Rundfunk sendete die Rede am selben und den darauf folgenden Tagen gleich mehrfach und knapp eine Woche später zeigte auch die Wochenschau Auszüge der Ansprache. Goebbels verfolgte mit der Propagandaveranstaltung drei Ziele: Er wollte die Moral der Bevölkerung stärken, Siegeszuversicht verbreiten und die Botschaft vermitteln, dass der „totale Krieg" den „totalen Einsatz" jedes einzelnen Menschen des kriegführenden Staates erfordert.

Methodische Arbeitsschritte

Ob und wie eine historische Rede als Geschichtsquelle genutzt werden kann, hängt nicht zuletzt davon ab, welches Quellenmaterial zur Verfügung steht. Liegt die Rede in schriftlicher Form vor, können folgende Aspekte untersucht werden:

- **Geschichtlicher Hintergrund:**
  - Wer hat die Rede wann und wo gehalten?
  - Was war der Anlass für die Rede? An wen richtet sie sich?

- **Inhalt:**
  - Worum geht es in der Rede?
  - Was sind die wichtigsten Aussagen?

- **Sprache und Stil:**
  - Wie ist die Rede gegliedert?
  - In welcher Reihenfolge werden die Argumente vorgetragen?
  - Welche sprachlichen Mittel werden verwendet? Welche Funktion haben sie?
  - Ist die Rede als Monolog oder als Dialog mit dem Publikum aufgebaut?

Liegt die Rede als Ton- bzw. Bilddokument vor, können folgende Ebenen zusätzlich in die Analyse miteinbezogen werden:

- Gestik, Mimik und Stimme des Redners
- Rhythmus des Vortrags (Tempo, Betonung, Pausen)
- Reaktionen der Zuhörer

Am Ende der Untersuchung steht die Bewertung der Rede:
- Welche Ziele verfolgt der Redner?
- Wie lässt sich die Rede in die damalige politische Situation einordnen?

TIPP

Die Rede von Joseph Goebbels im Berliner Sportpalast liegt als Tondokument auf der CD-ROM „Historische Reden" vor.

Q2 *Auszug aus der Rede des Reichspropandaministers Joseph Goebbels im Berliner Sportpalast vom 18. Februar 1943. Die kursiv gesetzten Abschnitte wurden vom Redner besonders betont:*

Ihr also, meine Zuhörer, repräsentiert in diesem Augenblick für das Ausland die *Nation!* Und an *Euch* möchte ich *zehn Fragen* richten, die Ihr mit dem deutschen Volke vor der *ganzen Welt, insbesondere aber vor unseren Feinden, die uns auch in dieser Stunde an ihrem Rundfunk zuhören, beantworten müsst! Wollt ihr das?* [Stürmische Rufe „Ja!"].

Die Engländer behaupten, das deutsche Volk habe den Glauben an den Sieg verloren [wiederholte stürmische Rufe: „Nein!", „Nie!", „Niemals!"]. Ich frage Euch: Glaubt Ihr mit dem Führer und mit uns an den *endgültigen, totalen Sieg der deutschen Waffen?* [Stürmische Rufe: „Ja!", starker Beifall, Sprechchöre: fünf Mal „Sieg Heil Sieg Heil!"]. Ich frage Euch: Seid Ihr entschlossen, dem Führer in der Erkämpfung des Sieges durch *dick und dünn* und unter Aufnahme auch der *schwersten persönlichen Belastungen* zu folgen? [Stürmische Rufe: „Ja!", starker Beifall, mehrfach wiederholte Sprechchöre: „Sieg Heil!", „Wir grüßen unsern Führer!"]

Zweitens: Die Engländer behaupten, das deutsche Volk sei des *Kampfes müde* [Rufe: „Nein!", „Pfui!"]. Ich frage Euch: Seid Ihr bereit, mit dem Führer, als Phalanx der Heimat hinter der kämpfenden Wehrmacht stehend, *diesen Kampf* mit *wilder Entschlossenheit* und *unbeirrt* durch *alle Schicksalsfügungen* fortzusetzen, bis der Sieg in unsern Händen ist? [Stürmische Rufe: „Ja!", starker Beifall]. (...)

Viertens: Die Engländer behaupten, das deutsche Volk wehrt sich gegen die totalen Kriegsmaßnahmen der Regierung [Rufe: „Nein!"]. Es will nicht den *totalen Krieg,* sagen die Engländer, sondern die *Kapitulation!* [Stürmische Rufe: u. a.: „Nein!", „Pfui!"]. Ich frage Euch: *Wollt Ihr den totalen Krieg?* [Stürmische Rufe: „Ja!", starker Beifall, Trampeln und Klatschen]. Wollt Ihr ihn [Rufe: „Wir wollen ihn!"], wenn nötig, *totaler und radikaler, als wir ihn uns heute überhaupt vorstellen können?* [Stürmische Rufe: „Ja!", Beifall].

Fünftens: Die Engländer behaupten, das deutsche Volk hat sein Vertrauen zum *Führer verloren!* [Stürmische Empörung und Pfui-Rufe, lang anhaltender Lärm]. Ich frage Euch – [Sprechchöre, drei Mal: „Führer befiehl, wir folgen!" Heilrufe], ich frage Euch: *Vertraut Ihr dem Führer?* [Rufe, u. a.: „Ja!"]. Ist Eure Bereitschaft, ihm auf *allen seinen Wegen zu folgen und alles zu tun, was nötig ist, um den Krieg zum siegreichen Ende zu führen, eine absolute und uneingeschränkte?* [Lebhafte Rufe: „Ja!"]. (...)

Ich frage Euch neuntens: *Billigt Ihr,* wenn nötig, die *radikalsten* Maßnahmen gegen einen kleinen Kreis von *Drückebergern und Schiebern* [stürmische Rufe: „Ja!". Starker Beifall, Zurufe], die mitten im Kriege Frieden spielen wollen und die Not des Volkes zu eigensüchtigen Zwecken ausnutzen? [Rufe: „Aufhängen!", Geschrei]. *Seid Ihr damit einverstanden* [Rufe: „Jawohl!"], *dass, wer sich am Kriege vergeht, den Kopf verliert?* [stürmische Rufe: „Ja!". Starker Beifall].

1 Untersuche die Goebbels-Rede im Berliner Sportpalast mit Hilfe der methodischen Arbeitsschritte.

2 Diskutiert, warum die Rede bei den Zuhörern auf so viel Begeisterung und Zustimmung traf, obwohl die Kriegslage zu diesem Zeitpunkt bereits aussichtslos war.

Q3 *Im Berliner Sportpalast* hielt Goebbels am 18. Februar 1943 seine Rede, die später von der Reichspropagandaleitung unter dem Titel „Nun Volk, steh auf – und Sturm brich los!" in gedruckter Form herausgegeben wurde.

15 Widerstand, Protest, Verweigerung

Q1 *Der Werftarbeiter August Landmesser* (obere Bildmitte mit verschränkten Armen) verweigerte 1936 beim Stapellauf eines Kriegsschiffes den Hitlergruß. Obwohl Parteimitglied, war er in Gegensatz zum NS-Regime geraten. Landmesser liebte eine Jüdin, die er nach den „Nürnberger Gesetzen" von 1935 nicht heiraten durfte.

Menschen mit Mut

In vielen deutschen Städten gibt es heute Straßen oder Plätze, die nach Widerstandskämpfern gegen den NS-Staat benannt sind. Damals hatten nur wenige den Mut, etwas gegen die Nationalsozialisten zu unternehmen. Zu groß schien das Risiko, denn eine andere Meinung oder gar öffentlicher Widerspruch waren lebensgefährlich. Dennoch gab es sie, die Menschen, die nicht mitmachten, die protestierten oder Widerstand leisteten. Manche verweigerten den Hitler-Gruß, ignorierten die Regeln der „Volksgemeinschaft" oder hörten die verbotene „entartete" Musik und „Feindsender". Andere versteckten Juden und politisch Verfolgte, verteilten Flugblätter oder planten gar ein Attentat auf Hitler. Die Motive, sich nicht mit der NS-Herrschaft zu arrangieren, waren vielfältig: Manche handelten aus politischer oder christlicher Überzeugung, manche aus Entsetzen und Scham über die vom NS-Regime begangenen Gewalttaten und Verbrechen. Manchen missfiel der Kriegskurs Hitlers, andere störten sich an Maßnahmen der NS-Politik, die ihren persönlichen Lebensbereich betrafen.

Politischer Widerstand

Anfangs waren besonders Gewerkschaftler, Sozialdemokraten und Kommunisten aktiv, die schon vor 1933 überzeugte politische Gegner der Nationalsozialisten gewesen waren. Spektakuläre Aktionen gelangen ihnen jedoch kaum. Angesichts des Terrors und der Verhaftungswellen gegen die Arbeiterbewegung im Frühjahr 1933 waren viele schon früh in den Untergrund gegangen, um durch Flugblattaktionen oder Sabotageakte ihren Kampf fortzuführen.

Christlicher Widerstand

Die beiden christlichen Kirchen leisteten anfangs kaum Gegenwehr. Die katholische Kirche protestierte erst, als der Staat in ihren Bereich eingreifen und katholische Schulen schließen sowie katholische Verbände verbieten wollte. Vereinzelt gab es auch öffentliche Kritik am NS-Staat und dessen menschenverachtender Ideologie. Bischof Clemens von Galen protestierte 1941 lautstark gegen die Tötung geistig und körperlich Behinderter. Mutige Pfarrer griffen seine Worte auf und predigten in ihren Gemeinden ebenfalls gegen die Morde.
Die evangelische Kirche war gespalten. Eine Mehrheit unterstützte die „Deutschen Christen" und damit Partei und Regierung. Eine Minderheit – die „Bekennende Kirche" – stand dem NS-Staat kritisch gegenüber, wehrte sich gegen staatliche Eingriffe in den Bereich der Kirche, ohne jedoch den

Nationalsozialismus grundsätzlich in Frage zu stellen. Einzelnen Priestern und Pfarrern ging diese Haltung nicht weit genug. Sie widersetzten sich der NS-Ideologie aus christlicher Überzeugung und protestierten in ihren Predigten gegen die NS-Politik.

Das Attentat am 20. Juli 1944

Bürgerlich-militärische Kreise sahen in den Anfangsjahren keinen Anlass, sich gegen die NS-Regierung aufzulehnen. Erst der außenpolitische Kriegskurs, die alltäglichen Gewalttaten und der zunehmende Terror im Land ließen Gedanken an Widerstand reifen. Eine Widerstandsgruppe um den konservativen Politiker Carl Goerdeler, Generaloberst Ludwig Beck und Oberst Claus Graf Schenk von Stauffenberg entschloss sich, Hitler zu töten. Am 20. Juli 1944 nahm Stauffenberg an einer Besprechung in Hitlers Hauptquartier teil. In seiner Aktentasche hatte er eine Bombe, die er in Hitlers Nähe platzierte. Die Bombe explodierte zwar, doch Hitler überlebte leicht verletzt. Das gescheiterte Attentat löste eine Verfolgungs- und Mordwelle aus. Stauffenberg und drei Offiziere wurden noch am selben Abend verhaftet und erschossen. Etliche Regimegegner trafen Verfolgung und Tod in den folgenden Wochen.

Einzelkämpfer

Neben organisierten Gruppen gab es auch immer wieder Einzelpersonen, die sich widersetzten. So plante Georg Elser, ein Tischler aus Württemberg, ein Attentat auf Hitler, weil er ihn für einen Kriegstreiber hielt. Sein Anschlag im November 1939 misslang, da Hitler eine Veranstaltung, auf der Elser eine Bombe explodieren ließ, früher verließ als geplant. Elser wurde gefasst, in ein Konzentrationslager gebracht und dort 1945 ermordet. Insgesamt scheiterten etwa vierzig weitere Versuche, Hitler zu töten.
Beispielhaft für Protest aus persönlichen Gründen ist das Berliner Ehepaar Hampel. Anfangs in Einklang mit der NS-Politik, wendeten sich Otto und Elise Hampel im Jahr 1940 gegen den NS-Staat, nachdem Elises Bruder im Krieg gefallen war. Auf über 200 Flugblättern klagten sie Hitler als Verbrecher an und riefen zum Sturz der Regierung auf. Beim heimlichen Verteilen ihrer selbst gefertigten Zettel wurden sie eines Tages beobachtet und angezeigt. Ein Gericht verurteilte sie 1943 zum Tode.

Q2 *Späte Würdigung eines Widerstandskämpfers.* Im Januar 2004 wurde in Duisburg offiziell die Schulze-Boysen-Straße eingeweiht. Harro Schulze-Boysen wurde im Dezember 1942 wegen „Hochverrats" zum Tode verurteilt und hingerichtet. Er wurde 33 Jahre alt. Er und seine Freunde hatten in Berlin Zettel mit folgender Aufschrift an die Häuser geklebt: „Ständige Ausstellung. Das Nazi-Paradies. Krieg, Hunger, Lüge, Gestapo. Wie lange noch?"

Die „Weiße Rose"

Auch Jugendliche und Studenten lehnten sich gegen den NS-Staat auf, wie etwa die „Weiße Rose". Diese Gruppe von Studenten um die Geschwister Sophie und Hans Scholl verteilte während des Krieges heimlich Flugblätter. Darin riefen sie zum Widerstand auf, verurteilten den Krieg und die Morde an den Juden. Nach einer Flugblattaktion in der Münchener Universität verriet sie der Hausmeister. Im Februar 1943 wurden sie verhaftet und hingerichtet.

„Widerstand ohne Volk"?

Trotz der vielen Einzelpersonen und Gruppen waren es im Verhältnis zur Gesamtbevölkerung nur sehr wenig Menschen, die sich widersetzten. Der Historiker Hans Mommsen spricht deshalb von einem „Widerstand ohne Volk". Die meisten Deutschen hatten sich mit dem NS-Staat arrangiert und protestierten nicht, auch wenn sie mit manchen Dingen nicht einverstanden waren. Sie passten sich an und schwiegen. Terror, Einschüchterung und Propaganda der Nationalsozialisten taten ein Übriges, um den Großteil der Bevölkerung gegen die Frauen und Männer des Widerstandes einzunehmen.

A-Z

Widerstand

So bezeichnet man jede Handlung, die absichtsvoll darauf gerichtet war oder ist, ein Unrechtsregime zu beseitigen. Das Recht auf Widerstand ist gegeben, wenn ein Staat oder eine Regierung die Menschenrechte missachtet. Es wird unterschieden zwischen aktivem und passivem Widerstand.

Q4 *Aus der Biografie des Reichstagsabgeordneten der SPD Wilhelm Keil über seine Zeit während des Nationalsozialismus:*

An meinem Wohnort sind meine Gesinnungsgenossen durch die gemeinsame Parteiarbeit unlöslich verbundene treue Freunde geworden. In diesem Kreis kann man frei und offen sprechen. Jeder ist von unauslöschbarem Hass gegen die Gewaltherrschaft erfüllt.

Die Propagandatricks werden durchschaut und ändern nichts an der unbedingten Ablehnung des Staatssystems, das die Freiheitsrechte und die Würde des Menschen mit Füßen tritt. Die einfältige Redensart alter Weiber beiderlei Geschlechts, dass alles Übel nur von den örtlichen Parteigrößen, der kleinen „Adölfle" komme, der große Adolf von alledem nichts wisse und keine Ungerechtigkeit dulde, verfällt dem Spott. Man ist sich vollkommen im Klaren darüber, (…) dass dieser Mann jedes Verbrechen, das von seinen Mordgesellen verübt wird, gutheißt. Die Gemüter atmen auf, wenn man so unter zuverlässigen Gesprächspartnern sich den Druck von der Seele reden kann.

Q5 *Aus dem Todesurteil gegen Otto und Elise Hampel vom 22. Januar 1943:*

Die Angeklagten haben gemeinschaftlich in der Zeit von 1940–1942 über 200 Flugschriften gefertigt und verbreitet, in welchen unter schwerster Beschimpfung des Führers und seiner Mitarbeiter zum Sturz der nationalsozialistischen Regierung, zum Abwenden vom Führer und seiner Bewegung, zur Aufgabe des Widerstands im Kampfe und zur Nichtdurchführung der Rüstungsarbeit aufgefordert wird.

Der Angeklagte Otto Hermann Hampel und die Ehefrau Martha Elise Hampel, geborene Lemme, werden daher wegen Zersetzung der Wehrkraft in Verbindung mit Vorbereitung zum Hochverrat und landesverräterischer Feindbegünstigung zum Tode und zum Verlust der bürgerlichen Ehrenrechte auf Lebenszeit verurteilt. Die sichergestellten Flugblätter werden eingezogen. Die Kosten des Verfahrens werden den Angeklagten auferlegt.

TIPP

Das Schicksal des Ehepaars Hampel beschreibt der Schriftsteller Hans Fallada in seinem Roman „Jeder stirbt für sich allein".

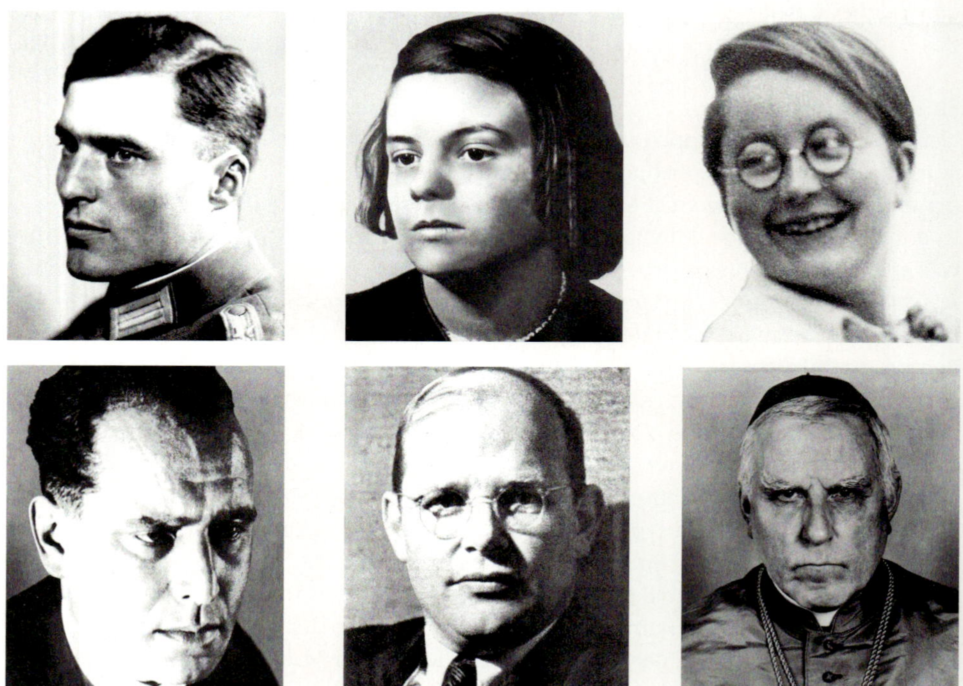

Q3 *Widerstandskämpfer oben:* Oberst Claus Graf Schenk von Stauffenberg (militärischer Widerstand), Sophie Scholl (Widerstandsgruppe „Weiße Rose"), Liselotte Herrmann (kommunistischer Widerstand), *unten:* Julius Leber (Sozialdemokrat), Dietrich Bonhoeffer (evangelischer Theologe), Clemens August Graf von Galen (katholischer Bischof). Bis auf Bischof Galen wurden alle hingerichtet.

Q6 *Flugblatt der Geschwister Scholl, am 18. Februar 1943 verbreitet (Auszüge):*

Erschüttert steht unser Volk vor dem Untergang der Männer von Stalingrad. Dreihundertdreißigtausend deutsche Männer hat die geniale Strategie des Weltkriegsgefreiten sinn- und verantwortungslos in Tod und Verderben gehetzt. Führer, wir danken Dir! Der Tag der Abrechnung ist gekommen, der Abrechnung der deutschen Jugend mit der verabscheuungswürdigsten Tyrannei, die unser Volk je erduldet hat. Im Namen der deutschen Jugend fordern wir vom Staat Adolf Hitlers die persönliche Freiheit, das kostbarste Gut der Deutschen, zurück, um das er uns in der erbärmlichsten Weise betrogen.

In einem Staat rücksichtsloser Knebelung jeder freien Meinungsäußerung sind wir aufgewachsen. HJ, SA, SS haben uns in den fruchtbarsten Bildungsjahren unseres Lebens zu uniformieren, zu revolutionieren, zu narkotisieren versucht.

Es gibt für uns nur eine Parole: Kampf gegen die Partei!

Q7 *Bericht der Gestapo-Leitstelle Wilhelmshaven vom 23. September 1941:*

Der katholische Pfarrer Heinrich F., geb. 2. 5. 1900 in Essen, wurde am 18. 9. 1941 vorläufig festgenommen, weil er während des Hochamtes am 7. 9. 1941 Auszüge aus der Predigt des Bischofs von Münster [Clemens von Galen] abkündigte, die geeignet waren, erhebliche Unruhe in der Bevölkerung zu verursachen. U. a. führte er aus: „In der Nähe von Münster ist eine Anstalt für geisteskranke Patienten. Von dieser Anstalt aus kommen die Kranken in eine andere Anstalt. Nach kurzer Zeit bekommen dann die Angehörigen die Nachricht, dass der Kranke gestorben ist. Gegen Entsendung eines gewissen Geldbetrags wird den Angehörigen die Asche zugeschickt. Die Leichen sind also verbrannt worden. Diese kranken Personen sind aber nicht eines natürlichen Todes gestorben, sondern sie haben eine Spritze bekommen und sind dann langsam eingeschlafen. Das ist Mord."

Q8 *Auszug aus dem Aufruf des sozialdemokratischen Emigrationsvorstandes „Für Deutschland – gegen Hitler!", 1936:*

Am 1. Februar 1933 versprach Hitler dem deutschen Volke, er werde es nach vier Jahren zu einer freien Entscheidung aufrufen. Er hat dieses Versprechen gebrochen. Ein Volk, das frei entscheiden soll, muss alle Tatsachen kennen, alle Meinungen hören und sich aus ihnen sein Urteil bilden. Es gibt keine freie Entscheidung ohne Freiheit der Meinungsäußerung, Freiheit des Zusammenschlusses, der Presse, des Vereins- und Versammlungswesens. Hitler hat alle diese Voraussetzungen einer freien Entscheidung zerstört. (…)

Nach Hitler das Chaos? Nein, Hitler ist das Chaos!

Q9 *Denkmal für einen Deserteur in Ulm.*
Inschrift: „Hier lebte ein Mann, der sich geweigert hat, auf seine Mitmenschen zu schießen. Ehre seinem Andenken." Die Stadt Ulm erlaubte nicht, das Denkmal auf dem Marktplatz aufzustellen. Es steht jetzt im Garten einer Ulmerin.

1. *Stelle zusammen, wer aus welchen Gründen im NS-Staat Widerstand leistete, protestierte oder sich verweigerte.*
2. *Diskutiert, ob man das Verhalten von August Landmesser (Q1) Widerstand nennen kann.*
3. *Wählt in Gruppen jeweils eine Person aus Q3 aus, die Widerstand leistete. Sammelt im Internet und in Lexika Informationen zum Leben dieser Person und tragt eure Ergebnisse der Klasse vor.*
4. *In Ulm wehrten sich viele Menschen gegen das Denkmal für Deserteure (Q9). Wie denkst du darüber?*
5. *Diskutiert die Aussage: Widerstandskämpferinnen und -kämpfer haben dazu beigetragen, den demokratischen Neubeginn in Deutschland zu ermöglichen.*

Bild- und Tondokumente zum Widerstand im NS-Staat auf Zeitreise multimedial „Das 20. Jahrhundert"

16 Projekt
Die Mahn- und Gedenkstätte Steinwache – ein Ort der Erinnerung

Q1 *links: Die Zelle 19* galt als „Fertigmachzelle". Sie war abgedunkelt und ohne Einrichtung. Hier wurden Häftlinge wochenlang mit auf dem Rücken gefesselten Händen gefangen gehalten. Dabei ließ man die Zelle auskühlen oder überheizte den Raum.
rechts: Kleidungsstücke eines KZ-Häftlings

Die zahlreichen Mahn- und Gedenkstätten in Deutschland sollen die Erinnerung an die Opfer des NS-Terrors wach halten. Zugleich leisten sie wertvolle Aufklärungsarbeit, indem sie den nachfolgenden Generationen das ungeheure Ausmaß der nationalsozialistischen Verbrechen bewusst machen.
Ein solcher Ort der Erinnerung ist die Mahn- und Gedenkstätte Steinwache am Dortmunder Hauptbahnhof. Das 1928 erbaute Polizeigefängnis beherbergt heute eine Dauerausstellung zum Thema „Widerstand und Verfolgung in Dortmund 1933–1945". Dafür wurden einige Haftzellen so wiederhergestellt, wie sie ursprünglich waren.

Nach der Machtübernahme durch die Nationalsozialisten wurde die Steinwache eine der berüchtigsten Folterstätten des Dritten Reiches. Unter dem Regime der Gestapo, die das Gefängnis 1933 übernahm, erhielt sie den Beinamen „Hölle Westdeutschlands". Bis 1945 waren in den ca. 50 Zellen insgesamt 66 000 Frauen und Männer inhaftiert, davon 30 000 aus „politischen Gründen". Zahlreiche Politiker, Gewerkschaftler, Kirchenvertreter, Juden, ausländische Zwangsarbeiter, Sinti und Roma wurden dort verhört, misshandelt und festgehalten; einige nur für wenige Wochen, andere für Monate und Jahre. Viele der Verhafteten wurden später in Konzentrationslager deportiert.

Q2 *Modell des Konzentrationslagers Sachsenhausen*

Q3 *Anordnung der Gestapo*

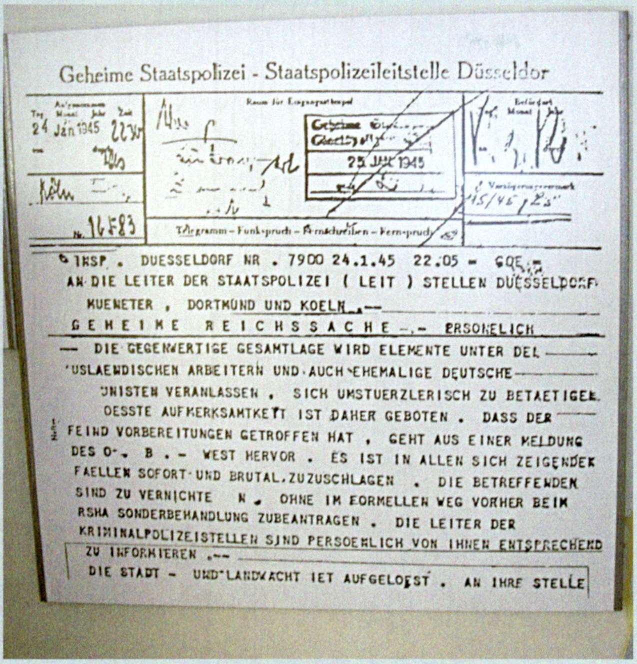

Geheime Staatspolizei - Staatspolizeileitstelle Düsseldorf

24 Jan 1945

25 JAN 1945

Nr. 16F83

Telegramm – Funkspruch – Fernschreiben – Fernspruch

IHSP . DUESSELDORF NR . 7900 24.1.45 22.05 - GQE .-
AN DIE LEITER DER STAATSPOLIZEI (LEIT) STELLEN DUESSELDORF
MUENSTER , DORTMUND UND KOELN .--
GEHEIME REICHSSACHE -.- PERSOENLICH
-- DIE GEGENWERTIGE GESAMTLAGE WIRD ELEMENTE UNTER DEN
'USLAENDISCHEN ARBEITERN UND AUCH EHEMALIGE DEUTSCHE
UNISTEN VERANLASSEN , SICH UMSTUERZLERISCH ZU BETAETIGEN
OESSTE AUFMERKSAMKEIT IST DAHER GEBOTEN . DASS DER
FEIND VORBEREITUNGEN GETROFFEN HAT , GEHT AUS EINER MELDUNG
DES O-. B . - WEST HERVOR . ES IST IN ALLEN SICH ZEIGENDEN
FAELLEN SOFORT UND BRUTAL ZUZUSCHLAGEN . DIE BETREFFENDEN
SIND ZU VERNICHTE N . OHNE IM FORMELLEN WEG VORHER BEIM
RSHA SONDERBEHANDLUNG ZUBEANTRAGEN . DIE LEITER DER
KRIMINALPOLIZEISTELLEN SIND PERSOENLICH VON IHNEN ENTSPRECHEND
ZU INFORMIEREN .--
DIE STADT - UND LANDWACHT IST AUFGELOEST . AN IHRE STELLE

Q5 *Wenige Wochen vor Kriegsende fanden in den südlich von Dortmund gelegenen Wäldern der Bittermark und im Rombergpark Massenmorde durch die Gestapo statt.*

Sie dienten bereits der Nachkriegspolitik der Nazis: Zum einen sollten Zeugen der NS-Verbrechen beseitigt werden, zum anderen wollte man verhindern, dass diese Menschen nach dem Krieg am demokratischen Aufbau mitwirken konnten. Ein Ausstellungsraum ist den annähernd 300 Opfern dieser Bluttat gewidmet.

Q4 *Die Drähte über dem Treppenaufgang wurden 1934 auf Veranlassung der Gestapo angebracht, um Selbstmorde von Häftlingen zu verhindern.*

1 Informiert euch auf der Internetseite www.ns-gedenkstaetten.de/nrw über die NS-Gedenkstätten und Dokumentationszentren in eurer Umgebung.

2 Bereitet einen Unterrichtsgang vor. Ihr könntet dabei u. a. folgenden Fragen nachgehen: Wann ist die Gedenkstätte entstanden? Warum wurde sie gerade an diesem Ort errichtet? Auf wessen Initiative geschah das? Ist die Erinnerungsarbeit einem bestimmten Schwerpunkt verpflichtet?

17 Erinnern an die Vergangenheit

Unbequeme Fragen

Mit der Niederlage im Zweiten Weltkrieg war die Schreckensherrschaft des NS-Regimes beendet. Doch das Kapitel des Nationalsozialismus in Deutschland war damit nicht abgeschlossen. Fragen taten sich auf: Warum hatten die Deutschen solch ein Unrechtsregime in ihrem Land geduldet, ja sogar unterstützt? Warum hatten so viele die furchtbaren Menschenrechtsverletzungen, Terror und Völkermord tatenlos hingenommen? Kurz nach dem Krieg scheuten die meisten Deutschen die Antwort auf solche Fragen. Sie wollten die NS-Diktatur möglichst schnell vergessen. Zu groß waren die Scham und das Entsetzen über die begangenen Verbrechen.

Bis heute ist der Prozess der Auseinandersetzung nicht abgeschlossen. Vielmehr stellt sich rund 60 Jahre nach Kriegsende die Frage, wie die Erinnerung an die Verbrechen der NS-Zeit erhalten werden kann.

Verurteilung und Verdrängung

Unmittelbar nach Kriegsende wollten die Siegermächte die Deutschen zur Rechenschaft ziehen. In Nürnberg, dem Ort der NSDAP-Parteitage, führten die Alliierten gegen 22 Hauptverantwortliche der NS-Verbrechen die so genannten „Nürnberger Prozesse". Zwölf der Angeklagten wurden zum Tode verurteilt, sieben erhielten Gefängnisstrafen, drei wurden freigesprochen.

Der größte Teil der Bevölkerung zeigte jedoch kaum Interesse an der Berichterstattung über die Gerichtsverhandlung. Die meisten wollten nicht an die NS-Zeit erinnert werden und versuchten, das Geschehene zu verdrängen. Zudem waren da die eigenen Probleme der Nachkriegszeit: Wiederaufbau, Flucht, Vertreibung, Hunger und Wohnungsnot. Der Kampf um die materielle Existenz überlagerte bei vielen eine tief gehende Auseinandersetzung mit dem Nationalsozialismus.

Q 1 *Befreites KZ Buchenwald.* Angehörige der US-Truppen zwingen Weimarer Bürger zum Besuch des befreiten Konzentrationslagers. Sie sollten mit eigenen Augen sehen, was im deutschen Namen geschehen war.

Die Vergangenheit kehrt zurück

Zu Beginn der 1960er-Jahre wurden die Deutschen jedoch mit aller Wucht von ihrer Vergangenheit eingeholt. 1961 hatte der israelische Geheimdienst einen der zentralen Organisatoren des NS-Völkermordes, Adolf Eichmann, in Südamerika aufgespürt. Eichmann wurde nach Israel gebracht und dort vor Gericht gestellt. Er wurde für schuldig befunden und zum Tode verurteilt. Den Deutschen aber wurde durch den öffentlich geführten Prozess noch einmal das schreckliche Ausmaß der nationalsozialistischen Gräueltaten vor Augen geführt. Die nachgewachsene Generation begann nun, ihren Eltern Fragen nach deren Verhalten während der Hitler-Zeit zu stellen. Auch Politik und Justiz mussten sich rechtfertigen. Etliche Politiker und Juristen aus der NS-Zeit bekleideten weiterhin hohe Ämter. Diskussionen um den „richtigen" Umgang mit der Zeit des Nationalsozialismus setzten ebenso ein, wie Debatten über die Frage, ob man unter die NS-Vergangenheit nicht besser einen Schlussstrich ziehen solle. Im Bundestag wurde 1965 diskutiert, ob 20 Jahre nach Kriegsende Verbrechen der NS-Diktatur verjähren sollten oder nicht.

Gedenken – aber wie?

Bis heute wird über die Auseinandersetzung mit der Vergangenheit gestritten. Dabei geht es auch um die Frage des angemessenen Gedenkens der Opfer. 1996 erklärte der damalige Bundespräsident Roman Herzog den 27. Januar zum Tag des Gedenkens an die Opfer des Nationalsozialismus. An diesem Tag hatten 1945 sowjetische Truppen das Konzentrations- und Vernichtungslager Auschwitz befreit. 1999 entschied der Bundestag, in Berlin ein Mahnmal für die Opfer des Holocaust zu errichten. Die Debatte, die dieser Entscheidung vorausging, hatte mehr als 10 Jahre gedauert. Sie zeigt, wie schwierig für die Deutschen nach wie vor das Thema der Auseinandersetzung mit ihrer NS-Vergangenheit ist. Im Mai 2005, also 60 Jahre nach dem Ende der Nazi-Herrschaft, wurde das Mahnmal offiziell eingeweiht.

Q2 *Anklagebank des Nürnberger Kriegsverbrecherprozesses*

Gefahr von rechts?

Schon lange vor der Einweihung des Mahnmals wurden Stimmen laut, die eine Beschädigung des Denkmals durch Rechtsextremisten befürchteten. Nach wie vor gibt es in Deutschland rechtsradikale Gruppen und Parteien, die ähnliche Ziele wie die Nationalsozialisten verfolgen.

Rassismus, Ablehnung der Demokratie, hohe Gewaltbereitschaft, ein überzogener Nationalismus und ausgeprägte Ausländerfeindlichkeit kennzeichnen die Einstellung der Neonazis. Manche von ihnen leugnen sogar, dass es einen Holocaust gegeben hat. Auch wenn es nach dem Kriegsende nie einer rechtsextremen Partei gelungen ist, in der Bundespolitik Fuß zu fassen, konnten sie bei manchen Landtagswahlen die 5-Prozent-Hürde überspringen.

Seit ein paar Jahren versuchen die Neonazis verstärkt, Nachwuchs unter Jugendlichen zu ködern. Im Jahre 2004 starteten sie eine Aktion vor deutschen Schulen. Kostenlos verteilten die Rechtsextremen Musik-CDs, um auch unpolitische Jugendliche „einzufangen". Die menschenverachtenden Texte predigen Hass und Gewalt und schimpfen auf eine angeblich „antideutsche Geschichtsschreibung".

Q4 *Der CDU-Bundestagsabgeordnete Ernst Benda in der Bundestagsdebatte über die Verjährung von NS-Verbrechen am 10. März 1965:*

Ich komme zum Schluss mit einem anspruchsvollen Wort, das mir ein Kollege gesagt hat, (...) der (...) einer völlig anderen Meinung ist als ich. Er hat mir gegenüber gemeint, man müsse um der Ehre der Nation willen mit diesen Prozessen Schluss machen. Meine Damen und Herren, Ehre der Nation hier ist für mich einer der letzten Gründe, warum ich meine, dass wir hier die Verjährungsfrist verlängern bzw. aufheben müssten. [Beifall bei der SPD und der CDU/CSU.] Ich stimme völlig denen zu, die sagen (...), dass es natürlich ein Irrtum wäre, wenn wir meinten, wir könnten das, was in unserem Lande und unserem Volke geschehen ist, dadurch erledigen, dass wir stellvertretend, sozusagen symbolisch, einige ins Zuchthaus schicken und dann meinen, nun sind wir fein heraus. (...) Aber ich bestehe darauf und es gehört für mich zum Begriff der Ehre der Nation, zu sagen, dass dieses deutsche Volk doch kein Volk von Mördern ist und dass es diesem Volke doch erlaubt sein muss, ja dass es um seiner willen dessen bedarf, dass es mit diesen Mördern nicht identifiziert wird, sondern von diesen Mördern befreit wird, dass es, besser gesagt, deutlicher gesagt, sich selber von diesen Mördern befreien kann. (...) Und es gibt (...) dieses Wort an dem Mahnmal in Jerusalem für die sechs Millionen ermordeten Juden (...): Das Vergessenwollen verlängert das Exil und das Geheimnis der Erlösung heißt Erinnerung.

Q5 *Über den Umgang mit der NS-Vergangenheit.*

a) Bundeskanzler Gerhard Schröder äußerte sich im Jahr 2005:

Die Erinnerung an die Verbrechen des Nationalsozialismus ist eine bleibende Verpflichtung. Denn nur wer sich erinnert, auch wenn er keine Schuld auf sich geladen hat, kann verantwortungsbewusst mit der Geschichte umgehen. Auch wenn Erinnerung anstrengend ist, wir dürfen der Versuchung zum Vergessen oder zum Verdrängen nicht nachgeben. Vergangenheit können wir weder ungeschehen machen noch „bewältigen". Aber aus der Geschichte lernen können wir: Antisemitismus, Rassismus und Fremdenfeindlichkeit dürfen nie wieder eine Chance haben in Deutschland.

Q3 *Das Holocaust-Mahnmal in unmittelbarer Nähe des Reichstagsgebäudes in Berlin.* Das Mahnmal ist begehbar und besteht aus 2700 Betonstelen. Dazu gehört ein unterirdischer „Ort der Informationen".

b) Paul Spiegel, der Vorsitzende des Zentralrats der Juden in Deutschland, im Jahr 2005:

Es kann keine Rede davon sein, dass Menschen, die während des Holocaust oder danach geboren sind, mit irgendeiner Schuld in Zusammenhang stehen. Aber dieser Personenkreis trägt dennoch eine Verantwortung. Nicht für die Vergangenheit und für das, was damals geschehen ist. Diese Menschen tragen Verantwortung für die Gegenwart und die Zukunft. Denn ohne die Kenntnisse dessen, was gewesen ist, kann es eine verantwortungsbewusste Zukunft nicht geben.

Q6 *Hajo Funke, Professor für Politik und Kultur, zu der rechtsextremen Partei NPD:*

Die NPD ist eine lange Zeit unterschätzte, braune Gefahr gewesen. Man hat nicht mal geglaubt, dass sie eine neonazistische Partei ist. Erst mit dem Erfolg im Jahre 2004 im Landtag von Sachsen ist man aufgeschreckt. 200 000 Menschen haben der Partei ihre Stimme gegeben. In den Hochburgen der NPD entsteht geradezu ein Klima der Angst: Gewaltbereite, rechte Jugendliche bedrohen dort ausländische Mitbürger sowie die, die eine andere politische Einstellung haben. Problematisch ist vor allem, dass die NPD die Perspektivlosigkeit vieler junger Menschen ausnutzt – und so in den Jugendkulturen Fuß fassen konnte.

Q7 *In dem Buch „Was bleibt von der Vergangenheit?" schildert die 17-jährige Sue eine Begegnung mit zwei Neonazis in der S-Bahn:*

Mit einem lauten Plauz lassen sie die S-Bahntüren auseinander krachen, senden starre giftige Blicke in die Gegend und beginnen, den Gang entlangzuschreiten. Ihre Schuhe krachen Viervierteltakt auf den Boden. Niemandem blicken sie wirklich ins Gesicht. (…) Sie setzen sich mir gegenüber. Der größere mit der grünen Jacke stößt sein Knie unwirsch an meinem, und es knistert in der Luft. (…) „Na … Zecke!", zischt er leise und lässt mich zusammenzucken. Ich denke an den unsicheren, gebrochenen Blick; er weiß von meiner Angst. (…) „Hi", sage ich und lächle. „Haste was zu melden?" (…) „Das heißt nicht ‚Hi', das heißt ‚Heil'. Oder haste da mal irgendwo nicht aufgepasst?" (…) Wo soll ich denn nicht aufgepasst haben? Ich glaube, der irrt sich in der Zeit. (…) Einfach wäre es, jetzt „Heil Hitler" zu sagen und dann in Ruhe gelassen zu werden. Aber nein, einfach wäre es keineswegs; ich würde mich mies fühlen und mir ins Gesicht spucken wollen. Sie sind kräftig, gefährlich und im Unrecht, aber ich sehe es nicht ein, wegen ihnen einem Diktator Heil zu wünschen, der Millionen von Menschen auf dem Gewissen hat. (…) Ich will nicht aufgeben, will protestieren. Der Protest und der Widerstand gegen neue nationalsozialistische Strukturen – ist das nicht alles, was meine Generation leisten kann? (…) Andere setzen Mahnmale und bauen Gedenkstätten, und ich … ja, ich weigere mich halt, ‚Heil Hitler' zu grüßen. Der vielleicht dümmste Widerstand auf Erden, aber es geht nicht anders. (…) Es steht nicht in meiner Macht, glatzköpfige Idioten zu ändern, natürlich nicht. Aber ich kann ihnen so wenig Macht wie möglich zugestehen und ihnen einfach nicht nachgeben. Verdammt noch mal, nicht den Kopf in die Zeitung stecken, sondern ihnen kühn in die Augen sehen!

Q8 *Neonazis vor dem Brandenburger Tor,* Foto, Januar 2000

1. *Überlegt und diskutiert, warum die nationalsozialistische „Vergangenheit" gern verdrängt wird.*
2. *Lies Q4. Will Ernst Benda, dass die NS-Verbrechen verjähren sollen? Wie ist deine Meinung dazu?*
3. *„Ist es richtig, am Denkmal für die ermordeten Juden Europas ein Richtfest zu feiern?", fragte eine Berliner Senatorin anlässlich einer offiziellen Feier. Was meinst du?*
4. *Welcher Meinung zum Umgang mit der NS-Vergangenheit (Q5a, Q5b) kannst du dich anschließen? Erkläre, warum.*
5. *Diskutiert das Verhalten von Sue in Q7. Was würdet ihr in einer solchen Situation tun?*
6. *Informiere dich im Internet, welche Gruppen oder Vereine aktiv gegen Rechtsextremismus in Deutschland vorgehen. Trage die Ergebnisse in der Klasse vor.*

18 Abschluss
Die Zeit des Nationalsozialismus

Auf dieser Seite findest du einige dir bereits bekannte sowie einige neue Bilder aus der Zeit des Nationalsozialismus. Versuche, die Bilder mit den richtigen Daten versehen auf dem Zeitstrahl einzuordnen und zu erklären.

Gehe so vor: Zeichne einen Zeitstrahl in dein Heft, kopiere dann die Buchseite, schneide die Bilder aus und klebe sie an der richtigen Stelle des Zeitstrahls ein. Schreibe anschließend eine ausführliche Bildlegende unter das Foto.

Überlege, welche Bilder du außerdem noch ergänzen kannst.

Am 30. Januar 1933 übernahmen die Nationalsozialisten in Deutschland die Macht. Adolf Hitler wurde von Reichspräsident Hindenburg zum Reichskanzler ernannt. Die Nationalsozialisten regierten zwölf Jahre lang. Gewalt, Terror und Vernichtung bestimmten ihre Politik. Das Bild zeigt einen Fackelzug der SA durch Berlin am Abend des 30. Januar 1933 zur Feier der Kanzlerschaft Hitlers. (Das Foto stammt erst aus dem Jahr 1936. Die Szene wurde damals für einen Propagandafilm nachgestellt.)

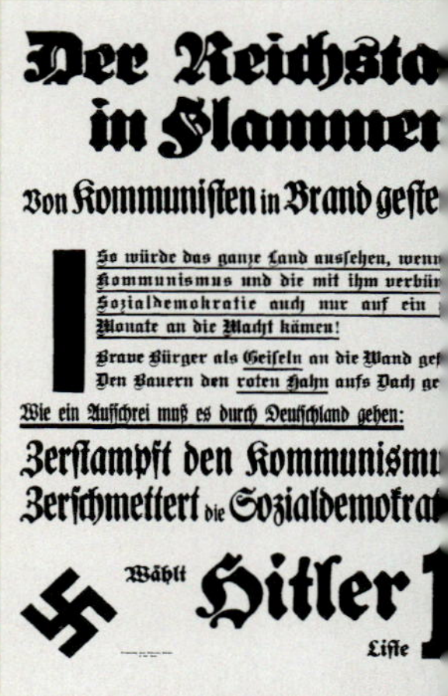

Der Reichsta
in Flamme
Von Kommunisten in Brand geste
So würde das ganze Land aussehen, wenn
Kommunismus und die mit ihm verbün
Sozialdemokratie auch nur auf ein
Monate an die Macht kämen!
Brave Bürger als Geiseln an die Wand ge
Den Bauern den roten Hahn aufs Dach ge
Wie ein Aufschrei muß es durch Deutschland gehen:
Zerstampft den Kommunismu
Zerschmettert die Sozialdemokra
Wählt Hitler
Liste

Unter der Adresse www.dhm.de/lemo/html/nazi/index.html findest du im Internet umfassende Informationen sowie Bildmaterial zur Zeit des Nationalsozialismus.

1935

28.2.1933

30.1.1933

ab 1941

1933/34

1933 | 1934 | 1935 | 1936 | 1937 | 1938 | 1939

9.11.1938

Blick auf das zerstörte Köln

1.9.1939–
8.5.1945

20.7.1944

Ausgebrannte Synagoge in Nürnberg

1940 1941 1942 1943 1944 1945

1945

Deutschland am Ende des Zweiten Weltkriegs – eine Trümmerwüste

1949

Mit der Bundesrepublik und der DDR werden zwei deutsche Staaten gegründet.

1953

Volksaufstand in der DDR

1954/55

Pariser Verträge und NA
Beitritt: Die Bundesrepu
wird Mitglied der westlic
Staatengemeinschaft.

Deutschland nach 1945 – besetzt, geteilt und wieder vereint

Die Jahre 1989 und 1990 nehmen einen außergewöhnlichen Platz in der Geschichte der Deutschen ein. Nach jahrzehntelanger Teilung der beiden deutschen Staaten kam es in der DDR zu einer friedlichen Revolution: Die Mauer fiel. Nach der Wiedervereinigung lebten die Deutschen gemeinsam in einem Staat und standen plötzlich vor der Aufgabe, wieder zu einem Volk zusammenzuwachsen.
Das Zusammenleben in einem demokratischen Nationalstaat ist für die Deutschen nicht selbstverständlich – das zeigt ein Blick zurück. Der Weg von den ersten Ideen einer deutschen Nation bis zur Verwirklichung dieses Gedankens im Rahmen einer Demokratie war lang, schwierig und keineswegs geradlinig. Diese Erfahrungen der letzten 200 Jahre lassen sich nutzen, um in Zukunft die Weichen richtig zu stellen für den Erhalt eines freiheitlich-demokratischen Deutschland im Rahmen der europäischen Völkerfamilie.
Blicken wir zurück, wie es zur Entstehung einer demokratischen deutschen Nation kam.

Ost- und Westberliner feiern die Öffnung der Mauer am Brandenburger Tor in Berlin im November 1989.

1961
Mauerbau in Berlin

1970
Beginn der Aussöhnung mit den osteuropäischen Nachbarn

1990
Deutsche aus Ost und West feiern die Wiedervereinigung.

2003
Aufbau Ost: Das Wasserstraßenkreuz Magdeburg wird eröffnet.

1 Die Deutschen und ihre Nation

Q 1 *Im Mitfiebern vereint, in den Erwartungen konträr:* ein holländischer Fan und ein deutscher Fan, bei der Fußball-Europameisterschaft 2004.

Daumen drücken für Deutschland?

Alle vier Jahre ist es so weit: Die Fußball-Weltmeisterschaft fasziniert Menschen rund um die Erde, lässt Fans in Südamerika, Europa oder Asien mit ihren Teams mitfiebern.
In Deutschland drücken dann viele Menschen der deutschen Mannschaft die Daumen. Warum ist das so? Warum fühlen sich die deutschen Fans mit ihrer Mannschaft so verbunden? Wohl deshalb, weil Fans und Sportler aus dem gleichen Land kommen. Gemeinsam einer Nation anzugehören verbindet die Menschen.
Deshalb interessieren wir Deutsche uns auch besonders für das Leben der Menschen in unserem Land, beschäftigen wir uns mit der Politik, Geschichte und der Kultur der Deutschen. Das ist nichts Außergewöhnliches – in den Niederlanden, Spanien oder Frankreich ist das nicht anders.

Die Frage, wie stark man sich mit seiner Nation identifizieren soll oder darf, hat seit dem Ende des Zweiten Weltkriegs immer wieder zu Diskussionen in Deutschland geführt. Das hängt mit der wechselhaften Geschichte Deutschlands zusammen, vor allem mit den Verbrechen in der Zeit des Nationalsozialismus. Schauen wir zurück zu den ersten Ideen von einer einheitlichen deutschen Nation. Ein Rückblick auf die Entstehungsgeschichte kann helfen, aus der Vergangenheit für die Zukunft zu lernen.

Wie entstand die deutsche Nation?

Von einer Nation spricht man dann, wenn sich eine Gruppe von Menschen durch gemeinsame Abstammung, Sprache, Kultur und Geschichte zusammengehörig fühlt. Nationen fallen nicht vom Himmel. Sie bilden sich – so auch die deutsche Nation – im Laufe der geschichtlichen Entwicklung heraus. Sie können sich verändern – größer werden, zusammenwachsen oder auch auseinander entwickeln.
Die Erfahrungen der Deutschen mit ihrer Nation in den Jahren 1815 bis 1945 sind vielseitig und widersprüchlich – bei der Entwicklung des Nationalbewusstseins, beim Aufbau und bei der Festigung eines Nationalstaates, bei der Durchsetzung von Demokratie und Freiheit und in den Beziehungen zu den anderen Völkern.
Was können wir aus der Geschichte der deutschen Nation für den Erhalt eines friedvollen demokratischen Deutschland innerhalb der europäischen Staatengemeinschaft lernen? Die nachfolgenden Seiten wollen dir darauf eine Antwort geben. Mit Hilfe von Karten, Bildern und schriftlichen Quellen wird untersucht, welche Erfahrungen die Deutschen mit der Entwicklung der deutschen Nation, aber auch welche Erfahrungen andere Völker mit den Deutschen gemacht haben.

Q2 *Richard von Weizsäcker, damaliger Bundespräsident, in einer Rede auf dem Kirchentag in Düsseldorf am 8. Juni 1985:*

Was ist das eigentlich – deutsch? Zunächst ist es ein naturgegebener Sachverhalt, deutsch zu sein. Es ist die Folge der Tatsache, hier geboren und aufgewachsen zu sein, die deutsche Sprache zu sprechen, sich hier zu Hause zu fühlen und damit ein Teil des eigenen Volkes zu sein. Fragen wir danach, was Deutschland geographisch, politisch und kulturell umfaßt, so fällt eine gültige Antwort schwer. Dies ist eine Folge unserer bewegten Geschichte (...).

Unser Lebensgefühl wird aus Quellen gespeist, deren Ursprünge tieferliegen und weiter zurückreichen als 1945. (...) Wir müssen die Vergangenheit kennen, wir dürfen der Erinnerung gerade dort nicht ausweichen, wo sie schmerzt. (...) Wenn ein Volk nicht weiß, wie es zu seiner Vergangenheit steht, dann kann es in der Gegenwart leicht stolpern. (...) Eine prägende Rolle für Selbstbewußtsein und Identität der Deutschen spielt die Kultur. (...) Die großen Leistungen der klassischen Philosophie und Dichtung, allen voran Kant und Goethe, fanden weltweit Widerhall. Sie gaben den Deutschen das Bewußtsein, einer geachteten Kulturnation anzugehören. (...)

Hitler erhob die deutsche Nation zum obersten aller Werte. Die deutsch-germanische Rasse sollte das Recht haben, die Welt zu beherrschen. Konsequenz war Gewalt und Krieg mit der halben Welt. In besetzten Gebieten wurden Juden und andere zusammengetrieben und ermordet. Der Holocaust nahm seinen Lauf. Völkermord, Vernichtung, Haß ohne Beispiel. Tod und unermessliches Leid rings um uns her und bei uns selbst. Deutschland wurde zerstört, besiegt, besetzt und geteilt.

Q3 *Mahnmal „Unteilbares Deutschland"* auf dem Servatiplatz in Münster (Nordrhein-Westfalen)

1. *Was könnte einen Deutschen deiner Meinung nach mit seiner Nation verbinden (Q1, Q2)?*
2. *Erläutere den Satz von Richard von Weizsäcker: „Wenn ein Volk nicht weiß, wie es zu seiner Vergangenheit steht, dann kann es in der Gegenwart leicht stolpern." (Q2).*
3. *Beschreibe, wie die Nachbarn laut Karikatur Q4 zu unterschiedlichen Zeiten die Deutschen sahen. Finde Gründe für die Sichtweisen.*
4. *Wie sehen die Nachbarn die Deutschen wohl heute? Male ein Bild dazu.*
5. *Ist das Mahnmal Q3 nach der Wiedervereinigung Deutschlands nicht „überholt"? Äußere dich dazu.*

Q4 *Wie die Nachbarn die Deutschen sehen,* Karikatur von Fritz Behrendt, 1995

2 Vom Deutschen Bund zum Deutschen Reich

Streben nach nationaler Einheit
In den Befreiungskriegen 1813 hatten die Deutschen nicht nur gegen die französische Fremdherrschaft, sondern auch für mehr Freiheit und für die Schaffung eines gemeinsamen Vaterlandes gekämpft.
Nach dem Sieg über Napoleons Heere wurden sie allerdings bitter enttäuscht. Deutschland blieb zersplittert. Der auf dem Wiener Kongress 1815 von den Fürsten gegründete Deutsche Bund war lediglich ein loser Zusammenschluss von 35 selbstständigen Fürstentümern und vier freien Reichsstädten.
Die Fürsten unternahmen in den folgenden Jahren alles, um die alten Verhältnisse zu erhalten. Wer dagegen ankämpfte, wurde verfolgt, erhielt Berufsverbot und musste oft langjährige Gefängnisstrafen absitzen. Dennoch traten immer mehr Deutsche offen für Freiheit und nationale Einheit ein – die Studenten 1817 auf der Wartburg, 25 000 Frauen und Männer 1832 auf dem Hambacher Fest. Das liberale Bürgertum forderte freie wirtschaftliche Betätigung und die Abschaffung der Zollschranken. Das Streben nach einer deutschen Nation war nicht mehr aufzuhalten.

D 1 *Deutschland 1815–1871.* Vom Deutschen Bund zum Deutschen Reich.

- Preußen 1815 und Erwerbungen bis 1865
- preußische Erwerbungen 1866
- Österreich-Ungarn (seit 1867 Doppelmonarchie)
- Grenze des Deutschen Bundes 1815–1866
- zeitweiliger Grenzverlauf
- Südgrenze des Norddeutschen Bundes 1867
- Grenze des Deutschen Reiches 1871
- Freie Stadt

1 Ghzm. Mecklenburg-Strelitz
2 Fsm. Schaumburg-Lippe
3 Fsm. Lippe-Detmold
4 Hzm. Anhalt
5 Fsm. Waldeck
6 Fsm. Liechtenstein
7 Limburg (1839 zum Deutschen Bund)
8 (1839 zu Belgien)

Ksr. Kaiserreich
Kgr. Königreich
Ghzm. Großherzogtum
Hzm. Herzogtum
Fsm. Fürstentum

0 100 200 300 km

Q 1 *Abgeordnete der Nationalversammlung beim preußischen König Friedrich Wilhelm IV.*, zeitgenössische Darstellung. Der König lehnt die ihm vom Parlament angebotene Kaiserkrone ab. Eine Krone vom Volk wolle er nicht haben.

Das Volk siegt und verliert doch

Im Frühjahr 1848 hatte das Volk auf den Barrikaden gesiegt. Die Revolution schien erfolgreich. Das Ziel, die Errichtung eines deutschen Nationalstaates, war greifbar nah. Doch vieles war noch zu klären: Wie sollte der neue Staat aussehen – ein starker Zentralstaat oder ein Zusammenschluss selbstständiger Staaten zu einem losen Staatenbund, eine Monarchie oder eine Republik, eine „kleindeutsche Lösung" unter Führung Preußens oder eine „großdeutsche Lösung" unter Einbeziehung Österreichs?
Darüber stritten die vom Volk gewählten Abgeordneten in der Frankfurter Paulskirche bei der Ausarbeitung einer Verfassung. Sie entschieden sich letztlich für eine parlamentarische Monarchie und für die „kleindeutsche Lösung". Während die Nationalversammlung debattierte und revolutionäre Bürger in einigen deutschen Staaten für die Annahme einer demokratische Verfassung auf die Barrikaden gingen, zogen die Fürsten unter Führung Preußens Militär zusammen. Die Revolution wurde blutig zerschlagen. Viele deutsche Liberale gaben die Hoffnung auf, einen Nationalstaat mit Hilfe einer breiten Volksbewegung zu schaffen. Von nun an versuchten sie ihre Vorstellungen im Bündnis mit dem Adel zu verwirklichen.

Mit „Blut und Eisen" zum Nationalstaat

Auch nach dem Scheitern der Revolution war der Ruf der Deutschen nach einem Nationalstaat unüberhörbar. Die Mehrheit des Bürgertums hoffte, dass Preußen, inzwischen mächtigster Staat in Deutschland, seine Macht nutzen würde, um die Voraussetzungen dafür zu schaffen. So kam es auch. Der preußische Ministerpräsident Otto von Bismarck ging zügig daran, mit „Blut und Eisen" die Einheit zu schmieden. Der militärische Sieg Preußens über Österreich brachte die Entscheidung zugunsten der „kleindeutschen" Lösung. Die Gründung des Norddeutschen Bundes und die Niederlage Frankreichs im deutsch-französischen Krieg waren schließlich die letzten Schritte auf dem Weg zur Gründung des Kaiserreiches am 18. Januar 1871.
Für die Deutschen war dies ein großes Ereignis: Nun lebten sie endlich, wie andere Nationen auch, in einem Staat.
Doch wie sahen die europäischen Nachbarn diese Entwicklung, vor allem die Franzosen? Die Gründung des Deutschen Reiches im französischen Versailles im Anschluss an den deutsch-französischen Krieg sowie die Annexion von Elsass-Lothringen waren nicht dazu angetan, die gespannten deutsch-französischen Beziehungen zu verbessern.

Q3 *1812 schrieb Freiherr vom Stein an den für Hannover zuständigen Minister:*

Es tut mir Leid, dass Eure Exzellenz in mir den Preußen vermuten und in sich den Hannoveraner entdecken. Ich habe nur ein Vaterland, das heißt Deutschland (…), so bin ich auch nur ihm und nicht einem Teil desselben von ganzem Herzen ergeben. Mir sind die Dynastien [Fürstenhäuser] in diesem Augenblick großer Entwicklung vollkommen gleichgültig, es sind bloße Werkzeuge; mein Wunsch ist, dass Deutschland groß und stark werde, um seine Selbstständigkeit, Unabhängigkeit und Nationalität wieder zu erlangen (…); das ist das Interesse der Nation und ganz Europas; es kann auf dem Wege alter zerfallener und verfaulter Formen nicht erhalten werden; das hieße ein System einer militärischen, künstlichen Grenze auf den Ruinen der alten Ritterburgen und den mit Mauern und Türmen befestigten Städten gründen zu wollen. (…) Mein Glaubensbekenntnis (…) ist Einheit.

Q2 *„Kommt es unter einen Hut? Ich glaube, es kommt unter eine Pickelhaube.“*, österreichische Karikatur aus dem „Kikeriki“, 1870. Die Pickelhaube war der Helm der preußischen Soldaten.

Q4 *Aus der Debatte der Nationalversammlung zum Staatsoberhaupt und über die „kleindeutsche“ oder „großdeutsche Lösung“ der nationalen Frage.*

a) Der württembergische Abgeordnete Uhland:

Ich erkläre mich für die periodische Wahl des Reichsoberhauptes durch die Volksvertretung. (…) Die Revolution und ein Erbkaiser – das ist ein Jüngling mit grauen Haaren. (…) Eine wahre Einigung muss (…) alle Ländergebiete zusammenfassen. (…) Verwerfen Sie die Erblichkeit, schaffen Sie keinen herrschenden Einzelstaat, stoßen Sie Österreich nicht ab, retten Sie das Wahlrecht, dieses kostbare Volksrecht, dieses letzte Wahrzeichen des volksmäßigen Ursprungs der neuen Gewalt. Glauben Sie, meine Herren, es wird kein Haupt über Deutschland leuchten, das nicht mit einem vollen Tropfen demokratischen Öls gesalbt ist.

b) Der sächsische Abgeordnete Biedermann:

Das Volk muss wissen, dass es eine feststehende, nicht wandelbare Macht an der Spitze der Geschäfte hat, und das ist das Erbkaisertum. (…) Es kann niemand die Kaiserwürde erhalten als der Beherrscher des mächtigsten Staates, und das ist Preußen. (…) Preußen ist ein starker Militärstaat, der nötigenfalls auch allein, wenn die anderen Staaten lästig wären oder gar sich weigerten, dem Auslande die Spitze bieten kann; kein anderer kann es. (…) Österreich wird zerfallen. (…) Wenn aber Österreich zerfällt, meine Herren, dann kommt aber zu uns nicht das starke, mächtige Österreich, welches berufen ist dem Erdball zu gebieten, sondern es kommen zu uns einzelne zerstreute Glieder dieses Körpers.

Q5 *Der linksliberale Politiker Jacoby über die deutsche Annexion Elsass-Lothringens nach dem Sieg über Frankreich 1870/1871:*

Elsass und Lothringen – sagt man – waren deutsches „Eigentum“ und müssen wieder deutsch werden! Wie, – fragen wir – hat denn Elsass und Lothringen keine Bewohner? Oder sind etwa die Bewohner dieser Länder eine willenlose Sache, die man ohne weiteres in Besitz nehmen, mit der man nach Belieben schalten und walten kann? (…) Und hätten sie [die Elsässer und Lothringer] sich auch noch so schwer gegen uns vergangen – wider alles menschlichen Rechts wäre es, wollten wir sie zwangsweise zu Deutschen machen. (…)

Unsere Pflicht ist es, solchen Bestrebungen nationaler Selbstsucht entgegenzutreten. (…) Sprechen wir es aus – als unsere tief innerste Überzeugung –, dass jede Einverleibung fremden Ländergebiets wider den Willen seiner Bewohner eine Verletzung des Selbstbestimmungsrechtes der Völker – und daher ebenso verwerflich wie verderblich ist. Unbeirrt durch den Siegestaumel des Augenblicks lassen Sie uns Protest erheben gegen jede Vergewaltigung der Bewohner von Elsass und Lothringen.

Q6 *Kronprinz Friedrich Wilhelm, der spätere Kaiser Friedrich III, notiert am 31. Dezember 1870 in seinem Tagebuch:*

Wohl sind wir unbestritten das erste Kulturvolk der Welt, aber zur Stunde will es scheinen, als seien wir weder geliebt noch geachtet, sondern lediglich gefürchtet. Man hält uns für jeder Schlechtigkeit fähig, und das Misstrauen gegen uns steigert sich mehr und mehr. Das ist nicht nur die Folge dieses [deutsch-französischen] Krieges allein – soweit hat uns die von Bismarck erfundene und seit Jahren in Szene gesetzte Theorie von Blut und Eisen gebracht! Was nützt uns alle Macht, aller kriegerischer Ruhm und Glanz, wenn Hass und Misstrauen uns überall begegnen, wenn man jeden Schritt uns argwöhnisch missgönnt, den wir in unserer Entwicklung vorwärts tun?

Q7 *Wie die Franzosen den preußischen König sehen.*
links: Wer „frisst“ wen?, französische Karikatur zur Gründung des Norddeutschen Bundes 1866/67
rechts: „Wilhelm zieht in den Krieg“, französische Karikatur, 1870

1. *Beschreibe die Grenzen Deutschlands von 1815–1871 (D1). Welche Unterschiede bestehen zur heutigen Bundesrepublik?*
2. *Erläutere, was für ein Vaterland sich Freiherr vom Stein wünscht (Q3).*
3. *Untersuche, worin sich die Auffassungen der beiden Abgeordneten der Nationalversammlung über die künftige Staatsform Deutschlands sowie über dessen Grenzen unterscheiden (Q4).*
4. *Was sagt die Ablehnung der Kaiserkrone über die Vorstellungen König Friedrich Wilhelms IV. von einem deutschen Nationalstaat aus (Q1)?*
5. *Überlege, welche Auswirkungen die Einigung durch „Blut und Eisen“ und die Annexion Elsass-Lothringens auf die Beziehungen der Franzosen zu den Deutschen hatte (VT, Q5–Q7).*
6. *Was sagt die Annexion Elsass-Lothringens über das Verständnis der Herrschenden im Deutschen Kaiserreich zur nationalen Selbstbestimmung eines Volkes aus (Q5)?*

3 Das deutsche Kaiserreich von 1871–1918

Nationale Überheblichkeit
Im Deutschen Reich schlug nach 1871 die nationale Begeisterung bald in Überheblichkeit um: Deutschland wurde verherrlicht, andere Völker herabgesetzt. Viele meinten, Deutschland müsse nun endlich den ihm zukommenden führenden Platz unter den Nationen erhalten. Die Deutschen seien dazu berufen, den anderen Völkern die „deutschen Wertvorstellungen" – was man darunter auch immer verstehen wollte – beizubringen. Aufrüstung, ein starkes Heer, Androhung und Einsatz militärischer Gewalt waren Mittel, von denen man sich die Verwirklichung der Großmachtträume erhoffte. Das Militär wurde zum Aushängeschild des deutschen Kaiserreiches.

Kolonien und Diskriminierung
Den Erwerb von Kolonien begründeten maßgebliche Kreise in Deutschland mit der Behauptung, das Land sei bei der Verteilung der außereuropäischen Welt nicht genügend berücksichtigt worden. Deshalb habe Deutschland als europäische Großmacht einen Anspruch auf koloniale Besitzungen.
Nationale Überheblichkeit wurde im Kaiserreich auch zum Nährboden für rassistische Theorien, wie den Antisemitismus. Die Verunglimpfung und Diskriminierung von nationalen Minderheiten, vor allem der 500 000 jüdischen Mitbürger, diente dazu, einen Sündenbock für ungelöste innenpolitische, wirtschaftliche und soziale Probleme zu finden.

Q 1 *Parade der Gardetruppen im Berliner Lustgarten 1909*

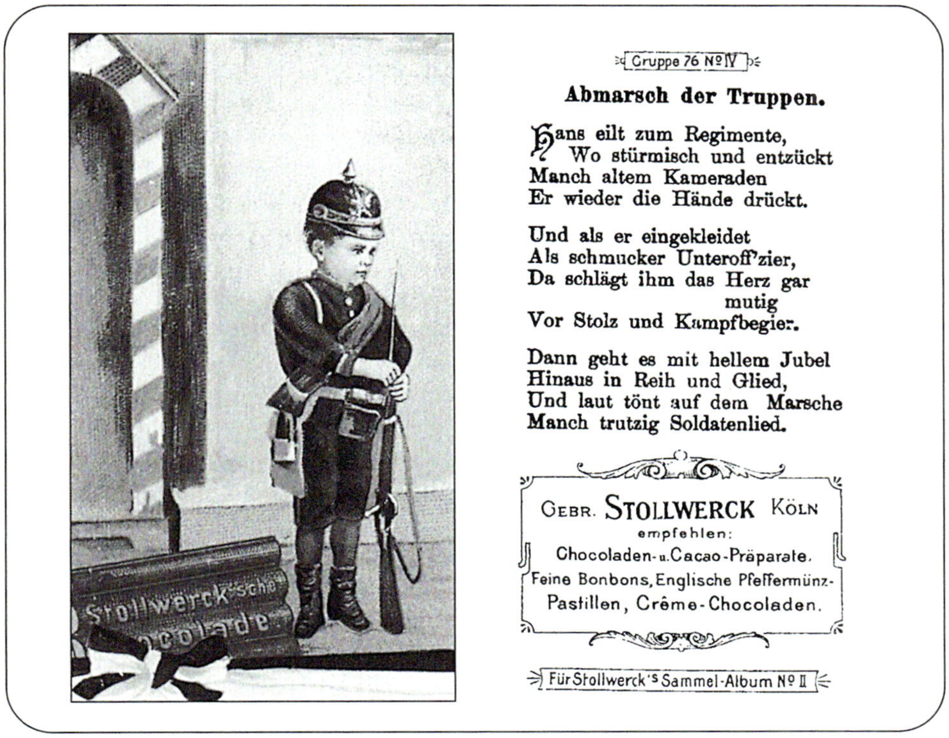

Q2 *Hans geht zu den Soldaten,* Sammelkarte der Firma Stollwerck-Schokolade.

Q3 *Der deutsche Revolutionsdichter Georg Herwegh (1817–1875) verfasste nach dem deutsch-französischen Krieg im Februar 1871 das Gedicht „Epilog zum Kriege". Darin heißt es unter anderem:*

Germania, der Sieg ist dein!
Die Fahnen wehn, die Glocken klingen,
Elsass ist dein und Lotharingen;
Du sprichst: „Jetzt muss der Bau gelingen,
Bald holen wir den letzten Stein." (…)

Schwarz, weiß und rot! Um ein Panier*
Vereinigt stehen Süd und Norden;
Du bist im ruhmgekrönten Morden
Das erste Land der Welt geworden:
Germania, mir graut vor dir!

Mir graut vor dir, ich glaube fast,
Dass du, in argen Wahn versunken,
Mit falscher Größe suchst zu prunken
Und dass du, gottesgnadentrunken,
Das Menschenrecht vergessen hast.

* Fahne, Banner

Q4 *Geheim-Justizrat Otto Preuß in Anwesenheit des Kaisers Wilhelm I. am 16. August 1875 bei der Einweihung des Herrmanndenkmals im Teutoburger Wald:*

Wir stehen wieder da geehrt und gefürchtet im Rat der Völker, ihnen nicht mehr bloß ein Volk der Denker und Dichter, sondern nun auch, wehrbereit und waffengewaltig, ein Volk der selbstbewussten Tatkraft – und empfinden wird deren Wucht ein jeder, der es wagen sollte, uns ferner zu stören in dem Werk des Friedens, das wir nun vorhaben, in dem Bemühen, auszubauen und lebensvoll zu gestalten unser neu erstandenes Reich, das jetzt unter Kaiser Wilhelms ruhmreichem Zepter (…) seinen schützenden Arm ausbreitend über jeden Deutschen auf dem Erdenrund, frei im Innern und kraftvoll nach außen, fest verbunden ist durch das starke Band der im gemeinsamen, opferreichen Kampfe erprobten Einigkeit der deutschen Stämme und ihrer Fürsten.

Q5 *Der deutsche Afrika-Forscher Carl Peters in einem Aufruf im April 1884:*

Die deutsche Nation ist bei der Verteilung der Erde (…) leer ausgegangen. Alle übrigen Kulturvölker Europas besitzen auch außerhalb unseres Erdteils Stätten, wo ihre Sprache und Art feste Wurzeln fassen und sich entfalten kann. Der deutsche Auswanderer (…) ist ein Fremdling auf ausländischem Grund und Boden. Das deutsche Reich, groß und stark durch die mit Blut errungene Einheit, steht da als die führende Macht auf dem Kontinent von Europa: Seine Söhne müssen sich überall Nationen einfügen, welche der unsrigen entweder gleichgültig oder geradezu feindlich gegenüberstehen. (…) Der deutsche Import von Produkten tropischer Zonen geht von ausländischen Niederlassungen aus, wodurch jährlich viele Millionen deutschen Kapitals an fremde Nationen verloren gehen! (…) Ein (…) sicherer Absatzmarkt fehlt unserer Industrie, weil eigene Kolonien unserem Volk fehlen. (…) Die Gesellschaft für deutsche Kolonisation will in entschlossener und durchgreifender Weise die Ausführung von (…) Kolonialprojekten selbst in die Hand nehmen (…).

Jeder Deutsche, dem ein Herz für die Größe und Ehre unserer Nation schlägt, ist aufgefordert, unserer Gesellschaft beizutreten. Es gilt, das Versäumnis von Jahrhunderten gutzumachen; der Welt zu beweisen, dass das deutsche Volk mit der alten Reichsherrlichkeit auch den alten deutsch-nationalen Geist der Väter übernommen hat.

Q6 *Aussagen deutscher „Experten" auf dem Deutschen Kolonialkongress 1910:*

a) Einig sind wir uns alle darüber, auch die Missionen, dass die Negerseele nicht so ist, wie wir sie haben wollen und brauchen können; denn nur aus dieser Überzeugung leitet sich ja unsere Berechtigung her, die Negerseele zu beeinflussen und von ihrem bisherigen Entwicklungsgange abzudrängen.

b) Ich glaube, dass es auch vonseiten der Mission nicht bestritten wird, dass der Neger der Aufsicht bedürftig sei. Deshalb schicken wir ja weiße Leute als Missionare nach Afrika, und wir sind überzeugt, dass die Eingeborenen diese Aufsicht noch lange gebrauchen werden.

Lieutenant von Strehlau frisch zur Schutztruppe in Afrika angekommen: „Nette Gegend soweit!"

„Da muss Ordnung rin!"

Q7 *links: „Deutsche Tüchtigkeit in den Kolonien",* Karikatur aus der Zeitschrift „Jugend" (München) aus dem Jahr 1896. Die beiden Bilder zeigen Afrika vor und nach der Ankunft der Deutschen.

Q11 *Gruß aus dem Kölner Hof,* Werbeansichtskarte eines Hotels in Frankfurt/Main, um 1897

1. *Untersuche, was die Quellen Q4–Q6 über die Haltung der Deutschen gegenüber anderen Völkern aussagen?*
2. *Überlege, wie solche Bilder und Texte (Q2) das Denken und Handeln der Jugend beeinflussten.*
3. *Warum graut Georg Herwegh vor „Germania“? Erkläre das Gedicht Q3.*
4. *Erkläre, wie die Karikatur (Q7) die deutsche Kolonialherrschaft in Afrika beschreibt.*
5. *Welche Eigenschaften dichteten deutsche Antisemiten den jüdischen Mitbürgern an (Q8, Q10)? Überlege, warum.*
6. *Erläutere, inwieweit Antisemitismus auch ein Ausdruck nationaler Überheblichkeit ist.*

Q8 *In einem Buch aus dem Jahre 1894 wird die Rolle der Juden in der Gesellschaft so beschrieben:*

Immer allgemeiner wird die Klage, dass der Jude, sei es als Wucherer und Ausbeuter oder (...) als sozialdemokratischer Agitator, vorzugsweise immer dort zu finden sei, wo man an der Zersetzung und Vernichtung unseres Volkstums arbeitet; dass er im wirtschaftlichen Leben weniger durch schaffende Tätigkeit als durch erlaubte oder unerlaubte Übervorteilung anderer die Mittel gewinne, die in seinen gewandten Händen dann eine doppelt wirksame Waffe in dem weiteren Daseinskampf werden; dass er in den höheren Berufen, in der Rechtsanwaltschaft, in der Medizin, in der Literatur, im Zeitungs- und Theaterwesen durch rücksichtslose Hingabe an den Erwerbinstinkt die gewissenhafteren Mitbewerber schädige (...) und dass bei seiner geringen Neigung zum Aufgehen im Deutschtum seine wachsende wirtschaftlich-soziale Macht zu einer immer ernsteren Gefahr für unsere nationale Entwicklung und Eigenart herauswachse.

Q9 *Postkarte, um 1900*

Q10 *rechts: Automobil. Patent Schmul. Billigster Betrieb! Gänzlich gefahrlos!*
Der jüdische Autofahrer und sein deutscher „Antrieb“, Karikatur, 1900.

4 Vom demokratischen Nationalstaat zur NS-Diktatur (1918–1945)

Eine Nation sucht ihre Zukunft

Mit der Gründung der Weimarer Republik unternahmen die Deutschen erstmals den Versuch, eine demokratische Staatsform zu errichten. Die junge Republik erreichte trotz ständiger Auseinandersetzungen mit demokratiefeindlichen Kräften von links und rechts einige Erfolge. Die Weimarer Verfassung mit den darin verankerten Grundrechten zählt ebenso dazu, wie die mit dem Locarno-Vertrag verbundene Aufnahme der Deutschen als gleichberechtigte Partner in den Kreis der europäischen Nationen. Doch in der Krise fehlte es der Republik an Republikanern. Die Feinde der Demokratie siegten.

Zerstörung der demokratischen Nation

Im nationalsozialistischen Deutschland wurden Begriffe wie Nation oder Nationalbewusstsein für eine verbrecherische Politik missbraucht. Die Rassentheorie und die Lehre vom fehlenden Lebensraum setzten das Prinzip der Gleichberechtigung aller Völker außer Kraft. Die Nationalsozialisten bestimmten, wer Angehöriger der deutschen Nation sein durfte. Wer nicht „Arier“ war, wurde ausgegrenzt, verfolgt und schließlich vernichtet. Der Widerstand einiger Deutscher gegen die Barbarei war eine wichtige Voraussetzung für die Entstehung eines neuen Deutschland nach dem Ende der Diktatur.

D1 *Deutschland 1918–1938*

Q1 *Alfred Hugenberg, deutschnationaler Verleger und Besitzer vieler Tageszeitungen und Zeitschriften, schreibt in der Zeitung „Der Tag" am 4. September 1928:*

Wir hassen mit ganzer Seele den augenblicklichen Staatsaufbau, seine Form und seinen Inhalt, sein Werden und sein Wesen. Wir hassen diesen Staatsaufbau, weil in ihm nicht die besten Deutschen führen, sondern weil in ihm ein Parlamentarismus herrscht, dessen System jede verantwortungsvolle Führung unmöglich macht. (...)

Wir hassen diesen Staatsaufbau, weil er uns die Aussicht versperrt, unser geknechtetes Vaterland zu befreien und das deutsche Volk von der erlogenen Kriegsschuld zu reinigen, den notwendigen Lebensraum im Osten zu gewinnen, das deutsche Volk wieder frei zu machen, Landwirtschaft, Industrie, Gewerbe und Handwerk gegen den feindlichen Wirtschaftskrieg zu schützen und wieder lebensfähig zu machen.

Wir wollen einen starken Staat, in dem die verantwortungsvolle Führung der Beste hat und nicht verantwortungsloses Bonzen- und Maulheldentum führt.

Q3 *Der Schriftsteller Kurt Tucholsky schrieb 1929 über die so genannten national gesinnten Deutschen:*

Nein, Deutschland steht nicht über allem und nicht über allen – niemals. Aber mit allen soll es sein, unser Land. Ja, wir lieben dieses Land. Und nun will ich euch mal was sagen: Es ist nicht wahr, dass jene, die sich „national" nennen und nichts sind als bürgerlich-militaristisch, dieses Land und seine Sprache für sich gepachtet haben. Weder der Regierungsvertreter im Gehrock noch der Oberstudienrat, noch die Herren und Damen des Stahlhelm allein sind Deutschland.

Wir sind auch noch da. Wir pfeifen auf die Fahnen – aber wir lieben dieses Land. Und so wie die nationalen Verbände über die Wege trommeln – mit dem gleichen Recht, mit genau dem gleichen Recht nehmen wir, die hier geboren sind, die wir besser deutsch schreiben und sprechen als die Mehrzahl der nationalen Esel –, mit genau demselben Recht nehmen wir Fluss und Wald in Beschlag, Strand und Haus, Lichtung und Wiese: Es ist unser Land. Wir haben das Recht, Deutschland zu hassen – weil wir es lieben.

Q2 *Die Außenminister Frankreichs und Deutschlands, Aristide Briand und Gustav Stresemann.* Beide erhielten 1926 für ihre Bemühungen um die Erhaltung des Friedens und um die Aussöhnung zwischen den Völkern Frankreichs und Deutschlands den Friedensnobelpreis.

Q4 *Abtransport von Warschauer Juden in ein Konzentrationslager*

Q6 *Hitlers Vorstellungen über das Nationalbewusstsein und Demokratieverständnis des deutschen Volkes:*

Erstens muss unser Volk von dem hoffnungslos wirren Internationalismus befreit und bewusst und systematisch zum fanatischen Nationalismus erzogen werden. (…) Zweitens werden wir unser Volk, indem wir es dazu erziehen, gegen den Irrsinn der Demokratie zu kämpfen und wieder die Notwendigkeit von Autorität und Führertum einzusehen, von dem Unsinn des Parlamentarismus fortreißen.
Drittens werden wir, indem wir das Volk von dem jämmerlichen Glauben an eine Hilfe von draußen, das heißt dem Glauben an Völkerversöhnung, Weltfrieden, Völkerbund und internationale Solidarität, befreien, diese Ideen zerstören. Es gibt nur ein Recht in der Welt, und dieses Recht liegt in der eigenen Stärke.

Q5 *Nach der Erschießung von Zivilisten durch Deutsche bei Kertsch in der Sowjetunion suchen Einwohner nach toten Angehörigen,* Foto, 1942

Q7 *Alfred Rosenberg, führender Ideologe der NSDAP, in einer Rede vor Soldaten am 16. April 1940 über den historischen Sinn des Zweiten Weltkrieges:*

Daraus fassen wir den festen Glauben, dass das deutsche Volk und die deutsche Wehrmacht nicht nur militärisch und politisch geeint sind, sondern dass dieses Bewusstsein einer großen deutschen und europäischen Sendung nach und nach immer mehr und mehr Besitz von jedem einzelnen Deutschen nimmt. (…) Diese Überzeugung gibt der deutschen Nation (…) die innere Kraft, gegen die Mächte und den Feind anzutreten mit dem einen Ziel, dass dieses Reich als die Machtzentrale Europas aus diesem Kriege so stark hervorgehen wird, dass keine irgendwie geartete Koalition jemals imstande sein kann, dieses Reich zu erschüttern. (…) Deshalb können wir uns alle in diesem Kampf einigen in der Erkenntnis, dass sowohl die Partei als auch die Wehrmacht schließlich nicht Selbstzweck sind, sondern nur Mittel, um das große deutsche Schicksal zu meistern.

Q8 *Aus dem geplanten Aufruf an die Deutschen von Claus Schenk Graf von Stauffenberg im Falle eines geglückten Attentats auf Hitler:*

In diesem Kriege [Zweiten Weltkrieg] haben Machtrausch, Selbstüberheblichkeit und Eroberungswahn ihren letzten Ausdruck gefunden. Wider den Rat der Sachverständigen hat Hitler ganze Armeen (…) geopfert (…). So durfte es nicht weitergehen! Unserer Väter wären wir nicht würdig, von unseren Kindern müssten wir verachtet werden, wenn wir den Mut nicht hätten, alles, aber auch alles zu tun, um die furchtbare Gefahr von uns abzuwenden und wieder Achtung vor uns selbst zu erringen. (…)
Unser Ziel ist die wahre, auf Achtung, Hilfsbereitschaft und soziale Gerechtigkeit gegründete Gemeinschaft des Volkes. Wir wollen Gottesfurcht an Stelle von Selbstvergottung, Recht und Freiheit an Stelle von Gewalt und Terror, Wahrheit und Sauberkeit an Stelle von Lüge und Eigennutz. Wir wollen unsere Ehre und damit unser Ansehen in der Gemeinschaft der Völker wiederherstellen. Wir wollen mit besten Kräften dazu beitragen, die Wunden zu heilen, die dieser Krieg allen Völkern geschlagen hat, und das Vertrauen zwischen ihnen wieder neu beleben. Die Schuldigen, die den guten Ruf unseres Volkes geschändet und so viel Unglück über uns und andere Völker gebracht haben, werden bestraft werden.

Q9 *Aus dem „Buchenwalder Manifest" vom April 1945, entstanden im KZ Buchenwald aus der Diskussion politischer Häftlinge sozialistischer, kommunistischer und christlicher Gesinnung:*

Wir bekennen uns vor der Welt aus tiefster ehrlicher Überzeugung zu der schuldrechtlichen Verpflichtung der Wiedergutmachung der Schäden, die das deutsche Volk durch den Hitlerismus angerichtet hat. So entschieden wir Kontributionen und Vasallendienste ablehnen, so aufrichtig wollen wir dazu beitragen, dass durch Abtragung einer festbestimmten Wiedergutmachungsschuld eine neue Atmosphäre des Vertrauens zu Deutschland geschaffen wird. (…)
Dazu brauchen wir einen neuen Geist. Er soll verkörpert werden durch den neuen Typ des deutschen Europäers. Uns kann niemand umerziehen, wenn wir es nicht in Freiheit selbst tun. Neue Universitäten, aus den wertvollsten Kräften der Emigration und der inländischen sozialistischen Intelligenz gebildet, sollen uns neue Lehrer schaffen. (…)

1 Beschreibe die unterschiedlichen Auffassungen von Hugenberg (Q1) und Tucholsky (Q3) zum demokratischen Staat.

2 Was kritisiert Tucholsky an den „national gesinnten Deutschen" und warum kritisiert er sie (Q3)?

3 Beschreibe mit Hilfe der Karte (D1), der Textquellen (Q6, Q7) und der Bilder (Q4, Q5), wie die Nationalsozialisten die Grundlagen einer demokratischen Nation zerstörten.

4 Erläutere, welche Aufgaben nach dem Ende des Nationalsozialismus vor den Deutschen standen
a) nach Ansicht Graf von Stauffenbergs (Q8),
b) nach Ansicht der ehemaligen Häftlinge von Buchenwald (Q9).

Q10 *Widerstand der „Weißen Rose".*
Die Geschwister Hans und Sophie Scholl mit Christoph Probst, München, 24. Juli 1942.

5 Projekt
Eine Zeitleiste gestalten

Zeitleiste: Auf dem Weg zur demokratischen Nation
In den letzten Unterrichtsstunden habt ihr anhand von Texten, Quellen, Bildern und Karten untersucht, welche Erfahrungen die Deutschen auf ihrem schwierigen Weg zu einer demokratischen Nation in den Jahren von 1815 bis 1945 gemacht haben.
Die wichtigsten Stationen auf diesem Weg könnt ihr auf einer Zeitleiste in eurem Klassenzimmer festhalten. Diese Zeitleiste könnt ihr gemeinsam basteln, gestalten und beschriften.

1815 — 1866

1815 1848 1817 1849 1819 1866 1832 1870

Inhalte in Gruppen erarbeiten
Teilt euch in drei Gruppen auf. Jede Gruppe beschäftigt sich mit einem der Zeitabschnitte:

1815–1871:
Vom Deutschen Bund zum Deutschen Reich
1871–1918:
Das Deutsche Reich
1918/19–1945:
Weimarer Republik und Nationalsozialismus

Orientiert euch nun an den Zetteln mit den Jahreszahlen. Dort stehen einige Daten, die für die Zeitleiste wichtig sind. Sicherlich findet ihr noch weitere Ereignisse. Jedes von euch ausgesuchte Ereignis sollt ihr nun auf einem Blatt Papier mit einem Text dokumentieren. Das Blatt könnt ihr grafisch gestalten, mit einem Bild, einer Karte, einer Zeichnung … Den fertigen Zettel befestigt ihr ober- oder unterhalb des Zeitstrahls und verbindet ihn per Faden mit der Jahreszahl.

Sieg Preußens über Österreich

Jetzt war der Weg frei für die „kleindeutsche Lösung" bei der Schaffung des deutschen Nationalstaates. Im Frieden von Prag (1866) erkannte Österreich die führende Rolle Preußens in Deutschland an und verzichtete auf seine Beteiligung bei der Neuordnung Deutschlands. Österreich musste aber keine Gebiete abtreten.

Informationen – woher?
Materialgrundlage für eure Texte können sein: Texte, Quellen, Bilder aus „Zeitreise", sowohl aus diesem Kapitel, als auch aus vorhergehenden, in denen der historische Zeitraum bereits behandelt wurde. Dieses Material könnt ihr mit Hilfe von Zeitschriften, Lexika, Büchern und aus dem Internet ergänzen.

Wie bastelt man eine Zeitleiste
Das ist ganz einfach: Eine Tapetenrolle oder braunes Packpapier dienen euch als Untergund. Zur Befestigung an der Wand nehmt ihr am besten Reißzwecken oder festes Klebeband. Denkt daran, dass die Zeitleiste groß genug sein muss. Überlegt euch einen geeigneten Maßstab für die Jahreszahlen.

TIPP

Natürlich ist der Weg Deutschlands zu einer demokratischen Nation im Jahr 1945 nicht abgeschlossen. Die folgenden Seiten informieren euch über die weitere Geschichte. Plant schon einmal Platz auf eurer Zeitleiste für die Jahre von 1945 bis heute ein.

6 Der 8. Mai – Katastrophe oder Befreiung?

Alliierter Kontrollrat
Bestand aus den Oberbefehlshabern der vier Besatzungsmächte USA, Großbritannien, Frankreich und Sowjetunion. Er übte in den Nachkriegsjahren die oberste Regierungsgewalt in Deutschland aus. Beschlüsse mussten einstimmig erfolgen. Allerdings konnte jeder der Oberbefehlshaber diese in seiner Besatzungszone nach eigenem Ermessen umsetzen.

Bild- und Tondokumente zur Nachkriegszeit auf Zeitreise multimedial „Das 20. Jahrhundert"

Die Besatzungsmächte regieren

Am 8. Mai 1945 war mit der bedingungslosen Kapitulation für die Deutschen der Zweite Weltkrieg zu Ende. Das von den Alliierten besetzte Deutschland war eine Trümmerwüste. Noch während des Krieges hatten die Staatsmänner Großbritanniens, der Sowjetunion und der USA über die Zukunft des deutschen Volkes nach der Niederlage Hitlers entschieden. Deutschland wurde nun nach diesen Plänen in vier Besatzungszonen aufgeteilt. Das in Besatzungssektoren aufgegliederte Berlin wurde Sitz des Alliierten Kontrollrates, der von nun an die oberste Regierungsgewalt in Deutschland ausübte (vgl. Karte S. 147).

Katastrophe oder Befreiung?

In Deutschland atmeten die Menschen auf, als der Krieg zu Ende war – keine Todesnachrichten mehr von der Front, keine Bombenangriffe mehr. Auch keine Angst mehr vor nationalsozialistischen Fanatikern, die noch in den letzten Kriegswochen Tausende desertierte Soldaten verfolgt und getötet hatten. Das Gefühl der Erlösung wurde aber verdrängt durch den täglichen Kampf ums Überleben. Es fehlte am Allernötigsten: an Wohnraum, Lebensmitteln, an Schuhen und Kleidung. Dazu kam die Angst vor der Rache der Besatzungssoldaten. Die Frauen trauerten um ihre gefallenen Männer und Söhne. Millionen Soldaten befanden sich in Kriegsgefangenschaft.

Trotz der Erleichterung über das Kriegsende empfanden die meisten Deutschen die Niederlage der deutschen Wehrmacht als Katastrophe. Dass das Ende des Krieges zugleich auch eine Befreiung von der nationalsozialistischen Diktatur war, spielte kaum eine Rolle. Zu groß waren Entsetzen und Scham über die Untaten der Nationalsozialisten, zu groß war die Angst vor der Zukunft.

Und heute?

Auch später fiel es vielen Deutschen schwer, sich mit ihrem Leben in den Jahren des Nationalsozialismus auseinander zu setzen. In der DDR wurde jedes Jahr der 8. Mai, vom Staat angeordnet, als „Tag der Befreiung" begangen. Haben dies die Ostdeutschen auch so empfunden? Die Diskussion über die Frage: „8. Mai 1945 – Katastrophe oder Befreiung?" ist heute noch aktuell.

Q1 *Kinder erhalten in einem Flüchtlingslager Suppe.*

Q2 *Hannelore König, geboren 1935, erinnert sich an ihre Kindheit 1945:*

Meine Mutter hatte für uns eine eigene Wohnung organisiert, die der Frau des Lehrers gehörte. Sie ist in eine Einzimmer-Wohnung gezogen und wir haben ihr dafür Brot, Mohrrüben, Butter und Zucker geschenkt. Die Hausbesitzerin mussten wir ebenfalls mit Naturalien bestechen. Wir sind eingezogen und hatten erstmals ein Dach über dem Kopf, Säcke vor den Türen und ein Bett. Wir hausten alle zusammen in der Küche.

Mutter musste als Trümmerfrau arbeiten. Wir gingen manchmal mit, um Holz aus den Trümmern zu holen. Das war sehr gefährlich, aber wir hatten ja nichts zu heizen. Nachts sind wir, und das haben alle gemacht, Kohlen klauen gegangen am Bahnhof. Und ich bin mit meiner Oma in den Wald gefahren. Dort haben wir Holz gelesen.

Q3 *Der CDU-Abgeordnete Richard v. Weizsäcker auf der ersten Gedenkfeier des Bundestages zum 8. Mai 1945 im Jahre 1970:*

Unsere Erfahrungen mit dem 8. Mai entsprechen einander nicht. Jeder hat ihn auf eigene Weise erlebt. Der eine kehrte heim, der andere wurde heimatlos. Dieser wurde befreit, für jene begann die Gefangenschaft. Verbittert standen manche vor zerrissenen Illusionen, dankbar andere vor dem geschenkten Neuanfang. (...) Keiner möge seine persönlichen Erlebnisse des Jahres 1945 zum Maßstab für alle machen. (...) Zwiespältig waren die Ereignisse des Jahres 1945 und sie wirken in unserer Gegenwart fort. Der 8. Mai beendete das sinnlose Sterben und die Zerstörung des Krieges, der fast 50 Millionen Menschen das Leben gekostet hatte. Zugleich aber begannen neue schwere Leiden für viele unschuldige Menschen. Die Verirrungen und ruchlosen Verbrechen der Nationalsozialisten, mit denen wir selbst nicht fertig geworden sind, gingen zu Ende, aber eine neue Zwangsherrschaft fand ihren Eingang auf deutschem Boden.

Q4 *Leben in den Ruinen.* Fast 5 Millionen Wohnungen waren durch Bombenangriffe ganz oder teilweise zerstört. Die ausgebombten Menschen lebten oft in Kellern, Baracken und manchmal auch in den Trümmern.

1 Schreibe eine Kurzreportage über das Leben der Deutschen nach dem Kriegsende. Gehe dabei besonders auf die Situation der Frauen und Kinder ein (Q1, Q2, Q4, Q5).

2 Befrage Zeitzeugen, wie sie das Ende des Krieges in deinem Ort erlebten. Wende dabei die Schrittfolge auf *Seite 176* *an.*

3 Erläutere die Meinung von Richard v. Weizsäcker zur Diskussion: „8. Mai 1945 – Katastrophe oder Befreiung?“ (Q3).

4 Was ist für dich der 8. Mai 1945 – Befreiung oder Katastrophe? Sprecht darüber in der Klasse.

Q5 *Das von Bomben zerstörte Köln am 24. April 1945*

7 Flucht und Vertreibung

Q1 *Deutsche aus Schlesien* warten auf ihren Abtransport nach dem Westen. Auf den Handwagen vor dem Güterzug haben sie das verstaut, was sie mitnehmen durften.

Q2 *Im Notaufnahmelager.* Oft mussten Flüchtlinge und Vertriebene jahrelang in solchen Wohnunterkünften leben.

Massenflucht und Zwangsausweisungen

Als im Herbst 1944 sowjetische Truppen die deutsche Grenze überschritten, häuften sich Meldungen über Gewalttaten der Soldaten der Roten Armee und über Deportationen arbeitsfähiger Deutscher in das Innere der Sowjetunion. Hunderttausende Deutsche flüchteten daraufhin Richtung Westen. Tausende Flüchtlinge starben unterwegs. Sie waren den Strapazen der Flucht nicht gewachsen. In den Gebieten, in denen neben den Deutschen auch andere Bevölkerungsgruppen lebten (etwa die Tschechen im Sudetenland), entluden sich nach der Befreiung von der deutschen Wehrmacht aufgestauter Hass und Rachegefühle über die von Deutschen begangenen Verbrechen. Hunderttausende Deutsche wurden gezwungen, diese Gebiete zu verlassen.

Auf der Potsdamer Konferenz im Juli/August 1945 beschlossen die Siegermächte USA, Großbritannien und Sowjetunion unter dem Druck Stalins die Anerkennung der Oder-Neiße-Linie als Westgrenze Polens. Die deutsche Bevölkerung sollte aus den ehemaligen deutschen Ostgebieten sowie aus Polen, Ungarn und der Tschechoslowakei „in ordnungsgemäßer und humaner Weise" nach Deutschland überführt werden. Insgesamt wurden bis 1947 12 Millionen Deutsche vertrieben. Die Zahl derjenigen, die dabei umkamen, wird auf zwei Millionen geschätzt. Aber nicht nur Deutsche mussten ihre Heimat verlassen. Auch Hunderttausende Polen wurden aus ehemals polnischen Gebieten ausgewiesen, die der Sowjetunion angegliedert wurden.

In der neuen Heimat

Nicht selten wurden die Flüchtlinge in der neuen Heimat mit Ablehnung und Misstrauen aufgenommen. Die Neuankömmlinge überfüllten die Dörfer und Städte und vergrößerten die bereits schon vorhandenen Ernährungsprobleme. Am schwierigsten war die Unterbringung, da es überall an Wohnraum fehlte. Oft waren für die Flüchtlingsfamilien Schulen, Kasernen, Gasthöfe oder Baracken Durchgangsstationen, bis ihnen anderer Wohnraum zugewiesen wurde. Dass es oft doch gelang, für Flüchtlinge und Vertriebene menschenwürdige Lebensbedingungen zu schaffen, lag an der selbstlosen Hilfe vieler Einheimischer. Die Integration der Flüchtlinge und Vertriebenen in ihr neues Umfeld zählt zu den großen menschlichen und politischen Leistungen in West- und Ostdeutschland.

Q3 *Eine Frau aus Freiwald berichtet, wie sie mit ihren drei Kindern aus dem Sudetenland vertrieben wurde:*

Am 26. Juli 1945 kamen plötzlich drei bewaffnete tschechische Soldaten und ein Polizist in meine Wohnung und ich musste dieselbe binnen einer halben Stunde verlassen. Ich durfte gar nichts mitnehmen. Wir wurden auf einen Sammelplatz getrieben. (…) Gegen Abend wurden wir unter grässlichen Beschimpfungen und Peitschenschlägen aus dem Heimatort fortgeführt. Nach sechsstündigem Fußmarsch mussten wir im Freien übernachten. (…) Es wurde uns (…) nicht gesagt, was mit uns geschehen soll, bis wir am 2. 8. 1945 zum Bahnhof mussten und auf offene Kohlenwagen verladen wurden. Während der Fahrt regnete es in Strömen. (…) Die Kinder wurden krank und ich wusste vor Verzweiflung keinen Rat. Nach zwei Tagen wurden wir in Tetschen [heute Cesky Tesin] ausgeladen. Wir waren hungrig und erschöpft und mussten in diesem Zustand den Weg bis zur Reichsgrenze zu Fuß antreten.

Q4 *Ein einheimischer Bürger aus dem Kreis Ludwigsburg erinnert sich:*

Als ich 1945 mit 23 Jahren aus dem Krieg zurückkehrte, waren 28 Gebäude im Dorf beschädigt oder zerstört. Die Obdachlosen lebten bei anderen Familien. Eines Tages hielt bei der Kirche ein Lastwagen mit Flüchtlingen. Eine dieser Familien, Eltern, Großeltern und drei Kinder, wurden in unser Haus eingewiesen. Wir hatten (…) selbst wenig Wohnraum. Unsere Stube mussten wir durch eine Trennwand teilen, damit die Flüchtlinge einen Schlafraum erhielten. Die Küche benutzten wir gemeinsam. Abends, wenn wir von der Feldarbeit müde und hungrig heimkehrten, wollte Mutter ein warmes Essen machen, gerade da kamen auch die Männer der anderen Familie nach Hause, die den Tag über in der Fabrik gearbeitet und mittags nur Brot gegessen hatten. Das war sehr schwer für beide Teile, es gab manchmal Streit. Wir ärgerten uns auch, wenn die Kinder das Obst schon unreif von den Bäumen rissen. Und doch haben wir viele Jahre miteinander gelebt.

1. *Beschreibe die näheren Umstände der Flucht und Vertreibung der Deutschen (VT, Q1–Q4).*
2. *Vielleicht ist es möglich, Flüchtlinge oder Vertriebene über ihre Erlebnisse zu befragen. Wertet die Ergebnisse gemeinsam in der Klasse aus.*
3. *Verfasse einen Dialog zwischen Flüchtlingen und Einheimischen bei der Wohnungseinweisung.*
4. *Informiere dich im Internet über Flucht und Vertreibung in der heutigen Zeit. Wähle ein Beispiel aus und vergleiche mit der Nachkriegszeit.*

D1 *Deutschland nach dem Zweiten Weltkrieg*

8 Der schwere Weg zur Demokratie

Marshall-Plan
Finanzielles Hilfsprogramm der USA zum Wiederaufbau der europäischen Länder, benannt nach US-Außenminister George C. Marshall. Das Hilfsprogramm war die Grundlage der raschen wirtschaftlichen Gesundung Westeuropas. Die Sowjetunion verhinderte die Einbeziehung der osteuropäischen Staaten in den Marshall-Plan.

Potsdamer Konferenz

Im Juli/August 1945 entschieden die Siegermächte USA, Sowjetunion und Großbritannien auf einer Konferenz in Potsdam über die Zukunft der Deutschen. Die NSDAP und ihre Organisationen sowie die Wehrmacht wurden verboten. Nationalsozialisten sollten in der Politik, Wirtschaft, Verwaltung, Justiz und Schule ihre Positionen verlieren. Diejenigen, die Verbrechen gegen Andersdenkende begangen hatten, sollten vor Gericht gestellt werden. Für die anderen Völkern zugefügten Schäden hatten die Deutschen Ersatzleistungen (Reparationen) zu erbringen. Der Wiederaufbau des politischen Lebens in den Besatzungszonen und Berlin sollte auf demokratischer Grundlage erfolgen. Allerdings hatten die Westmächte und die Sowjetunion sehr unterschiedliche Auffassungen von Demokratie.

Entnazifizierung

Für die Verfolgung der Verbrechen im Nationalsozialismus richteten die Besatzungsmächte in den Westzonen Spruchkammern ein. Unbescholtene Deutsche überprüften ehemalige Nationalsozialisten und bestraften Schuldige mit Geldbußen, Berufsverboten oder mit Gefängnis. Als die Spannungen zwischen den Westalliierten und der Sowjetunion sich später verschärften, verloren die Besatzungsmächte ihr Interesse an der Entnazifizierung. Die Spruchkammern beendeten ihre Arbeit.

Q1 *Deutsche Frauen und Männer füllen einen Fragebogen über ihre Tätigkeit im Nationalsozialismus aus.*

Politischer Neubeginn im Westen

Um die dringendsten Aufgaben zur Versorgung der Bevölkerung zu lösen, setzten die Alliierten politisch Unbelastete als Bürgermeister und Landräte ein. Ab Sommer 1945 wurden politische Parteien zugelassen – dazu gehörten die CDU, CSU, SPD, FDP sowie die KPD. Als neue Verwaltungseinheiten wurden Länder gegründet, so auch am 17. Juli 1947 das Land Nordrhein-Westfalen. Gewählte Länderparlamente in den Westzonen gaben sich demokratische Verfassungen.

Ein demokratischer Neubeginn in Deutschland konnte jedoch nur mit einer Bevölkerung gelingen, die sich vom Nationalsozialismus lossagte. Ziel der Alliierten war folglich eine Umerziehung der Deutschen zu demokratischer Gesinnung. Deshalb gestatteten und förderten die Westalliierten die Gründung neuer Rundfunksender und Zeitungsverlage, den Aufbau einer unabhängigen Justiz und die Erarbeitung neuer Bildungspläne für die Schulen.

Ringen um die Wirtschaftsordnung

Die Entwicklung demokratischer Strukturen erforderte auch einen wirtschaftlichen Neubeginn. In den demokratischen Parteien der Westzonen gab es heftige Diskussionen über die künftige Wirtschaftsordnung. Das Ahlener Programm der CDU von 1947 enthielt noch Aussagen, die den privaten und staatlichen Kapitalismus ablehnten.

Q 2 *Wahlplakate zu Landtagswahlen aus den Jahren 1946/47*

Es forderte eine Entflechtung der Großbetriebe und deren Überführung in Gemeineigentum. Auch die Mitbestimmung der Arbeitnehmer war ein wichtiges wirtschaftspolitisches Anliegen der Partei.
Viele Mitglieder der SPD waren der Meinung, dass angesichts der im Land herrschenden Not der gesellschaftliche Aufbau nicht nach den Grundsätzen einer sich am Profit orientierenden Gesellschaft erfolgen dürfe. Aus den Erfahrungen mit dem Nationalsozialismus müsse die Lehre gezogen werden, dass sich nicht wieder „große Vermögen in der Hand verantwortungsloser Privater" konzentrieren dürfen. Die Gewerkschaften seien ein wichtiges Instrument für die Demokratisierung der Wirtschaft.

Der Marshall-Plan

Die Deutschen für den Aufbau einer demokratischen Gesellschaft zu gewinnen setzte voraus, die zum Teil katastrophalen Lebensbedingungen der Menschen zu verbessern. Bereits 1945 begannen die USA mit der Lieferung von Lebensmitteln und technischen Geräten in die von ihnen besetzten deutschen Gebiete, um den Hunger einzudämmen und die Ausbreitung von Seuchen zu verhindern. Ende 1948 setzten die ersten Lieferungen aus den Geldern des Marshall-Planes ein. Die Gesamthilfe für die Westzonen und später für die Bundesrepublik betrug 1,56 Milliarden Dollar. Davon entfielen 725 Millionen Dollar auf die Lieferung von Rohstoffen, die dringend für den Aufbau der Wirtschaft und für die Produktion benötigt wurden. 684 Millionen Dollar wurden für die Lieferung von Nahrungsmitteln, aber auch für Futtermittel und Saaten bereitgestellt. Ein großer Teil der Gelder wurde in Form langfristiger Kredite vergeben. Sie waren die notwendige Grundlage für zukunftsträchtige Investitionen.

Die Bedeutung der Wirtschaftshilfe

Der Marshall-Plan führte zu einem gewaltigen Aufschwung der westdeutschen Wirtschaft. Er war entscheidend für das in den 1950er-Jahren einsetzende „Wirtschaftswunder" (vgl. S. 156/157).
Die Bedeutung des Marshall-Planes erklärt sich aber auch aus den sich stetig verschlechternden Beziehungen zwischen den Westmächten und der Sowjetunion nach dem Zweiten Weltkrieg. Die USA sahen in der Wirtschaftshilfe ein wirksames Instrument, die Länder des freien Europa stärker an sich zu binden, um sie so der wachsenden sowjetischen Einflussnahme zu entziehen (vgl. S. 238).

A-Z

Kredit
meint das leihweise Überlassen von Geld oder anderem Eigentum. Der Kreditnehmer zahlt dem Kreditgeber dafür einen vorher festgelegten Preis, den so genannten Zins. Nach einer zuvor vereinbarten Zeit muss der Kredit zurückgezahlt werden.

Investition
ist eine langfristige öffentliche oder private Anlage von Kapital, etwa für die Gründung von Unternehmen oder die Modernisierung von Produktionsanlagen.

Q3 In den Westzonen erhält man wieder demokratische Zeitungen und Zeitschriften.

Q4 Die britische Militärregierung genehmigt die Zulassung der CDU in Moers. – Übersetze das Formular.

PERMIT No. 43.

H. Q. NORTH RHINE ~~PROVINCE~~ REGION

PERMIT FOR POLITICAL PARTY

Permission is hereby granted by Military Government for the formation in MOERS L/Kreis MOERS of a political Party to be called "the CHRISTIAN DEMOCRATIC Party" in accordance with the terms of an application dated the OCT 9th 1945 and subject to strict compliance with the provisions of Military Government Ordinance ~~No. 12~~ Nos. 10 & 12

The office of the said party is at MOERS

Date 11/2/46

D. [signature] Capt
for BRIGADIER
COMD. MILITARY GOVERNMENT
NORTH RHINE ~~PROVINCE~~ REGION

Q5 Der amerikanische Außenminister Byrnes in einer Rede am 6. September 1946 in Stuttgart:

Die Vereinigten Staaten können Deutschland die Leiden nicht abnehmen, die ihm der von seinen Führern angefangene Krieg zugefügt hat. Aber die Vereinigten Staaten haben nicht den Wunsch, diese Leiden zu vermehren oder dem deutschen Volk die Gelegenheit zu verweigern, sich aus diesen Nöten herauszuarbeiten, solange es menschliche Freiheit achtet und vom Wege des Friedens nicht abweicht. (...) Das amerikanische Volk will dem deutschen Volk helfen, seinen Platz zurückzufinden zu seinem ehrenvollen Platz unter den freien und friedliebenden Nationen der Welt.

Q6 Ein Mitglied berichtet über die Arbeit der Spruchkammern:

Das Entnazifizierungsgesetz hatte den Kreis der „Betroffenen" viel zu weit gezogen. Wir hatten wiederholt vorgeschlagen, die große Masse der Mitläufer mit geringeren Geldbußen davonkommen zu lassen. Das wurde von der Besatzungsmacht stets abgelehnt. Als schließlich die Zahl der Fälle unübersehbar wurde, griff die Militärregierung mit Amnestien ein, die vor allem den Jugendlichen zugute kamen. Eine große Schuld an dem Misslingen des Gesetzes trug der Umstand, dass die Spruchkammern parteipolitisch zusammengesetzt waren. Sie nahmen sich vor allem der kleinen Fälle an, um Leute, die aus Geschäft und Beruf geworfen waren, möglichst bald wieder ins Brot zu bringen. So blieben die schweren Fälle liegen.

Q7 *Politiker über die Bedeutung des Marshall-Plans.*

a) George C. Marshall, Außenminister der USA, Juni 1947:

Unsere Politik richtet sich weder gegen ein anderes Land noch gegen eine politische Doktrin [Grundsatz], sondern gegen Hunger, Armut, Verzweiflung und Chaos. Die Wiederherstellung einer funktionsfähigen Weltwirtschaft zur Schaffung von politischen und sozialen Verhältnissen, unter denen freiheitliche Einrichtungen gedeihen können, muss künftig die Aufgabe unserer Außenpolitik sein.

b) Konrad Adenauer, Bundeskanzler 1949 bis 1963, im Jahr 1965:

Der Versuch, dieses desorganisierte Land von außen her und geleitet vielfach von eigenen politischen und wirtschaftlichen Gesichtspunkten zu regieren, konnte keinen Erfolg haben. So trat ein rapider wirtschaftlicher, körperlicher und seelischer Verfall der Deutschen ein (...). Eine Wendung kam erst durch den Marshall-Plan. Der Marshall-Plan wird immer ein Ruhmesblatt der Vereinigten Staaten von Amerika bleiben.

c) Ludwig Erhard, Bundeswirtschaftsminister 1949 bis 1963, im Jahr 1957:

Von Bedeutung war ferner, dass sich dank der Hilfe des Marshall-Planes auch die Rohstoffversorgung verbesserte. Mit der Jahreswende 1948/49 setzte dann auch eine verstärkte Ausstattung der Betriebe mit Rohstoffen und Maschinen ein.

Q9 *Der Marshall-Plan aus sowjetischer Sicht,* Karikatur. – Welche politische Absicht sieht die Sowjetunion in der Wirtschaftshilfe der USA?

Q8 *Die Zukunft der deutschen Wirtschaft: Für oder gegen Sozialisierung?* Wahlplakate der CDU und SPD, 1949.

1. *Beschreibe den Prozess der Entnazifizierung (VT, Q1, Q6).*
2. *Liste die Maßnahmen der Alliierten zum Wiederaufbau der Westzonen auf (VT, Q3 – Q7). Inwieweit förderten diese die Entstehung einer Demokratie?*
3. *Untersuche, mit welchen Themen die Parteien 1946/47 warben (Q2). Welche Aussagen über die Grundeinstellung der Parteien lassen sich daraus ableiten?*
4. *Vergleiche die Vorstellungen von SPD und CDU über eine neue Wirtschaftsordnung. Welche Unterschiede zwischen 1947 und 1949 lassen sich erkennen (VT, Q8)?*
5. *Beschreibe Inhalt und Bedeutung des Marshall-Plans (VT, Q7, Q9).*

9 „Es muss demokratisch aussehen“

Antifaschismus
Von den Kommunisten angestrebtes Bündnis mit bürgerlichen und sozialdemokratischen Kräften gegen den Nationalsozialismus. In der SBZ und später in der DDR bot die antifaschistische Grundhaltung breiter Bevölkerungsteile der SED die Möglichkeit, auch bürgerliche Parteien in den Aufbau der sozialistischen Gesellschaft einzubinden.

Nach sowjetischem Vorbild
Die Besatzungsmächte konnten die Entwicklung in ihren Besatzungszonen eigenständig bestimmen. Dies gab der sowjetischen Regierung die Möglichkeit, ihre politischen Vorstellungen in ihrer Besatzungszone zu verwirklichen und so eine Gesellschaft nach sowjetischem Vorbild zu schaffen. Dabei stützte sie sich auf deutsche Kommunisten unter Führung von Walter Ulbricht und Wilhelm Pieck, die man bereits während des Zweiten Weltkrieges auf diese Aufgabe vorbereitet hatte. Mit der Losung von der Errichtung einer „antifaschistisch-demokratischen Ordnung“ erhofften sich die deutschen Kommunisten eine breite Anhängerschaft in der Bevölkerung, vor allem auch im Bürgertum.

Auf dem Weg zur Diktatur
Die Entwicklung in der sowjetischen Besatzungszone (SBZ) unterschied sich in vielem von der in den Westzonen. Das begann bereits bei der Entnazifizierung. Tausende ehemalige Mitglieder der NSDAP, aber auch viele Unschuldige und Verfechter einer neuen demokratischen Ordnung, wurden von sowjetischen Militärgerichten zu langjährigen Haftstrafen verurteilt oder in die Sowjetunion deportiert.
Im Zuge einer Bodenreform wurden 8 000 Grundbesitzer mit Gütern über 100 Hektar sowie „aktive Nazis und Kriegsverbrecher“ entschädigungslos enteignet. Ab 1946 begann man alle Betriebe, deren Eigentümer tatsächlich oder angeblich Kriegsverbrecher waren, in „Volkseigentum“ – also in Staatsbesitz – zu überführen. Die führende Rolle dabei hatten die Kommunisten. Im April 1946 erzwangen sie unter erheblichem Druck auf viele Sozialdemokraten die Verschmelzung der KPD mit der SPD zur Sozialistischen Einheitspartei Deutschlands (SED). Die SBZ entwickelte sich mit diesen Maßnahmen zu einer Diktatur nach sowjetischem Vorbild.

Q1 *links: Werbeplakat zur Bodenreform in der SBZ* von Alfred Stiller, 1945. Mit „Junkerland“ – abgeleitet von „Land der preußischen Junker“ – ist das Land der Großgrundbesitzer gemeint.
rechts: Die Rote Armee hilft, Propagandaplakat von 1945 aus der SBZ.

Q4 *Sitz der Leitung der SED, Leipzig im Juni 1946,* Losungen für den Volksentscheid zur Enteignung der „Betriebe der Kriegs- und Naziverbrecher"

Q2 *Wolfgang Leonhard, damals Mitglied der KPD, beschreibt, wie die Kommunisten die Verwaltung in Berlin neu organisierten:*

Ulbricht erklärte uns: „Die Bezirksverwaltungen müssen politisch richtig zusammengestellt werden. Kommunisten als Bürgermeister können wir nicht brauchen. (...) Die Bürgermeister sollen in den Arbeiterbezirken in der Regel Sozialdemokraten sein. In den bürgerlichen Vierteln (...) müssen wir an die Spitze einen bürgerlichen Mann stellen. (...) Am besten, wenn er ein Doktor ist (...) und ein Mann, mit dem wir gut zusammenarbeiten können. (...) Der erste stellvertretende Bürgermeister, der Dezernent für Personalfragen und der Dezernent für Volksbildung – das müssen unsere Leute sein. Dann müsst ihr noch einen ganz zuverlässigen Genossen in jedem Bezirk ausfindig machen, den wir für den Aufbau der Polizei brauchen. (...) Es muss demokratisch aussehen, aber wir müssen alles in der Hand haben."

Q3 *Franz Höncher, 1945–1948 im ehemaligen Konzentrationslager Buchenwald inhaftiert, über die Gründe der Verhaftung:*

Ich war bis 1945 politischer Leiter in Ramsia, außerdem Zellenleiter der NSDAP-Ortsgruppe Schwerstedt. Das war eben so, wer Landwirtschaft betrieb, wurde vom Wehrdienst zurückgestellt und übernahm dafür Funktionen im Dorf. Ich bin ja nach wie vor der Meinung, dass das mit Politik wenig zu tun hatte. Aber danach hat die Besatzungsmacht (...) nicht gefragt. Ich bin mir ziemlich sicher, dass mich ein Freund angeschwärzt hat. (...) Verhört haben sie uns, immer nachts. (...) Warum hat der Bauer die und der Bauer jene Kühe? (...) Mit Politik oder irgendeiner Parteizugehörigkeit hatte das wenig zu tun. (...) Wissen Sie, viel fragen mussten die eigentlich nicht, sie wussten ohnehin alles, manches besser als ich (...). Von wegen Verhandlung, mit Anwalt und Zeugen. Nicht einmal die eigene Mutter hätten sie an einen herangelassen.

1. *Erläutere Ziele und Maßnahmen der sowjetischen Besatzungsmacht und der deutschen Kommunisten bei der Errichtung der „antifaschistisch-demokratischen Ordnung" (VT, Q1, Q2).*
2. *Nenne Unterschiede zur Entwicklung in den Westzonen. Gehe dabei besonders auf den Aufbau demokratischer Strukturen in Politik, Wirtschaft, Justiz und Verwaltung ein (VT, Q1–Q4).*
3. *Beschreibe, wie die SED ihre führende Rolle in der SBZ durchsetzte und ausbaute (VT, Q2).*
4. *Betrachte Q4 und bewerte dabei den Ausspruch Walter Ulbrichts in Q2: „Es muss demokratisch aussehen."*

10 Eine Nation – aber zwei Staaten

Q 1 *Am 23. Mai 1949 unterzeichnete Konrad Adenauer* als Präsident des Parlamentarischen Rates das Grundgesetz, die Verfassung der Bundesrepublik Deutschland.

Auf dem Weg zur Teilung

Den Westmächten fiel es immer schwerer, sich mit der Sowjetunion auf eine gemeinsame Deutschlandpolitik zu verständigen. Deshalb nahmen sie Kurs auf eine stärkere Zusammenarbeit der Westzonen. Anfang 1947 schlossen sich die amerikanische und britische Zone zu einem „Vereinigten Wirtschaftsgebiet", der Bizone, zusammen. 1949 erweiterte die französische Zone den Zusammenschluss zur Trizone. Die Sowjetunion lehnte den Beitritt ab.

Bild- und Tondokumente zur Gründung zweier deutscher Staaten auf Zeitreise multimedial „Das 20. Jahrhundert"

Währungsreform und Luftbrücke

Die beginnende Spaltung Deutschlands zeigte sich auch in der Wirtschaft: Im Juni 1948 führten die Westmächte in ihren Zonen mit der D-Mark eine neue Währung ein. Die Sowjetunion reagierte prompt. Sie führte in der SBZ ebenfalls eine neue Währung ein und blockierte die Zufahrtswege zu West-Berlin. Nahrungsmittel und andere Güter gelangten nicht mehr in die Westsektoren der Stadt. Ziel der Blockade war es, die Bevölkerung durch Hunger und Kälte gegen die westlichen Alliierten aufzuwiegeln und die Westmächte von ihren Plänen eines westdeutschen Teilstaates abzubringen. Der Versuch scheiterte jedoch am entschlossenen Handeln der Amerikaner und Briten. Diese versorgten die eingeschlossene Bevölkerung 462 Tage lang aus der Luft. Am 12. Mai 1949 beendete die Sowjetunion die Blockade.

A-Z

Währungsreform
Mit der Einführung einer neuen Währung soll die Wirtschaft angekurbelt und die Währung eines Staates stabilisiert werden. Damit soll eine weitere Geldentwertung verhindert werden.
Die Währungsreform 1948 war eine wesentliche Voraussetzung für die Teilnahme der Westzonen am Marshall-Plan.

Das Grundgesetz der Bundesrepublik

Im Juli 1948 erteilten die drei westlichen Militärgouverneure den Auftrag, eine verfassunggebende Versammlung zur Gründung eines westdeutschen Teilstaates einzuberufen. Ein Parlamentarischer Rat, gebildet aus Vertretern der Länder, arbeitete eine Verfassung – Grundgesetz genannt – aus.
Das Grundgesetz orientierte sich zwar an der Weimarer Verfassung, versuchte aber vor allem deren Schwächen zu vermeiden. So ist die Macht des Bundespräsidenten eingeschränkt, die des Bundeskanzlers erweitert. Bürger oder Parteien, die die freiheitlich demokratische Grundordnung bekämpfen, können gewisse Grundrechte verlieren. Die Grund- und Menschenrechte nehmen eine herausragende Stellung ein.
Die Verkündung des Grundgesetzes am 23. Mai 1949 ist die Geburtsstunde der Bundesrepublik Deutschland. Im August 1949 wurde das Parlament, der deutsche Bundestag, gewählt. Erster Bundespräsident wurde Theodor Heuss, erster Bundeskanzler der Christdemokrat Konrad Adenauer.

Die Gründung der DDR

Am 7. Oktober 1949 setzte die Volkskammer, das Parlament der Deutschen Demokratischen Republik (DDR), – so nannte sich der ostdeutsche Staat – die von einem Volksrat erarbeitete Verfassung in Kraft. Sie entsprach den Anforderungen einer parlamentarischen Demokratie. In der Praxis wurde aber auf die Bestimmungen wenig Rücksicht genommen. Die wichtigsten Ämter wurden SED-Politikern übertragen: Wilhelm Pieck wurde erster Staatspräsident, Otto Grotewohl erster Ministerpräsident der DDR.

Q2 *Ein Historiker aus der Bundesrepublik Deutschland über die Blockade West-Berlins und die Bedeutung der Luftbrücke:*

So kam es zur Luftbrücke, auf deren Höhepunkt alle 48 Sekunden ein „Rosinenbomber“ auf den Berliner Flugfeldern landete. Es war, unerwartet für die Russen, eine technische Meisterleistung, für die es kein Vorbild gab. Stalin hat nicht damit gerechnet, dass die Moral der Berliner halten würde. Aber Ernst Reuter, der große Bürgermeister der Stadt, versammelte mehr als 300 000 Berliner vor dem Reichstag: „In Berlin ist es kalt, aber in Sibirien ist es kälter.“ Die Moral der Berliner hielt, und die Luftbrücke hielt auch. Am wichtigsten aber war die Entschlossenheit der Amerikaner (...).

Q4 *„So – und achten Sie auf eine gute Erziehung.“* Die Westmächte übergeben den Deutschen vorsichtig ihr „Baby“ – die Bundesrepublik Deutschland, Federzeichnung von Mirko Szewczuk, 1949.

Q3 *Im Grundgesetz sind 19 Grundrechte festgeschrieben, u. a.:*

Art. 1: Die Würde des Menschen ist unantastbar (...). Sie zu achten und zu schützen ist Verpflichtung aller staatlichen Gewalt.

Art. 2: Jeder hat das Recht auf Leben und körperliche Unversehrtheit (...).

Art. 3: Alle Menschen sind vor dem Gesetz gleich. Männer und Frauen sind gleichberechtigt (...).

Art. 6: Ehe und Familie stehen unter dem besonderen Schutz der staatlichen Ordnung.

Art. 10: Das Briefgeheimnis sowie das Post- und Fernmeldegeheimnis sind unverletzlich (...).

Art. 16a: Politisch Verfolgte genießen Asylrecht (...).

Art. 17: Jedermann hat das Recht, sich (...) mit Bitten oder Beschwerden an die zuständigen Stellen und an die Volksvertretung zu wenden.

1. *Erläutere, warum die Westmächte und westdeutsche Politiker Kurs auf die Errichtung eines deutschen Teilstaates nahmen (VT).*
2. *Beschreibe den Weg zur Gründung der beiden deutschen Staaten (VT, Q1). Erläutere dabei die Aussage der Karikatur (Q4).*
3. *Erkläre, welche Bedeutung die Luftbrücke für die West-Berliner, die Deutschen und das Kräfteverhältnis der Großmächte hatte (VT, Q2, Q5).*
4. *Die historische Leistung der Verfasser des Grundgesetzes ist unumstritten. Worin besteht sie (VT, Q3)?*

Q5 *Die „Rosinenbomber“ kommen.* Umgerüstete Bomber und Transportflugzeuge der Westalliierten flogen jeden Tag über 4 500 Tonnen Lebensmittel und Heizmaterial nach West-Berlin. 78 Amerikaner, Briten und Deutsche starben dabei.

11 Markt- und Planwirtschaft

Q 1 *Volle Regale in den westdeutschen Läden.*
Das Foto zeigt den ersten Selbstbedienungsladen in Deutschland.

A-Z

Marktwirtschaft
Wirtschaftssystem, das freien Spielraum für unternehmerische Tätigkeiten gibt. Merkmale sind: Privateigentum, freie Berufswahl sowie der freie Wettbewerb. Bei der sozialen Marktwirtschaft korrigiert der Staat negative Auswirkungen des Wettbewerbs mit sozialen Hilfen.

Planwirtschaft
Wirtschaftssystem, in dem eine Behörde Planvorgaben für die Wirtschaft erarbeitet. Produktion, Verteilung der Waren und Preisfestlegung werden zentral geregelt. Die Kräfte des Marktes sind außer Kraft gesetzt.

Wirtschaftsboom …

In den 1950er-Jahren setzte in der Bundesrepublik ein beispielloser wirtschaftlicher Aufschwung ein. Rasch sprach man von einem „Wirtschaftswunder". Für den Boom gab es viele Gründe: Die Gelder des Marshall-Planes ermöglichten den Unternehmern, moderne Maschinen anzuschaffen, was eine gewaltige Steigerung der Produktion zur Folge hatte. Die Nachfrage nach hochwertigen Industrieprodukten auf dem Weltmarkt nahm Anfang der 1950er-Jahre sprunghaft zu. Dies förderte den Export deutscher Unternehmen und setzte Gelder für Investitionen frei. Zudem gab es in Deutschland ein Überangebot gut ausgebildeter leistungswilliger Arbeiter.

… in der sozialen Marktwirtschaft

Letztlich hatte auch die Politik der sozialen Marktwirtschaft, eng mit dem Namen des Wirtschaftsministers Ludwig Erhard verbunden, großen Anteil am Wirtschaftsboom. Mit einem Netz sozialer Maßnahmen gelang es, die Bevölkerung gegen soziale Risiken abzusichern und für den wirtschaftlichen Aufbau zu motivieren. Flüchtlinge und Vertriebene erhielten mit dem „Lastenausgleich" eine Entschädigung für verlorenen Besitz, die Altersrenten wurden erhöht. In den 1970er-Jahren kamen neue Sozialleistungen hinzu: Wohngeld für Familien mit niedrigem Einkommen, Stipendien für Studierende, Erziehungsgeld für Eltern. Das alles bewirkte eine spürbare Erhöhung des Lebensstandards.
Stützen des Aufschwungs waren auch Gewerkschaftsverbände und die Unternehmer: Die Gewerkschaften bewiesen viel Gespür dafür, welche Lohnforderungen gestellt werden konnten, ohne den Aufbau der Wirtschaft zu gefährden. Die Unternehmer nutzten die erwirtschafteten Gewinne für Investitionen. Dennoch: Ein „Wunder" war der Aufschwung nicht. Er war nur möglich auf der Grundlage harter Arbeit, oft verbunden mit wenig Zeit für sich und die Familie.

Planwirtschaft in der DDR

In der DDR wurde die gesamte Wirtschaft vom Staat gelenkt, geplant und kontrolliert. Zentrale Planvorgaben schrieben vor, was die Betriebe zu produzieren hatten, was der Bevölkerung zum Kauf anzubieten sei und welche Waren exportiert werden sollten.
Grundlage der sozialistischen Planwirtschaft war das staatliche bzw. genossenschaftliche Eigentum an den Produktionsmitteln. Seit Beginn der 1950er-Jahre wurden immer mehr Betriebe widerrechtlich enteignet und in Staatsunternehmen, die sich Volkseigene Betriebe (VEB) nannten, überführt. Die Bauern wurden gezwungen, in Landwirtschaftliche Produktionsgenossenschaften (LPGs) einzutreten, sodass es 1961 in der DDR keine Privatbauern mehr gab. Auch Handwerker und kleine Gewerbetreibende mussten sich zu Genossenschaften zusammenschließen.
Trotz mancher Fortschritte in der Produktion und im Lebensstandard zeigte sich bald, dass die Planwirtschaft der sozialen Marktwirtschaft unterlegen war.

Q 2 *Bundeswirtschaftsminister Erhard sagte zum Wesen der sozialen Marktwirtschaft 1957:*

Eine freiheitliche Wirtschaftsordnung kann auf die Dauer nur dann bestehen, wenn und solange auch im sozialen Leben der Nation ein Höchstmaß an Freiheit, an privater Initiative und Selbstvorsorge gewährleistet ist. Wenn dagegen die Bemühungen der Sozialpolitik darauf abzielen, dem Menschen schon von der Stunde seiner Geburt an die volle Sicherheit gegen alle Widrigkeiten des Lebens zu gewährleisten (...), dann kann man von solchen Menschen einfach nicht mehr verlangen, dass sie das Maß an Kraft, Leistung, Initiative und anderen besten menschlichen Werten entfalten, das (...) die Voraussetzung einer auf die Initiative der Persönlichkeit begründeten „sozialen Marktwirtschaft" bietet. (...) Damit soll nicht geleugnet werden, dass eine auch noch so gute Wirtschaftspolitik in modernen Industriestaaten einer Ergänzung durch sozialpolitische Maßnahmen bedarf. (...) Es muss aber im ureigensten Interesse jeder organisierten Sozialpolitik liegen (...) Sorge zu tragen, dass die Prinzipien, nach denen die Wirtschaft geordnet ist, erhalten bleiben und weiter ausgebaut werden.

Q 4 *Schlange stehen vor einem Geschäft in der DDR.* Technische Konsumgüter wie Fernsehapparate, Kühlschränke, Waschmaschinen, Autos waren schwer zu haben und stark überteuert. Auf einen „Trabant", das Standardauto in der DDR, musste man 12 Jahre warten.

Q 3 *rechts: Camping am Gardasee.* Der wachsende Lebensstandard erlaubte manchen Westdeutschen Urlaub in Südeuropa, Foto, 1964.

D 1 *Statistische Angaben zum Lebensstandard in beiden deutschen Staaten 1982/83*

	DDR	BRD
Durchschnittliches monatliches Nettoeinkommen		
Arbeitnehmer	961 Mark	2160 DM
Rentner	398 Mark	1505 DM
Zum Kauf erforderliche Arbeitszeit (Std.:Min.)		
Herrenschuhe	27:53	5:55
Kühlschrank	293:16	40:00
PKW	3807:42	607:24
Roggenbrot	0:06	0:13
Eisenbahn-Wochenkarte	0:29	1:47
Wohnung		
Durchschnittliche Größe (qm)	58	98
Wohnungen mit Zentralheizung	36 %	70 %
Wohnungen mit Bad/Dusche	68 %	92 %

1. *Erläutere den Unterschied zwischen der sozialen Marktwirtschaft und der sozialistischen Planwirtschaft (VT).*
2. *Erkläre den Zusammenhang zwischen „freiheitlicher Wirtschaftsordnung" und der Notwendigkeit einer „organisierten Sozialpolitik" durch den Staat (Q2).*
3. *Vergleiche den Lebensstandard der Menschen in der Bundesrepublik Deutschland und der DDR (D1, Q1, Q3, Q4).*
4. *Nenne Ursachen für den unterschiedlichen Lebensstandard der Ost- und Westdeutschen.*

12 Die Wiedervereinigung rückt in weite Ferne

1 *Am 9. Mai 1955 wird die Bundesrepublik Deutschland Mitglied der NATO.*
Als 15. NATO-Staat hatte die Bundesrepublik damals noch keine Armee.

A–Z

Pariser Verträge
Abkommen aus dem Jahr 1954 zwischen den westeuropäischen Staaten und der USA über die Stellung der Bundesrepublik innerhalb der westlichen Staatengemeinschaft.
Die Pariser Verträge enthalten Bestimmungen über die Stationierung fremder Streitkräfte in der Bundesrepublik und über den Beitritt Westdeutschlands zur NATO.

Souveränität
bedeutet die rechtliche Unabhängigkeit eines Staates. Ein souveräner Staat beansprucht, dass sich niemand in seine inneren Angelegenheiten einmischt und er seine Außenpolitik selbst gestaltet.

Westintegration statt Wiedervereinigung

Nach der Spaltung Deutschlands in zwei Teilstaaten war die Mehrheit der Westdeutschen zunächst gegen eine rasche Wiedervereinigung. Der französische Politikwissenschaftler Alfred Grosser formulierte die Stimmung der Bevölkerung so: „Lieber keine Wiedervereinigung, die auch die geringste Gefahr eines kommunistischen Einflusses im wiedervereinigten Deutschland mit sich bringen würde."
Bundeskanzler Adenauer war der gleichen Meinung. Er wollte die Bundesrepublik eng an den Westen binden. Nur so könne eine Ausbreitung des kommunistischen Einflusses auch auf Westdeutschland verhindert werden. Folglich lehnten sowohl die Westmächte als auch die Bundesrepublik 1952 einen Vorschlag der Sowjetunion ab, Verhandlungen über „die Errichtung eines wiedervereinigten demokratischen und neutralen Deutschlands" aufzunehmen.

Auf dem Weg zur Souveränität

Adenauers Ziel war es, die volle Unabhängigkeit der Bundesrepublik zu erreichen und sie in die Gemeinschaft der westlichen Staaten einzugliedern. Dies gelang in mehreren Schritten: Im Deutschlandvertrag 1952 erhielt die Bundesrepublik weitgehende außenpolitische Handlungsfreiheit. Sie wurde 1954 mit den Pariser Verträgen gleichberechtigtes Mitglied der westlichen Staatengemeinschaft und trat 1955 deren Militärbündnis, dem Nordatlantikpakt (NATO) bei. 1955 wurden die ersten Freiwilligen der Bundeswehr vereidigt und ein Jahr später beschloss der Bundestag die allgemeine Wehrpflicht.
Nicht alle Westdeutschen unterstützten die Politik Adenauers. Es kam zu heftigen Demonstrationen gegen die Wiederbewaffnung. Die SPD griff Adenauers Politik scharf an, weil sie, wie auch manche Teile der Bevölkerung, der Meinung war, die enge Bindung an den Westen rücke die Wiedervereinigung Deutschlands in weite Ferne.

Zweistaatentheorie

Bis 1954 zielte die Politik der DDR und der Sowjetunion auf die Wiedervereinigung Deutschlands ab. Beide Staaten waren aber nicht bereit, freie demokratische Wahlen in West- und Ostdeutschland zuzulassen. Mit der Verkündung der „Zweistaatentheorie" durch den sowjetischen Staatschef Chruschtschow 1955 erfolgte eine Neuorientierung in der Deutschlandpolitik. Die Sowjetunion und die DDR akzeptierten das Bestehen zweier unabhängiger deutscher Staaten: Die Wiedervereinigung sei allein deren Angelegenheit. Zudem sei eine Wiedervereinigung nur möglich, falls die Veränderungen in der DDR, wie die Enteignungen in der Industrie und Landwirtschaft und andere „sozialistische Errungenschaften", nicht rückgängig gemacht würden.

Standpunkte: Pariser Verträge und Wiedervereinigung

Q2 *Aus der Regierungserklärung von Bundeskanzler Konrad Adenauer am 15.12.1954 zu den Pariser Verträgen:*

Das Vertragswerk macht die Bundesrepublik erst fähig, die Spaltung Deutschlands zu beseitigen und die sich mit der Wiedervereinigung stellenden Aufgaben zu bewältigen. (...) Die großen Mächte werden sich entsprechend ihren vertraglichen Verpflichtungen bei kommenden Verhandlungen für unsere Wiedervereinigung solidarisch einsetzen. (...) Sie erklären also, dass die Schaffung eines völlig freien und vereinigten Deutschlands durch friedliche Mittel ein grundlegendes Ziel ihrer Politik ist. Ich sehe nicht, (...) wie heute eine bessere Basis für die Wiedervereinigung Deutschlands gewonnen werden könnte.

Q3 *Aus der Antwort des Oppositionsführers Erich Ollenhauer (SPD):*

In Paris ist (...) festgelegt worden, dass neue Verhandlungen mit der Sowjetunion über das Problem der deutschen Wiedervereinigung erst nach der Ratifizierung [Anerkennung] der Verträge ins Auge gefasst werden sollen. Der Herr Bundeskanzler hat sich diese These (...) zu eigen gemacht (...). Damit ist eindeutig der Aufrüstung der Bundesrepublik der Vorrang vor der Wiedervereinigung gegeben worden. Diese Politik basiert auf der Annahme, dass ohne die Einheit des Westens erfolgreiche Verhandlungen mit der Sowjetunion nicht möglich seien (...). Die Interessen der Sowjetunion sind nicht identisch mit unseren deutschen Interessen, und ihre Argumente sind nicht unsere Argumente. Aber vergessen wir nie, die Sowjetunion ist eine der vier Besatzungsmächte, und ohne ihre Zustimmung und ohne ihre Mitwirkung ist eine Wiedervereinigung Deutschlands ebenso unmöglich wie ohne die Zustimmung und Mitwirkung der Westmächte.

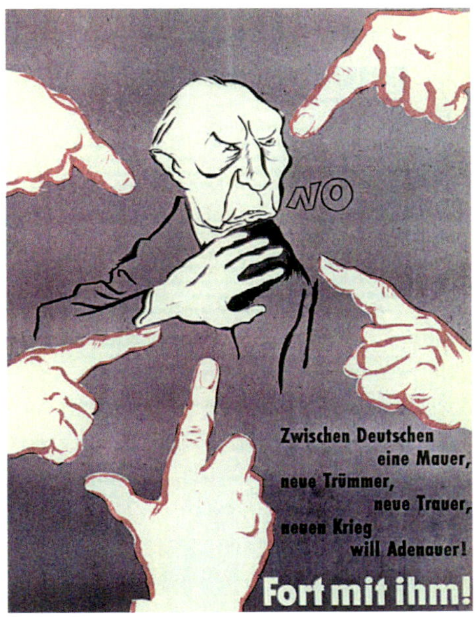

Q5 *Westintegration und Wiederbewaffnung aus zweierlei Sichten.*
oben: Der Westen trotzt der Flut aus dem Osten, westdeutsches Propagandaplakat, 1952.
unten: Fort mit Adenauer, der mit der Wiederbewaffnung Deutschland endgültig spaltet, ostdeutsches Propagandaplakat, 1951/52.

Q4 *rechts: Jugendliche verbrennen einen Befehl zur Einberufung in die Bundeswehr.*

1. *Nenne Gründe, warum die Mehrheit der Westdeutschen die Bindung an die westliche Staatengemeinschaft einer schnellen Wiedervereinigung vorzog (VT).*
2. *Erläutere die Richtlinien der Außen- und Deutschlandpolitik der Bundesregierung und der Regierung der DDR bis Mitte der 1950er-Jahre (VT).*
3. *Welche Bedeutung haben die Pariser Verträge für die Wiedervereinigung? Arbeite die unterschiedlichen Auffassungen Adenauers und Ollenhauers heraus (Q2, Q3).*
4. *Vermute Gründe, warum viele Westdeutsche damals gegen die Wiederaufrüstung eintraten (Q4).*
5. *Beschreibe und bewerte die beiden Propagandaplakate (Q5). Welche politischen Auffassungen werden sichtbar?*

13 Schüsse und Stacheldraht

Q 1 *Mit Steinen gegen Panzer.* Der Aufstand am 17. Juni 1953.

Volksaufstand im Juni 1953

Die widerrechtlichen Enteignungen, die Beschränkung der persönlichen Freiheit, die Alleinherrschaft der SED und die schlechte Versorgungslage führten dazu, dass die Unzufriedenheit der Bevölkerung in der DDR wuchs. Hunderttausende machten sich auf den Weg in die Bundesrepublik, weil sie hofften, hier frei und wirtschaftlich besser leben zu können.

Am 16. Juni 1953 entlud sich die Unzufriedenheit: In Ost-Berlin gingen Bauarbeiter auf die Straße und forderten bessere Arbeits- und Lebensbedingungen sowie mehr Mitbestimmung in den Betrieben. Dabei blieb es nicht. Am nächsten Tag demonstrierten auch in anderen Städten, Dörfern und Industriegebieten Hunderttausende. Rufe nach freien Wahlen, Beseitigung der Vorherrschaft der SED, Meinungsfreiheit und Entlassung der politischen Häftlinge wurden laut. Die Polizei war machtlos. Nur mit Hilfe der sowjetischen Besatzungsmacht konnte der Aufstand nach zwei Tagen blutig niedergeschlagen werden. Dutzende waren während den Demonstrationen getötet worden oder wurden im Anschluss hingerichtet. Tausende Demonstranten wurden verhaftet und verurteilt.

Der Bau der Mauer im August 1961

Die Fluchtbewegung nach West-Berlin und Westdeutschland nahm auch in den folgenden Jahren nicht ab. Zwischen 1955 und 1961 flohen 1,5 Millionen DDR-Bürger. Die Abwanderung von Arbeitskräften fügte der Wirtschaft großen Schaden zu. Als im Sommer 1961 täglich fast 2000 Flüchtlinge ihr Land verließen, riegelten Soldaten der Nationalen Volksarmee (NVA) und bewaffnete Arbeiter der so genannten Kampfgruppen am 13. August mit Stacheldraht und Straßensperren die Grenze zu West-Berlin ab. In den nächsten Tagen und Wochen wurde die Grenze zu West-Berlin und zur Bundesrepublik mit einer Betonmauer, Grenzzäunen, Todesstreifen und Wachtürmen, später auch Minen und Selbstschussanlagen, fast unüberwindbar gemacht.

Die Grenzsoldaten der DDR hatten den Befehl, auf Flüchtlinge zu schießen. Bis zum Fall der Mauer gab es immer wieder Tote. Nach der Wiedervereinigung fanden mehrere Prozesse gegen die „Mauerschützen" statt. In der Öffentlichkeit wurde über die Schuldfähigkeit der Soldaten kontrovers diskutiert. Viele forderten, vor allem diejenigen zu bestrafen, die den Schießbefehl zu verantworten hatten.

Q2 *Unterschiedliche Sichten auf den Volksaufstand in der DDR.*

a) Ein Augenzeuge berichtet über die Vorgänge am 17. Juni:

Gegenüber dem Regierungsgebäude (...) standen Tausende auf den nicht abgeräumten Trümmern. Von dort her wurden immer noch Steine geschleudert. (...) Die Masse der Demonstranten verhielt sich ziemlich diszipliniert. Die Vorderen schrien auf die Volkspolizei ein und versuchten sie auf ihre Seite zu ziehen. „Schämt ihr euch nicht", hörte ich einen Hünen mit Bärenstimme brüllen, „diese Strolche auch noch zu verteidigen? Das will eine Arbeiterregierung sein, die sich vor uns verschanzt? Werft die Russenuniform weg und macht mit uns mit!"

b) Die SED-Zeitung „Neues Deutschland" schrieb:

Als ein Panzer über den Alexanderplatz rollte, schrien die Provokateure auf. Mit Wut entstellten Gesichtern und weichen Knien starrten sie auf das erhobene Rohr. Zwei Halbstarke griffen zu Steinen und warfen sie auf den Panzer. Unberührt rollte der Panzer weiter, nicht einmal eine Schramme blieb zurück. Der Sowjetsoldat schaute angeekelt auf diese widerlichen Gestalten, in die verlebten vom Laster gezeichneten Gesichter.

Q3 *Die thüringische Zeitung „Das Volk" schreibt am 19. Juni 1953:*

Hiermit wird mitgeteilt, dass der Einwohner der Stadt Jena, Alfred Diener, einer der aktivsten Organisatoren von Provokationen und Unruhen in der Stadt Jena am 17. Juni 1953 auch (ein) Teilnehmer der gegen die Staatsorgane und Bevölkerung gerichteten verbrecherischen Handlungen ist.

Diener ist zum Erschießen verurteilt. Das Urteil ist vollstreckt worden.

Der sowjetische Militärkommandant

Q4 *Demonstrierende Bauern in Jessen am 17. Juni 1953.* Nicht nur die Stadtbevölkerung protestierte.

Q5 *Forderungen von Teilnehmern des Aufstandes vom 17. Juni 1953 an die DDR-Regierung:*

Wir Werktätigen des Kreises Bitterfeld fordern von Ihnen:

1. Rücktritt der so genannten Deutschen Demokratischen Regierung, die sich durch Wahlmanöver an die Macht gebracht hat.
2. Bildung einer provisorischen Regierung aus den fortschrittlichen Werktätigen.
3. Zulassung sämtlicher großen demokratischen Parteien Westdeutschlands.
4. Freie, geheime, direkte Wahlen in vier Monaten.
5. Freilassung sämtlicher politischen Gefangenen (direkt politischer, so genannter Wirtschaftsverbrecher und konfessionell Verfolgter).
6. Sofortige Abschaffung der Zonengrenze und Zurückziehung der Vopo [Volkspolizei].
7. Sofortige Normalisierung des sozialen Lebensstandards.
8. Sofortige Ablösung der so genannten Nationalarmee [Nationalen Volksarmee].
9. Keine Repressalien gegen einen Streikenden.

D 1 *DDR-Flüchtlinge nach Westdeutschland und West-Berlin von 1949–1962*

Jahr	*Zahl*
1949	129 245
1950	197 788
1951	165 648
1952	182 393
1953	331 390
1954	184 198
1955	252 870
1956	279 189
1957	261 622
1958	204 092
1959	143 917
1960	199 188
1961	207 026
1962	21 356
Gesamt	2 759 932

D 2 *Grenzsicherungsanlagen der DDR:*

1 Grenzverlauf mit Grenzsteinen **2** Grenzhinweisschild bzw. Grenzpfahl **3** Grenzsäule der DDR **4** Geländestreifen **5** Metallgitterzaun **6** Durchlass **7** Kraftfahrzeug-Sperrgraben **8** Spurensicherungsstreifen **9** Kolonnenweg mit Fahrspurplatten **10–12** Beton-Beobachtungstürme **13** Beobachtungsbunker **13a** Beobachtungsbunker mit Schalteinrichtungen **14** Lichtsperre **15** Anlage für erdverkabeltes Grenzmeldenetz **16** Laufanlage für Hunde **16a** Freilaufanlage für Hunde **17** Schutzstreifenzaun mit elektronischen und akustischen Signalanlagen **18** Betonsperrmauer mit Sichtblenden **19** Tor im Schutzstreifenzaun mit Signaldrähten **20** Stolperdrähte **21** Kontrollpassierpunkt zur Sperrzone **22** Hinweisschild auf Beginn des Schutzstreifens

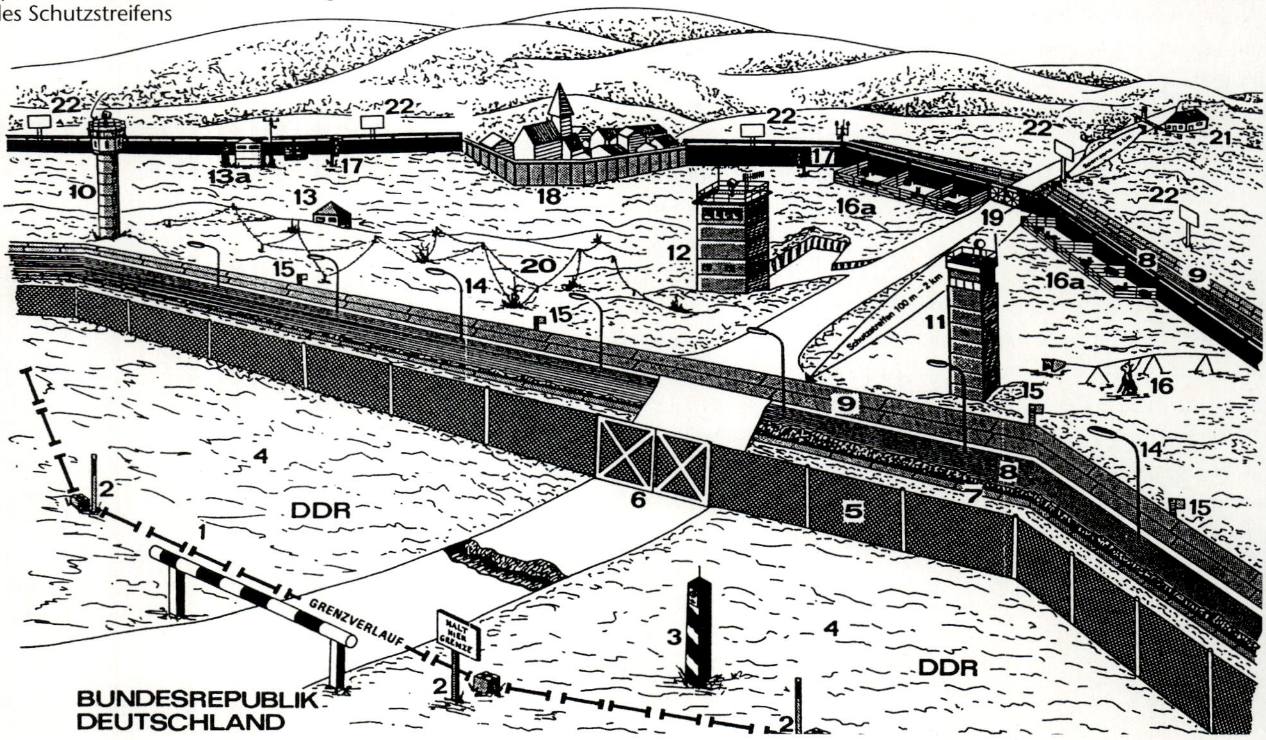

Q 6 *1963 äußert sich ein Mitglied des SED-Zentralkomitees vor Grenzsoldaten:*

Ich sage, jeder Schuss aus der Maschinenpistole eines unserer Grenzsicherungspolizisten zur Abwehr solcher Verbrechen [gemeint ist Flucht aus der DDR] rettet in der Konsequenz Hunderte von Kameraden, rettet Tausenden Bürgern der DDR das Leben und sichert Millionenwerte an Volksvermögen. Ihr schießt nicht auf Brüder und Schwestern, wenn ihr mit der Waffe den Grenzverletzer zum Halten bringt. Wie kann das euer Bruder sein, der die Republik verrät, der die Macht des Volkes antastet!

Q 7 *Ein in die Bundesrepublik geflüchteter Leutnant der Grenztruppen sagte aus:*

Die interne Regelung der Grenztruppen in Hinsicht auf den Schießbefehl ist wesentlich klarer als die Formulierungen des Grenzgesetzes. Im täglichen Befehl heißt es immer noch: „Sie sind eingesetzt (...) mit der Aufgabe, Grenzdurchbrüche in beide Richtungen nicht zuzulassen, Grenzverletzer aufzuspüren, festzunehmen oder zu vernichten.“ (...) Ebenso ist in allen militärischen Dienst-

Q10 *Mauerbau in Berlin im August 1961; links der Mauer: Ost-Berlin, rechts: West-Berlin*

vorschriften die Formulierung „vernichten" zu finden. In Schulungen wird immer wieder deutlich gemacht, dass ein Toter an der Grenze wesentlich besser als ein verletzter Flüchtling im Westen ist.

Q8 *Mauerwächter,* wie sie der bundesdeutsche Karikaturist Oskar sah.

Q9 *Klaus W. lebte 1961 in einem Ost-Berliner Vorort unmittelbar an der Mauer. Er erinnert sich im Jahre 1999:*

Wir sind 1961 im September nach Glienicke gezogen, also genau nach der Zeit, als die Mauer gebaut wurde. Unser Grundstück lag genau an der Mauer. (...) Die Nachbarn auf der Westseite kannten wir nicht mehr. Man konnte zwar rübergucken und auch mit Steinen schmeißen, kennen gelernt haben wir sie aber erst nach dreißig Jahren. (...) Meine ganze Kindheit und Jugend habe ich also an der Mauer verbracht. Das war nicht immer einfach, wir durften zum Beispiel keine Kinder mit nach Hause bringen, mein eigener Kumpel, mein Klassenkamerad, konnte mich nicht besuchen, weil unser Haus im Grenzgebiet lag. (...) Die Verwandtschaft musste, wenn Geburtstag oder Ähnliches war, vier bis sechs Wochen vorher einen Antrag stellen. (...) Die Grenzer sind sogar jeden Sonnabend gekommen, um im Keller die Wände abzuklopfen, ob irgendwo ein Tunnel gegraben wurde.

1. *Nenne die Ursachen für den Volksaufstand in der DDR. Welche Ziele hatten die Aufständischen (VT, Q4, Q5)?*
2. *Erläutere die Rolle der sowjetischen Besatzungsmacht im Juni 1953 (VT, Q1, Q2).*
3. *Vergleiche die Darstellung des Aufstandes in den DDR-Zeitungen (Q2b, Q3) mit den Materialien Q1, Q2a und Q4.*
4. *Erläutere die Ursachen für den Mauerbau (VT, D1).*
5. *Beschreibe die Folgen des Mauerbaus für die Menschen in beiden deutschen Staaten (VT, D2, Q9, Q10).*
6. *Beschreibe die Grenzsicherungsanlagen der DDR (D2).*
7. *In der DDR wurde die Mauer offiziell als „antifaschistisch-demokratischer Schutzwall" bezeichnet. Überlege, was mit diesem Begriff ausgedrückt werden sollte.*
8. *Diskutiert in der Klasse, wer die Verantwortung für die Toten an der Mauer zu tragen hat. Geht dabei auf D2 und Q6–Q8 ein.*

14 Die Einheit der Nation erhalten

1 *Erstes Wiedersehen in Ost-Berlin zwei Jahre nach dem Mauerbau.* Ein Passierscheinabkommen ermöglichte West-Berlinern, Verwandte und Bekannte zum Weihnachtsfest 1963 zu besuchen.

Gespannte Beziehungen

Nach dem Bau der Mauer verhärteten sich die Standpunkte der beiden deutschen Regierungen. Die von der CDU geführte Bundesregierung beanspruchte, allein alle Deutschen zu vertreten. Sie sei – anders als die DDR-Regierung – die alleinige frei gewählte Vertretung des deutschen Volkes. Zu Staaten, die die DDR völkerrechtlich anerkannten, brach die Bundesrepublik in dieser Zeit die diplomatischen Beziehungen ab.
Die ostdeutsche Regierung dagegen forderte die Anerkennung der DDR als gleichberechtigten souveränen deutschen Staat. Die Abgrenzung zur Bundesrepublik wurde vorangetrieben. Im „Gesetz über die Staatsbürgerschaft der DDR" vom Februar 1967 wurde betont, dass es zwei deutsche Staatsbürgerschaften gebe. Die DDR führte im Reiseverkehr zwischen der Bundesrepublik bzw. West-Berlin und der DDR den Pass- und Visumzwang ein. „Westbesucher" mussten für jeden Tag ihres Aufenthaltes in der DDR eine bestimmte Summe Geld umtauschen.

Die Mauer wird durchlässiger

Unter dem neuen Bundeskanzler Willy Brandt (SPD) kam es 1969 zu einer Wende in den Beziehungen beider deutscher Staaten. Brandt wollte ein weiteres Auseinanderleben der Deutschen verhindern und suchte nach Wegen, um trotz staatlicher Teilung den Zusammenhalt der deutschen Nation zu wahren. Beide deutsche Regierungen führten Gespräche. Wichtigstes Ergebnis war der Grundlagenvertrag vom 21. Dezember 1972. In einer Ergänzung des Vertrages bekräftigte die Bundesregierung, dass für sie die DDR kein Ausland sei. Eine eigene Staatsbürgerschaft der DDR – wie es in der DDR-Verfassung vom April 1968 stand – könne es nicht geben.

Was wird mit der Wiedervereinigung?

Von 1972 bis 1989 wurden mehr als 30 Abkommen zwischen beiden deutschen Staaten geschlossen. Trotz mancher Fortschritte waren die Beziehungen zwischen den beiden Staaten nicht „normal". Die meisten DDR-Bürger konnten Verwandte und Freunde in der Bundesrepublik nicht besuchen. An der innerdeutschen Grenze schossen DDR-Soldaten weiter auf Flüchtlinge.
Die Politik der Regierung Brandt stieß bei der Opposition und bei den Heimatvertriebenen auf heftigen Widerstand. Diese meinten, die Zugeständnisse würden die DDR nur aufwerten und damit die Wiedervereinigung erschweren.
Doch auch die CDU/FDP-Regierung unter Bundeskanzler Helmut Kohl führte ab 1982 die Verständigungspolitik mit der DDR fort. 1987 wurde der Staatsratsvorsitzende der DDR, Erich Honecker, zu einem offiziellen Besuch in Bonn empfangen. Die Wiedervereinigung Deutschlands als politisches Ziel verlor immer mehr an Bedeutung. Viele Deutsche in West und Ost hatten sich mit der Teilung abgefunden.

Q2 *Aus dem Grundlagenvertrag vom 21. Dezember 1972:*

Die Hohen Vertragschließenden Seiten (...) unbeschadet der unterschiedlichen Auffassungen zu grundsätzlichen Fragen, darunter zur nationalen Frage; geleitet von dem Wunsch, zum Wohle der Menschen in beiden deutschen Staaten die Voraussetzungen für die Zusammenarbeit zwischen der Bundesrepublik Deutschland und der Deutschen Demokratischen Republik zu schaffen, sind wie folgt übereingekommen:

Art. 1: Die Bundesrepublik Deutschland und die Deutsche Demokratische Republik entwickeln normale gutnachbarliche Beziehungen zueinander auf der Grundlage der Gleichberechtigung. (...)

Art. 4: Die Bundesrepublik Deutschland und die Deutsche Demokratische Republik gehen davon aus, dass keiner der beiden deutschen Staaten den anderen international vertreten oder in seinem Namen handeln kann. (...)

Art. 6: Sie respektieren die Unabhängigkeit und Selbstständigkeit jedes der beiden Seiten in seinen inneren und äußeren Angelegenheiten.

Art. 7: Die Bundesrepublik Deutschland und die Deutsche Demokratische Republik erklären ihre Bereitschaft, im Zuge der Normalisierung ihrer Beziehungen praktische und humanitäre Fragen zu regeln.

Q3 *„Gewiss nicht komfortabel, aber statt des Seils doch immerhin ein Brett!“,* Karikatur zum Grundlagenvertrag, 1972

Q4 *Die nationale Frage und die Deutschen,* Karikatur von Erich Köhler, 1948

D1 *Einige Vereinbarungen zwischen der Bundesrepublik und der DDR:*

14.03.1974: Errichtung „Ständiger Vertretungen“ der Bundesrepublik und der DDR in Ost-Berlin und Bonn.

19.12.1975: Erneuerung der Autobahn zwischen Berlin und Marienborn, die Bundesrepublik zahlt eine Transitpauschale.

16.11.1978: Abkommen über Verkehrsfragen (u. a. Autobahnausbau Hamburg-Berlin) und über den Zahlungsverkehr.

25.03.1982: DDR-Bürger im arbeitsfähigen Alter dürfen in „dringenden Familienangelegenheiten“ in die Bundesrepublik reisen.

29.06.1983: Die Bundesregierung bürgt für einen Milliarden-Kredit an die DDR.

06.05.1985: Kulturabkommen auf den Gebieten Kunst, Bildung, Wissenschaft.

06.10.1986: Erste deutsche Städtepartnerschaft zwischen Eisenhüttenstadt und Saarlouis.

D2 *Aus einer Umfrage in der Bundesrepublik zur Frage: Ist die Wiedervereinigung Deutschlands:*

	wünschenswert	*real zu erwarten?*
1956	85 %	66 %
1985	79 %	11 %
1987	80 %	3 %

1. *Erläutere die Deutschlandpolitik der beiden deutschen Regierungen nach dem Bau der Mauer (VT).*
2. *Beschreibe die neuen Grundsätze der Regierung Brandt in der Deutschlandpolitik (VT).*
3. *Kennzeichne die Bedeutung des Grundlagenvertrages (Q2). Beschreibe anhand der Karikatur (Q3) die Sicht des Zeichners zum Grundlagenvertrag.*
4. *Was kritisierten die politischen Gegner Brandts an dessen Deutschlandpolitik (VT)?*
5. *Welche Folgen hatten die Abkommen zwischen beiden deutschen Regierungen für das Zusammenleben der Ost- und Westdeutschen, aber auch für die Wirtschaft der DDR (D1, Q1)?*
6. *Beschreibe die Hoffnungen und Erwartungen der Deutschen an die Wiedervereinigung (VT, D2, Q4).*

15 Freundschaft und Aussöhnung

Q1 *Mit einem Händedruck besiegeln Charles de Gaulle und Konrad Adenauer am 22. Januar 1963 den deutsch-französischen Freundschaftsvertrag in Paris.* Der Vertrag sollte die Aussöhnung zwischen dem deutschen und dem französischen Volk einleiten.

Aus „Erbfeinden" werden Freunde

Die Bundesrepublik Deutschland und Frankreich waren in der westlichen Staatengemeinschaft zu gleichberechtigten Bündnispartnern geworden. Jetzt gab es eine Chance, die Jahrhunderte lange „Erbfeindschaft" zwischen dem deutschen und dem französischen Volk zu beenden. Die Verständigung zwischen Deutschen und Franzosen war zugleich eine wichtige Voraussetzung für den Aufbau einer demokratischen europäischen Staatengemeinschaft. In Gesprächen mit dem französischen Staatspräsidenten Charles de Gaulle bereitete Bundeskanzler Konrad Adenauer die Aussöhnung vor. Am 22. Januar 1963 unterzeichneten beide Staatsmänner einen Vertrag über Freundschaft und Zusammenarbeit.

Dieser Vertrag war die Grundlage für vielfältige Begegnungen zwischen Deutschen und Franzosen. Jugendaustausch und Städtepartnerschaften helfen dabei, bestehende Vorurteile immer weiter abzubauen. Der Gedankenaustausch zwischen deutschen und französischen Regierungen zu wichtigen politischen Fragen ist mittlerweile eine Selbstverständlichkeit. Die deutsch-französische Zusammenarbeit wurde so zu einem festen Bestandteil europäischer Politik.

Aus Gegnern werden Partner

Die Beziehungen der Deutschen zu den osteuropäischen Völkern waren zunächst durch die NS-Verbrechen sowie die Oder-Neiße-Grenze belastet. Im Potsdamer Abkommen hatten die Siegermächte unter dem Vorbehalt „einer endgültigen Regelung durch einen Friedensvertrag" die Oder-Neiße-Linie als Westgrenze Polens bestimmt. Vertriebene und Flüchtlinge aus den ehemaligen deutschen Ostgebieten meldeten immer wieder Ansprüche auf Entschädigung für verlorenes Eigentum an.

Die Regierung von Bundeskanzler Willy Brandt schloss zwischen 1970 und 1973 nach langen Verhandlungen Verträge mit der Sowjetunion, Polen und der Tschechoslowakei. Darin erkannte sie die seit dem Ende des Zweiten Weltkrieges bestehenden Grenzen an und versicherte, keine Gebietsansprüche zu stellen. Wie Adenauers Westpolitik sollten diese Verträge eine Ära der Verständigung und Zusammenarbeit mit den osteuropäischen Nachbarn einläuten. Die Verträge waren innenpolitisch umstritten, wurden insbesondere von den Heimatvertriebenen heftig kritisiert, bedeuteten sie doch einen endgültigen Verzicht auf ehemalige Ostgebiete.

Neue Bündnispartner

Nach dem Zerfall des Ostblocks und der Auflösung des Warschauer Vertrages (vgl. S. 200/201) erreichten die Beziehungen zwischen dem wiedervereinten Deutschland und den osteuropäischen Völkern eine neue Qualität.

Auf staatlicher Ebene wurden aus den ehemaligen Gegnern Partner: Polen, die Tschechische Republik und Ungarn sind seit 1999 Mitglieder der NATO. Im Mai 2004 traten diese drei Staaten, dazu auch die Slowakei, Slowenien, Litauen, Lettland und Estland, der Europäischen Union bei.

Q2 *Unterschiedliche Meinungen zum Warschauer Vertrag.*

a) Bundeskanzler Brandt (SPD) in einer Fernsehansprache aus Warschau am 7. Dezember 1970:

Ich bin für den Vertrag mit der Volksrepublik Polen, weil er das Fundament für eine friedliche Zukunft schafft. Er gibt uns die Möglichkeit der Verständigung und Zusammenarbeit. Dem polnischen Volk gibt der Vertrag die Gewissheit, dass es in gesicherten Grenzen leben kann. (...) Der Vertrag bedeutet selbstverständlich nicht, dass Unrecht nachträglich legitimiert wird. Er bedeutet also auch keine Rechtfertigung der Vertreibung. Worum es geht, ist der ernste Versuch, ein Vierteljahrhundert nach dem Krieg der Kette des Unrechts politisch ein Ende zu setzen. Auch für die Westgrenze Polens gilt: Es gibt weder Entspannung noch gesicherten Frieden in Europa, wenn wir nicht ausgehen von der Lage, wie sie ist. (...) Unserem Volk wird nicht heute, aus heiterem Himmel, ein Opfer abverlangt. Dies hat längst gebracht werden müssen als Ergebnis der Verbrechen Hitlers.

b) In einem Entschließungsantrag formulierte die CDU/CSU Fraktion 1970 ihre Bedenken zum Warschauer Vertrag:

Der Deutsche Bundestag bittet das polnische Volk und alle europäischen Nachbarn um Verständnis für seine Pflicht und Entschlossenheit, uneingeschränkt an dem Recht des deutschen Volkes auf freie Selbstbestimmung und auf eine frei vereinbarte friedensvertragliche Regelung für ganz Deutschland festzuhalten.

Die endgültige Festlegung der deutschen Grenzen kann nur im Zusammenhang mit dieser friedensvertraglichen Regelung geschehen. Ihre Grundlage muss das Recht der Polen auf gesicherte Grenzen und das Recht der Deutschen auf gesicherte Freiheit und Einheit sein.

Q3 *Bundeskanzler Willy Brandt vor dem Mahnmal der Opfer des Warschauer Ghettos.* Diese Geste als Ausdruck der Achtung vor den Opfern, der Betroffenheit und des Versöhnungswillens erregte weltweites Aufsehen.

1 Mit dem deutsch-französischen Vertrag 1963 beginnt eine neue Epoche in den Beziehungen zwischen Deutschen und Franzosen. Erkläre, warum das so ist (VT, Q1).

2 Erläutere die Argumente Brandts für einen Vertragsabschluss mit Polen (Q2a). Wie erklärst du dir sein Verhalten am Mahnmal der Opfer des Warschauer Ghettos (Q3)?

3 Welche Gründe führten die Gegner Brandts für die Ablehnung des Warschauer Vertrages an (Q2b)?

Q4 *Menschliche Erleichterungen.* – Was kritisiert die Karikatur von 1973 an der neuen Ostpolitik?

16 Die Gesellschaft verändern – Protest in West und Ost

Q1 *Studentendemonstration am 18. Februar 1968 in West-Berlin*

Studentenbewegung im Westen
1966 brachten die Wahlen in der Bundesrepublik eine Große Koalition: Die Volksparteien CDU/CSU und SPD übernahmen gemeinsam die Regierung. Das Fehlen einer wirksamen Opposition im Bundestag führte zur Bildung der so genannten außerparlamentarischen Opposition (APO). Vor allem Studenten, aber auch Schüler, Schriftsteller und Gelehrte protestierten außerhalb des Parlaments – auf der Straße, an den Universitäten und Hochschulen – gegen die gesellschaftlichen Zustände. Ihre Ziele waren vielfältig: Sie demonstrierten gegen den Vietnamkrieg der USA, das atomare Wettrüsten und für mehr Mitbestimmung an Schulen und Universitäten. Sie verurteilten auch den Lebensstil und das Lebensgefühl der älteren Generation und wollten sich nicht mehr bevormunden lassen. Viele Jugendliche hinterfragten das Verhalten der Eltern und Großeltern während der NS-Zeit. Die junge Generation warf den Älteren vor, nichts gegen den Terror der Nationalsozialisten unternommen zu haben.
Die Studentenproteste heizten das innenpolitische Klima mächtig auf. Nicht selten mündeten die Demonstrationen in Straßenschlachten mit der Polizei. Höhepunkt der Auseinandersetzungen war ein Attentat auf den Studentenführer Rudi Dutschke, das zu den schwersten Krawallen der Nachkriegsgeschichte führte.

„Klimawechsel" in der Gesellschaft
Die Mehrzahl der Bundesbürger distanzierte sich von der APO. Diese verlor zwar an Bedeutung und stellte Ende der 1960er-Jahre ihre Aktionen ein, sie hinterließ aber deutliche Spuren in der bundesdeutschen Gesellschaft. Das politische und gesellschaftliche „Klima" hatte sich Anfang der 1970er-Jahre mächtig gewandelt. Immer mehr Bürgerinnen und Bürger waren jetzt bereit, sich politisch zu engagieren – in Bürgerinitiativen oder in der Umwelt-, Friedens- und Frauenbewegung.
Die „Grünen" – ursprünglich eine Bewegung, die für den Schutz der Umwelt und den Ausstieg aus der Nutzung der Atomenergie eintrat – fanden immer mehr Anhänger und etablierten sich als politische Partei. Im Jahr 1983 entsandte sie erstmals Abgeordnete in den Bundestag, 1998 beteiligte sie sich an der Regierung.

Mit Terror die Gesellschaft verändern?
Aus einer Splittergruppe der APO-Protestbewegung hatte sich nach 1968 die terroristische Organisation „Rote-Armee-Fraktion" (RAF) entwickelt. Nach der Ermordung des Industriellen Schleyer durch die RAF und dem Selbstmord führender inhaftierter Terroristen entbrannte in der Bundesrepublik eine Diskussion darüber, bis zu welchem Grad der demokratische Rechtsstaat berechtigt ist, bei der Bekämpfung von Gewalttätern die Grenzen der Rechtsstaatlichkeit einzuschränken. Der Terror der RAF wurde von fast allen Bürgerinnen und Bürgern verurteilt. 1998 löste sich die RAF schließlich auf.

A-Z

APO
Kurzform für außerparlamentarische Opposition. Während der Zeit der Großen Koalition entstandene Gruppen, die vor allem aus Jugendlichen und Studenten bestanden. Sie fühlten sich von den politischen Parteien im Bundestag nicht vertreten. Mit Protesten und Demonstrationen wollten sie gesellschaftliche Veränderungen auslösen.

Q 2 *Protestdemonstration in Ost-Berlin gegen die Fälschung der Ergebnisse bei den Kommunalwahlen 1989*

Jugendprotest im Osten

In der DDR hatte die Mehrzahl der Jugendlichen keine materiellen Sorgen. Die berufliche Entwicklung war gesichert, Arbeitslosigkeit gab es nicht. Fast 87 Prozent der Jugendlichen waren 1987 in der Freien Deutschen Jugend (FDJ) organisiert. Der einzige zugelassene Jugendverband stand unter direkter Kontrolle der SED. Die FDJ nahm ständigen Einfluss auf die Jugendlichen – im Studium, im Berufsleben, in den Armeeeinheiten, aber auch bei der Freizeitgestaltung. Die Verbundenheit der FDJ mit der SED und dem Staat sollte der Bevölkerung mit gewaltigen Aufmärschen und Kundgebungen demonstriert werden. Doch die zur Schau gestellte Eintracht von Jugend und Partei war trügerisch. Die Realitätsfremde der Partei- und Staatsfunktionäre mit Erich Honecker an der Spitze, die alle Reformbestrebungen für mehr Demokratie und Freiheit ablehnten, führte dazu, dass vor allem Jugendliche in den 1980er-Jahren gegen die Verletzung der Bürger- und Menschenrechte protestierten. Sie fanden in den Bürgerrechtsbewegungen und besonders in der evangelischen Kirche eine politische Heimat.

Widerstand in der DDR

Beschränkung und Verletzung der Bürger- und Menschenrechte, wie Meinungs- und Reisefreiheit, Überwachung und Diskriminierung kritischer Bürger durch Mitarbeiter des Staatssicherheitsdienstes und Berufsverbote, erzeugten bei nicht wenigen Bürgerinnen und Bürgern in der DDR Widerspruch und manchmal auch Widerstand. Aktiver Widerstand war allerdings gefährlich, endete oft mit Gefängnisstrafen und blieb lange die Ausnahme.

Anfang der 1980er-Jahre änderte sich dies. Es bildeten sich Gruppierungen – oft unterstützt von Pfarrern der evangelischen Kirche –, die für Menschenrechte, Frieden und den Erhalt der Umwelt eintraten. Diese setzten sich auch mit gesellschaftlichen Missständen in der DDR auseinander und unterstützten Bürger, die wegen staatskritischer Handlungen – der Antrag auf Ausreise in die Bundesrepublik oder die Verweigerung des Wehrdienstes an der Waffe gehörten dazu – überwacht, diskriminiert oder verhaftet wurden. Die Staatsorgane und Gerichte gingen mit großer Härte gegen Mitglieder der Oppositionsgruppen vor. Berufsverbote und Haftstrafen häuften sich.

A-Z

Freie Deutsche Jugend (FDJ)
1946 gegründet, war die FDJ die einzige zugelassene Jugendorganisation in der DDR. Von der SED stark beeinflusst hatte die FDJ das Ziel, die Jugendlichen für den Aufbau des Sozialismus zu motivieren. Mitbegründer und langjähriger Vorsitzender der FDJ war Erich Honecker.

Ministerium für Staatssicherheit („Stasi")
85 000 hauptamtliche und über 100 000 „inoffizielle" Mitarbeiter des DDR-Ministeriums bespitzelten die Menschen in der DDR in allen Lebensbereichen, auch in der Privatsphäre. Wer sich der SED-Herrschaft widersetzte, konnte verhaftet und bestraft werden.

Q3 *Hamburger Wohngemeinschaft 1968.* Protestplakate und die Büste des chinesischen Kommunistenführers Mao gehörten zur Wohnungseinrichtung.

Q5 *Das Magazin „Der Spiegel" zu den Ausschreitungen nach dem Attentat auf den Studentenführer Rudi Dutschke:*

Es kam zu Straßenschlachten, wie sie Westdeutschland seit der Weimarer Republik nicht mehr gekannt hatte. Auf der Strecke blieben zwei Tote, über 400 Schwer- und Leichtverletzte und der Anspruch der Bundesrepublik, ein intakter Staat zu sein. (...) Unmittelbar nach dem Mordanschlag auf Rudi Dutschke zogen linke Studenten vor das Westberliner Springer-Haus in der Kochstraße an der Mauer. Steine ließen die Hochburg der Verdummung und Verhetzung zerklirren. Vertriebswagen wurden in Brand gesteckt. 800 Kilometer entfernt drangen 300 Studenten in das Münchner Buchgewerbehaus ein, wo „Bild" für Süddeutschland redigiert und gedruckt wird. In den Redaktionsräumen rissen Stoßtrupps Akten aus den Schränken und warfen sie aus dem Fenster.

Q4 *Demonstranten und Polizei 1968 in West-Berlin*

Q6 *Bundesjustizminister Gustav Heinemann am 11. April 1968 zu den gewaltsamen Studentenprotesten:*

Zu den Grundrechten gehört auch das Recht zum Demonstrieren, um öffentliche Meinung zu mobilisieren. Auch die junge Generation hat einen Anspruch darauf, mit ihren Wünschen und Vorschlägen gehört und ernst genommen zu werden.

Gewalttat aber ist gemeines Unrecht und eine Dummheit obendrein. Es ist eine alte Erfahrung, dass Ausschreitungen und Gewalttaten genau die gegenteilige öffentliche Meinung schaffen, als ihre Urheber wünschen. Das sollten – so meine ich – gerade politisch bewegte Studenten begreifen und darum zur Selbstbeherrschung zurückfinden.

Q7 *Mathias Bothe, 1977 wegen „staatsfeindlicher Hetze“ für ein Jahr in der DDR inhaftiert:*

Viele sagen sich, Kompromisse nur insoweit, wie ich sie verantworten und vertreten kann. Aber es gibt keine abrupte Grenze zwischen vertretbaren und nicht vertretbaren Kompromissen, die Übergänge sind fließend. Natürlich kann ich sagen, in die Partei (SED) gehe ich niemals. Aber wenn es im Betrieb darum geht, ein ausgezeichnetes Kollektiv zu werden, was mit Prämien verbunden ist, und mein Vorgesetzter sagt, hör mal, du müsstest dich gesellschaftlich aktiver zeigen, so sagt man sich oft, na gut, dann mache ich eben bei der Kampfgruppe mit (...) oder in der Gewerkschaft.
Später wird eine Liste mit Unterschriften vorgelegt, auf der man mit seiner eigenen Unterschrift bekunden soll, dass man mit dem Einmarsch der Warschauer-Pakt-Truppen in der CSSR oder der sowjetischen Truppen in Afghanistan voll einverstanden ist – zum Schutze der Freiheit und des Sozialismus. Was tun? Nicht unterschreiben kann als antisozialistische Haltung ausgelegt werden, die nicht nur berufliche Folgen hat. Also wird unterschrieben, meist entgegen der Überzeugung. Man sagt sich, schließlich habe ich so viele Zugeständnisse gemacht, soll das alles umsonst gewesen sein, nur wegen einer kleinen Unterschrift?

Q8 *Aus dem Lebensweg von Regina Ebert aus Halle/Saale in der DDR:*

Regina Ebert wurde am 17. Oktober 1950 in Bitterfeld geboren. (...) Im April 1970 heiratete sie den Elektromonteur Helmut Ebert. Im selben Jahr kam ihre erste Tochter zur Welt, 1973 wurde die zweite geboren. (...)
Am 25. April 1976 stellten sie und ihr Mann den ersten Antrag auf Übersiedlung in die Bundesrepublik, der abgelehnt wurde. Vor diesem Hintergrund nahm das Ehepaar zum ZDF-Magazin Kontakt auf und bat um Hilfe. Am 10. Oktober 1976 wurden Regina Ebert und ihr Mann daraufhin verhaftet und im März 1977 vom Bezirksgericht Halle zu zweieinhalb bzw. dreieinhalb Jahren Freiheitsentzug verurteilt. Ihre Töchter wurden zeitweilig zwangsweise in einem staatlichen Kinderheim untergebracht.
Nach der Haftentlassung ab Oktober 1979 lebte sie wieder in Halle. Zusammen mit ihrem Mann stellte sie erneut Ausreiseanträge, was im Januar 1980 zur zweiten Verhaftung und Verurteilung von Helmut Ebert führte. Im November 1981 wurde er dann in die Bundesrepublik entlassen, wohin ihm im März 1982 Regina Ebert mit ihren Töchtern folgen durfte.

Q9 *Junge evangelische Christen protestieren auf dem Kirchentag in Ost-Berlin gegen die Einschränkung persönlicher Freiheiten,* Juni 1987.

Q10 *Mitglieder der FDJ tragen die Herrschenden der DDR „auf Händen“.* Kundgebung am 1. Mai 1989 in Berlin.

1 Erläutere die Ursachen für das Entstehen der APO (VT, Q1).

2 Beschreibe die Aktionen und Ziele der APO (VT, Q1, Q4–Q6).

3 Nenne Gründe für den Protest von DDR-Bürgern, vor allem auch von Jugendlichen (VT, Q2, Q8, Q9).

4 Vergleiche die Bilder Q9 und Q10. Was sagen sie über die Jugend in der DDR aus?

5 Beschreibe anhand von Q2, Q7 und Q8 die Haltung der Herrschenden zu den Bürger- und Menschenrechten.

6 Erkundige dich, welche Bürgerinitiativen es in deiner Stadt bzw. Gemeinde gibt. Wie sind sie entstanden, welche Ziele haben sie und welche Möglichkeiten der Mitarbeit gibt es?

17 Frauen in einer Männergesellschaft

Q 1 *Neue Frauenpower.* Frauen demonstrieren unter der Losung: „Schluss mit der Bevormundung der Frau!" Ende der 1960er-Jahre für ihre Gleichstellung in der Gesellschaft.

Frauen in der Bundesrepublik ...

Obwohl im Grundgesetz die rechtliche Gleichstellung von Mann und Frau verankert wurde, mussten die Frauen in der Bundesrepublik lange um die Gleichberechtigung in allen Lebensbereichen kämpfen: etwa in der Ausbildung und im Beruf, bei der Entlohnung oder der Besetzung öffentlicher Ämter. Das Idealbild der Hausfrauenehe blieb lange Zeit vorherrschend. In einem Urteil des Bundesgerichtshofes hieß es noch 1968: „Bricht eine Frau ihr vor der Heirat gegebenes Versprechen, ihren Beruf aufzugeben und sich künftig ihrem Mann zu widmen, so kann darin ein Scheidungsgrund liegen." Erst 1977 erhielten verheiratete Frauen nach dem Gesetz den gleichen Entscheidungsfreiraum wie ihre Ehemänner.

Mit der Protestbewegung Ende der 1960er-Jahre wurde auch die Rolle der Frau neu bestimmt. Frauen demonstrierten für die Entlohnung der Hausarbeit, für die Bestrafung von Gewalt gegen Frauen in der Familie, auch dafür, selbst über die Geburt ihres Kindes zu entscheiden. In den 1970er-Jahren stieg die Zahl der Mädchen und jungen Frauen, die weiterführende Schulen und Hochschulen besuchten. Immer mehr Frauen sahen den Beruf als einen wichtigen Teil ihres Lebens an und nicht nur als eine vorübergehende Tätigkeit bis zur Heirat. Auch die Zahl der Frauen, die ein politisches Amt übernahmen, wuchs.

... und in der DDR

Die Politik in der DDR zielte von Anfang an auf die Einbeziehung der Frauen in das Berufsleben. Das hatte vor allem wirtschaftliche Gründe: Männermangel in der Nachkriegszeit, die Notwendigkeit eines zusätzlichen Einkommens in der Familie wegen des niedrigen Lohnniveaus, der Flüchtlingsstrom in den Westen. So waren 90 Prozent der Frauen in der DDR berufstätig. Die Mehrzahl arbeitete in „frauentypischen" Berufen – im Handel und Postwesen, in der Landwirtschaft und Textilindustrie, in der Verwaltung oder als Lehrerinnen. In Führungspositionen des Staates und der Wirtschaft waren die Frauen unterrepräsentiert. Mit vielfältigen Maßnahmen versuchte der Staat die berufstätigen Frauen in der Erziehungs- und Hausarbeit zu entlasten: Kinder wurden in Krippen, Kindergärten und Schulhorten betreut, junge Eheleute erhielten günstige Kredite. Frauen wurden durch „Förderungspläne" im Studium und in der Berufsausbildung unterstützt.

Eine Gleichstellung der Frau mit dem Mann (Emanzipation) gab es im Alltag dennoch oft nicht. Gegenüber den Männern waren die Frauen durch Haushalt und Beruf überdurchschnittlich belastet, was sich auch auf das Familienleben auswirkte. Die Scheidungsrate und die Zahl der außerehelichen Geburten waren hoch. Eine von Staat und Partei unabhängige Frauenbewegung, die für Emanzipation eintrat, gab es nicht.

Q2 *Hausfrau und Mutter – schönster Beruf oder spießbürgerliches Idealbild?*

a) Der ehemalige Bundesfamilienminister Franz Josef Wuermeling:

Gesellschaft und Staat sind nicht befugt die persönliche Entscheidung einer Frau, ob sie erwerbstätig sein will oder nicht, zu bestimmen (…). Staat und Gesellschaft haben aber die Pflicht, der Frau und Mutter den Verzicht auf familienfremde Tätigkeit so weit wie möglich zu erleichtern. (…) Da wird heute so viel von Gleichberechtigung der Frau geredet, aber so wenig von dem höchsten und schönsten Beruf der Frau und Mutter in der Familie. Dazu müssen wir klar und weithin hörbar aussprechen: Mutterberuf ist Hauptberuf wie jeder andere Beruf und hat höheren Wert als jeder Erwerbsberuf. Und niemand kann zwei Hauptberufe gleichzeitig voll ausfüllen.

b) Die SED zur Rolle der Frau in der DDR:

Eine Frau, deren Tätigkeit sich auf den engen Kreis der Familie beschränkt, wird als Mutter stets in der Gefahr sein, durch ihr Beispiel bei den Kindern ähnliche (spießbürgerliche) Idealbilder zu wecken. Von der Gefahr der „Affenliebe" und der zu starken Konzentration auf die Interessen der Kinder, weil man von eigenen nicht ausgefüllt ist, ganz zu schweigen. Jeder kennt die engstirnigen „Klein-aber-mein-Spießbürger", die das Ergebnis sind und zugleich eine Bremse der sozialistischen Entwicklung. Eine gute Mutter ist heute aber eine arbeitende Mutter, die gleichberechtigt und gleich qualifiziert neben dem Vater steht.

Q5 *Frauen in der Erdöldestillation im Olefinwerk Böhlen.* Arbeitsplatz in der Fabrik – ein Ausdruck der Emanzipation der Frauen in der DDR?

Q3 *Das Werbeplakat (Ost)* aus den 1950er-Jahren geht auf die Situation vieler Frauen in der DDR ein. – Erläutere dies.

Q4 *Auch das Plakat aus dem Westen* (1950er-Jahre) thematisiert die Rolle der Frau. – Erkläre und vergleiche mit dem DDR-Plakat.

1. *Wie hat sich die Stellung der Frau in der Gesellschaft in den letzten Jahrzehnten verändert? Beschreibe die Entwicklung (VT, Q1–Q5).*
2. *Vergleiche die Rolle der Frau in Ost und West (VT, Q1–Q5).*
3. *Diskutiert darüber, in welchen Lebensbereichen nach eurer Meinung Veränderungen notwendig sind, um eine tatsächliche Gleichstellung von Mann und Frau zu erreichen.*

18 „Wir sind das Volk“

Q1 *„Den Sozialismus in seinem Lauf hält weder Ochs noch Esel auf.“*, Karikatur eines Honecker-Zitats von Horst Haitzinger

Reformen – nein, danke

Während Mitte der 1980er-Jahre in der Sowjetunion und anderen Ostblockstaaten laut über demokratische Reformen nachgedacht wurde, um den Sozialismus menschenfreundlicher und wirtschaftlich erfolgreicher zu machen, hielt die SED unter Führung Erich Honeckers am alten Kurs fest. Deutliches Zeichen für die Reformstarre der DDR war das Verbot des „Sputnik“. Die deutschsprachige sowjetische Zeitschrift hatte für den Geschmack der DDR-Oberen zu positiv über die Reformpläne des neuen Staatschefs Gorbatschow in der Sowjetunion berichtet. Auch wurde nichts getan, um die schwierige Versorgungslage der Bevölkerung zu verbessern oder die Beschränkung der Reisefreiheit aufzuheben. Proteste der Bevölkerung wurden überhört. Im Gegenteil: Der Staatssicherheitsdienst („Stasi“) ging mit aller Schärfe gegen diejenigen vor, die die Politik der SED kritisierten. Immer mehr DDR-Bürger stellten Ausreiseanträge. Sie glaubten nicht mehr daran, dass sich die politischen und wirtschaftlichen Verhältnisse ändern würden.

Das Volk erzwingt die Wende

1989 spitzte sich die Lage in der DDR dramatisch zu. Bei den Kommunalwahlen im Mai protestierten Bürgerrechtsgruppen erstmals lautstark gegen die offensichtliche Fälschung der Wahlergebnisse. Im Sommer öffnete Ungarn seine Grenze gen Westen. Tausende DDR-Bürger nutzten ab August 1989 diesen Weg zur Flucht. Andere erzwangen ihre Ausreise, indem sie die Botschaften der Bundesrepublik in Prag, Warschau und Budapest besetzten. Gleichzeitig forderten Hunderttausende auf Massendemonstrationen, organisiert von den Bürgerrechtsbewegungen, in Leipzig, Dresden, Ost-Berlin und anderen Städten, umfassende politische Reformen. Als am 9. Oktober 70 000 Menschen in Leipzig mit den Losungen „Wir sind das Volk“ und „Wir bleiben hier“ friedlich für eine demokratische Erneuerung der DDR demonstrierten, war der Untergang der SED-Diktatur nicht mehr aufzuhalten. Immer mehr Menschen gingen jetzt auf die Straße und forderten das Ende der SED-Herrschaft.

Die Mauer fällt

Am 18. Oktober 1989 trat Erich Honecker als Generalsekretär der SED zurück. Er wurde von Egon Krenz abgelöst. Doch den Menschen in der DDR reichten diese personellen Veränderungen nicht aus. Die SED-Führung hatte ihre Glaubwürdigkeit verspielt. Am 4. November forderten über eine halbe Million Menschen auf einer Demonstration in Ost-Berlin freie Wahlen, Beseitigung der Vorherrschaft der SED, Rechtsstaatlichkeit, Presse-, Meinungs- und Reisefreiheit. Am Abend des 9. November 1989 öffnete die Regierung der DDR unter dem Druck der Bevölkerung die Grenze zu West-Berlin. Tausende DDR-Bürger strömten zu den Übergangsstellen und überquerten die Grenze. Die Mauer war gefallen.

Q5 *Leipziger Montagsdemonstration am 13. November 1989 auf dem ehemaligen Karl-Marx-Platz*

Q2 *Aus einem Bericht der Stasi vom 9. September 1989 über die Fluchtgründe von DDR-Bürgern in den Westen:*

- Unzufriedenheit über die Versorgungslage
- Verärgerung über unzureichende Dienstleistungen
- Unverständnis für Mängel in der medizinischen Betreuung und Versorgung
- Eingeschränkte Reisemöglichkeiten innerhalb der DDR und nach dem Ausland
- Unbefriedigende Arbeitsbedingungen und Diskontinuität [Schwierigkeiten] im Produktionsablauf
- Unzulänglichkeiten / Inkonsequenz bei der Anwendung / Durchsetzung des Leistungsprinzips sowie Unzufriedenheit über die Entwicklung der Löhne und Gehälter
- Verärgerung über bürokratisches Verhalten (...) sowie über Herzlosigkeit im Umgang mit den Bürgern

Q3 *Eine Zeitung berichtet am 13. November 1989 aus Helmstedt an der innerdeutschen Grenze:*

Die Familie aus Rostock ist morgens um vier aufgebrochen, die aus Frankfurt an der Oder schon um Mitternacht. (...) Ihnen, wie Zehntausenden anderen, die zum großen Treck nach Westen aufgebrochen sind, wird ein jubelnder Empfang bereitet. Tausende sind zum Grenzübergang gefahren. Nicht nur aus dem grenznahen Niedersachsen, auch Westfalen und Rheinländer haben sich auf den Weg gemacht, die Landsleute aus der DDR zu begrüßen. Lachen, Tränen, Winken auf beiden Seiten. Schokolade und Bonbons werden unter der blauen, nach Zweitaktgemisch stinkenden Abgasglocke für die Kinder in die Autos gereicht. Blumensträuße gibt es, Kaffee, Tee und Erbsensuppe. Und Hilfsbereitschaft: Mancher Trabi, der im 50-Kilometer-Stop-and-Go von Magdeburg bis Helmstedt heißgelaufen ist und nun kurz vor dem Ziel seinen Geist aufgibt, wird über die Grenze geschleppt oder geschoben, jedes Mal mit Beifall und Jubel begrüßt.

Q4 *Öffnung des Grenzübergangs Glienicker Brücke nach West-Berlin.*
„Trabant"-Karawanen rollen in den Westen.

1 *Nenne die Ursachen für den Untergang der SED-Herrschaft in der DDR (VT, Q2, Q5).*

2 *Was waren die Gründe für die Flucht Tausender DDR-Bürger in den Westen (VT, Q2)?*

3 *Erläutere anhand der Ereignisse seit Mai 1989 in der DDR die Aussage der Karikatur (Q1).*

4 *Beschreibe die Stimmung der Deutschen in Ost und West nach der Öffnung der Mauer (Q3, Q4).*

5 *Frage deine Eltern oder Bekannte, wie sie die „gesamtdeutschen Tage" nach der Öffnung der Mauer erlebt und was sie gefühlt haben.*

19 Methode
Zeitzeugen befragen

Q 1 *Ein Zeitzeuge berichtet Schülern von seinen Erlebnissen.*

Methodische Arbeitsschritte

1. Vorbereitung:
- Überlegt, welche Person am besten geeignet ist, euch Auskunft zu dem von euch gewählten Thema zu geben.
- Erarbeitet gemeinsam Fragen für das Interview.

2. Befragung:
- Schafft für das Interview eine vertrauliche Atmosphäre. Denkt daran, dass die befragte Person von den Erlebnissen stark berührt sein kann und es ihr nicht immer leicht fällt, darüber zu berichten.
- Sorgt dafür, dass die Aussagen lückenlos protokolliert werden.

3. Auswertung:
- Wertet gemeinsam das Interview aus. Denkt daran, dass die befragte Person über ein Ereignis berichtet, das oft vor vielen Jahren stattfand. Manches kann sie vergessen, anderes erst später erfahren haben.
- Vergesst nicht, dass auch eure Meinung zum Interview Bestandteil der Auswertung ist. Schätzt die Verlässlichkeit der Aussagen eures Zeitzeugen ein.
- Überlegt euch, wie ihr die Ergebnisse präsentieren könnt (Wandzeitung, Bericht in der Schülerzeitung, Videofilm).

Zeitzeugen wissen mehr

Fast zwei Jahrzehnte sind vergangen, seitdem Deutschland wieder ein einheitlicher Staat ist. Für viele Menschen, die den Untergang der DDR selbst noch miterlebt haben, war die Öffnung der Mauer am 9. November 1989 ein Ereignis, das sie tief beeindruckt hat. Sie werden es in ihrem Leben bestimmt nicht vergessen. Solche Zeitzeugen können eine spannende und wertvolle „Quelle" sein. Sie waren hautnah dabei und haben dadurch eine ganz persönliche Sicht auf das Geschehen. Die Gefühle der Menschen, ihre Hoffnungen, ihre Freude und Ängste fließen in Zeitzeugen-Berichte ein und machen die Geschichte für uns dadurch besser vorstellbar.

Schüler befragen Zeitzeugen

Die Schülerinnen und Schüler einer Klasse in Bochum schlugen ihrer Geschichtslehrerin vor, selbst Zeitzeugen zu befragen, wie diese die Öffnung der Mauer und die historischen Tage der Wiedervereinigung erlebt hatten. Wie war das, wenn sich Freunde oder Verwandte aus Ost und West nach jahrzehntelanger Trennung endlich wieder trafen?

Eine Befragung von Zeitzeugen muss gut vorbereitet sein. Günstig ist es, Teams zu bilden. Überlegt gemeinsam, wer für ein Interview in Frage kommt und welche Fragen gestellt werden sollen. Als Ergebnis der Befragung könnte beispielsweise eine Wandzeitung entstehen.

Mögliche Themen zur Zeitzeugenbefragung:

- *Fall der Mauer – „live" erlebt*
- *August 1961 – der Mauerbau*
- *Leben in Trümmern – die Nachkriegszeit in Deutschland*

Q2 *Harald Jäger, Offizier der DDR, hatte am 9. November 1989 am Grenzübergang Bornholmer Straße in Ost-Berlin Dienst. Am Abend hatte Günter Schabowski, Mitglied des Politbüros der SED, in einer Pressekonferenz, die im Fernsehen der DDR übertragen wurde, verschwommen erklärt, dass es für die Menschen in der DDR von nun an Reisefreiheit gäbe. Diese Mitteilung schlug wie eine Bombe ein. Zehn Jahre später fragte eine Zeitung nach Jägers Erlebnissen an diesem Abend:*

Waren Sie kopflos an diesem Tag?
Als Schabowski in der Pressekonferenz seinen Zettel dreimal hin und her drehte, war mir klar, die ganze Führung [der SED und des DDR-Staates] ist kopflos.

Bekamen Sie zentrale Befehle?
Ich habe sofort mit dem zuständigen Oberst (…) des Ministeriums für Staatssicherheit telefoniert. Der hielt Schabowskis Gestammel für Quatsch. Dann kamen die ersten Leute, die testen wollten, ob es mit der freien Ausreise für jeden DDR-Bürger ernst gemeint war. Der Posten am Schlagbaum meldete über Telefon zehn bis zwanzig Leute. Als ich dort eintraf, waren es schon hundert. Sie kamen mit Autos, zu Fuß und sogar mit der Straßenbahn. Ich dachte in diesem Moment: Warum waren wir nicht vorbereitet? (…) Keine Pässe, nicht mal Stempel.

Hätten Sie versucht, einen gewaltsamen Durchbruch zu verhindern?
Wir waren alles in allem etwa 50 Leute. Jeder mit einer Makarow-Pistole und je 14 Schuss Munition. In der Waffenkammer standen noch vier Maschinenpistolen mit je drei Magazinen à 40 Schuss. Aber wir dachten nicht mal an Selbstverteidigung.

Wann ließen Sie die ersten DDR-Bürger ohne Visum nach West-Berlin?
Wir begannen gegen 21.00 Uhr mit der Abfertigung. Wir glaubten ja immer noch, das ginge mit einer geordneten Personenkontrolle.

Und was passierte?
Die offene Schranke – das reichte nicht. Viele Leute kletterten einfach über die Absperrungen. Wir verstanden die Welt nicht mehr. Wozu hatten wir all die Jahre hier gestanden?

Anmerkung: Harald Jäger ließ anschließend die Kontrollen einstellen und die Grenzschranke hochziehen.

1. *Sprecht über den Inhalt des Zeitungsinterviews (Q2). Diskutiert über das Verhalten und die Gefühle von Oberstleutnant Jäger.*
2. *Was entnimmst du dem Interview über die Politik der SED in den Novembertagen 1989?*
3. *Befragt Bekannte und Verwandte, wie sie die Tage der Maueröffnung im November 1989 erlebt haben.*

Q3 *Symbolischer Händedruck* am 13. November 1989 bei der Öffnung der Mauer am Potsdamer Platz in Berlin – der ehemalige Bundespräsident Richard von Weizsäcker und Offiziere der Grenztruppen der DDR

20 Aus Zwei mach Eins

1 *Freudenfest vor dem Reichstagsgebäude am 3. Oktober 1990 in Berlin.* Tausende Deutsche aus den alten und neuen Bundesländern feiern gemeinsam die Einheit.

„Wir sind ein Volk"

Die Demonstrationen in der DDR gingen auch nach dem Fall der Mauer weiter. Dabei wurde der Ruf nach Wiedervereinigung immer lauter: „Wir sind ein Volk" und „Deutschland, einig Vaterland" hießen nun die Sprechchöre. Die Mehrheit der DDR-Bürger wollte so leben wie ihre Nachbarn in der Bundesrepublik. An eine Erneuerung der politischen und wirtschaftlichen Strukturen der DDR wollten die meisten nicht mehr glauben. Schnell hatten sich die enormen Staatsschulden der DDR herumgesprochen. Eine Begleichung dieser Schulden hätte zu weiteren Einschränkungen des Lebensstandards geführt. Eine Vereinigung mit der Bundesrepublik schien den meisten die bessere Lösung zu sein.

Schnelle Einheit statt „neuer DDR"

Wie die Wiedervereinigung erfolgen sollte – darüber gab es in der DDR unterschiedliche Auffassungen. Die meisten Bürgerrechtler wollten eine „neue DDR" schaffen, mit einer neuen Verfassung, einer demokratisch gewählten Volkskammer und Regierung. Anschließend sollte ein Programm für eine schrittweise Vereinigung erarbeitet werden. Dies lehnte die Mehrheit der Bevölkerung jedoch ab. Sie wollte die rasche Vereinigung.

Die Bundesregierung nutzte diese Stimmungslage. Am 28. November 1989 billigte der Bundestag einen von Bundeskanzler Kohl vorgelegten Zehn-Punkte-Plan, an dessen Ende die Wiedervereinigung der beiden deutschen Staaten stand.
Der „Runde Tisch", eine Art „provisorische Regierung" der DDR, beschloss freie Wahlen für den 18. März 1990. Dabei erhielt die von der bundesdeutschen CDU/CSU unterstützte „Allianz für Deutschland" 48,1 Prozent der Stimmen. Die Mehrheit hatte sich damit für jene Kräfte entschieden, die einen schnellen Beitritt der DDR zur Bundesrepublik wollten.
Der neue Ministerpräsident der DDR Lothar de Maizière (CDU) nahm zügig Beitrittsverhandlungen mit der Bundesrepublik auf. Bereits am 1. Juli 1990 wurde die D-Mark in der DDR eingeführt. Am 23. August 1990 beschloss die Volkskammer schließlich den Beitritt der DDR zur Bundesrepublik Deutschland.

Zwei plus vier = eins

Voraussetzung für die Wiedervereinigung war allerdings die Zustimmung der vier Siegermächte des Zweiten Weltkrieges. Manche Staaten befürchteten, dass mit der deutschen Einheit die militärische Sicherheit Europas nicht mehr gegeben sei. Auf mehreren Konferenzen gelang es jedoch, solche Vorbehalte auszuräumen. Der sowjetische Staats- und Parteichef Gorbatschow stimmte der Mitgliedschaft des vereinten Deutschland in der NATO zu.
Am 12. September 1990 wurde in Moskau schließlich der Einigungsvertrag von den vier Siegermächten und den beiden deutschen Regierungen unterzeichnet. Mit dem Beitritt der fünf ostdeutschen Länder zur Bundesrepublik Deutschland am 3. Oktober 1990 war Deutschland wieder ein einheitlicher Staat.

Q2 *Eine „neue DDR" oder Anschluss an die Bundesrepublik?*

a) Aus dem Aufruf „Für unser Land" vom 29. November 1989, den bekannte Persönlichkeiten aus der DDR unterzeichneten:

Entweder können wir auf der Eigenständigkeit der DDR bestehen oder versuchen, mit allen unseren Kräften und in Zusammenarbeit mit denjenigen Staaten und Interessengruppen, die dazu bereit sind, in unserem Land eine solidarische Gesellschaft zu entwickeln, in der Frieden und soziale Gerechtigkeit, Freiheit des Einzelnen, Freizügigkeit aller und die Bewahrung der Umwelt gewährleistet wird.

Oder wir müssen dulden, dass, veranlasst durch starke ökonomische Zwänge und durch unzumutbare Bedingungen, an die einflussreiche Kreise aus Wirtschaft und Politik in der Bundesrepublik ihre Hilfe für die DDR knüpfen, ein Ausverkauf unserer materiellen und moralischen Werte beginnt und über kurz oder lang die Deutsche Demokratische Republik durch die Bundesrepublik Deutschland vereinnahmt wird.

b) Leserbrief zum Aufruf „Für unser Land":

Dem Aufruf „Für unser Land" kann ich nicht zustimmen. Ich sehe hier bereits, wie sich gewisse Leute bestehende Privilegien sichern wollen. In der Frage von Wiedervereinigung oder Konföderation sollte es zu einem Volksentscheid kommen (...). 40 Jahre wurden die Vorzüge des Sozialismus in allen Tönen gepriesen, aber die traurige Realität sehen wir heute. (...) Noch einmal Versuche eines Sozialismus, welche Jahre oder Jahrzehnte andauern, um am Ende noch tiefer zu stehen? Bedenkt, wir Menschen haben nur ein Leben! (...) Nehmen wir also das Angebot vom deutschen Nachbarstaat an, denn der Preis dafür ist nicht zu hoch. Ein Volk, das „noch" die gleiche Sprache spricht, gehört zusammen.

Q3 *Die ehemalige britische Premierministerin Thatcher in ihren Memoiren:*

Es ist doch wahrscheinlich, dass Deutschland in einem solchen Gefüge [gemeint ist in einem föderativen Europa] die Führungsrolle einnehmen würde, denn ein wiedervereintes Deutschland ist schlichtweg viel zu groß und zu mächtig, als dass es nur einer von vielen Mitstreitern auf dem europäischen Spielfeld wäre.

Q4 *Der damalige US-Präsident George Bush in einem Interview zu Befürchtungen in einigen europäischen Staaten:*

Ich teile die Sorge mancher europäischer Länder über ein wiedervereintes Deutschland nicht, weil ich glaube, dass Deutschlands Bindung an und sein Verständnis für die Wichtigkeit des [atlantischen] Bündnisses unerschütterlich ist. Und ich sehe nicht, was einige befürchten, dass Deutschland, um die Wiedervereinigung zu erlangen, einen neutralistischen Weg einschlägt (...).

Q5 *Karikatur von Horst Haitzinger.* Sie entstand am 7. November 1989.

Q6 *Der Marsch des Vierten Reiches,* Karikatur von Bill Caldwell (GB) im Daily Star vom 20. 2. 1990

1 Beschreibe die Hoffnungen, die die meisten Deutschen im Osten mit der Wiedervereinigung verbanden (VT, Q2b).

2 Verfasse eine Chronik über den Weg zur Wiedervereinigung vom November 1989 bis zum Oktober 1990 (VT, Q1).

3 Beschreibe die beiden Auffassungen über den Weg zur Wiedervereinigung (VT, Q2a, Q2b). Welcher Auffassung stimmst du zu? Begründe deine Meinung.

4 Welche Befürchtungen gab es im Ausland über ein wiedervereinigtes Deutschland (Q3, Q4)? Sage deine Meinung zu Q6.

5 Erkläre die Aussage der Karikatur (Q5). Beachte das Entstehungsdatum.

21 „Aufbau Ost"

1 *Wasserstraßenkreuz Magdeburg.* Seit der Wiedervereinigung wurden über 53 Milliarden Euro für den Aufbau einer modernen Infrastruktur in den neuen Bundesländern – Bau von Autobahnen, Ausbau des Schienennetzes und der Kanäle – ausgegeben.

Von der Plan- zur Marktwirtschaft

Der wirtschaftliche Aufschwung in den neuen Bundesländern hing vor allem davon ab, wie es gelang, den schwierigen Weg von der Planwirtschaft zur sozialen Marktwirtschaft zu bewältigen. Die vielerorts maroden Fabrikhallen und veralteten Maschinen, die niedrige Arbeitsproduktivität, verbunden mit hohen Lohnkosten, zeigten, dass das sozialistische Wirtschaftssystem versagt hatte. Nur wenige Unternehmen, wie die Carl-Zeiss-Werke in Jena, waren auf dem Weltmarkt konkurrenzfähig.

Staatsbetriebe zu Privatunternehmen

Zunächst war es erforderlich, die 40 000 Staatsbetriebe mit über 4 Millionen Beschäftigten in privatwirtschaftliche Unternehmen umzuwandeln. Mitarbeiter einer neu geschaffenen Deutschen Treuhandanstalt (DTA) überprüften die Wirtschaftlichkeit der ehemaligen Volkseigenen Betriebe, verwalteten deren Vermögen und boten sie neuen Eigentümern zum Kauf an. Doch nur selten fanden sich Käufer. Zu hoch waren die Beträge, die zur Sanierung hätten investiert werden müssen. Etliche Betriebe mussten abgerissen werden. Zwei Millionen Menschen verloren ihren Arbeitsplatz.

„Aufschwung Ost"

In den 1990er-Jahren schob die Bundesregierung, unterstützt von der Europäischen Union, mit dem „Aufschwung Ost" ein gigantisches Aufbauprogramm in den neuen Bundesländern an. Über eine Billion Deutsche Mark (600 Milliarden Euro) flossen in den Osten Deutschlands. Mit diesen Geldern wurden bestehende Betriebe saniert. Neue Unternehmen auf höchstem technischen Niveau entstanden. In wenigen Jahren erhielten Tausende Familien eine neue Wohnung. Das Straßen-, Schienen- und Telefonnetz wurde ausgebaut. Milliarden Mark wurden für die Sanierung der Umwelt verwendet. Gleichzeitig entstanden neue demokratische Verwaltungs- und Justizorgane. Das Bildungswesen wurde grundlegend umgestaltet.

Bilanz: Licht und Schatten

Die Modernisierung der neuen Länder führte zu einer hohen Verschuldung des Staates, die heute noch die wirtschaftliche Entwicklung Deutschlands belastet.
Und was brachte der Aufschwung Ost den Deutschen im Osten selbst? Zunächst – und das wird heute oft vergessen – die Beseitigung der Diktatur, einen demokratischen Rechtsstaat, in dem die Bürger- und Menschenrechte garantiert sind. Für viele verbesserte sich die Lebensqualität, etwa durch die Übernahme des bundesdeutschen Renten- und Sozialsystems.
Aber auch Schattenseiten der Wiedervereinigung sind heute spürbar – hohe Arbeitslosigkeit und sozialer Abstieg für einige. Und was ist aus den von Alt-Bundeskanzler Kohl versprochenen „blühenden Landschaften" geworden? Man findet sie ab und zu schon. Dennoch bleibt noch vieles zu tun.

Q 2 *Die Sicht der Westdeutschen auf die Ostdeutschen im geteilten Deutschland beschrieb 1990 der Schriftsteller Patrick Süskind so:*

Freilich hatte man uns in der Schule beigebracht, dass die Teilung Deutschlands nicht von Dauer sei, dass die Präambel des Grundgesetzes jeden deutschen Politiker verpflichtete, auf ihre Überwindung hinzuarbeiten, dass die Bundesrepublik und ihre Hauptstadt nur ein Provisorium darstellten. Aber das haben wir schon damals nicht geglaubt und glaubten es mit den Jahren immer weniger. (...) Ansonsten schauten wir nach Westen oder nach Süden. Österreich, die Schweiz, Venetien, die Toskana, das Elsass, die Provence (...) lagen uns – um nur von Europa zu sprechen – unendlich viel näher als so (...) Ländereien wie Sachsen, Thüringen, Anhalt, Mecklenburg oder Brandenburg, die wir höchstens notgedrungen rasch durchquerten, um auf der Transitstrecke rasch nach Berlin-West zu gelangen. Was hatten wir mit Leipzig, Dresden oder Halle im Sinn? Nichts. Aber alles mit Florenz, Paris oder London.

Q 3 *Joachim Gauck, ehemaliger Bundesbeauftragter für die Unterlagen des Staatssicherheitsdienstes, in einer Rede vor dem Bundestag 1999:*

Tatsächlich haben die Ostdeutschen mit ihrer – freilich kurzen – Revolution nicht nur sich selbst, sondern allen Deutschen ein historisches Geschenk gemacht. (...) Das, liebe Landsleute im Westen, ist das Geschenk der Ostdeutschen an euch. Gerade angesichts unserer 56-jährigen politischen Ohnmacht in Nationalsozialismus und Herrschaftskommunismus erstrahlt der Mut der Widerständigen von 1989 umso heller. Trotz aller Erblasten der Diktaturen können wir euch im Westen nunmehr auf Augenhöhe begegnen – zwar ärmer, aber nicht als Gebrochene und ganz bestimmt nicht als Bettler.

Aber gleichzeitig, liebe Landsleute im Osten, gibt es auch ein Geschenk der Westdeutschen an uns; es ist nicht in erster Linie materiell. Aus Nazi-Untertanen und Nostalgikern der Nachkriegszeit sind Demokraten geworden (...). Mit der Einheit haben auch wir [die Ostdeutschen] Anteil an diesen Erfahrungen. 40 Jahre Freiheit und Demokratie und Frieden hatte die deutsche Nation in ihrer Geschichte bis dahin noch nicht erlebt.

Q 4 *Demonstration in Magdeburg im Juli 1992.* Beschäftigte eines Schwermaschinenkombinats protestieren gegen beabsichtigte Entlassungen.
– Erkläre die Aussage der Plakate.

Q 5 *Vorher – nachher,* Karikatur von Karl-Heinz Schoenfeld, Anfang der 1990er-Jahre. – Wie beurteilst du das bisherige Zusammenwachsen von Ost und West?

1. *Beschreibe Maßnahmen und Probleme bei der Einführung der sozialen Marktwirtschaft in den neuen Bundesländern (VT, Q1, Q2, Q4).*
2. *Erläutere die Folgen der Wiedervereinigung für die Menschen in den neuen Bundesländern (VT).*
3. *Kennzeichne die Probleme, die aus westdeutscher Sicht das Zusammengehörigkeitsgefühl zu den Deutschen im Osten erschweren (Q2).*
4. *Joachim Gauck erinnert in Q3 an die positiven Aspekte der Wiedervereinigung. Liste sie auf und versuche, die Liste zu ergänzen.*

22 Abschluss
Wer hat hier das Sagen?

Das unten stehende Bild zeigt einen Blick ins Innere der Kuppel des Deutschen Reichstagsgebäudes in Berlin. Im Jahr 1999 wurde die Kuppel fertig gestellt. Sie besteht aus Glas und Stahl und ist für interessierte Besucher geöffnet und begehbar.

Das Reichstagsgebäude blickt auf eine ereignisreiche Geschichte zurück. Kaiser Wilhelm I. legte im Jahr 1884 den Grundstein für das Bauwerk. Im November 1918 verkündete der Sozialdemokrat Philipp Scheidemann von einem Fenster des Gebäudes das Ende des Kaiserreichs und rief die Republik aus. Doch die Republik war nicht von langer Dauer. 1933 begann die Zeit der NS-Diktatur und am 28. Februar brannte der Reichstag. Die Nationalsozialisten schoben dies den Kommunisten in die Schuhe. Kurz vor dem Ende des Zweiten Weltkriegs, am 2. Mai 1945, hisste ein Soldat der Roten Armee zum Zeichen des Sieges die sowjetische Flagge auf dem Gebäude.

Große Bedeutung gewann der Reichstag dann erst wieder nach der Wiedervereinigung. Seit 1999 steht das Gebäude im Zentrum deutscher Politik. Warum? Wer nutzt das Gebäude? Wenn du das nebenstehende Rätsel löst, erfährst du es.

1 Landlose Bauern und Flüchtlinge erhalten Land in der SBZ. **2** Bürgerrecht, in einer Diktatur oft eingeschränkt. **3** Die Herrschenden in der DDR sprachen vom „antifaschistischen Schutzwall". **4** Sowjetischer Staatsmann, der sich um die Wiedervereinigung Deutschlands verdient gemacht hat. **5** Stadt bei Berlin, in der 1945 wichtige Beschlüsse gefasst wurden. **6** Von der RAF ermordeter Präsident des Arbeitgeberverbandes. **7** SPD-Politiker, der gegen Adenauers Politik der Westintegration war. **8** Diese Institution regelte in den neuen Bundesländern die Überführung der Staatsbetriebe in private Unternehmen. **9** „Vater" der sozialen Marktwirtschaft. **10** Von den Westalliierten 1948/49 errichteter Zugang zu West-Berlin. **11** Französischer Staatspräsident (zwei Wörter). **12** Dafür trat in der Bundesrepublik die „Neue Frauenbewegung" ein. **13** Bundeskanzler, mit dem die „neue Ostpolitik" eng verknüpft ist. **14** Staats- und Parteichef in der DDR. **15** Hilfsprogramm der USA für Europa. **16** Sie protestierten 1968 in der Bundesrepublik. **17** Entschädigungen, die die Deutschen für Kriegszerstörungen an andere Staaten zahlen mussten. **18** Ablösung der Reichsmark durch die Deutsche Mark in den Westzonen und West-Berlin im Jahr 1948.

Kopiere die Vorlage des nebenstehenden Rätsels. Finde die passenden Begriffe für die Umschreibungen und schreibe sie unter der entsprechenden Nummer in die Vorlage. Wenn du die Buchstaben der markierten Spalte von oben nach unten liest, weißt du, wer in dem Gebäude wichtige Entscheidungen trifft.

Konflikte in der Welt 2004

- Bürgerkrieg, nationale Machtkämpfe
- Grenzkonflikte und internationale Spannungen
- Kampf um Unabhängigkeit

Im Jahr 2004 gab es in über 30 Ländern rund um den Globus Kriege, gewaltsame Machtkämpfe und ernste Konflikte. Von einer friedlichen Welt kann angesichts dieser Zahlen kaum die Rede sein. Dabei hatten die Menschen nach dem Ende des mehrere Jahrzehnte dauernden Ost-West-Konflikts zwischen den Siegermächten des Zweiten Weltkriegs USA und UdSSR sehnsüchtig auf Entspannung und Frieden gehofft.

Doch in den letzten Jahren traten andere Krisenherde in den Vordergrund: der ständig schwelende Nord-Süd-Konflikt zwischen den reichen Industriestaaten und armen Entwicklungsländern sowie der immer noch ungelöste Nahost-Konflikt zwischen Israel und seinen arabischen Nachbarn.

1945/46

Aus den Kriegsalliierten USA und UdSSR werden Gegner im Ost-West-Konflikt.

1956

In Ungarn und Polen kommt es zu Aufständen gegen die kommunistische Herrschaft.

1962

Kuba-Krise: Ein dritter Weltkrieg droht.

Konflikte und Friedensbemühungen seit 1945

Eine blinde Sudanesin mit ihrem Enkel auf der Flucht vor dem Bürgerkrieg in ihrem Land.

1963–1973

/ietnam führen die USA
rieg, weil sie die Aus-
cung des Kommunismus
fürchten.

1987

Israelisch-arabischer Konflikt: Palästinensische Jugendliche werfen Steine gegen israelische Soldaten.

1989/90

Der Ost-West-Konflikt wird beendet.

2004

Bürgerkrieg im Sudan: Hunderttausende von Menschen werden ermordet oder verhungern.

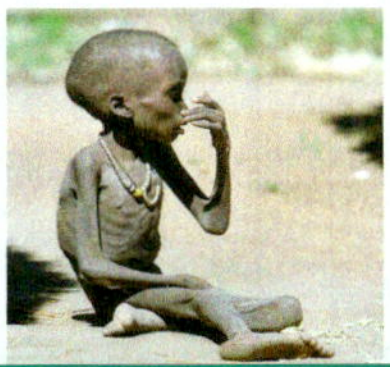

1 Der Ost-West-Konflikt

USA
Die Vereinigten Staaten von Amerika entstanden 1787 als erste Republik mit geschriebener Verfassung.

UdSSR
Die Union der Sozialistischen Sowjetrepubliken wurde 1922 als erster sozialistischer Staat gegründet.

Kriegsalliierte

Im Ergebnis des Zweiten Weltkrieges gab es nur noch zwei Mächte von wirklicher Bedeutung: die USA und die UdSSR. Doch die beiden neuen Weltmächte waren sehr gegensätzliche Staaten. Ihre Zusammenarbeit hatte nur einem Ziel gedient: den Sieg über Hitler-Deutschland möglich zu machen.

Siegermacht Sowjetunion

Am Ende des Zweiten Weltkrieges hatte die Sowjetunion mehr als 20 Millionen Kriegstote zu beklagen und war in weiten Teilen verwüstet. Doch die Rote Armee hatte fast ganz Osteuropa besetzt und war bis nach Deutschland vorgestoßen. Diese Gebiete standen nun unter sowjetischer Kontrolle und bedeuteten einen großen Machtzuwachs.

Das wichtigste Ziel nach dem Krieg war der Wiederaufbau des eigenen Landes. Dazu wollte die Sowjetunion deutsche Reparationsleistungen und amerikanische Kredite nutzen. Langfristig fürchtete der sowjetische Staatschef Stalin einen Konflikt mit den USA und anderen kapitalistischen Staaten.

Siegermacht USA

Die militärische und wirtschaftliche Stärke der USA hatte entscheidend zum Sieg über das nationalsozialistische Deutschland beigetragen. Als einziger der großen Staaten war das Land ohne Zerstörungen geblieben. Seine Fabriken produzierten mehr als jemals zuvor.

Anders als nach dem Ersten Weltkrieg waren die USA fest entschlossen, die politische Neuordnung der Welt mitzugestalten. Demokratie und Menschenrechte sollten dabei überall durchgesetzt werden. Die Amerikaner wollten aber auch ihre wirtschaftliche Vorrangstellung sicherstellen; dazu brauchten sie den freien Zugang zu den Märkten und Rohstoffquellen der Welt.

Q1 *Die „Großen Drei" in Jalta auf der Halbinsel Krim.* Das Foto zeigt den britischen Premierminister Winston Churchill, den amerikanischen Präsidenten Franklin D. Roosevelt und den sowjetischen Staatschef Josef Stalin.

D 1 *Die Machtblöcke Mitte der 1960er-Jahre*

D 2 *Konferenzen der Alliierten:*

1941 – Atlantik-Charta:
Der amerikanische Präsident Roosevelt und der englische Premierminister Churchill legen die Grundsätze einer freien Welt nach dem Ende der NS-Diktatur fest.

1943 (Januar) – Konferenz von Casablanca:
Churchill und Roosevelt beschließen, den Kampf bis zur bedingungslosen Kapitulation Deutschlands und Japans fortzusetzen.

1943 (November/Dezember) – Konferenz von Teheran:
Churchill, Roosevelt und der sowjetische Staatschef Stalin planen für die Zeit nach dem Krieg eine „Westverschiebung" Polens und die Teilung Deutschlands.

1945 (Februar) – Konferenz von Jalta:
Churchill, Roosevelt und Stalin legen ihre Nachkriegspolitik fest. Deutschland soll in vier Besatzungszonen geteilt werden und einen alliierten Kontrollrat als Militärregierung erhalten. Die Ostgebiete des Deutschen Reiches werden Polen und der Sowjetunion zugesprochen. Über den Verlauf der endgültigen Grenzlinie soll eine spätere Friedenskonferenz entscheiden.

1945 (Juli/August) – Potsdamer Konferenz:
Churchill, Truman (der Nachfolger Roosevelts) und Stalin können sich nur mit Mühe auf eine gemeinsame Deutschlandpolitik einigen.

Q 2 *„Entwurf für ein Siegerdenkmal".*
Die Karikatur stammt aus der „Schweizer Illustrierten" vom 11. April 1945. Sie deutet den zukünftigen Konflikt schon an.
– Beschreibe die Karikatur. Wer sind die Staatsmänner auf dem Pferderücken? Wer ist mit der Schlange gemeint? In welche Himmelsrichtung sollen sich die Pferde bewegen? Wie sieht der Karikaturist das Verhältnis der Siegermächte zueinander? Vergleiche mit Q1.

1 Nenne Gründe für den gemeinsamen Kampf der USA und der UdSSR gegen Hitler-Deutschland.
2 Skizziere die unterschiedliche Ausgangslage der USA und der UdSSR am Ende des Zweiten Weltkrieges (VT).
3 Wie wirkten sich die Konferenzen von Casablanca, Teheran und Jalta für Deutschland aus (D2)?

2 Aus Verbündeten werden Feinde

1 *Ein Rotarmist hisst am 2. Mai 1945 die sowjetische Fahne auf dem Reichstagsgebäude in Berlin.* Das nachkolorierte Foto entstand zwei Tage nach der Erstürmung der Reichshauptstadt als nachgestellte Szene.
– Das Foto ist millionenfach abgedruckt worden. Welche symbolische Bedeutung hat es?

NATO
1949 gegründetes Militärbündnis des Westens unter Führung der USA

Warschauer Pakt
1955 gegründetes Militärbündnis des Ostblocks unter Führung der UdSSR

Gegenseitiges Misstrauen

Der stärkste Verbündete der Sowjetunion im Zweiten Weltkrieg waren die USA. Präsident Roosevelt ließ das bedrängte Land mit militärischen Gütern unterstützen. Sein Nachfolger Truman sah dagegen in dem Machtzuwachs der Sowjetunion eine Gefahr für das demokratische Nachkriegseuropa und für die wirtschaftlichen Interessen der USA. Er befürchtete, Stalin würde die Rote Armee nicht wieder aus den befreiten Ländern Osteuropas zurückziehen und diesen Staaten ein kommunistisches System aufzwingen.
Aber auch die sowjetischen Politiker hatten Ängste: Sie befürchteten, ihr geschwächtes Land könnte von der neuen US-Regierung weltpolitisch an den Rand gedrängt und völlig isoliert werden, wenn die Rote Armee die besetzten Gebiete in Osteuropa verlassen würde. Hatten die USA nicht ein leichtes Spiel, die osteuropäischen Staaten an sich zu binden? Und ergab sich nicht wieder eine Gefahr für die militärische Sicherheit der Sowjetunion, wenn das einzige kommunistische Land von kapitalistischen Staaten eingekreist würde?

Sowjetisierung Osteuropas

Fast in allen Ländern Ost- und Südosteuropas, die im Zweiten Weltkrieg von der Roten Armee befreit worden waren, übernahmen von der Sowjetunion unterstützte kommunistische Regierungen die Macht. Häufig gelang das nur durch Terror gegen Andersdenkende. Menschen wurden verhaftet, verschleppt oder eingeschüchtert. Auch vor Mord schreckten die neuen Machthaber, die oft mit dem sowjetischen Militär und Geheimdienst zusammenarbeiteten, nicht zurück.
Die Staaten unter sowjetischem Einfluss nannten sich Volksdemokratien. In Wirklichkeit waren sie aber Diktaturen. Stalin band diese Staaten durch Militär- und Wirtschaftsverträge eng an die UdSSR.

Beginn des „Kalten Krieges"

Durch die kommunistischen Diktaturen im Osten Europas hatte sich der Machtbereich der Sowjetunion erheblich ausgeweitet. Das löste Ängste in den USA und Westeuropa aus. Viele Menschen sahen ihre Freiheit und Sicherheit bedroht. Andererseits fürchteten Stalin und die mit ihm verbündeten Kommunisten, dass die USA auf einen Umsturz in Osteuropa hinarbeiten würden.
Misstrauen, Angst und Rivalität bestimmten bald die Beziehungen zueinander. Der „Kalte Krieg" begann.

Zwei feindliche Blöcke

Die USA und die Sowjetunion suchten sich nun Bündnispartner überall in der Welt. So entstanden zwei feindliche Machtblöcke, ein sozialistischer im Osten und ein kapitalistischer im Westen. 1949 gründeten die USA zusammen mit Kanada und westeuropäischen Staaten den Nordatlantischen Verteidigungspakt (NATO). Dem setzte die Sowjetunion 1955 den Warschauer Pakt als östliches Militärbündnis entgegen.

Q2 *Über das Recht des Siegers äußerte sich Stalin im April 1945 gegenüber jugoslawischen Kommunisten:*

Dieser Krieg ist nicht wie in der Vergangenheit. Wer immer ein Gebiet besetzt, erlegt ihm auch sein gesellschaftliches System auf. Jeder führt sein eigenes System ein, so weit seine Armee vordringen kann.

Q3 *Vor ausländischen Kommunisten sagte Malenkow, einer der mächtigsten Männer der UdSSR nach Stalin, 1947:*

In dem Bestreben, die Position zu festigen, die das amerikanische Monopolkapital während des Krieges in Europa und Asien erobert hat, hat diese Clique nun den Weg offener Expansion betreten, den Weg der Versklavung der geschwächten kapitalistischen Länder Europas, der Versklavung der kolonialen und abhängigen Länder, den Weg der Vorbereitung neuer Kriegspläne gegen die UdSSR und die Länder der neuen Demokratie, wobei sie sich des Vorwandes eines Kampfes gegen die kommunistische Gefahr bedienen.

Q4 *US-Präsident Harry S. Truman (1945–1953) verfolgte das Ziel, den Kommunismus einzudämmen. Für diese Politik entstand der Begriff „Truman-Doktrin". In einer Rede äußerte sich Truman im Jahr 1947 über die unterschiedlichen Lebensweisen in Ost und West und die sich daraus ergebenden Folgen:*

Die eine Lebensweise gründet sich auf den Willen der Mehrheit und zeichnet sich durch freie Institutionen [staatliche Einrichtungen], freie Wahlen, Garantie der persönlichen Freiheit, Rede- und Religionsfreiheit und Freiheit von politischer Unterdrückung aus. Die zweite Lebensweise gründet sich auf den Willen einer Minderheit, der der Mehrheit aufgezwungen wird. Terror und Unterdrückung, kontrollierte Presse und Rundfunk, scheinbare Wahlen und Unterdrückung persönlicher Freiheit sind ihre Kennzeichen. Ich bin der Ansicht, dass es Politik der USA sein muss, die freien Völker zu unterstützen, die sich der Unterwerfung durch bewaffnete Minderheiten oder durch Druck von außen widersetzen.

A-Z

Kalter Krieg
Zustand gegenseitiger militärischer Bedrohung, der 40 Jahre lang das Klima zwischen Ost und West beherrschte. Der Begriff „kalt" wurde gewählt, weil es nie zu direkten militärischen Übergriffen zwischen den USA und der UdSSR kam.

Truman-Doktrin
Politik der USA in den 1950er- und 1960er-Jahren, die darauf abzielte, den Einfluss- und Machtbereich der UdSSR zu begrenzen.

D1 *Ausdehnung des sowjetischen Machtbereichs seit dem Zweiten Weltkrieg.*
– Fertige eine Tabelle an, in der du alle Staaten aus der Karte nennst, die unter sowjetische Kontrolle gerieten. Schreibe auch die jeweilige Jahreszahl in eine Spalte.

Sowjetunion 1938
sowjetische Annexion 1939–1945 mit Jahreszahl
sowjetischer Machtbereich nach 1945
1940 Jahr der Errichtung von Volksdemokratien
zeitweiliger sowjetischer Einflussbereich (Jugoslawien bis 1948, Albanien bis 1961)
Unterstützung der Kommunisten im griechischen Bürgerkrieg bis 1949
Staatsgrenze 1949
0 500 1000 km

Standpunkte: Der Ursprung des Kalten Krieges im Urteil der Historiker

D 2 *Der amerikanische Historiker William A. Williams, 1969:*

Die Führer Amerikas operierten aufgrund dreier Prämissen [Annahmen] oder Ideen, welche die Welt unter dem Gesichtspunkt des Kalten Krieges definierten. Die erste besagte, dass Russland zwar böse, aber schwach sei. (…) Die amerikanische Führung konzentrierte sich darauf, den amerikanischen Einfluss in Osteuropa wiederherzustellen und die Russen auf ihre traditionellen Grenzen zurückzudrängen. (…) Eine weitere Grundauffassung der amerikanischen Führer definierte die Vereinigten Staaten als das Symbol und den Agenten des Positiven, Guten, im Gegensatz zum sowjetischen Übel, und unterstellte, dass die Kombination von amerikanischer Stärke und russischer Schwäche es ermöglichen würde, die Zukunft der Welt in Übereinstimmung mit dieser Beurteilung zu gestalten. (…) Der dritte wesentliche Aspekt (…) war die Befürchtung, dass das Wirtschaftssystem Amerikas in eine schwere Depression geraten würde, wenn es nicht seine Expansion in Übersee fortsetzte.

D 3 *Der amerikanische Historiker John Lukacs äußert sich im Jahr 1970 zum Konflikt zwischen den USA und der Sowjetunion:*

Schon vor Kriegsende stand außer Frage, dass Russland als eine der großen Weltmächte aus dem Krieg hervorgehen würde. Es war klar, dass es nicht nur sein Ansehen, sondern in noch stärkerem Maße seine Macht und seine Besitzungen vermehren würde; es stand ebenfalls außer Frage, dass sein Hauptehrgeiz nicht das internationale Prestige [Ansehen] des Kommunismus betraf, sondern in erster Linie auf die Beherrschung Osteuropas gerichtet war. (…) Es stand außer Frage, dass die Westalliierten in Anbetracht des großen russischen Beitrags zum Kriege und ihrer eigenen geographischen Lage es nicht würden umgehen können, einzelne der russischen Forderungen zu erfüllen. Die Tragödie war, dass sie – insbesondere die Vereinigten Staaten – der Situation erst ins Gesicht sahen, als es schon zu spät war.

Bild- und Tondokumente zum Kalten Krieg auf Zeitreise multimedial „Das 20. Jahrhundert"

Q 5 *In einem Schulgeschichtsbuch der Bundesrepublik Deutschland aus dem Jahr 1963 heißt es:*

Infolge der Bolschewisierung Osteuropas nahmen die Spannungen zwischen den Westmächten und der Sowjetunion ständig zu. (…) Die Sowjetunion versuchte nun auch über die von ihr besetzten Gebiete hinaus ihren Einflussbereich zu vergrößern. Iran und Türkei wurden nach Kriegsende von ihr unter schweren diplomatischen Druck gesetzt. (…) In Griechenland nutzten die Kommunisten die inneren Wirren aus und bauten im Norden des Landes eine Bürgerkriegsarmee auf, die aus den Nachbarländern unterstützt wurde. (…) Da Großbritannien (…) die Interessen des Westens im Mittelmeergebiet und im Nahen Osten nicht mehr alleine sichern konnte, griff der amerikanische Präsident Truman ein.

Q 6 *In einem Schulgeschichtsbuch der DDR aus dem Jahr 1988 heißt es:*

Am 12. März 1947 verlas USA-Präsident Truman auf einer gemeinsamen Sitzung des Senats und des Repräsentantenhauses eine Botschaft: Er behauptete, das östliche Mittelmeer – besonders Griechenland und die Türkei – sei durch die Sowjetunion bedroht. 400 Millionen Dollar sowie die Entsendung von zivilem und militärischem Personal sollten dieser „Bedrohung" entgegensteuern. Überall in der Welt, prahlte Truman, würden die USA nun die Kräfte der „Demokratie" und der „Freiheit" unterstützen. Diese „Truman-Doktrin" (…) erhob die „Politik der Stärke" zur offiziellen USA-Politik. Die Truman-Doktrin leitete eine Periode des Kalten Krieges gegen die UdSSR und die sich herausbildenden volksdemokratischen Staaten ein.

Depression
Wirtschaftliches Tief mit Massenarbeitslosigkeit und einer hohen Zahl an Unternehmenspleiten. Die Krise kann nur überwunden werden, wenn die Nachfrage nach Gütern und Dienstleistungen wieder steigt.

Expansion
(lat. = Ausdehnung) meint in diesem Zusammenhang die Ausweitung der Exporte.

D 4 *Als die Rote Armee im Sommer 1944 die Ostgrenze Polens überschritt,* gründete sich eine von Kommunisten und Sozialisten dominierte prosowjetische Regierung. Sie wurde im Juni 1945 gemäß alliierter Vereinbarung zu einer „Regierung der Nationalen Einheit" erweitert, indem einige Mitglieder der schon vorher bestehenden prowestlichen Londoner Exilregierung aufgenommen wurden. Die versprochenen „freien und unbehinderten Wahlen" verzögerten die sowjetischen Militärbehörden bis 1947. Mit Drohungen und Wahlfälschungen erhielten die Parteien des „Demokratischen Blocks" unter Führung der Kommunisten fast 90 Prozent der Stimmen.

D 5 *Die Tschechoslowakei* war der einzige Staat Osteuropas, in dem die Kommunisten bei freien Wahlen (Mai 1946) mit 38 % der Stimmen die stärkste Partei wurden. Der Kommunist Klement Gottwald wurde Ministerpräsident in einer Koalitionsregierung. Gottwald drängte die bürgerlichen Minister zum Rücktritt, besetzte hohe Polizeiposten mit Kommunisten und ließ Presse, Rundfunk und Verwaltung kontrollieren. 200 000 Menschen kamen bei „Säuberungen" in Straflager. Nach Scheinwahlen – Oppositionsparteien waren nicht zugelassen – ließ er eine Verfassung nach sowjetischem Vorbild ausarbeiten.

Q 7 *Anspruch auf Weltherrschaft,* amerikanische Karikatur aus dem Jahr 1947.
– Erkläre, wie Russland und die USA dargestellt werden.

Q 8 *Der tschechische Ministerpräsident Klement Gottwald* war als kommunistischer Parteiführer in Moskau geschult worden. Das Foto von 1947 zeigt einen Umzug mit seiner Büste durch die Straßen Prags. Überall in den Volksdemokratien Osteuropas ließen sich die kommunistischen Führer bei Paraden und Aufmärschen von den „Volksmassen" feiern. Stalin hatte diese Form des Personenkults in den 1930er-Jahren in der Sowjetunion eingeführt.

1. *Was will Stalin in Q2 gegenüber den jugoslawischen Kommunisten sagen?*
2. *Erkläre, wie Malenkow in Q3 Amerikas Politik nach dem Zweiten Weltkrieg sieht.*
3. *Mit welchen Begriffen kennzeichnet Präsident Truman die gesellschaftlichen Unterschiede zwischen Ost und West in Q4? Erläutere, welche Schlussfolgerungen er für die Politik der USA zieht.*
4. *Erläutere den Begriff „Sowjetisierung" am Beispiel der Tschechoslowakei und Polens (D4, D5).*
5. *In D2 und D3 versuchen zwei amerikanische Historiker zu erklären, welche Seite die größere Schuld daran hatte, dass die Welt nach 1945 in zwei Blöcke zerfiel. Liste die jeweiligen Argumente stichwortartig auf und bewerte sie.*
6. *Die beiden Schulbuchtexte aus Ost und West (Q5, Q6) bewerten den Kalten Krieg jeweils anders. Stelle die Unterschiede gegenüber.*

3 Am Rande eines Atomkriegs

Q1 *„Einverstanden, Herr Präsident, wir wollen verhandeln ...“* Die englische Karikatur aus dem Jahr 1962 zeigt Kennedy und Chruschtschow in der Kubakrise.

Ein neuer Verbündeter der UdSSR

Auf der Karibikinsel Kuba hatten Freiheitskämpfer unter Führung Fidel Castros 1959 den Diktator Batista gestürzt. Bis dahin war die Zucker- und Tabakindustrie des Landes unter der Kontrolle US-amerikanischer Firmen gewesen. Castro ordnete die Verstaatlichung der Zuckerindustrie an und ließ alle US-Vermögen beschlagnahmen. Eine vom amerikanischen Geheimdienst gesteuerte Invasion der Insel scheiterte. Fidel Castro erklärte Kuba zu einem sozialistischen Staat und bat die UdSSR um „brüderliche“ Hilfe. Im Gegenzug durfte die Sowjetunion Raketen auf der Insel stationieren.

Die USA zeigen Härte

Am Abend des 22. Oktober 1962 schreckte eine Botschaft des amerikanischen Präsidenten Kennedy die Menschen in aller Welt auf. Er teilte mit, dass die USA nicht länger bereit seien, den Aufbau russischer Atomraketen auf Kuba hinzunehmen. Amerikanische Kriegsschiffe würden sowjetische Schiffe mit dem Ziel Kuba aufhalten, durchsuchen und, falls sie Angriffswaffen an Bord hätten, zurückschicken.

Die UdSSR gibt nach

In den folgenden Tagen fragten sich Menschen in aller Welt, was wohl geschehen würde, sollten russische Schiffe die Seeblockade durchbrechen. Doch mehrere Richtung Kuba steuernde Frachter drehten kurz vor dem Zusammenstoß ab. Radio Moskau meldete am 28. Oktober: „Die Raketen werden abmontiert und in die Sowjetunion zurückgebracht.“ Doch auch die Amerikaner hatten Zugeständnisse gemacht: Sie zogen gegen die Sowjetunion gerichtete Mittelstreckenraketen aus der Türkei ab.

Die Supermächte hatten einen Atomkrieg gerade noch einmal abgewendet. Beiden Seiten war das Risiko eines unkontrollierten Wettrüstens bewusst geworden. Ein dritter Weltkrieg mit Atomwaffen würde einen Großteil der Menschheit vernichten.

Rüstungskontrolle durch Verträge

Noch im Jahr 1962 wurde zwischen den Regierungen in Washington und Moskau der so genannte heiße Draht installiert, eine Telefonverbindung, die einen ungewollten Kriegsausbruch verhindern sollte. Es folgten Verträge, die das Wettrüsten einschränkten, zum Beispiel der Atomwaffensperrvertrag von 1968. Darin vereinbarten die Atommächte USA, UdSSR, Großbritannien und Frankreich, keine Kernwaffen an Drittstaaten weitergeben zu wollen. Die meisten Staaten der Erde schlossen sich diesem Vertrag später an.

1975 unterzeichneten 33 europäische Staaten, die USA und Kanada in Helsinki die Schlussakte der „Konferenz über Sicherheit und Zusammenarbeit in Europa“ (KSZE). Darin verpflichteten sie sich, die bestehenden Grenzen in Europa zu achten und bei militärischen Manövern die Gegenseite vorher zu informieren. So sollte Vertrauen zwischen Ost und West geschaffen werden.

A-Z

Strategische Waffen
sind atomare, chemische und biologische Kampfstoffe. Ihr Einsatz verändert die Kriegführung grundlegend.

Atommächte
nennt man diejenigen Staaten, die im Besitz von Atom- oder Wasserstoffbomben sind.

Q2 *US-Präsident Kennedy in einer Fernsehansprache, 22. Oktober 1962:*

Jede dieser Raketen ist – kurz gesagt – in der Lage die Bundeshauptstadt Washington, den Panamakanal, Cape Canaveral, Mexiko-City oder irgendeine andere Stadt im südöstlichen Teil der Vereinigten Staaten, in Mittelamerika oder im karibischen Gebiet zu treffen. (...) Diese plötzliche und heimliche Entscheidung, zum ersten Male außerhalb der Sowjetunion strategische Waffen zu stationieren, ist eine absichtlich provokatorische und ungerechtfertigte Veränderung des Status quo, die von unserem Land nicht hingenommen werden kann, wenn unser Mut und unsere Versprechen von Freund und Feind noch ernst genommen werden sollen.

Q3 *Chruschtschow an Kennedy am 27. Oktober 1962:*

Sie sind beunruhigt über Kuba. Sie sagen, das beunruhigt Sie, weil es nur 150 Kilometer vor der Küste der Vereinigten Staaten von Amerika liegt. Aber die Türkei grenzt an unser Land; unsere Wachtposten patrouillieren hin und her und können einander sehen. Meinen Sie, Sie hätten das Recht, Sicherheit für Ihr Land zu verlangen und Abzug der Waffen zu fordern, die Sie offensiv nennen, uns aber dasselbe Recht nicht zuzugestehen? Sie haben vernichtende Raketenwaffen, die Sie offensiv nennen, in der Türkei stationiert. (...) Ich mache daher folgenden Vorschlag: Wir sind bereit die Waffen, die Sie für offensiv halten, aus Kuba abzuziehen. Wir sind bereit dies durchzuführen und diese Zusage den Vereinten Nationen zu geben. Ihre Vertreter werden eine Erklärung des Inhalts abgeben, dass die Vereinigten Staaten ihrerseits in Anbetracht der Besorgnis und des Unbehagens in der Sowjetunion ihre entsprechenden Waffen aus der Türkei abziehen.

D1 *Aus dem Vokabular des Schreckens:*

Zweitschlagfähigkeit nannte man die Fähigkeit einer Atommacht, nach einem Überraschungsangriff des Gegners wirksam zurückschlagen zu können. Von der Glaubwürdigkeit der beiderseitigen „Zweitschlagfähigkeit" hing der Erfolg der atomaren Abschreckung ab. Man sprach vom „Gleichgewicht des Schreckens".

Overkill capacity (Fähigkeit, den Gegner mehrfach zu töten) bezieht sich auf das Waffenarsenal der Supermächte. Um 1985 verfügte jede Seite über 20 000 bis 30 000 Atomwaffen – genug, um den Gegner damit mehrfach zu vernichten.

Q4 *Wenn die Supermächte mit dem Säbel rasseln ...,* amerikanische Karikatur. Zu Beginn der 1980er-Jahre setzte ein neues Wettrüsten der Supermächte ein. Sie stellten in West- und Osteuropa Mittelstreckenraketen gegeneinander auf.

1. *Beurteile die Positionen der USA (Q2) und der Sowjetunion (Q3) in der Kubakrise.*
2. *Kennedy sagte 1963, ein totaler Krieg sei im Zeitalter der Atomwaffen sinnlos. Begründe die Aussage mit Q1 und D1.*
3. *In welcher Lage befand sich Europa im Kalten Krieg? Erkläre mit Hilfe von Q4.*

Erklärte Atommächte	*Zahl der Atomwaffen (Sprengköpfe)*
USA	10 656
Russland	ca. 10 000
China	400
Frankreich	350
Großbritannien	185
Weitere Atommächte	
Israel	ca. 200
Indien	ca.60
Pakistan	bis zu 48
Nordkorea	mind. 1

Quelle: Center for Defense Information, Stand 2005

D2 *Atommächte weltweit*

4 „Die Guten“ und „die Bösen“ – Feindbilder im Kalten Krieg

Q 1 *„Die sowjetische Krake muss gestutzt werden.“*, holländische Karikatur aus dem Jahr 1953

Korea-Krieg
1950 – 1953 unter Beteiligung der USA und des kommunistischen China geführter Krieg in Ostasien. Er verschärfte die Spannungen zwischen den Supermächten.

Propaganda in West ...

Die amerikanische Regierung unter Präsident Truman hatte sich entschlossen, überall in der Welt dem Einfluss des Kommunismus entgegenzutreten. Nun galt es, das eigene Volk für diese neue Politik und größere Rüstungsausgaben zu gewinnen. Wie nach dem Ersten Weltkrieg gab es viele Amerikaner, die meinten, die USA sollten sich möglichst bald wieder aus Europa zurückziehen. Wie ließen sich diese Menschen von den Plänen der Regierung überzeugen? „Jagt ihnen kräftig Angst ein!“, soll ein Minister empfohlen haben.
Plakate, Zeitungsgeschichten und Spionagefilme erzeugten in den 1950er- und 1960er-Jahren immer neue Alpträume von der „Roten Gefahr“. Den Menschen wurde eingeredet, dass jederzeit ein sowjetischer Atomangriff drohe. Zeitweise artete die Furcht vor Kommunisten in blanke Hysterie aus. Wenn jemand nur im Verdacht stand, den Sozialismus zu unterstützen, wurde er am Arbeitsplatz und auch zu Hause überwacht. Eine „Kommission für unamerikanische Umtriebe“ wurde eingesetzt, die vor allem auf Schriftsteller, Künstler, Politiker und Wissenschaftler Druck ausübte.

... und Ost

Wie ein Spiegelbild wirkte die östliche Propaganda. Die Menschen im sowjetischen Machtbereich sollten glauben, ihr Gesellschaftssystem, der Sozialismus, sei dem westlichen Kapitalismus weit überlegen. Deshalb müsse der Sozialismus vor den „amerikanischen Imperialisten“ und deren Verbündeten geschützt werden. Alle Völker des sozialistischen Blocks könnten dazu beitragen, wenn sie sich geschlossen hinter ihre kommunistischen Parteien stellten.
Mit einer solchen Propaganda rechtfertigten die sowjetischen Machthaber und deren Verbündete die steigenden Rüstungsausgaben. Da angeblich überall Spione und Saboteure lauerten, schien es notwendig, die persönliche Freiheit der Menschen einzuschränken. Wer gegen die staatliche Überwachung protestierte, wurde im Ostblock von der Geheimpolizei überwacht. Viele Menschen wurden auch verhaftet und eingesperrt. Gefürchtet waren die Straflager in Sibirien, in denen Andersdenkende unter oft unmenschlichen Bedingungen „umerzogen“ wurden.
Die Propaganda in Ost und West ließ in den Köpfen der Menschen Zerrbilder von der jeweils anderen Seite entstehen. Diese wurde als Hort alles Bösen verteufelt. So schürte sie Hass und Furcht gleichermaßen.

Q2 *Plakat zur ersten Bundestagswahl 1949*

D1 *Der Spion Klaus Fuchs verriet amerikanische Atomgeheimnisse, mit deren Hilfe der Bau der sowjetischen Atombombe gelang. Das löste während des Korea-Krieges eine beispiellose Kommunistenjagd in den USA aus. Der Historiker Guido Knopp schreibt darüber:*
Die berühmtesten Opfer dieser Hexenjagd, das Ehepaar Rosenberg, stand mit dem Fall Klaus Fuchs in direkter Verbindung. Sie hatten als Zwischenträger zweitrangige Geheimnisse weitergegeben, die von ihrem Schwager David Greenglass (…) gesammelt worden waren – im Vergleich zum Verrat von Klaus Fuchs ausnahmslos unwichtiges technisches Detailwissen. (…) [Die] US-Ermittlungsbehörden [glaubten] an einen groß angelegten Spionagering (…) – mit den Rosenbergs im Zentrum. Das bis zuletzt seine Unschuld beteuernde Ehepaar Rosenberg wurde zum Tode verurteilt und (…) auf dem elektrischen Stuhl hingerichtet. (…) Der Urteilsspruch lautete: „Gegen den Verrat, der eine diabolische Verschwörung zur Vernichtung dieser gottesfürchtigen Nation ist, muss ich ein Urteil fällen, das demonstrieren soll, dass die Sicherheit der Nation unantastbar bleiben muss."

Q3 *Die amerikanische Spinne kriecht über „Westeuropa"*
(= Text im Bild: Sapatnaja Jewropa), sowjetische Karikatur aus den 1950er-Jahren

Q4 *Amerikanisches Filmplakat* (1963).
In westlichen Spionagefilmen und -romanen war die Sowjetunion in der Regel das „Reich des Bösen", gegen das Geheimagenten wie Kreuzritter der Moderne die westliche Zivilisation verteidigten.

1. *Vergleiche die Plakate Q1 und Q3. Wie wird der jeweilige Gegner dargestellt?*
2. *Mit welchen Mitteln arbeitet das Plakat Q2? An welche Erfahrungen der Menschen will es anknüpfen?*
3. *Schreibe einen Lexikonartikel zum Begriff „Feindbild".*
4. *Diskutiert mit Hilfe der Materialien dieser Doppelseite: Wie können sich Feindbilder auf das Denken der Menschen und auf die Politik auswirken?*

5 Krisen im sozialistischen Lager

1 *Mit dem Sturz eines Stalin-Denkmals (Foto) in Budapest begann am 23. Oktober 1956 der Aufstand in Ungarn.*
Davor hatte es schon zwei Volksaufstände gegen kommunistische Machthaber gegeben, im Juni 1953 in der DDR und im Juni 1956 in Polen. In beiden Fällen war die schlechte Versorgung der Bevölkerung mit Konsumgütern eine wichtige Ursache der Proteste.

A-Z

Eiserner Vorhang nannte man die Grenze zwischen „Ost" und „West" während des Kalten Krieges. Sie war durch Stacheldraht, Wachtürme und Minen streng gesichert.

Stalins Tod – Hoffnung auf Freiheit

Die kommunistischen Regierungen in Osteuropa waren mit sowjetischer Unterstützung an die Macht gekommen. Danach ließen sie keine freien Wahlen mehr zu. Als der Diktator Stalin 1953 starb, hofften viele Menschen auf mehr Freiheit und Unabhängigkeit. Für diese Ziele gingen sie auf die Straße und demonstrierten.

1956: Volksaufstand in Ungarn

Am 23. Oktober 1956 protestierten in der ungarischen Hauptstadt Budapest 200 000 Menschen. Sie forderten freie Wahlen, Pressefreiheit und den Abzug der sowjetischen Truppen. Vor allem aber verlangten sie, der beliebte Reformpolitiker Imre Nagy solle als Ministerpräsident eingesetzt werden. Am folgenden Tag wurde er ins Amt berufen. Doch die im Land stationierten sowjetischen Truppen marschierten in Budapest ein. Bewaffnete Aufständische kämpften daraufhin gegen die Rote Armee.
Imre Nagy erklärte Ungarn zu einem neutralen Staat und gab den Austritt seines Landes aus dem Warschauer Pakt bekannt.

Die Rote Armee schlägt zurück

Am 4. November griffen russische Panzerverbände in das Geschehen ein und gewannen in wenigen Tagen die Kontrolle über die ungarische Hauptstadt wieder.
Die Machthaber in Moskau setzten eine neue Regierung ein. Diese ließ oppositionelle Politiker, Offiziere und Intellektuelle verhaften; 400 wurden nach Schauprozessen hingerichtet – darunter Imre Nagy. Trotz der verzweifelten Hilferufe der Ungarn an die westlichen Staaten unternahmen diese nichts, um dem ungarischen Volk zu helfen.

1968: Sowjetpanzer in Prag

Anfang 1968 entschieden sich die in der Tschechoslowakei regierenden Kommunisten zu demokratischen Reformen. Sie wollten den Sozialismus beibehalten, aber auch Meinungsfreiheit, Versammlungs- und Redefreiheit sowie Reisefreiheit zulassen. Daneben versprachen sie Wirtschaftsreformen und eine schonungslose Aufdeckung der stalinistischen Verbrechen.
Die Reformpolitiker um Alexander Dubček fanden in der Tschechoslowakei und im westlichen Ausland viele Sympathien.
In Moskau und in den anderen Hauptstädten des Ostblocks fürchteten die kommunistischen Parteiführer aber ein Ende ihrer Macht. Daher beschlossen sie, den „Prager Frühling", wie man den Demokratisierungsprozess nannte, zu beenden.
Am 21. August 1968 marschierten Streitkräfte des Warschauer Paktes in die Tschechoslowakei ein. Die Tschechen und Slowaken leisteten Widerstand: Es gab Tote und Verletzte. Der sowjetische Parteichef Leonid Breschnew stellte unmissverständlich klar, dass keinem Land des Ostblocks ein eigener Weg zum Kommunismus erlaubt sei. Der „Eiserne Vorhang" blieb für weitere zwei Jahrzehnte geschlossen.

Q2 *Der Generalsekretär der KPdSU, Nikita Chruschtschow, am 3. November 1956 zum Eingreifen der Roten Armee (Tagebucheintrag des jugoslawischen Botschafters):*

Wenn wir nachgeben würden, hieße es im Westen, wir wären dumm und schwach, was das Gleiche ist. (...) Die Kapitalisten würden dann direkt an die Grenze der UdSSR vorrücken. (...)
[Chruschtschow sagte,] sie könnten eine Restauration des Kapitalismus in Ungarn auch aus internen Gründen der Sowjetunion nicht zulassen. Es ließen sich dort Leute finden, die die ganze Angelegenheit wie folgt darstellen könnten: Solange Stalin regierte, habe jeder pariert und es habe keine Erschütterungen gegeben.

Q3 *Die Haltung des sowjetischen Parteichefs Breschnew gegenüber den Prager Genossen notierte ein Mitarbeiter von Alexander Dubček:*

Breschnew war persönlich aufrichtig entrüstet darüber, dass Dubček sein Vertrauen enttäuscht hatte und nicht jeden seiner Schritte vom Kreml billigen ließ. (...) Allein von dieser Todsünde (...) leitete Breschnew alle anderen Sünden ab: „Antisozialistische Tendenzen" nehmen überhand, die Presse schreibt, was sie will. (...)
Breschnew sprach ausführlich über die Opfer der Sowjetunion im Zweiten Weltkrieg. (...) Diesen Preis musste die Sowjetunion für ihre Sicherheit bezahlen, und eine der Garantien für diese Sicherheit ist die Teilung Europas nach dem Krieg und dazu gehört auch, dass die Tschechoslowakei „für ewige Zeiten" mit der Sowjetunion verbunden ist. (...) Die Ergebnisse des Zweiten Weltkrieges – so Breschnew – sind für die Sowjetunion unantastbar und darum werden sie auch auf die Gefahr eines neuen Krieges hin verteidigt werden. (...) Er (...) hat bei [US-] Präsident Johnson angefragt, ob die amerikanische Regierung auch heute noch die Ergebnisse der Konferenzen von Jalta und Potsdam voll anerkennt. Und am 18. August hat er folgende Antwort erhalten: In Bezug auf die Tschechoslowakei und Rumänien gilt die vorbehaltlose Anerkennung.

Q4 *Ende des „Prager Frühlings": Mit Gewalt beendeten Panzer 1968 die Bestrebungen der Bürger nach mehr Demokratie.*

Q5 *Soldaten der Roten Armee beim Einmarsch in die Tschechoslowakei,* tschechoslowakisches Plakat von 1968

1 *Was waren die Ziele der Ungarn 1956? Was wollten die Tschechen und Slowaken 1968?*

2 *Erkläre, warum die Demonstranten in Budapest ein Stalin-Denkmal gestürzt haben (Q1).*

3 *Das Plakat Q5 zeigt die Rote Armee aus zwei Perspektiven. In welcher Rolle kam sie 1945 ins Land? Wie wird ihr Erscheinen 1968 gesehen?*

4 *Wie begründet Chruschtschow 1956 die Niederschlagung des Volksaufstandes in Ungarn (Q2), wie Breschnew die Führungsrolle der UdSSR 1968 (Q3)?*

5 *Überlege, warum der Westen 1956 und 1968 nicht eingegriffen hat (VT, Q3).*

6 Wenn ein Dominostein fällt …

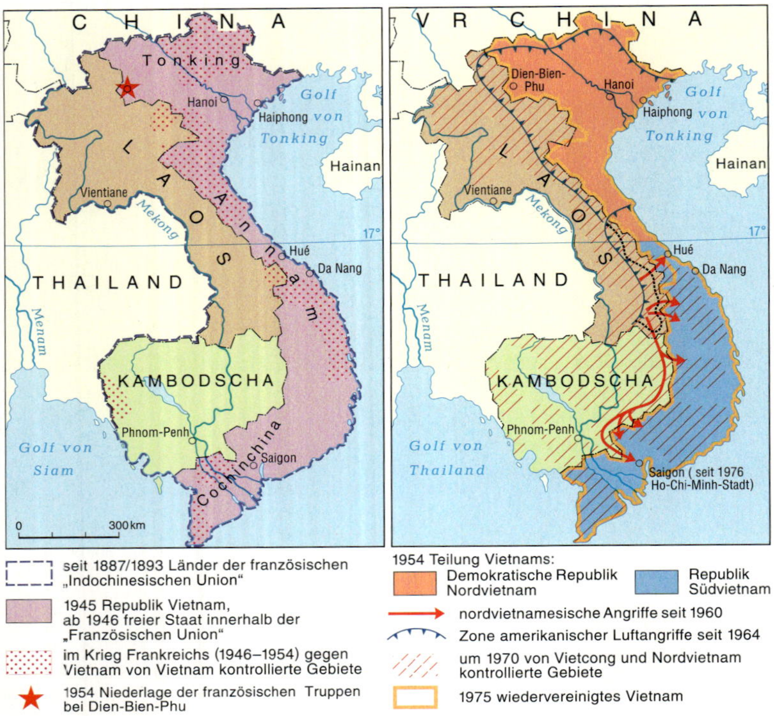

D 1 *Konflikte um Vietnam*

Guerillakrieg
Kampf ohne feste Fronten, bei dem Untergrundkämpfer einen überlegenen Feind überraschend angreifen.

Stellvertreterkriege
Die USA und die UdSSR führten nie direkt Krieg. Sie mischten sich aber in Bürgerkriege kleinerer Staaten ein, indem sie die Partei unterstützten, die ihren Interessen nützte.

Vietnam – ein Land in Südostasien

Auch im Kalten Krieg wurde geschossen, zum Beispiel in Vietnam. Dort stießen die sieggewohnten Amerikaner zum ersten Mal an die Grenzen ihrer Macht.

Vietnam hatte seit dem 19. Jahrhundert – als Teil Französisch-Indochinas – unter Fremdherrschaft gestanden. Nach dem Zweiten Weltkrieg gelang es vietnamesischen Kommunisten, die Regierung zu übernehmen. Die ehemalige Kolonialmacht Frankreich wollte ein unabhängiges kommunistisches Vietnam aber nicht anerkennen und begann einen Krieg. Er dauerte acht Jahre und endete mit der Teilung des Landes in ein kommunistisches Nordvietnam und ein vom Westen gestütztes Südvietnam. In Südvietnam waren zu Beginn der 1960er-Jahre viele Kleinbauern verarmt. Doch die Regierung half ihnen nicht.

Ein Stellvertreterkrieg der Großen

In den ländlichen Gebieten bildete sich daraufhin eine kommunistische Widerstandsbewegung: der Vietcong. Weil der Vietcong keinen offenen Krieg gegen die Regierung riskieren konnte, führte er einen Guerillakrieg. Die Sowjetunion und das ebenfalls kommunistische China unterstützten den Vietcong mit Waffen; Nordvietnam schickte „Freiwillige“ in den Kampf.

Südvietnam wurde von den USA mit Kriegsmaterial und Geld versorgt. Die amerikanische Regierung befürchtete nämlich einen „Domino-Effekt“ in Südostasien: Alle Staaten der Region, so glaubte man, würden nacheinander „umfallen“, wenn nur einer unter kommunistische Herrschaft geriete.

Der „schmutzige“ Krieg Amerikas

Ab 1963 griffen die USA auch mit eigenen Truppen und modernster Technik in den Krieg ein. Chemische Kampfstoffe entlaubten ganze Urwälder. Mit Napalm-Brandbomben wurden die Nachschubwege des Vietcong aus Nordvietnam zerstört. Die Brutalität der Kriegsführung erschütterte das Ansehen der USA in der Welt und auch das Selbstbewusstsein der Amerikaner. Man sprach zunehmend von einem „schmutzigen Krieg“. Eine breite Protestbewegung gegen den Vietnamkrieg bildete sich heraus.

Am Ende musste die Weltmacht USA erkennen, dass sie dem Guerillakrieg im Dschungel nicht gewachsen war. Immer mehr Opfer forderten die Kämpfe. Fast zwei Millionen Vietnamesen aus Nord- und Südvietnam starben ebenso wie 57 000 US-Soldaten. Der Vietcong ging als Sieger aus dem Kampf hervor, und Vietnam wurde 1975 zu einem kommunistischen Staat vereinigt. Auch in den benachbarten Staaten Laos und Kambodscha setzten sich 1975 kommunistische Systeme durch.

D 2 *Ein Foto und seine Geschichte:*
Die Aufnahme Q4 entstand am 8. Juni 1972 kurz nach einem Napalm-Angriff auf das südvietnamesische Dorf Trang Bang. Das nackte Mädchen ist die damals neunjährige Kim Phuc, links ihr älterer Bruder. Kim Phuc berichtete: „Ich hatte das Gefühl, als ob mein Körper von innen nach außen verbrannte (...). Wir rannten und rannten, und endlich kamen wir an die Brücke, dort waren die Reporter."
Das Foto erschien weltweit in den Medien. Es hieß, amerikanische Jagdflugzeuge hätten das Dorf bombardiert. Kriegsgegner sahen in dem Foto einen weiteren Beweis für den „schmutzigen Krieg" der Amerikaner. Doch das Bild stammte aus einer späten Phase des Krieges, als sich die amerikanischen Truppen schon aus Vietnam zurückzogen. In Wahrheit hatte die südvietnamesische Luftwaffe das Dorf versehentlich angegriffen. Sie hatte in der Gegend Vietcong-Stellungen vermutet, dann aber die Bomben irrtümlich über den eigenen Truppen und Einwohnern abgeworfen.

Q 1 *Anti-Vietnam-Demonstration in Washington 1969.* Der Vietnamkrieg war der erste Krieg, dessen Grausamkeiten im Fernsehen unzensiert gezeigt wurden. In den 1960er- und 1970er-Jahren fanden in vielen Städten der Welt Protestkundgebungen gegen den Vietnamkrieg statt.

Q 2 *US-Präsident Johnson (1963–1968) rechtfertigte den Vietnamkrieg 1965:*
Warum sind wir in Vietnam? Wir sind dort, weil wir ein Versprechen zu halten haben. (...) So haben wir viele Jahre hinweg als Nation uns verpflichtet, Südvietnam bei der Verteidigung seiner Unabhängigkeit zu helfen. Dieses Versprechen zu brechen und dieses kleine tapfere Volk seinem Feind preiszugeben – und damit dem Terror, der darauf folgen muss –, das wäre ein unverzeihliches Unrecht. Wir sind ferner in Südvietnam, um die Ordnung der Welt zu stärken. Auf der ganzen Erde – von Berlin bis Thailand – leben Menschen, deren Wohlergehen zum Teil auf dem Vertrauen beruht, dass sie auf uns zählen können, wenn sie angegriffen werden.

Q 3 *Ho Chi Minh, der Staatschef Nordvietnams, schrieb 1967 an Johnson:*
Die Regierung der USA hat ständig in Vietnam interveniert und ihre Aggressionen gegen Südvietnam begonnen und intensiviert, um die Teilung Vietnams zu verewigen und Südvietnam in eine amerikanische Kolonie und einen amerikanischen Militärstützpunkt umzuwandeln. (...) In Südvietnam haben sich eine halbe Million Soldaten der USA und ihrer Satellitenstaaten der unmenschlichsten Methoden der Kriegsführung wie Napalm, Chemikalien und Giftgase bedient, um unsere Landsleute zu ermorden, ihre Ernten zu vernichten und ihre Dörfer dem Erdboden gleichzumachen.

Q 4 *Kinder auf der Flucht vor Napalmbomben, die ihr Dorf im Juni 1972 in Brand gesetzt hatten.* Bilder wie dieses haben viele Amerikaner und Millionen Menschen in aller Welt am Sinn des Krieges zweifeln lassen.

1. *Beschreibe die Situation Vietnams von 1945 bis 1975 (VT, D1).*
2. *Mit welchen Formulierungen versucht Präsident Johnson in Q2 die Amerikaner von seiner Politik zu überzeugen? Welche Argumente setzt der nordvietnamesische Staatschef Ho Chi Minh in Q3 dagegen?*
3. *Erkläre mit Hilfe der Karte D1 den von US-Politikern befürchteten Domino-Effekt.*
4. *Betrachte das Foto Q4. Warum hat es eine so große Wirkung gehabt?*
5. *Schreibe eine Reportage zum Angriff auf das Dorf Trang Bang (D2, Q4).*

7 Niedergang einer Supermacht

Q 1 *Eine Karikatur zum Ende des Kalten Krieges* übergab Michail Gorbatschow dem US-Präsidenten George Bush auf dem KSZE-Gipfeltreffen in Helsinki im September 1990 (Foto). 1991 unterzeichneten sie einen Vertrag, der beide Seiten verpflichtete, die Zahl der Langstreckenraketen mit Atomsprengköpfen stark zu reduzieren.

Ideal und Wirklichkeit

Seit 1917 war die KPdSU (Kommunistische Partei der Sowjetunion) die alles bestimmende Kraft in der Sowjetunion gewesen. Sie hatte den Menschen immer wieder ein besseres Leben in der Zukunft verheißen; dafür galt es in der Gegenwart zu arbeiten. 1961 versprach ein Parteiprogramm, noch im nächsten Jahrzehnt würde die Sowjetunion die USA – „das mächtigste und reichste Land des Kapitalismus – in der Produktion pro Kopf der Bevölkerung überflügeln".
Doch der Alltag der Sowjetbürger blieb bedrückend. Die Planwirtschaft erwies sich als unfähig, den Lebensstandard der Bevölkerung zu heben. Außerdem beanspruchte das ständige Wettrüsten mit den USA die knappen Mittel der Sowjetwirtschaft so sehr, dass die Pläne immer weniger eingehalten werden konnten. Für die Bürger in der Sowjetunion bedeutete dies weniger Wohnungen und weniger Konsumgüter.

Zweifel am Sozialismus

Immer mehr Menschen in der Sowjetunion begannen mit der Zeit am Sozialismus zu zweifeln. Sie bemängelten fehlende Freiheiten und Misswirtschaft. Eine direkte Folge war, dass viele Sowjetbürger resignierten und auch die Arbeitsmoral nachließ. Mutig traten Einzelne für Veränderungen ein. Die so genannten Dissidenten forderten die Beachtung der Menschenrechte. Doch die Funktionäre der Partei wollten ihre Macht nicht abgeben. Der sozialistische Staat behandelte seine Kritiker wie Verbrecher oder Geisteskranke: Sie kamen ins Gefängnis oder in psychiatrische Anstalten.

Zusammenbruch des Systems

1985 wurde Michail Gorbatschow Generalsekretär der Kommunistischen Partei der Sowjetunion. Er wollte den Sozialismus menschenfreundlicher und erfolgreicher machen. Über die Politik der Partei durfte nun erstmals offen diskutiert werden. Anfangs beschränkte sich die Kritik auf einzelne Missstände. Bald zeigte sich aber, dass die meisten Menschen die Abschaffung des gesamten Systems wünschten. Nicht „Umbau", sondern der Zusammenbruch des kommunistischen Systems war die Folge.
Überall in den Staaten des Ostblocks stürzten nun Menschen die Macht der kommunistischen Parteien. In Polen war dieser Prozess schon seit 1980 durch die unabhängige Gewerkschaftsbewegung Solidarnosc vorbereitet worden. Ihr Erfolg hatte auch die anderen Völker des Ostblocks zum Widerstand ermutigt. 1990 löste sich der Warschauer Pakt auf, 1991 die Sowjetunion.

Das Ende des Ost-West-Konflikts

Michail Gorbatschows neue Politik machte auch eine Verständigung zwischen Ost und West möglich. Der Kalte Krieg konnte beendet werden, die Gefahr eines Atomkrieges zwischen den Supermächten wurde gebannt. Doch dafür brachen viele regionale Konflikte auf, etwa in Georgien, in Bosnien oder im Kaukasus.

A-Z

Dissidenten
(von lat. dissidere = nicht übereinstimmen, getrennt sein) bezeichnet hier Andersdenkende, die das Sowjetsystem kritisierten. Die Dissidentenbewegung setzte unter Chruschtschow ein. Schriftsteller und Künstler forderten damals mehr Freiheit für ihre Arbeit.

totalitär
Bestreben, alle Bereiche des politischen, wirtschaftlichen und gesellschaftlichen Lebens im Sinne einer herrschenden Ideologie zu erfassen.

Q2 *Der Politikwissenschaftler Wolfgang Leonhard hatte in den 1930er- und 1940er-Jahren in der Sowjetunion gelebt. Dort war er zum überzeugten Kommunisten erzogen worden. 1989 schrieb er über den Sozialismus in der Sowjetunion:*

Nicht nur während der Revolutionsjahre Lenins, sondern selbst noch in der Stalin-Zeit war die Ideologie zumindest für einen Teil der Bevölkerung (...) Überzeugung. Bei allen Fehlern (...), ja selbst bei deutlich erkannten Ungerechtigkeiten handele es sich, so glaubte man damals, um nichts Geringeres als um die erstmalige Verwirklichung eines großen Ziels: die Errichtung einer klassenlosen kommunistischen Gesellschaft. (...) Mit der Errichtung einer Gesellschaft, in der es keinen Staat, keine Unterdrückung, keine Ausbeutung und keine Klassen mehr gebe (...) und in der das Prinzip „Jeder nach seinen Fähigkeiten, jedem nach seinen Bedürfnissen" verwirklicht sei, würden auch völlig neue Beziehungen zwischen den Menschen hergestellt und die Befreiung der Persönlichkeit erfolgen. (...) Von dieser damals noch lebenden Idealvorstellung (...) ist in der heutigen Sowjetunion fast nichts mehr übrig geblieben.

Q3 *In den Jahren vor Gorbatschows Reformen funktionierte die Sowjetwirtschaft immer weniger. Das beschrieb der Moskauer Redakteur der „New York Times" 1991 so:*

Arbeiter, Manager, jedermann tat so, als arbeite er in der offiziellen Wirtschaft, aber wenn der Konsument wirklich etwas benötigte, wandte er sich an den Schwarzmarkt, und zwar in solchem Umfang, dass dieser das Ausmaß einer Gegenwirtschaft annahm. Was immer man brauchte – Fleisch, frisches Gemüse, Zahnpasta, Kaviar, Babykleidung, Ballettkarten, Ersatzteile, Medikamente, Nachhilfestunden für die Kinder, eine anständige Wohnung –, man wandte sich an diese Gegenwirtschaft. Ganze Untergrundindustrien blühten, illegale Fabriken innerhalb legaler: Sie arbeiteten mit denselben Arbeitskräften und Rohstoffen, doch diesmal effizient, da für privaten Gewinn.

Q4 *Als Sieg der Vernunft sah der Historiker Gregor Schöllgen 1996 den friedlichen Ausgang des Kalten Krieges:*

Auch in Zukunft wird der Mensch also unter Beweis zu stellen haben, dass er nicht nur über eine beachtliche Überlebens-, sondern auch über eine gewisse Lernfähigkeit verfügt. Während des Kalten Krieges hat er diesen Beweis erbracht. Die katastrophalen Erfahrungen der ersten Jahrhunderthälfte führten ihn in der zweiten zu einer Einsicht, die auch im 21. Jahrhundert wenig von ihrer Gültigkeit verlieren wird: Einen Krieg, erwachsen aus den Problemen und Konstellationen des ersten, geführt mit der Verbissenheit des zweiten und ausgetragen mit dem Mittel des dritten, also mit der Nuklearwaffe, dürfte die Menschheit kaum überleben. In diesem Wissen gründete die Logik des dritten Krieges, der deshalb ein kalter blieb.

1. *Halte einen Kurzvortrag: „Warum scheiterte die Sowjetunion?" (VT, Q2, Q3) Gliedere dein Thema, etwa so:*
   - *die Rolle der KPdSU*
   - *Versagen der Planwirtschaft*
   - *Unterdrückung Andersdenkender*
   - *Forderungen der Dissidenten*
2. *Warum war die Solidarnosc für die kommunistischen Systeme im gesamten Ostblock gefährlich (VT, Q5)?*
3. *Hauptgewinner eines beendeten Kalten Krieges ist Europa. Begründe diese Aussage (Q1, Q4).*

Q5 *Die polnische Gewerkschaft Solidarnosc entstand 1980 während eines Streiks der Danziger Werftarbeiter.* Unter Führung des Elektrikers Lech Walesa (Foto) strebte sie eine humanere Gesellschaft an. Von den kommunistischen Machthabern unterdrückt, arbeitete Solidarnosc im Untergrund weiter. 1989 hatte sie einen wesentlichen Anteil an der demokratischen Umgestaltung Polens.

8 Russlands schweres Erbe

1 *Russische Soldaten durchsuchen im Februar 2005 ein Haus in der tschetschenischen Hauptstadt Grosny.* Tschetschenien im Kaukasusgebirge hatte sich 1991 für unabhängig erklärt. Russland führte daraufhin Krieg gegen die Tschetschenen.

GUS – eine neue Staatengemeinschaft

1991 löste sich die Sowjetunion in 15 unabhängige Staaten auf. Mit Ausnahme der drei baltischen Staaten Estland, Lettland und Litauen, die seit 2004 Mitglieder der Europäischen Union sind, schlossen sie sich wieder zur Gemeinschaft Unabhängiger Staaten (GUS) zusammen. Doch dieser lose Staatenbund ist nicht mit dem Vorgängerstaat zu vergleichen.

Vom Sozialismus zum Kapitalismus

Russland ist der führende Staat der GUS mit etwa 144 Millionen Einwohnern und einem Staatsgebiet von über 17 Millionen km². So groß ist kein anderer Staat der Erde. Das im Osten liegende Sibirien ist reich an Rohstoffen. Schon zur Zeit der Sowjetunion wurden diese im Rahmen der Planwirtschaft durch groß angelegte Erschließungsmaßnahmen zugänglich gemacht.
Heute sind die ehemaligen Großbetriebe der Industrie und Landwirtschaft zum größten Teil privatisiert. Doch die Wende zur Marktwirtschaft hat in Russland große Gegensätze innerhalb der Bevölkerung entstehen lassen. Unter der Regierung des russischen Präsidenten Boris Jelzin (1991–1999) wurde die Wirtschaft radikal privatisiert. Davon profitierten vor allem ehemalige Funktionäre der kommunistischen Partei, die nun billig ehemalige Staatsbetriebe aufkaufen konnten oder wertvolle Förderlizenzen für Rohstoffe wie Öl und Gas bekamen.
Unrentable Fabriken mussten geschlossen werden, und Millionen Menschen verloren ihre Arbeit. Die russische Währung, der Rubel, verlor ständig an Wert. Dadurch verarmten vor allem Rentner, deren Alterseinkommen nicht einmal mehr für die Miete reichte.
Die russische Wirtschaft ist nach einer schweren Krise 1998 allerdings wieder gewachsen, sodass sich bei steigenden Einkommen auch in Russland eine Mittelschicht herausbilden kann. Allerdings hängt die russische Wirtschaft zu einseitig von den Einnahmen aus der Öl- und Gasindustrie ab.

Nationalitätenkonflikte

Die kommunistische Ordnung hatte die unterschiedlichen Völker der Sowjetunion unter Zwang zusammengehalten. Nachdem sie sich aufgelöst hatte, forderten die verschiedenen Volksgruppen des Riesenreiches mehr Eigenständigkeit, manche sogar Unabhängigkeit. Dies führte zu manchen kriegerischen Auseinandersetzungen, etwa zwischen Russland und dem Volk der Tschetschenen im Kaukasus.

Eine Weltmacht der Zukunft?

Russland war im europäischen Staatensystem bis 1917 eine anerkannte Großmacht, als Sowjetunion zwischen 1945 und 1991 eine Welt- und Supermacht. Diesen Status hat das neue Russland nicht mehr – oder noch nicht …

Informationen über Russland findest du auf der Homepage der russischen Botschaft unter www.russische-botschaft.de

D 2 *Die Gemeinschaft Unabhängiger Staaten (GUS)*

Q 2 *Neue Armut ist ein Hauptproblem der russischen Gesellschaft im Übergang zur Marktwirtschaft. Dazu schreibt der Politikwissenschaftler Heiko Pleines:*

Die Mehrheit der Bevölkerung verlor in der Jelzin-Ära ihre gesicherte soziale Position. Armut charakterisierte die neu entstehende Gesellschaft. Dabei war der Anteil der Menschen, deren Einkommen unter dem Existenzminumum lag, sehr hoch. [Es] ist davon auszugehen, dass Mitte der neunziger Jahre mindestens ein Viertel der russischen Bevölkerung von Armut betroffen war.

Das soziale Sicherungssystem konnte diese Probleme nicht lösen. In der Sowjetunion war ein großer Teil der Sozialleistungen über die Betriebe verteilt worden. Mit der Privatisierung und der Wirtschaftskrise brach dieses System in großen Teilen zusammen, und dem Staat gelang es nicht, eine funktionierende Alternative zu etablieren. Die Leistungen der Arbeitslosenversicherung waren so gering, dass viele Arbeitslose auf Registrierung verzichteten. (…) Der 1999 einsetzende Wirtschaftsaufschwung führte zu einer allmählichen Verbesserung der sozialen Lage. Der Durchschnittslohn stieg von 60 US-Dollar 1999 auf über 150 US-Dollar 2003. Gleichzeitig wurden die Rentenzahlungen von 1999 bis 2003 fast verdreifacht, sodass die durchschnittliche Monatsrente 2003 bei über 50 US-Dollar lag.

D 1 *Russland arbeitet heute auf vielen Feldern mit dem Westen zusammen:*

Es ist Mitglied im Europarat, 1994 dem NATO-Programm „Partnerschaft für den Frieden" beigetreten und seit 2000 Vollmitglied in der Gruppe der führenden Industriestaaten (G8), die damit auf acht erweitert wurde. Nach dem 11. September 2001 trat Russland auch der von den USA angeführten „Allianz gegen den Terrorismus" bei.

Q 3 *Deutsch-russisches Gipfeltreffen 2002.* Das Foto zeigt den russischen Präsidenten Wladimir Putin mit dem deutschen Bundeskanzler Gerhard Schröder in Weimar. Die beiden Staatsmänner verhandelten auch über einen Nachlass russischer Schulden. 2004 kündigte Russland wegen hoher Öleinnahmen die vorzeitige Rückzahlung seiner Restschulden an.

1. *Nenne Probleme Russlands nach dem Ende der Sowjetunion (VT, Q1, Q2).*
2. *Schreibe aus D2 die Staaten auf, die zur GUS gehören.*
3. *Besorge dir für ein Kurzreferat aus dem Internet oder einem aktuellen Länderlexikon (z. B. Fischer Weltalmanach) Informationen zu einem der GUS-Staaten.*

9 Supermacht USA

Q 1 *Der Stolz auf das eigene Land ist in der US-Bevölkerung sehr ausgeprägt.* Ihren Patriotismus zeigen Amerikaner ganz selbstverständlich. Das Foto entstand bei einer Gedenkveranstaltung für die Opfer der Terroranschläge vom 11. September 2001.

Informationen über die USA bietet die Webseite der US-Botschaft unter www.us-botschaft.de

Pax Americana
ist an die Vorherrschaft des Römischen Reiches in der Antike angelehnt. Damals sprach man von der Pax Romana (lat. pax = Frieden) und meinte einen Friedenszustand, der durch die Überlegenheit der römischen Waffen garantiert wurde.

Sieger im Kalten Krieg?

Nach den großen Veränderungen zwischen 1989 und 1991 wurde viel von der neuen amerikanisch-russischen Partnerschaft gesprochen. Wie am Ende des Zweiten Weltkrieges erschien es kurze Zeit so, als könnten die beiden Mächte den Weltfrieden dauerhaft sichern. Doch die Stärke Amerikas war zu groß. Seine Prinzipien von Demokratie und Marktwirtschaft hatten sich durchgesetzt. Politisch, wirtschaftlich und militärisch betrachtet, blieben nur die USA als Supermacht übrig. Somit sahen sich die meisten Amerikaner auch als Sieger des Kalten Krieges. Russland wollten sie nur die Rolle eines Juniorpartners zubilligen.

Die einzige Supermacht

Überall in der Welt traten die USA im Namen von Freiheit und Demokratie selbstbewusster denn je auf: am Persischen Golf, im Nahen Osten, im ehemaligen Jugoslawien und in vielen anderen Regionen der Erde. Sie weiteten ihren Einflussbereich ständig aus – wirtschaftlich aber auch militärisch. Mit Bulgarien, Polen, Rumänien, Tschechien, der Slowakei und Ungarn gehören dem westlichen Verteidigungsbündnis NATO nun Mitglieder des ehemaligen Warschauer Paktes an. 2004 sind sogar drei ehemalige Teilrepubliken der UdSSR beigetreten: Estland, Lettland und Litauen.
Die amerikanische Vorherrschaft hat aber auch ihre Grenzen erfahren: im zweiten Golfkrieg 2003. Die NATO-Partner Deutschland und Frankreich führten zusammen mit Russland diejenigen Staaten an, die den Krieg der USA gegen den Irak kritisierten. Immer mehr Menschen zweifeln seither am Sinn der amerikanischen Führungsrolle.

Neue Weltmächte als Konkurrenten?

Aus der heutigen Sicht könnten den USA in den nächsten Jahrzehnten zwei oder drei neue Gegenpole erwachsen: China und Indien haben ein riesiges Bevölkerungpotenzial. Dort leben zusammen etwa 2,4 Milliarden Menschen, gegenüber 290 Millionen in den USA. Beide Länder verfügen über ein enormes Wirtschaftswachstum. Auf der anderen Seite Eurasiens gibt es die Europäische Union mit etwa 450 Millionen Menschen und einer Wirtschaftskraft, die der amerikanischen schon jetzt überlegen ist.

Die US-Kultur – Leitbild für alle?

Niemals zuvor hat ein einziges Land über die Politik hinaus so viel Einfluss auf die anderen gehabt. Der Lebensstandard und die Lebensart der Amerikaner wirken anziehend. Filme aus der Traumfabrik Hollywood werden weltweit gesehen. Das Internet transportiert fast selbstverständlich amerikanische Ideen in alle Welt. Wer es nutzen will, muss Englisch lernen. Und doch: Mit dem wirtschaftlichen Aufstieg der asiatischen Völker wird es zu einer Rückbesinnung auf die eigenen Werte kommen. Die Kulturen Chinas und Indiens sind älter als die Europas und erst recht als diejenige der USA.

2 *Amerikas Übermacht skizzierte der Journalist Michael Naumann in der Wochenzeitung „Die Zeit" am 7. 11. 2002 so:*

Die prägende Erfahrung Europas, dessen tiefe Wunden nie vernarben werden, ist ein einziger Weltkrieg, der nicht erst 1939, sondern bereits 1914 begann und erst 1945 endete. Dieser Kontinent (...) hat sich aus der klassischen Machtpolitik verabschiedet, von Präventivstrategien [vorbeugende Strategien] ganz zu schweigen.

Die USA hingegen sind als Hypermacht [eine alles beherrschende Supermacht] bei sich und ihrer selbst definierten historischen Bestimmung angekommen. In einer Rede (...) sagte George W. Bush am 1. Juni 2002: „Amerika besitzt eine militärische Stärke, die von niemandem herausgefordert werden kann und die es bewahren wird." Für den amerikanischen Präsidenten ist die politische Geschichte der Menschheit dort, wo sie mit der Geschichte des Militärs, der Wafffen und der Kriege verknüpft war, zu ihrem (...) Ziel und Ende gekommen. Es heißt: United States of America. Die überbewaffnete Demokratie gibt sich als Sieger der Geschichte zu erkennen. Friede, genauer, Pax Americana herrscht aber erst dann, wenn alle anderen Nationen die Zwecklosigkeit von Nachrüstungen jeglicher Art erkannt haben.

4 *US-Soldaten nehmen im August 2004 die von Rebellen beherrschte Stadt Nadschaf im Südirak ein.* Nach dem 11. September 2001 hatte Präsident Bush die Terrororganisation Al-Qaida, den Iran, Nordkorea und den Irak zu einer „Achse des Bösen" erklärt. Im März 2003 griffen die USA den Irak an. Die Begründung: der irakische Diktator Saddam Hussein verstecke Massenvernichtungsmittel, die die Welt bedrohten. Der zweite Golfkrieg löste weltweite Proteste aus.

3 *Der ungehinderte Zugang zu strategischen Rohstoffen ist ein zentrales Ziel der amerikanischen Politik. Darüber schrieb Ewald Stein 2004 in der Wirtschaftszeitung „Handelsblatt":*

Die Amerikaner haben ihre strategische Orientierung längst modifiziert [verändert]. Im Fokus steht dabei nur vordergründig der Nahe Osten. Der Blick muss weiter schweifen – in Richtung Zentralasien. Es locken die umfangreichen Öl- und Gasschätze rund um das Kaspische Meer, die vermutlich größten Reserven der Welt. (...)

Ein Blick auf die Landkarte ist aufschlussreich: In Pakistan und Afghanistan haben sich die US-Streitkräfte fest etabliert. Im Irak ist kein Ende der Truppenpräsenz absehbar. Die US-Kontingente in der Türkei werden durch noch in Deutschland stationierte Heeres- und Luftwaffenverbände verstärkt. (...) Im Indischen Ozean werden auf Diego Garcia und auf Guam im Pazifik sowohl die Luftstreitkräfte, darunter strategische Bomber, als auch Marineverbände konzentriert. (...) Über enge, überwiegend militärische Kooperationen mit autoritären Regimen in Kirgistan, Turkmenistan, Kasachstan, Tadschikistan oder auch Georgien will Washington sich dauerhaft in der Region positionieren. Es besteht nämlich die Gefahr, dass der heute noch größte Ölproduzent der Welt, Saudi-Arabien, politisch implodiert [indem das Herrschaftssystem zusammenbricht]. Deshalb muss aus US-Sicht Zentralasiens Energiereichtum als Alternative unter Kontrolle gebracht werden.

1 Beschreibe die Weltmachtrolle der USA: politisch, militärisch, kulturell (VT, Q2–Q4).

2 Um welchen Rohstoff geht es in Q3? Welche Region der Welt steht im Mittelpunkt? Wie sichern die USA ihre Versorgung langfristig?

3 Wie sieht Michael Naumann in Q2 die Rolle der USA? Wie begründet er die Ablehnung des zweiten Golfkrieges durch viele europäische Staaten?

4 Im ersten Golfkrieg (1991) führten die USA im Auftrag der UNO Krieg gegen den Irak, weil dieser Kuwait besetzt hatte. Im zweiten Golfkrieg (2003) griffen die USA den Irak ohne ein Mandat der UNO an, weil dort angeblich Massenvernichtungswaffen gelagert wurden. Bewerte den jeweiligen Kriegsgrund.

10 Methode
Fish-Bowl: Diskutieren wie Profis

Ihr habt sicher schon einmal vor einem Aquarium gestanden. Man betrachtet von außen ein Geschehen, das sich im Glas abspielt. Auch wenn es da drinnen noch so lebendig zugeht, kann man nur bedingt eingreifen. Die Fische sind die Akteure, sie reagieren auf das, was im Glas geschieht; die Betrachter davor interessieren sie kaum. Etwas abgewandelt lässt sich daraus ein Verfahren für die Diskussion politischer Themen entwickeln.

Q 1 *Fischglas*

Fish-Bowl (engl.: Kugelglas mit Fischen) ist eine Methode, bei der die Ergebnisse von Gruppenarbeiten anders als gewohnt vorgetragen werden: Die Gruppensprecher stehen nicht vor der Klasse, sondern sitzen in einem Innenkreis; sie tragen die Ergebnisse vor und diskutieren sie mit den anderen Gruppensprechern. Die übrigen Schülerinnen und Schüler sitzen in einem Außenkreis; sie hören zu, können sich aber auch an der Diskussion beteiligen.

Ein Thema kontrovers diskutieren

Die Fish-Bowl-Methode eignet sich auch für ein Streitgespräch in Form einer „Expertenrunde". Dazu könnt ihr euch bei einem umstrittenen Thema auf eine Position vorbereiten. Die Frage könnte zum Beispiel lauten: Wer hat Schuld am Ausbruch des Kalten Krieges?

Ihr könnt den USA oder der Sowjetunion die größere Schuld zuweisen. Eure Argumente tragt ihr in der Innenrunde als „Experten" vor. Die Zuhörer in der Außenrunde können am Ende abstimmen, wer die besseren Argumente hatte.

D 1 *Sitzordnung links: Hufeisenform, rechts: Kreisform*

Moderator | *„Experten"/Gruppensprecher*

freier Stuhl | *Zuhörer*

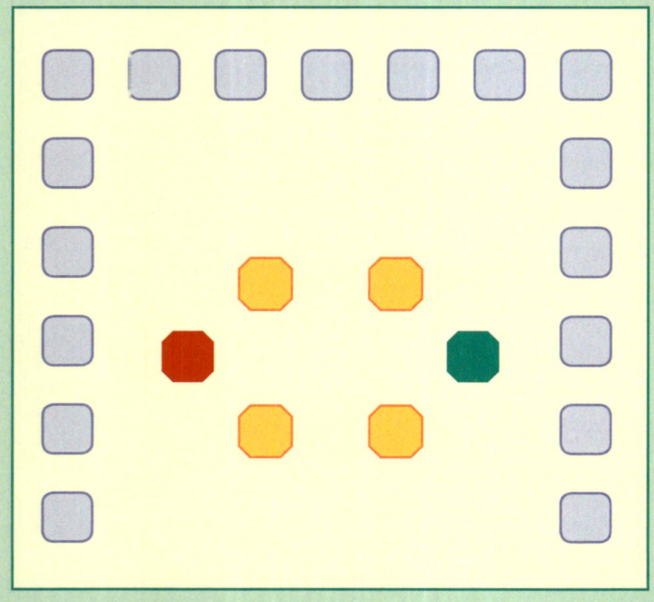

Methodische Arbeitsschritte

1. In Gruppen werden Einzelthemen bearbeitet und diskutiert. Haltet die Arbeitsergebnisse stichwortartig fest und benennt einen oder zwei Gruppensprecher.
2. Legt die Sitzordnung fest:
   Die Gruppensprecher und -sprecherinnen setzen sich in einen Innenkreis. In dieser Runde nimmt ein Moderator Platz, der das Gespräch leitet. Außerdem wird ein freier Stuhl in den Kreis gestellt.
   Die übrigen Schülerinnen und Schüler setzen sich in einen Außenkreis.
3. Die Schülerinnen und Schüler im Innenkreis tragen die Diskussionsergebnisse ihrer Gruppen vor. Die Beiträge folgen in lockerer Form aufeinander und werden jeweils im Innenkreis diskutiert.
   Die Zuhörer im Außenkreis haben von ihrem Platz aus kein Rederecht. Wenn sie sich an der Diskussion beteiligen möchten, müssen sie sich auf den freien Stuhl setzen. Nach ihrem Redebeitrag gehen sie wieder auf ihren Platz im Außenkreis zurück.

Der Kalte Krieg – Einzelthemen für die Gruppenarbeit

- Wie kam es zum Kalten Krieg?
- Hat das Gleichgewicht des Schreckens den Frieden erhalten?
- Propaganda im Kalten Krieg
- Volksaufstände im Ostblock
- Der Vietnamkrieg
- Wodurch kam es zum Ende des Kalten Krieges?

1 Bereitet verschiedene Themen zum Kalten Krieg in Gruppen vor. Diskutiert die Arbeitsergebnisse der Gruppen nach der Fish-Bowl-Methode.

2 Führt eine Pro- und Contra-Debatte zum folgenden Thema: Haben die Amerikaner oder die Russen die größere Schuld am Ausbruch des Kalten Krieges gehabt? Organisiert das Streitgespräch nach der Fish-Bowl-Methode.

Q 2 *Schüler diskutieren nach der Fish-Bowl-Methode.*

11 Der Nahostkonflikt

1 *Jerusalem:* Als heiligste Stätte des Judentums gilt die Klagemauer, während die dahinter aufragende Omar-Moschee (so genannter „Felsendom") sowie die nebenan liegende Al-Aksa-Moschee zu den bedeutendsten Heiligtümern des Islam zählen. Auch für die Christen ist Jerusalem eine heilige Stadt, in der viele Orte an das Leben und den Tod Jesu erinnern.

Palästinenser
Palästinensische Araber lebten lange vor der jüdischen Besiedlung und Staatsgründung im Gebiet des heutigen Israel. 1948 flohen die meisten in arabische Staaten.

Zionismus
Politisch-religiöse Bewegung des Judentums mit dem Ziel alle Juden in das „Land Israel" zurückzuführen. Der Name leitet sich vom „Zion" (= Jerusalem) des Alten Testaments ab.

Brennpunkt der Weltpolitik
In den vergangenen Jahrzehnten stand der Nahe Osten häufiger als jede andere Weltregion im Blickpunkt der täglichen Nachrichtensendungen. Sie handelten meist von Krieg und Gewalt, dem Streit um Land und geschichtlich begründete Rechte, zuweilen auch von Verhandlungen um einen dauerhaften Frieden.
Wer den Nahostkonflikt verstehen will, muss nach seinen Ursachen, seinem Verlauf und nach den aktuellen Streitpunkten fragen. Daraus ergeben sich Zusammenhänge, die vielleicht einen Weg zum Frieden aufzeigen können. Wichtige Fragen sind also:
- Wie ist der Nahostkonflikt entstanden?
- Welche Völker sind davon betroffen?
- Welche Interessen haben sie?
- Sind bisher Anstrengungen zur Lösung des Konflikts unternommen worden?
- Wie kann ein Frieden erreicht werden?

Palästina ist Heimat …
Der Raum um den es geht, liegt am östlichen Rand des Mittelmeeres. Im europäischen Sprachgebrauch ist das der Nahe Osten. Der eigentliche Konflikt findet aber um Palästina statt, das zwei Völker als ihre rechtmäßige Heimat ansehen.

… für das jüdische Volk
Um 1000 v. Chr. entstand dort der Staat Israel. Er gab dem jüdischen Volk unter den Königen David und Salomon zum ersten Mal eine staatliche Einheit. Danach gerieten die Juden wiederholt unter die Herrschaft fremder Völker, am Ende unter die römische. Die Römer nannten ihre neue Provinz erst Judäa, später Palästina. Nach zwei Aufständen gegen die römische Fremdherrschaft im 1. und 2. Jahrhundert n. Chr. wurden viele Juden von den Römern getötet. Andere flohen oder wurden aus Palästina vertrieben. Etwa 1800 Jahre später schrieb Theodor Herzl, ein jüdischer Schriftsteller aus Österreich, ein Buch mit dem Titel „Der Judenstaat". Darin forderte er 1896 die Juden in aller Welt dazu auf, in Palästina ihren eigenen Staat zu gründen. Doch damals lebten dort weniger als 50 000 Juden.

… und für das palästinensische Volk
Die übrige Bevölkerung bestand aus etwa 450 000 Menschen, das waren zum allergrößten Teil palästinensische Araber. Ihre Vorfahren lebten schon seit Jahrhunderten in diesem Raum. Auch sie litten unter einer Fremdherrschaft. Die Türken beherrschten nämlich bis zum Ersten Weltkrieg die Völker des Nahen Ostens. Ein Aufstand der arabischen Bevölkerung Palästinas wurde von den Soldaten des türkischen Sultans blutig niedergeschlagen. Schon damals wollten palästinensische Araber einen eigenen Staat haben, andere strebten dagegen einen gemeinsamen Staat aller Araber an.

D 2 *Der Nahe Osten: Außer Israel sind alle Staaten Mitglieder der Arabischen Liga.* Sie entstand 1945 aus der panarabischen (= alle arabischen Völker umfassenden) Bewegung, die seit der zweiten Hälfte des 19. Jahrhunderts einen arabischen Nationalstaat anstrebte. – Schlage den Begriff in einem Lexikon nach. Welche weiteren Staaten gehören dazu?

D 1 *Kriege im Nahen Osten (Auswahl):*
1948/49 – Unabhängigkeitskrieg Israels (= erster israelisch-arabischer Krieg)
Nach der Unabhängigkeitserklärung des Staates Israel im Mai 1948 marschieren Truppen arabischer Staaten in Palästina ein. Während des Krieges flüchten über 700 000 Palästinenser aus ihrer Heimat oder werden von israelischen Soldaten vertrieben.
1956 – Sinai-Krieg
Nach der Verstaatlichung des Suez-Kanals durch Ägypten beteiligt sich Israel am Krieg Frankreichs und Großbritanniens gegen Ägypten. Auf Druck der USA, die einen Konflikt mit der UdSSR fürchten, müssen Briten und Franzosen den Suez-Kanal wieder aufgeben, Israel die Halbinsel Sinai räumen.
1967 – Sechs-Tage-Krieg
Nach einem militärischen Aufmarsch arabischer Truppen an den Grenzen Israels greift Israel Ägypten, Syrien und Jordanien an. Israelische Truppen erobern Ost-Jerusalem, die Sinai-Halbinsel, das Westjordanland, die Golanhöhen und den Gaza-Streifen.
1973 – Jom-Kippur-Krieg
(aus arabischer Sicht: *Ramadan-Krieg*)
Ägypten und Syrien greifen Israel an und erobern Gebiete zurück, die im Sechs-Tage-Krieg von Israel besetzt worden waren. Mit amerikanischer Waffenhilfe gelingt Israel dennoch der Sieg.

Q 2 *Nach dem Sechs-Tage-Krieg wurden im Westjordanland und im Gaza-Streifen jüdische Siedlungen gegründet. Dies rechtfertigte Elyakim Haetzni, der Führer einer radikal-jüdischen Gruppe, so:*
Ich bin Jude, und das ist Judäa. Ich bin Zionist, und das ist Zion. Unser Volk will zurück nach Zion. Es will dort leben, wo es herkommt, und wir kommen auch von hier. Das ist Zion. Sehr einfach!

Q 3 *1959 gründete der Palästinenser Jassir Arafat die Guerillaorganisation Fatah. Sie sollte das verlorene Land durch Kampf wiedergewinnen. Ein junger Palästinenser über die Gründe für seinen Beitritt zu Fatah:*
Sie erweckten die palästinensische nationale Identität wieder zum Leben. Und mir ist der Wert dieser Tatsache bewusst. Als Schüler wurde ich von einem jordanischen Offizier mit folgenden Worten beschimpft: „Du bist ein Insekt, kein Mensch, du palästinensischer Flüchtling." Heute kann ich stolz sagen, dass es ein palästinensisches Volk gibt. Und das ist eminent [enorm] wichtig für mich. Unser Volk war mit Gewalt zerstört worden, gezwungen worden, selbst seinen Namen zu vergessen. Da trat Fatah mit dem Anspruch auf, die palästinensische Identität wiederherstellen zu wollen.

1. *Wie begründet Elyakim Haetzni in Q2 den Anspruch israelischer Siedler auf arabisches Land im Westjordanland und im Gaza-Streifen?*
2. *Formuliere eine Gegenrede aus palästinensischer Sicht (VT).*
3. *Worin sieht der junge Palästinenser in Q3 den Wert der Organisation Fatah?*
4. *Im israelisch-palästinensischen Streit geht es in erster Linie um Land. Was verschärft diesen Konflikt noch zusätzlich (VT, Q1)?*
5. *Bereitet ein Streitgespräch vor: Ein Israeli und ein Palästinenser begründen ihren Anspruch auf Palästina.*

12 Der Streit um Palästina – Ursachen eines Konflikts

PLO
Palestine Liberation Organization, 1964 zur Befreiung Palästinas gegründet. 1996 gewann die Organisation unter Führung Jassir Arafats die ersten demokratischen Wahlen in den Autonomiegebieten.

Mandatsgebiet
Der 1920 gegründete Völkerbund (Vorgänger der UNO) konnte einem Mitgliedsstaat ein Gebiet zur uneigennützigen Verwaltung übergeben.

Ein unabhängiger jüdischer Staat

David Ben Gurion proklamierte am 14. Mai 1948 den Staat Israel. Er setzte damit einen vorläufigen Schlusspunkt unter eine Entwicklung, die fast genau ein halbes Jahrhundert zuvor begonnen hatte. Gegen Ende des 19. Jahrhunderts wurden die jüdischen Minderheiten in einigen europäischen Ländern ausgegrenzt. In Osteuropa, wo die Mehrzahl der Juden lebte, kam es sogar zu Pogromen, sodass die Juden dort ihres Lebens nicht mehr sicher sein konnten. Daraus entstand die politische Bewegung des Zionismus, die einen unabhängigen jüdischen Staat anstrebte.

Türkische und britische Herrschaft

Während des Ersten Weltkriegs hatte die britische Regierung den Arabern zum Dank für die Unterstützung im Kampf gegen die Türken die Gründung eines unabhängigen Reiches von Syrien bis zur Arabischen Halbinsel in Aussicht gestellt. Sie hatte aber auch den Zionisten Hoffnungen auf eine „Heimstatt" in Palästina gemacht.

Der Völkerbund (vgl. S. 226) erklärte den Nahen Osten 1920 zu Mandatsgebieten Frankreichs und Englands. Das Palästina-Mandat verpflichtete Großbritannien dazu, eine jüdische „Heimstatt" zu verwirklichen „ohne die Rechte nicht-jüdischer Bevölkerungsgruppen zu beeinträchtigen".

Auf dem Weg zum Staat Israel

Zunächst unterstützte die britische Verwaltung die Zuwanderung von Juden aus Europa. Doch nach erbitterten Aufständen der arabischen Bevölkerung begrenzten die Briten seit 1939 die jüdische Einwanderung drastisch. Gleichzeitig versprachen sie die Gründung eines unabhängigen Staates Palästina innerhalb der nächsten 10 Jahre.

Mit dieser Taktik wollten sie vor allem ihre Position im Nahen Osten sichern und die arabische Welt für sich einnehmen. Das war aus strategischen Gründen wichtig, denn angesichts des drohenden Krieges in Europa brauchten die Engländer die Unterstützung der arabischen Völker.

Das britische Militär kontrollierte nun den Zugang nach Palästina streng. Trotzdem gelang es jüdischen Untergrundorganisationen, zwischen 1940 und 1948 etwa 100 000 Einwanderer nach Palästina einzuschleusen.

1947 gab Großbritannien sein Mandat an die UNO zurück. Auf Beschluss der Völkergemeinschaft sollte Palästina geteilt werden – in einen arabischen und in einen jüdischen Staat. Doch für beide war eine enge wirtschaftliche Zusammenarbeit vorgesehen. Jerusalem sollte unter internationaler Kontrolle stehen um Juden, Muslimen und Christen den freien Zugang zu ihren heiligen Stätten zu ermöglichen.

D 1 *Jüdische Einwanderer nach Palästina* (Angaben in Tausend)

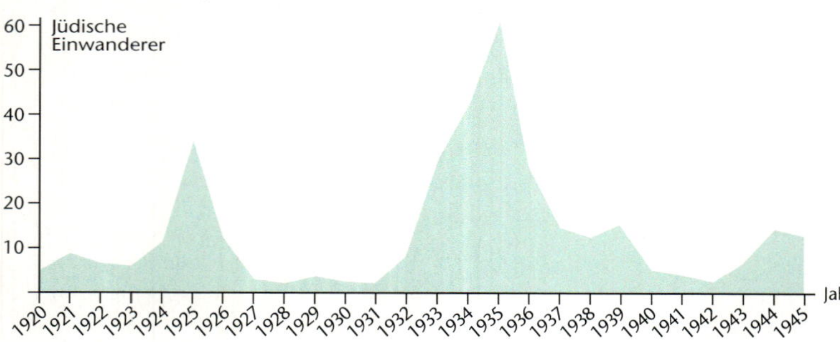

D 2 *Juden und Araber in Palästina*

Jahr	Bevölkerung		
	insgesamt	Araber	Juden
1895	ca. 500 000	90,6 %	9,4 %
1919	ca. 700 000	91,7 %	8,3 %
1931	858 708	83,1 %	16,9 %
1939	1 422 955	70,0 %	30,0 %
1944	1 739 624	69,5 %	30,5 %
1948	2 065 000	69,0 %	31,0 %

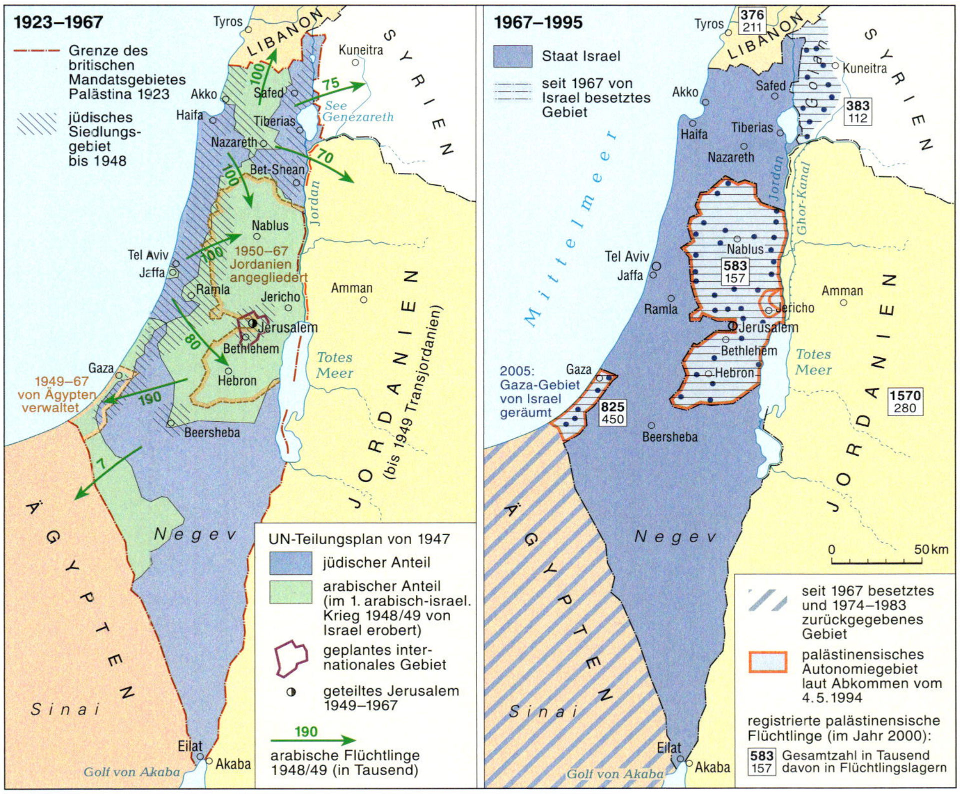

D 3 *Palästina und Israel 1923–1995.* Der UN-Teilungsplan aus dem Jahr 1947 wurde von den Juden begrüßt, von den Arabern strikt abgelehnt. Es kam zu kriegerischen Auseinandersetzungen und am 14. Mai 1948 zur einseitigen Ausrufung des Staates Israel durch die jüdischen Siedler. Am Tag darauf griffen arabische Anliegerstaaten den neu gegründeten israelischen Staat an. Es war der erste von mehreren Kriegen zwischen Israel und seinen Nachbarn. – Begründe, warum der UN-Teilungsplan von 1947 die wirtschaftliche Verflechtung der beiden Staaten vorsah. Welche Folgen hatte die jüdische Staatsgründung für die palästinensischen Araber?

Q 1 *Jakov Lind, der 1938 den „Anschluss" Österreichs erlebte, beschreibt seine Einstellung zur jüdischen Nationalbewegung so:*

Juden raus? Genau das verlangten die Zionisten lautstark, seit Theodor Herzl für die Juden einen eigenen Staat gefordert hatte. (…) Wir gehören nach Palästina, wo das nun auch liegen mag. Wenn Ungarn, Polen, Slowenen und Tschechen, Slowaken und Serben einen eigenen Staat brauchen (…), dann brauchen die Juden ebenfalls einen. Längst vor den Nazis gab es die zionistische Bewegung. Ein Jude hatte die Wahl, entweder Opfer zu sein oder „Herr seines Geschickes". Entweder hatte er unablässig Erniedrigungen zu erdulden oder er musste Selbstachtung lernen, so jedenfalls drückten es die Erwachsenen aus. (…) Wir lernten marschieren und Musik machen, wir konnten militärisch grüßen, konnten im Chor singen und sprechen und kannten alle Lieder auswendig. Ich lernte sie geradeso mühelos wie die anderen. Ich wäre gerne Soldat gewesen, aber nur ein jüdischer.

Q 2 *Zum UN-Teilungsplan für Palästina von 1947 nahm der PLO-Führer Jassir Arafat 1974 vor der Vollversammlung der Vereinten Nationen Stellung:*

Obwohl der Teilungsplan den kolonialistischen Einwanderern 54 % des palästinensischen Bodens schenkte, war ihnen dies noch nicht genug. Sie führten daher einen Terrorkrieg gegen die arabische Zivilbevölkerung, besetzten 81 % der Gesamtfläche Palästinas und vertrieben eine Million Araber. (…) Sie erbauten ihre Siedlungen und Kolonien (…) auf unseren Feldern und Gärten. Hier liegen die Wurzeln des palästinensischen Problems, das heißt, dass die Grundlagen dieses Problems nicht in religiösen oder nationalistischen Widersprüchen zweier Religionen oder zweier Nationalitäten zu suchen sind und nicht im Streit um Grenzen zwischen benachbarten Staaten. Es ist das Problem eines Volkes, dessen Land gewaltsam geraubt, das von seinem Boden vertrieben wurde und dessen Mehrheit in der Verbannung in Zelten lebt.

1. *Wer besaß die politische Kontrolle über Palästina in den vergangenen 100 Jahren? Unterscheide die folgenden Zeitabschnitte: bis 1920, 1920–1948, 1948–1967, seit 1967 (VT, D3).*
2. *Nenne Gründe für die starke jüdische Einwanderung nach Palästina in den 1930er-Jahren. Wie wirkte sie sich auf die Zusammensetzung der Bevölkerung aus (D1, D2)?*
3. *Wie wird der jüdische Anspruch auf Palästina in Q1 begründet? Mit welchen Argumenten wird er in Q2 zurückgewiesen?*

13 Vom Regional- zum Weltkonflikt

1 *Eine israelische Flagge weht neben Sandsäcken in der libanesischen Stadt Sidon.* 1982 hatten israelische Soldaten die Stadt besetzt. Mit dem Einmarsch in den Libanon wollte die israelische Regierung die PLO schwächen, die Teile des Libanon kontrollierte und von dort aus Angriffe gegen Israel unternommen hatte. Erst im Jahr 2000 zog Israel seine Soldaten aus dem Libanon zurück. Der jahrelange Kleinkrieg hatte dem Ansehen Israels in der Welt geschadet.

Ein Volk wird heimatlos

Israels Staatsgründung gab den Juden eine Heimat, machte die arabische Bevölkerung Palästinas aber heimatlos. In Israel hieß es, die Araber seien geflohen; in der arabischen Welt sprach man von Vertreibung. Eine schwere Belastung zwischen Israel und den arabischen Staaten war auch das Ergebnis des Krieges von 1948/49. Die israelische Armee hatte die Truppen Syriens, Ägyptens und Jordaniens geschlagen und einen jüdischen Staat auf arabischem Boden durchgesetzt, der gegenüber dem UN-Teilungsplan von 1947 beträchtlich größer war. Bei den Israelis ging dieser Krieg als Unabhängigkeitskrieg in das Geschichtsbewusstsein ein, bei den Arabern als „Nakba"; das heißt im Arabischen „Katastrophe". Kein einziger arabischer Staat erkannte Israel an. Israel lehnte seinerseits eine Rückkehr der Flüchtlinge und Vertriebenen ohne vorherige Anerkennung durch die Araber strikt ab.

Der palästinensische Widerstand

Die eigentlichen Leidtragenden waren die vielen Hunderttausend Palästinenserinnen und Palästinenser, die noch Jahrzehnte später in Flüchlingslagern lebten. Andere gingen als Arbeitskräfte in arabische Staaten. Aber auch dort konnten die meisten bis heute nicht zu Staatsbürgern werden. Praktisch waren sie staatenlos.
In den Flüchtlingslagern bildeten sich seit den 1960er-Jahren Widerstandsgruppen. Sie versuchten weltweit auf die palästinensische Sache aufmerksam zu machen, teilweise auch mit Terroraktionen.

Siege, aber kein Frieden

1967 gab der ägyptische Staatschef Nasser als Sprecher der arabischen Welt die Parole aus, „die Juden ins Meer treiben" zu wollen. Doch Israel konnte sich mit umfangreicher amerikanischer Wirtschafts- und Waffenhilfe gegen die erdrückende Übermacht der arabischen Staaten behaupten. In der Folgezeit glaubten viele Israelis, sichere Grenzen nur gewinnen zu können, indem sie die eroberten Gebiete dauerhaft besetzten und dort jüdische Siedlungen gründeten. Das steigerte aber den Hass der arabischen Völker gegen Israel und seine Schutzmacht USA.
Nach dem Sechs-Tage-Krieg von 1967 war Israel in mehrere Kriege direkt oder indirekt verwickelt. 1982 griff es in einen Bürgerkrieg im Libanon ein, um die PLO aus ihren dortigen Stützpunkten zu vertreiben. Bis heute gilt dieser Krieg für viele Israelis als Fehler, weil er aus ihrer Sicht nicht als Verteidigungskrieg eingestuft werden kann.
Der gefährlichste Gegner Israels war bis zu seinem Sturz im Jahr 2003 der irakische Diktator Saddam Hussein. Im ersten Golfkrieg von 1991 stand die PLO auf seiner Seite. Hussein ließ Israel mit Mittelstreckenraketen beschießen.

	Westjordanland	Gaza-Streifen	Israel
Wirtschaftsleistung je Einwohner	800 $	600 $	19 800 $
Bevölkerung	2,31 Mio	1,32 Mio	6,20 Mio
Arbeitslosenquote	50 %	50 %	10,7 %

Quelle: The World Factbook

D 2 *Wohlstandsgefälle im Nahen Osten.*
Alle Angaben beziehen sich auf die Jahre 2003 bzw. 2004.

Die offizielle Internetseite des Flüchtlingshilfswerks für Palästinenser der Vereinten Nationen: www.unrwa.org

D 1 *Zur Rolle der Supermächte schrieb der Politikwissenschaftler Helmut Hubel 1991:*

Da der jüdische Staat seit den frühen 50er-Jahren als Partner des Westens anzusehen war, erschien die Sowjetunion aus arabischer Sicht lange Zeit als der natürliche Verbündete. (...)

Vor und während der arabisch-israelischen Kriege von 1967 und 1973 unterstützte die Sowjetunion zwar die Araber, sie versuchte jedoch eine militärische Auseinandersetzung zunächst zu verhindern und dann rasch zu beenden. Das überragende Motiv war dabei, es wegen eines Nahostkrieges nicht zur militärischen Konfrontation mit den USA kommen zu lassen. (...)

Den Vereinigten Staaten ging es im Nahen und Mittleren Osten stets um drei grundsätzliche Ziele: (...) eine Ausweitung der Macht und des ideologischen Einflusses der Sowjetunion zu verhindern, (...) den Zugang zum strategischen Rohstoff Öl zu sichern (...) und das Eintreten für Israel. Erst seit den frühen 60er-Jahren bildete sich das heute außerordentlich enge Verhältnis zwischen dem jüdischen Staat und den USA heraus. Seither sind die USA militärisch und wirtschaftlich ein Garant für Israels Überleben. Für diese Ausrichtung bürgen die grundsätzlich israelfreundliche Einstellung der amerikanischen Bevölkerung und insbesondere einflussreiche Kräfte im amerikanischen Kongress.

Q 2 *Israels Ansehen in Europa beschreibt Gisela Dachs in der Wochenzeitung „Die Zeit" vom 13. Juni 2002:*

Kritik an der Regierung und am fortgesetzten Siedlungsbau gibt es auch in Israel zur Genüge. Was irritiert, ist der negative Tonfall in den Medien und aus dem Munde von Politikern, die die Bewohner des Nahen Ostens in Gute und Böse, in Besetzte und Besatzer aufteilen – als hätte es nie einen Versuch der Aussöhnung mit den Palästinensern gegeben. (...) Bei der Suche nach den Gründen, warum gerade Europa sich so schwer tut, Israels Dilemma zu verstehen, spielen die jeweils eigene Geschichte und Gegenwart eine wichtige Rolle. Wer im Nahen Osten Stellung bezieht, redet immer auch über sich selbst. (...)

In Deutschland (...) empfindet so mancher Kritik an Israel als Entlastung für die eigenen Verbrechen an den Juden. „Während in Deutschland der Sinn für nationale Schuld Anzeichen von Schwäche zeigt, hat in Schweden, Norwegen und Dänemark die politische Korrektheit die Unterstützung für Israel verdrängt", schreibt Eliahu Salpeter in Haarez [israelische Tageszeitung]. Er glaubt, dass Israel zudem auch unter europäischem Antiamerikanismus leidet. „Ein vitales [lebendiges] Israel wird als ein Mikrokosmos der amerikanischen Erfolgsgeschichte wahrgenommen, der zugleich beneidet und verachtet wird."

1. *Erläutere, in welcher Weise der Nahostkonflikt mit dem Ost-West-Konflikt verbunden war (D1).*
2. *Wie beurteilt der israelische Journalist Eliahu Salpeter in Q2 die Haltung vieler Europäer gegenüber Israel?*
3. *Warum hat der Libanon-Krieg dem Ansehen Israels in der Welt mehr geschadet als die übrigen Nahostkriege (Q1, VT)?*
4. *Vergleiche die Wirtschaftskraft Israels und der Palästinensergebiete (D2). Was fällt dir auf? Inwiefern wirkt sich die Arbeitslosigkeit der Palästinenser verschärfend auf den Konflikt aus?*

14 Brücken zum Frieden bauen – Lösungsversuche eines Konflikts

Q 1 *Intifada: „Krieg mit Steinen"*, Foto aus dem Gaza-Streifen, 1988

Land gegen Frieden?

Der ägyptische Präsident Anwar el-Sadat war der erste arabische Staatsmann, der Israel Frieden und staatliche Anerkennung anbot. Im Gegenzug sollte Israel die Sinai-Halbinsel räumen. Als das Abkommen 1979 in Washington unterzeichnet wurde, feierte man in Israel. In der arabischen Welt dagegen lehnte man die Einigung ab: Man hatte den Palästinensern in den besetzten Gebieten zwar eine autonome Verwaltung in Aussicht gestellt, aber keinen eigenen Staat. Arabische Fanatiker nannten Sadat „Judas des 20. Jahrhunderts". Er wurde 1981 von radikalen Moslems ermordet.

Aufstand in den besetzten Gebieten

Eine Gewaltwelle machte die Welt 1987 abermals auf die ungelöste Palästinenserfrage aufmerksam. Im Gaza-Streifen griffen Steine werfende Jugendliche israelische Polizisten und Militärpatrouillen an. Bald brannten auch im Westjordanland die Autos der Besatzer. Dies war der Beginn eines jahrelangen Aufstands der Palästinenser. Die israelischen Soldaten sahen sich dabei nun nicht mehr nur Männern gegenüber, sondern auch Frauen und Kindern.

Wende zum Frieden?

Nach dem Ende des Ost-West-Konflikts und dem Sieg über den irakischen Diktator Saddam Hussein im ersten Golfkrieg 1991 sah die amerikanische Regierung eine Möglichkeit, den Nahostkonflikt zu beenden. Daher drängte sie Israel, die Palästinenserfrage zu lösen. Der scheinbare Durchbruch wurde 1993 in Washington erreicht. In einer Vereinbarung akzeptierte die PLO „das Recht des Staates Israel auf eine friedliche und sichere Existenz". Israel erkannte die bis dahin als „terroristische Organisation" bezeichnete PLO als Vertretung des palästinensischen Volkes an. In einem weiteren Abkommen im Jahr 1994 gestand Israel zunächst für Gaza und Jericho eine palästinensische Selbstverwaltung mit eigener Polizei zu. Doch der von der PLO geforderte Palästinenserstaat war das nicht.

Die zweite Intifada

Jüdische wie palästinensische Extremisten versuchten mit Terroraktionen den Friedensprozess umzukehren. 1995 erschoss ein jüdischer Fanatiker den israelischen Ministerpräsidenten Rabin, weil er sich gegenüber den Palästinensern kompromissbereit gezeigt hatte. Unter Rabins Nachfolgern geriet der Friedensprozess wieder ins Stocken. Er kam völlig zum Erliegen, als der israelische Oppositionsführer Ariel Scharon im September 2000 demonstrativ den Ost-Jerusalemer Tempelberg besuchte und vor der Al-Aksa-Moschee israelische Ansprüche auf Jerusalem geltend machte. Es folgte ein Aufruhr der Palästinenser: die so genannte Al-Aksa-Intifada. Allein in den ersten drei Jahren dieser zweiten Intifada verloren 794 Israelis und 2232 Palästinenser ihr Leben. Viele starben bei den schrecklichen Selbstmordanschlägen palästinensischer Extremisten oder den darauf folgenden Gegenschlägen der israelischen Armee.

A-Z

Autonomie
Recht einer Volksgruppe auf Selbstverwaltung eines Gebietes

Intifada
(arab. = abschütteln)
Die israelischen Besatzer sollten mit Demonstrationen, Steuerboykott, Hissen der verbotenen palästinensischen Flagge, Steinwürfen und Brandsätzen bekämpft werden.

Jüdischer Siedlungsbau

Im März 2001 wurde Ariel Scharon zum israelischen Ministerpräsidenten gewählt. Er verfolgte gegenüber der palästinensischen Führung einen harten Kurs. Im Jahr 2002 ließ er autonome palästinensische Städte von der israelischen Armee besetzen. Zudem trieb er den weiteren Ausbau jüdischer Siedlungen im Westjordanland voran. Im Jahr 2004 lebten etwa 240 000 Israelis in den besetzten Gebieten. Die meisten Siedler kamen seit Beginn der 1990er-Jahre vor allem aus den Nachfolgestaaten der ehemaligen Sowjetunion. Die israelische Regierung hat diesen Menschen mit niedrigeren Steuern und billigen Wohnungen ein Leben außerhalb der Grenzen Israels schmackhaft gemacht. Ein anderer Teil beteiligte sich vorwiegend aus religiösen Gründen am Siedlungsprogramm. Radikale Gruppen formulierten als wichtigstes Ziel, „im Auftrag Gottes das biblische Stammland Judäa und Samaria" zu besiedeln.
Die meisten Israelis befürworten indes eine Auflösung der Siedlungen, weil sie das größte Hindernis auf dem Weg zum Frieden mit den palästinensischen Nachbarn sind.

Ein Neubeginn nach dem Tod Arafats?

Der israelische Ministerpräsident Ariel Scharon ließ im Jahr 2005 die israelischen Siedlungen im Gaza-Streifen räumen. Nach dem Tod Arafats (2004) haben die Palästinenser Mahmud Abbas als neuen Präsidenten gewählt. Vielleicht gibt es nun eine Chance zu neuen Friedensverhandlungen. Sie müssten die Hauptprobleme des Konflikts klären:

- die endgültigen Grenzen des zukünftigen Palästinenserstaates,
- die Frage der jüdischen Siedlungen im Westjordanland,
- die Zukunft der palästinensischen Flüchtlinge,
- Sicherheitsgarantien für beide Staaten,
- die Kontrolle Jerusalems
- und nicht zuletzt auch die Verteilung des knappen Wassers.

Q 2 *Der historische Händedruck* zwischen dem israelischen Ministerpräsidenten Jitzhak Rabin und dem PLO-Führer Jassir Arafat besiegelte am 13. September 1993 den Friedensschluss zwischen Palästinensern und Israelis (Foto). Beide Politiker erhielten 1994 den Friedensnobelpreis.

Q 3 *Der Sprung über den eigenen Schatten,* Karikatur von Karl-Heinz Schoenfeld, 1993. Links: Rabin, im Krieg von 1967 Führer der siegreichen israelischen Armee; rechts: Arafat, in jener Zeit für viele Terroranschläge der PLO verantwortlich.

Q5 *„Letter to my enemy" lautete 1990 das Aufsatzthema für die Abiturientinnen einer deutsch-arabischen Schule in Ost-Jerusalem. Doch keines der Mädchen benutzte die Anrede „enemy". Die 17-jährige Palästinenserin Lara Abu Shilbayen schrieb an einen jungen Israeli:*

Ich kann nicht begreifen, dass ein Volk, das selbst gelitten hat, nun anderen Leid zufügt. Als ob ihr in euren Herzen einen Gott mit euch herumtragt, den ihr auf andere abwälzen wollt! (…) Versetzt euch in unsere Lage. Wir alle haben unsere Träume, unsere Wünsche und Hoffnungen, die sich erfüllen mögen. Wurde denn die Welt nur für euch geschaffen??? Auch wir haben unsere Rechte, und wir haben das Recht zu kämpfen!!

Q6 *Der jüdische Schüler Michael Meyer-Oser aus einer israelischen Kleinstadt schrieb in einem Aufsatz:*

Meiner Meinung nach sind alle Menschen gleich und haben dieselben Rechte. Ich denke, dass die meisten Israelis, genau wie ich, Frieden wollen. Je schneller wir daran arbeiten, desto schneller können wir diesen Frieden erreichen. Ein Wunsch von mir wäre es, ganz normal in unseren arabischen Nachbarländern Urlaub machen zu können, ohne irgendeiner Gefahr ausgesetzt zu sein, nur weil wir Israelis sind.

Q4 *Die israelische Protestbewegung „Frieden jetzt" setzt sich für einen Ausgleich zwischen Israelis und Palästinensern ein.* Einer Demonstration von „Frieden jetzt" schlossen sich im Februar 2002 Tausende von Israelis an. Sie protestierten damit gegen die Politik der Regierung Scharon, die den Friedensprozess durch den Ausbau israelischer Siedlungen blockierte.

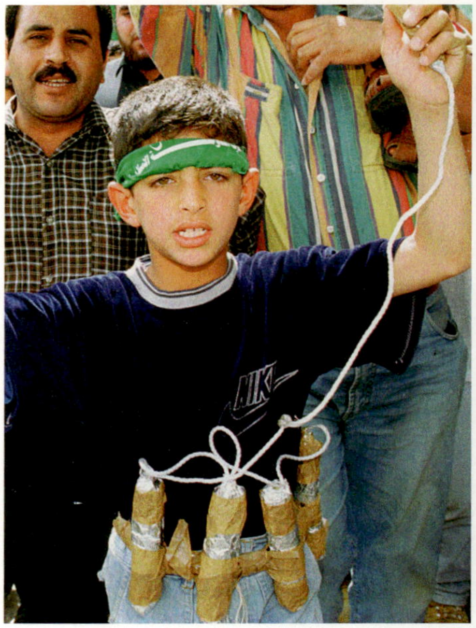

Q7 *Ein palästinensischer Junge nimmt im Jahr 2001 – wie ein Selbstmordattentäter verkleidet – an einer Demonstration in Ramallah (Westjordanland) teil.*

Q8 *Die Palästinenserin Hanan Ashrawi war bei den Verhandlungen, die 1993 zum Abkommen von Washington führten, Pressesprecherin der palästinensischen Delegation. In ihrer 1995 erschienenen Autobiographie schreibt sie:*

Washington musste ein Erfolg werden, und die PLO musste die internationale Bühne in einem Glorienschein betreten, der der Größe und dem Schmerz des Volkes und der Sache, die die PLO vertrat, angemessen war. Dies versprach ein Augenblick der historischen Rechtfertigung zu werden, und nun war es an uns, unsere Führung in einem Triumphzug und nicht als zur Schau gestellte Gefangene in diesen Augenblick eingehen zu lassen. Die Zeit war gekommen, dass die Waisen der Zeit zu Erben ihrer Geschichte wurden. Dies schuldete ich dem palästinensischen Volk. (…) Wir mussten die PLO einführen, sie als Organ und Symbol einer Nation annehmen und dann würdevoll abtreten.

Q9 *Wem gehört Jerusalem? Zu diesem Thema äußerten sich zwei bekannte Israelis in Rede und Gegenrede. Die Kontroverse erschien in der Zeitung „Die Welt" vom 9. April 2001.*

a) Elie Wiesel, Professor der Geisteswissenschaften an der Boston University:

Für mich steht außerhalb der Politik: Jerusalem, das mehr als 600 Mal in der Bibel erwähnt wird, ist fest verankert in der jüdischen Tradition und nationales Symbol. Es repräsentiert unsere kollektive Seele. Es ist Jerusalem, das die Juden miteinander verbindet. (...)

Unter der politischen Teilung, die nun erwogen wird, würde der größere Teil der Altstadt Jerusalem zukünftig unter palästinensische Verwaltung fallen. Der Tempelberg, unter dem der Tempel Salomons und Herodes' ruhen, würde fortan von dem neuen Palästinenserstaat kontrolliert.

b) Israel Schamir, russisch-israelischer Autor und Journalist, der heute in Tel Aviv lebt, entgegnet Elie Wiesel:

Die Stadt Jerusalem (...) ist nicht und war auch nie in Bedrängnis. Sie hat viele Jahrhunderte der Umarmung durch ein anderes Volk glücklich überdauert; durch die Palästinenser von Jerusalem; die sie gut behandelt haben. Sie haben sie zu der Schönheit gemacht, die sie ist, haben sie mit einem prächtigen Juwel geschmückt, dem Felsendom des Tempelplatzes, haben ihre Häuser mit Spitzbögen und breiten Portalen errichtet und Zypressen und Palmen gepflanzt. (...) All Ihre Worte beweisen ja nur, dass Sie Ihre Sehnsucht mit der Wirklichkeit verwechseln. Und wenn Sie immer wieder fragen, warum die Palästinenser unbedingt Jerusalem haben wollen: Weil es ihnen gehört, weil sie dort leben und es ihre Heimatstadt ist. (...) Der Fall sollte auf der Basis des zehnten Gebots gelöst werden, das schon unsere Vorväter befolgten. Sie wussten, dass Bewunderung nicht mit Besitzanspruch gleichzusetzen ist. (...)

Jerusalem als Stadt [ist] nicht anders als jeder andere Ort der Welt; sie gehört ihren Einwohnern.

D1 *Etappen des Friedensprozesses*

1979	Ägyptisch-israelischer Friedensvertrag: Rückgabe der Sinai-Halbinsel
1993	Geheimverhandlungen zwische Vertretern Israels und der PLO in Oslo: gegenseitige Anerkennung von Israel und der PLO
1993	Abkommen über die palästinensische Selbstverwaltung (Washington)
1994	Jordanisch-israelischer Friedensvertrag
1996	Wahlen im Westjordanland, im Gaza-Streifen und in Ost-Jerusalem zum Palästinensischen Rat
2002	Friedensplan Saudi-Arabiens: Rückzug Israels aus den besetzten Gebieten, Souveränität Israels über die jüdischen Viertel in Ost-Jerusalem und über die Klagemauer, arabische Staaten erkennen Israel an und geben Garantien für seine Sicherheit ab
2005	Räumung der israelischen Siedlungen im Gaza-Streifen, aber Ausbau von Sperranlagen im Westjordanland

Q10 *Durch den Bau einer Mauer* will die Regierung Scharon seit 2003 Israel gegen palästinensische Terrorangriffe schützen. Die Mauer verläuft zum Teil mitten durch palästinensische Gebiete im Westjordanland.

1. *Welche Friedensabkommen wurden im Nahen Osten geschlossen? Wer waren die Vertragspartner (VT, D1, Q2)?*
2. *Diskutiert die Aussage der Karikatur Q3. Warum ist der Schatten so groß, über den die beiden Politiker springen müssen?*
3. *Wodurch ist die zweite Intifada im Jahr 2000 ausgelöst worden? Welche Folgen hatte sie (Q1, Q7)?*
4. *Wie argumentiert die palästinensische Schülerin Lara in Q5? Welche Hoffnungen äußert der israelische Schüler in Q6?*
5. *Für Hanan Ashrawi war die Anerkennung der PLO durch Israel von zentraler Bedeutung. Kannst du erkennen warum (Q8)?*
6. *Skizziere die Politik der Regierung Scharon und beurteile die Auswirkungen auf den Friedensprozess (VT, Q4, Q10).*
7. *„Wem gehört Jerusalem?", könnte Thema einer kontrovers geführten Diskussion sein. Nutzt dazu Argumente aus Q9.*

15 Der Nord-Süd-Konflikt

Entwicklungsländer
Bezeichnung für Staaten in Afrika, Asien und Lateinamerika, die nicht oder nur gering industrialisiert sind

Schwellenländer
sind Entwicklungsländer, die eigene Industrien aufbauen und deren Wirtschaft stark wächst. Sie stehen an der Schwelle zum Industrieland.

Infrastruktur
Ausstattung mit Verkehrswegen, Einrichtungen der Ver- und Entsorgung, Bildung, Gesundheit

Ressourcen
bezeichnet hier die natürlichen Produktionsmittel, also Rohstoffe. Sie sind für viele Entwicklungsländer die wichtigste Einnahmequelle.

Ein Konflikt zwischen Arm und Reich
Nie zuvor in der Geschichte waren Wohlstand, Bildung, Gesundheit und soziale Sicherheit so ungleich auf der Welt verteilt wie heute. Was das heißt, wird erst richtig klar, wenn man unser Land und seine Lebensverhältnisse aus einem anderen Blickwinkel betrachtet.
Für die meisten Afrikaner sind die Menschen in Deutschland alle reich: selbst die Armen! Armut sieht bei uns nämlich anders aus als dort. Niemand muss hier wirklich hungern, auf Wohnung und Kleidung verzichten oder bei Krankheit ohne ärztliche Hilfe bleiben. Arme in Deutschland haben einen Rechtsanspruch auf staatliche Unterstützung, der ihnen ein Existenzminimum sichert, von dem arme Afrikaner nur träumen können. Armut in Entwicklungsländern ist lebensbedrohende Not: Mangel- und Fehlernährung, Krankheitsanfälligkeit, hohe Kinder- und Säuglingssterblichkeit, erbärmliche Wohnverhältnisse.

Ungleichheit hat viele Gesichter
Trotz alledem verdoppelt sich gerade in den ärmsten Staaten Afrikas die Bevölkerung etwa alle 30 Jahre, mit katastrophalen Folgen: Rohstoffe und Energieträger werden knapper, Übernutzung zerstört noch intakte Ökosysteme; gewaltsame Konflikte machen Millionen Menschen durch Flucht und Vertreibung heimatlos.
Zweifellos besteht ein dramatisches Wohlstandsgefälle zwischen Industriestaaten und Entwicklungsländern. Daraus ergeben sich Konfliktfelder und wechselseitige Bedrohungsvorstellungen. Weil abgesehen von Australien und Neuseeland alle reichen Staaten auf der Nordhalbkugel liegen, spricht man von einem Nord-Süd-Konflikt. Doch der Begriff ist ungenau. Wie sind zum Beispiel die Länder Osteuropas einzuordnen, die sich erst seit 1990 zu Marktwirtschaften entwickeln können? Wohin gehören Schwellenländer wie Brasilien? Wie ist vor allem China einzustufen?

Q1 *Elendsviertel im indischen Mumbai.*
Zu den absolut Armen rechnet die Weltbank rund 1,2 Milliarden Menschen, die täglich mit weniger als einem US-Dollar auskommen müssen; etwa 3 Milliarden Menschen haben weniger als zwei US-Dollar zur Verfügung.

Q2 *Die Versorgung mit Wasser* ist oft eine mühselige Aufgabe der Frauen und Mädchen. Laut UNO haben über eine Milliarde Menschen keinen Zugang zu sauberem Wasser. Von den erwarteten 9,3 Milliarden Menschen im Jahr 2050 werden fast 7 Milliarden von Wasserknappheit betroffen sein.

Q3 *„Der Fluch des Schwarzen Goldes", so überschreibt der Historiker Axel Harneit-Sievers einen Artikel in der Zeitschrift „Das Parlament" aus dem Jahr 2004. Darin schildert er am Beispiel Nigerias staatliches Versagen angesichts natürlicher Reichtümer in Afrika:*

Heute leben rund zwei Drittel der Nigerianer unter der Armutsgrenze; die Infrastruktur ist zerfallen, Korruption [Bestechung] allgegenwärtig. (…) Nigeria steht mit diesen Problemen nicht allein. Jahrzehntelanger Bürgerkrieg in Angola, Staatszerfall in der Republik Kongo, Massenverarmung in eigentlich reichen Ländern: Warum leiden ausgerechnet diejenigen Staaten des Kontinents, die über große Vorkommen an natürlichen Ressourcen verfügen, besonders drastisch an Unterentwicklung, Korruption und Gewalt? Der Grund dafür (…) liegt im Charakter der Öleinnahmen. Lizenzgebühren, Steuern und andere Einnahmen, die Regierungen aus der Förderung von Rohstoffen beziehen, sind im ökonomischen Sinn „Renten": Einnahmen, die ein Staat aus dem Besitz oder der Kontrolle von Gütern erzielt, ohne dass ihm Kosten für deren Bereitstellung entstehen. (…)

Das Vorhandensein von Rohstoffrenten stellt eine Einladung zur wirtschaftspolitischen Verantwortungslosigkeit dar. Statt eine nachhaltige Wirtschafts- und Entwicklungspolitik zu verfolgen, die Preisschwankungen und Begrenztheit der Ressourcen berücksichtigt, investieren Regierungen in unrealistische Großprojekte. Sie bauen langfristig nicht zu unterhaltende Infrastrukturen auf und erweitern die Staatsapparate [Ministerien, Verwaltung]. (…) Weil Regierungen einen bequemen zentralen Zugriff auf Rohstoffrenten besitzen, stärken Öleinnahmen autoritäre Regime. (…) Öleinnahmen in Afrika (…) gefährden die Demokratie.

Nigeria belegt seit Jahren Spitzenplätze in der Liste (…) der korruptesten Länder der Welt. (…) Korruption, obwohl vielfach beklagt, gilt als unvermeidbarer Bestandteil des Lebens (…). Es fällt schwer, den korrupten kleinen Beamten zu kritisieren, wenn hohe Beamte und Politiker Millionenbeträge stehlen und allenfalls in Ausnahmefällen dafür bestraft werden.

D1 *Globale Entwicklungsstandards.*
– Warum ist es schwierig, die Grundbedürfnisse der Menschen in unterschiedlichen Kulturräumen zu vergleichen?

1. *Schreibe stichwortartig Merkmale von Entwicklungsländern auf (VT, Q1–Q3).*
2. *Wähle in D1 aus der Gruppe der armen bzw. sehr armen Länder eines aus. Informiere dich über die Lebensbedingungen in diesem Land und berichte der Klasse darüber in einem Kurzreferat.*

16 Konfliktpotenzial „Bevölkerungsentwicklung“

Bevölkerung in Millionen im Jahr

	1750	1800	1850	1900	1950	1995	2000
Welt	791	978	1262	1650	2520	5716	6158
Afrika	106	107	111	133	224	728	832
Asien	502	635	809	947	1403	3458	3736
Lateinamerika	16	24	38	74	166	482	524
Nordamerika	2	7	26	82	166	293	306
Europa	163	203	276	408	549	727	730
Ozeanien	2	2	2	6	13	29	31

Bevölkerung 2050 (mittlere Projektion) in Millionen

Indien	1 531
China	1 395
USA	409
Pakistan	349
Indonesien	294
Nigeria	258
Bangladesch	255
Brasilien	233
Äthiopien	170

Weltbevölkerung in Milliarden

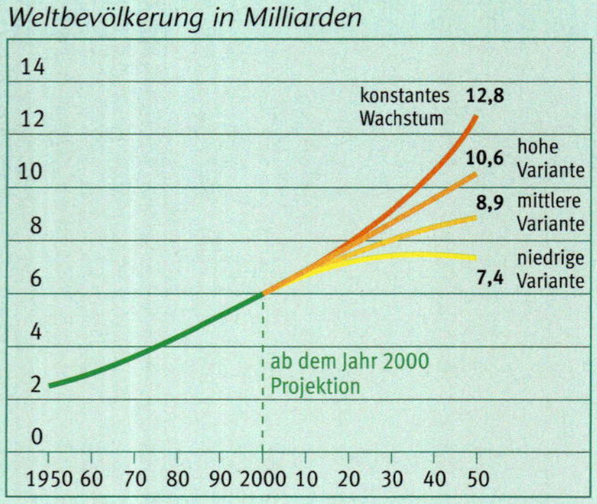

D 1 *oben: Die bevölkerungsreichsten Länder der Erde unten: Entwicklung der Weltbevölkerung (Prognosen)*

UNAIDS
Sonderorganisation der UNO, die vor allem in Afrika und in Südasien Programme zur Bekämpfung von AIDS finanziert und betreut.

Ein rapides Bevölkerungswachstum …

Im Jahr 2005 lebten 6,4 Milliarden Menschen auf der Erde. Um die Mitte des Jahrhunderts sollen es nach einer UN-Schätzung fast neun Milliarden sein.

Seit der Mitte des 20. Jahrhunderts hat die Zunahme der Weltbevölkerung vor allem in den Entwicklungsländern stattgefunden. Nigeria hatte 1950 etwas mehr als 20 Millionen Einwohner, 2004 waren es schon 140 Millionen. Diese Zahl soll bis zum Jahr 2050 auf 258 Millionen Menschen steigen. Die Hauptstadt Lagos wird 2015 etwa 17 Millionen Einwohner haben und damit unter den 20 Mega-Städten der Erde nur einen mittleren Rang einnehmen.

Die Menschen dieser Städte stehen vor schier unlösbaren Problemen, denn die Infrastruktur wächst nicht automatisch mit der Bevölkerung. Müllberge, Verkehrschaos und Luftverschmutzung sind die Folge.

… und seine Folgen

In den Entwicklungsländern verlassen Tag für Tag schätzungsweise 200 000 Menschen die ländlichen Gebiete. Diese Menschen fliehen vor der Wassernot, Landknappheit, Umweltzerstörung und Armut in ihren Dörfern. In den Städten erhoffen sie sich Arbeitsplätze, Bildungsmöglichkeiten und all die Konsumgüter, die sie aus dem Fernsehen kennen. Die meisten von ihnen tauschen die Armut ihrer Dörfer aber nur mit dem Elend der Slums ein.

Besonders schlimm ist die Situation in zwei Teilräumen der Erde. Dort konzentriert sich das Elend in einem für uns unvorstellbaren Maße. 43 Prozent der absolut Armen der Welt mit weniger als einem Dollar Einkommen pro Tag leben in Südasien, 24 Prozent in Afrika südlich der Sahara. Ein großer Teil davon hat überhaupt kein Einkommen. In diesen Ländern verhungern täglich mehr als 20 000 Kinder. Für viele Menschen verschärft sich der Kampf ums tägliche Überleben noch durch die rapide Ausbreitung von Aids. Die Immunschwächekrankheit trifft vor allem den aktivsten Teil der Bevölkerung zwischen 20 und 40 Jahren. In Afrika südlich der Sahara sind schon Millionen Kinder zu Waisen geworden.

Nur ein Problem des „Südens“?

Der große Bevölkerungsdruck und die Massenarmut in den Entwicklungsländern haben globale Auswirkungen: Sie treffen also direkt oder indirekt auch die Menschen in den reichen Industriestaaten. Wenn der Regenwald in einem unvorstellbaren Tempo abgeholz wird, verändert sich das Weltklima; wenn immer mehr Menschen Nahrungsmittel und Rohstoffe verbrauchen, nehmen Konflikte um ihre Verteilung zu; wenn Kriege und Bürgerkriege fern in Afrika stattfinden, suchen Flüchtlinge auch bei uns Schutz.

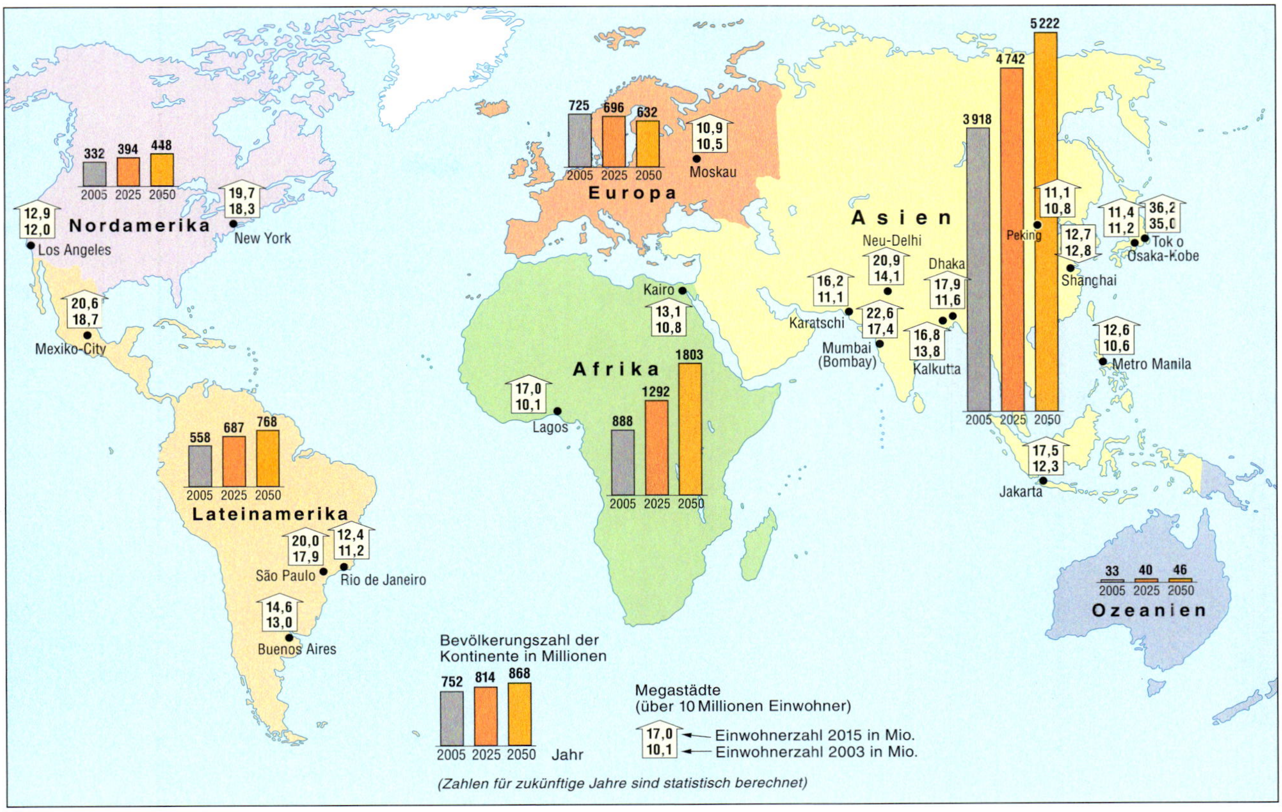

D 2 *Mega-Städte und Bevölkerungswachstum*

Q 1 *Über das Ausmaß von Aids in Afrika berichtete „Die Zeit" 2003:*

Im Süden der Sahara sind nach jüngsten Schätzungen der Vereinten Nationen 29,4 Millionen Menschen HIV-positiv – das entspricht der Einwohnerzahl von Kanada. (...) Allein in Südafrika infizierten sich pro Tag bis zu 1700 Personen mit dem HI-Virus, das sind jährlich 620 000 neue Fälle. (...) Stephen Lewis, der Sonderbeauftragte des UN-Generalsekretärs Kofi Annan für HIV/Aids in Afrika, war schockiert, als er von einer Rundreise zurückkehrte: Es fehle in Afrika nicht am politischen Willen, (...) [Aids] zu bekämpfen, sondern schlicht an den materiellen Ressourcen (...).

„Am 11. September 2001 starben 3000 Menschen durch einen furchtbaren Terrorakt, und in ein paar Tagen redete die Welt von Hunderten Milliarden Dollar für den Kampf gegen den Terror. 2001 starben 2,3 Millionen Afrikaner an Aids, und man muss bitten und betteln um ein paar hundert Millionen Dollar."

Q 2 *Über die Folgen der Aids-Katastrophe in Afrika äußerte die Ethnologin Ute Luig 2004:*

In den besonders betroffenen Gebieten von Ost-, Zentral- und Südafrika sind vor allem die ökonomisch und sexuell aktivsten Bevölkerungsgruppen sowie die Jugendlichen zwischen 15 und 24 Jahren infiziert, wobei die Zahl der jungen Frauen die der Männer um das Zweieinhalbfache übersteigt. Noch düsterer sieht die Zukunft aus, wenn man sich die Infektionswege genauer anschaut. Eine von fünf Müttern im südlichen Afrika trägt laut UNAIDS das HI-Virus in sich; die Zahl der Waisen steigt angesichts der hohen Mortalität [Sterblichkeitsrate] der Elterngeneration beständig. (...) Die kurz- und langfristigen Konsequenzen für Wirtschaft und Gesellschaft sind längst nicht absehbar. (...) Das Bildungswesen steht angesichts der Tatsache, dass eine ganze Generation gut ausgebildeter Beamter, Unternehmer und Akademiker Opfer der Epidemie geworden ist, vor fast unlösbaren Problemen.

1. *Vergleiche das Bevölkerungswachstum der einzelnen Weltregionen. Wo findet der größte Zuwachs statt, wo der geringste? Welche Folgen können sich daraus ergeben: politisch, wirtschaftlich, gesellschaftlich (D1, D2)?*
2. *Warum ist Aids gerade für Afrika eine Katastrophe (Q1, Q2)?*

17 Gewinner und Verlierer der Globalisierung

Q 1 *Ursachen der weltweiten Rohstoffverknappung,* Karikatur 2004

A-Z

Globalisierung
Prozess der weltweiten wirtschaftlichen, politischen und kulturellen Verflechtung

Globale Konzerne
dehnen ihre wirtschaftlichen Aktivitäten über den ganzen Globus aus. Weltweit gründen sie an kostengünstigen Standorten Niederlassungen. So wollen sie ihre Gewinne steigern.

Wachstum
Anstieg der Produktion von Gütern und Dienstleistungen in einem Land

Wachstumsfaktoren
Bedingungen, die das Wirtschaftswachstum fördern

Volkswirtschaft
alle wirtschaftlich miteinander verbundenen Haushalte und Betriebe in einem Staat

Weltkonzerne

Früher konnten sich nur wenige Könige rühmen, in ihrem Reich ginge die Sonne nie unter. Das galt im 16. Jahrhundert für Spanien, im 19. und 20. Jahrhundert für das britische Empire. Heute sind es die Lenker globaler Konzerne wie General Motors, Toyota oder Siemens, deren Fließbänder und Entwicklungsabteilungen rund um den Globus und rund um die Uhr arbeiten. So manches Weltunternehmen erzielt, in Dollar, Yen oder Euro gemessen, eine höhere Wirtschaftsleistung als manche Entwicklungsländer zusammengenommen.

Weltweite Handelsströme

Der Handel kennt kaum noch Grenzen. In den meisten Staaten haben Politiker erkannt, dass Wohlstand vor allem dort wächst, wo eine Volkswirtschaft sich nicht gegenüber dem Ausland verschließt. Deshalb wurden viele Einfuhrbeschränkungen und Zölle abgebaut. In der Folge war es für Unternehmen leichter, Waren dort zu produzieren, wo sie die günstigsten Bedingungen fanden: Einfache Textilproduktion wanderte in Billiglohnländer ab; komplizierte Maschinen und Autos der Oberklasse werden dagegen weiter in Deutschland gebaut. Doch viele Tausend Bauteile dafür werden in aller Welt zugekauft.

Selbst Dienstleistungen kennen keine Grenzen mehr. Inderinnen erledigen die Buchführung deutscher Banken, Chinesinnen digitalisieren deutsche Telefonbücher und Osteuropäerinnen beraten Kunden deutscher Unternehmen via Callcenter. Elektronisch gespeicherte Informationen sind an jedem Ort und zu jeder Zeit verfügbar.

Chancen und Risiken

In unserem täglichen Leben wirkte sich die Globalisierung zunächst angenehm aus: Textilien, elektronische Geräte und Tausende anderer Artikel aus Fernost wurden immer billiger. So gesehen haben sie unseren Wohlstand vermehrt. Bezahlt haben wir aber mit dem Verlust ganzer Industrien. In den Industriestaaten gingen viele Millionen Arbeitsplätze verloren. Vor allem gering qualifizierte Menschen wurden zu Dauerarbeitslosen.

Das wirtschaftliche Wachstum findet heute vor allem in Süd- und Ostasien statt. In diesen Staaten steht den Produzenten ein riesiges Reservoir an jungen, arbeitswilligen Menschen zur Verfügung. Billigarbeit ist vielerorts schon nicht mehr gefragt, nun zahlen sich die hohen Investitionen in die Ausbildung der Kinder und Jugendlichen aus. Alleine in Indien und China verlassen jedes Jahr Hunderttausende von Ingenieuren die Hochschulen.

Ein neues Konfliktpotenzial?

Globalisierung führt insgesamt zu mehr Wohlstand, aber nicht zu seiner gleichmäßigen Verteilung. Langfristig werden die heutigen Industriestaaten erst Wissensvorsprünge, dann Weltmarktanteile verlieren. Davon wird Afrika am wenigsten profitieren, Asien am meisten. Der Zuwachs an Wohlstand und Bevölkerung dort könnte aber einen dramatischen Wettlauf um Rohstoffe zur Folge haben.

Q2 *Indien gilt für viele als ein Gewinner der Globalisierung. Die Wirtschaftszeitung „Handelsblatt" berichtete im Jahr 2005 über den Wirtschaftsaufschwung Indiens:*

Indien setzt zum Sprung an die Weltspitze an: Das Land hat gerade Südkorea überrundet und sich damit zur drittgrößten Volkswirtschaft Asiens sowie zur Nummer zehn weltweit aufgeschwungen. Fachleute gehen bereits davon aus, dass Indien bis Mitte des Jahrhunderts – nach China – zur zweitgrößten Volkswirtschaft der Welt aufsteigt.

Die Deutsche Bank sieht das südasiatische Land in fünfzehn Jahren zur Nummer drei weltweit heranwachsen. Sie beziffert das durchschnittliche Wachstum Indiens in dieser Periode [Zeitraum] auf sechs Prozent pro Jahr. Ideale Demographie [Altersaufbau der Bevölkerung], Globalisierungsvorteile und weitere Reformen sollen Indien der Bank zufolge erlauben, China ab 2015 den Rang als weltweiter Wachstumsstar abzulaufen. (…)

Indiens Demographie zählt zu seinen wichtigsten Wachstumsfaktoren. Über die Hälfte der Bevölkerung ist unter 25, nur fünf Prozent im Rentenalter. Anders als in China, dem schon bald ähnliche Überalterung droht wie Europa, wird Indiens Pool von Arbeitskräften bis 2020 um 250 Millionen anschwellen. Weil sich das Land schnell in die Weltwirtschaft integriert, wird dies den globalen Wettbewerb um Jobs schüren. (…)

Rechtssicherheit, politische Stabilität, die hohe Verfügbarkeit englischsprachiger Fachkräfte und die schnell steigende Kaufkraft der Oberschicht sind weitere Faktoren, die Indiens wirtschaftlichen Aufstieg begünstigen und Investoren anlocken.

Größtes konkretes Hindernis sind die bürokratischen Hürden. So dauert die Gründung eines Unternehmens in Indien laut Weltbank im Schnitt 89 Tage. In China sind es 41. Wer seine Firma schließen will muss in Indien zehn Jahre warten, in China nur zwei. (…)

Q3 *Massenproduktion zu Niedriglöhnen:* 1000 Beschäftigte arbeiten allein in dieser Halle in Ho-Chi-Minh-Stadt in Vietnam an der Herstellung von Schuhen für einen multinationalen Konzern.

D1 *Wachstum der Weltwirtschaft.*
Durchschnittliche jährliche Veränderung des Bruttoinlandsproduktes (= Summe aller Güter und Dienstleistungen, die in einem Jahr produziert werden) pro Kopf in Prozent.

	1982–1991	*1992–2001*
Industrieländer	2,5	2,3
Afrikanische Länder	– 0,5	0,2
Asien	5,0	6,1
Lateinamerika	– 0,3	1,7

D2 *Wirtschaftswachstum in ausgewählten Staaten Asiens und Afrikas.*
Durchschnittliche jährliche Veränderung des Bruttoinlandsproduktes.

Länder	*1980–1990*	*1990–1999*
China	10,1	10,7
Südkorea	9,4	5,7
Singapur	6,7	8,0
Indonesien	6,1	4,7
Uganda	2,9	7,2
Nigeria	1,6	2,4
Südafrika	1,0	1,9
Kongo	1,6	-5,1

1. *Worauf führt die Karikatur Q1 den starken Preisanstieg für Kohle, Eisenerze usw. zurück?*
2. *Liste die Wachstumsfaktoren der indischen Wirtschaft auf (Q2).*
3. *Mit welchem Ziel investieren zum Beispiel deutsche Unternehmen in Indien oder China (Q2)?*
4. *Erkläre aus D1 und D2 den Aufstieg Asiens in der Weltwirtschaft. Warum sagt die Statistik noch nichts über den Wohlstand der Nationen aus?*
5. *Macht euch Stichpunkte zu folgendem Thema: „Wer profitiert von der Globalisierung, wer hat Nachteile?" Führt dazu eine Diskussion.*

18 Internationaler Terrorismus

Q 1 *Die brennenden Türme des World Trade Centers in New York am 11. September 2001*

Al-Qaida
(arab. = „Basis“)
Osama Bin Ladens Organisation entstand 1988/89 im Kampf gegen die sowjetische Besatzung in Afghanistan. Seit 1990 richteten sich Propaganda und Terror zuerst gegen „korrupte“ und „unislamische“ Eliten in muslimischen Staaten, dann gegen Israel und die westliche Welt.

Islamisten
sind Anhänger eines radikalen, antiwestlichen Islam. Globalisierung, Demokratie und Individualismus werden als Waffen des Westens gegen die islamische Welt gesehen.

Anschlag auf das World Trade Center

Am 11. September 2001 geschah das Unvorstellbare: In den USA brachten Terroristen vier Flugzeuge in ihre Gewalt, jagten zwei davon in die Türme des World Trade Centers in New York und eines in das US-Verteidigungsministerium in Washington. Das vierte zerschellte vorzeitig in Pennsylvania. Am Ende gab es über 3000 Opfer, mehr als jemals zuvor bei einem Terroranschlag. Die Terrorangriffe fanden vor den Augen der Weltöffentlichkeit statt, die im Fernsehen verfolgen konnte, wie das zweite Flugzeug in den Nordturm raste. Trotz der Bilder erschien es Millionen unfassbar, dass die Weltmacht USA in ihrem Innersten so furchtbar getroffen worden war.
Genau das war das Ziel der Attentäter: Sie wollten durch die Art des Anschlags und die hohe Opferzahl ein Maximum an Aufmerksamkeit erzielen und die Verwundbarkeit der USA demonstrieren. Gleichzeitig sollten zwei herausragende Symbole der amerikanischen Macht zerstört werden: das Zentrum seiner weltumspannenden Finanzwirtschaft und das Hauptquartier seiner weltweit operierenden Streitkräfte.

Das globale Terrornetz Al-Qaida

Verantwortlich für den Terroranschlag war die weltweit vernetzte Organisation „Al-Qaida“ des saudi-arabischen Multimillionärs Osama Bin Laden. Seine Anhänger sind radikale Islamisten, deren Hass sich gegen den Westen richtet. Insbesondere den USA werfen sie vor, die islamische Welt zu kolonisieren, um sich Zugriff auf das Erdöl der Region zu verschaffen. Aus diesem Grund würden die USA auch autoritäre Staaten im Nahen und Mittleren Osten unterstützen, obwohl sie sich zur gleichen Zeit woanders für Demokratie und Freiheit einsetzten.
Innerhalb der arabischen Welt gilt den Islamisten die politische Führung Saudi-Arabiens als Hauptfeind. Das Königshaus wird als Handlanger des US-Imperialismus bezeichnet: Es dulde die amerikanische Militärpräsenz und versorge wie kein zweiter Staat den Weltmarkt mit Öl, lautet der Vorwurf. Beschämend für die ganze islamische Welt sei es, dass „Ungläubige“ den „heiligen Boden Arabiens“, die Geburtsstätte des Propheten Mohammed, „beschmutzen“ dürften.

Eine Gefahr für den Weltfrieden

Die Anschläge von Al-Qaida und anderen Terrororganisationen stellen eine völlig neuartige Bedrohung dar. Bisher führten vor allem Staaten Kriege gegeneinander, oder Militärbündnisse bedrohten sich gegenseitig. Al-Qaida dagegen besteht aus einem Netzwerk unabhängiger Gruppen in mehr als 60 Ländern. Sie kommunizieren via Internet und versorgen sich anonym über internationale Banken mit Geld. Bei Anschlägen werden einzelne Gruppen aktiviert und oft gleichzeitig gegen mehrere Ziele geführt. Die Angriffe erfolgen aus heiterem Himmel, ihre Drahtzieher bleiben im Dunkeln. Die Selbstmordattentäter werden zu „Märtyrern“ stilisiert.

Q 2 *Über die Motive der Terroristen sagte der US-Politikwissenschaftler Benjamin Barber am 8. November 2001:*

Sie sind geprägt von einer destruktiven Ideologie religiösen Märtyrertums und Vernichtungswillen, einer Haltung, die Verhandlungen nicht zugänglich ist. Sie lehnen die Moderne und ihre Demokratie insgesamt ab und wollen sie abschaffen. Auch wenn wir die Lebensbedingungen in den Städten der Dritten Welt verbessern würden, wenn wir mehr Toleranz gegenüber dem Islam dort schaffen könnten, (…) es würde nichts ändern (…). Die Frage für mich sind nicht diese Terroristen – abgesehen davon, dass wir sie schlicht und einfach irgendwie eliminieren müssen (…), sondern die weitaus größere Gruppe, die zu ihren Sympathisanten werden, weil sie in Armut leben, in Ungerechtigkeit und in Hoffnungslosigkeit. Und weil sie diese schlimmen Lebensbedingungen mit dem System der wirtschaftlichen Globalisierung in Verbindung bringen. Mit dem Neoliberalismus [dem neuen Kapitalismus] und insofern mit den USA, die mit diesem System verbunden sind.

Q 3 *Osama Bin Laden und US-Präsident George W. Bush wurden von der indischen Schriftstellerin Arundhati Roy einem kritischen Vergleich unterzogen. Am 28. September 2001 schrieb sie in der FAZ:*

Jeder bezeichnet den anderen als „Kopf der Schlange". Beide berufen sich auf Gott und greifen gern auf die Erlösungsrhetorik von Gut und Böse zurück. (…) Beide sind gefährlich bewaffnet – der eine mit dem nuklearen Arsenal des obszön Mächtigen, der andere mit der glühenden, zerstörerischen Macht des absolut Hoffnungslosen. Feuerball und Eispickel. Keule und Axt. Man sollte nur nicht vergessen, dass der eine so wenig akzeptabel ist wie der andere. Präsident Bushs Ultimatum an die Völker der Welt – „Entweder ihr seid für uns, oder ihr seid für die Terroristen" – offenbart eine unglaubliche Arroganz. Kein Volk will diese Wahl treffen, kein Volk braucht diese Wahl zu treffen und keines sollte gezwungen werden, sie zu treffen.

Q 4 *Radikale Muslime bei einer Anti-US-Demonstration in Pakistan.*
Die Plakate zeigen Osama Bin Laden.

D 1 *Unter anderem werden die folgenden Anschläge mit der Organisation Osama Bin Ladens in Verbindung gebracht:*

11. 9. 2001 – USA: Anschläge von New York und Washington (über 3000 Tote)
11. 4. 2002 – Tunesien: Explosion eines Tankwagens vor der ältesten Synagoge Nordafrikas in Tunis (21 Tote)
8. 5. 2002 – Pakistan: Bombenattentat auf französische Ingenieure (14 Tote)
12. 11. 2002 – Indonesien: Bombenanschläge gegen Diskotheken auf Bali (202 Tote, vor allem australische Touristen)
30. 12. 2002 – Jemen: Ermordung von drei US-Bürgern (3 Tote)
12. 5. 2003 – Saudi-Arabien: Selbstmordanschlag auf eine Ausländersiedlung (35 Tote)
7. 6. 2003 – Afghanistan: Selbstmordanschlag auf einen Bus mit Bundeswehrsoldaten (4 Tote)
15. und 20. 11. 2003 – Türkei: vier Selbstmordattentate auf Synagogen und britische Einrichtungen in Istanbul (61 Tote)
11. 3. 2004 – Spanien: zeitgleiche Bombenanschläge auf vier Vorortzüge in Madrid (191 Tote)
8. 5. 2004 – Irak: Enthauptung des US-Bürgers Nicholas Berg vor laufender Kamera, danach weitere Geiselmorde
7. 7. 2005 – Großbritannien: Bombenanschläge auf Londoner Verkehrsbetriebe (56 Tote)

1. *Erläutere, welche Motive dem Terrorismus von Al-Qaida zugrunde liegen (VT, Q2, Q3).*
2. *Wie beurteilt die Inderin Arundhati Roy die Reaktion des US-Präsidenten George W. Bush auf den Anschlag vom 11. September 2001 (Q3)?*
3. *Vom 11. September 2001 bis 2005 wurden Al-Qaida mehr als zwanzig Anschläge zugerechnet. Warum reichen die militärischen Mittel des Anti-Terror-Kampfes gegen eine solche Organisation nicht aus (VT, Q2, D1)?*

19 Die UNO – Weltkonflikte regeln, den Frieden erhalten

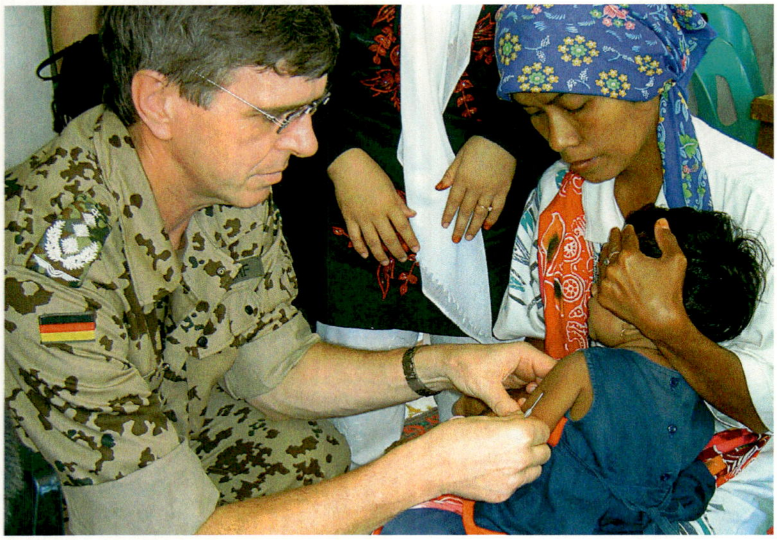

Q1 *Flutkatastrophe in Südasien 2004/2005.* Unter Führung der UNO leistete auch die Bundeswehr Hilfe. Foto: Impfung gegen Masern auf der Insel Sumatra.

Lehren aus der Geschichte

Die beiden Weltkriege waren die großen Katastrophen des 20. Jahrhunderts. „Nie wieder Krieg!" – das war der Wunsch von Millionen Menschen 1918 und 1945.

Nach dem Ersten Weltkrieg wurde auf Vorschlag des amerikanischen Präsidenten Wilson der Völkerbund gegründet, doch die neue Weltorganisation konnte weder eine allgemeine Abrüstung der Staaten durchsetzen noch den Zweiten Weltkrieg verhindern. Daher regte der amerikanische Präsident Roosevelt noch während des Krieges die Gründung einer neuen Weltgemeinschaft an. 1945 gründeten 51 Staaten in San Francisco die Vereinten Nationen (UNO) mit ständigem Sitz in New York.

Die Verlierer des Krieges schloss man zunächst aus; Japan wurde 1956 aufgenommen, die Bundesrepublik Deutschland und die DDR konnten erst 1973 beitreten. Im Jahr 2005 war die UNO auf 191 Mitglieder angewachsen. Das sind alle Staaten der Welt, außer der Demokratischen Arabischen Republik Sahara, der Republik China (= Taiwan) und dem Vatikanstaat.

Anspruch einer Weltorganisation …

Alle Mitgliedsländer der UNO haben sich verpflichtet, den Weltfrieden zu sichern, die Menschenrechte zu schützen, die Gleichberechtigung aller Staaten zu garantieren und den allgemeinen Lebensstandard in der Welt zu verbessern.

Das wichtigste Organ der UNO ist der Sicherheitsrat. Er kann ein Land, das den Frieden bedroht, mit militärischen Mitteln in die Schranken weisen. Doch die UNO verfügt bis heute nicht über eigene Streitkräfte. Wenn sie militärisch eingreifen will um einen bewaffneten Konflikt zu beenden oder einen gefährdeten Frieden zu schützen, ist sie auf die Hilfe der Mitgliedsstaaten angewiesen. Diese stellen Kontingente zu einer Friedenstruppe, die unter dem Befehl der UNO eingesetzt wird.

… und die Wirklichkeit

Obwohl es der UNO oft gelang, Konflikte zu entschärfen, konnten seit 1945 mehr als 200 Kriege nicht verhindert werden. Sie fanden zu über 90 % in Entwicklungsländern statt und kosteten mindestens 45 Millionen Menschenleben. Schuld daran hatten auch die Supermächte des Kalten Krieges. Sie konnten mit ihrem Vetorecht jeden Beschluss des Sicherheitsrates blockieren, wenn er ihre Interessen bedrohte.

Mit dem Ende des Kalten Krieges wurde das anders. Als der Irak 1990 Kuwait überfiel, erlaubte der Sicherheitsrat seinen Mitgliedern die Anwendung von Gewalt zur Befreiung Kuwaits. Die UdSSR stimmte zu, obwohl der Irak im Kalten Krieg Bündnispartner Moskaus gewesen war. 2003 führten die USA wieder Krieg gegen den Irak, diesmal ohne Zustimmung des UN-Sicherheitsrates. Dadurch beschädigten die USA ihr eigenes Ansehen in der Welt, aber auch das der UNO, die erneut handlungsunfähig erschien.

A-Z

Völkerbund
Weltfriedensorganisation 1920–1946

UNO
United Nations Organization (= Vereinte Nationen) 1945 gegründete Organisation zur Erhaltung des Weltfriedens.

Sicherheitsrat
wichtigstes Organ der UNO, das über Friedenseinsätze entscheidet

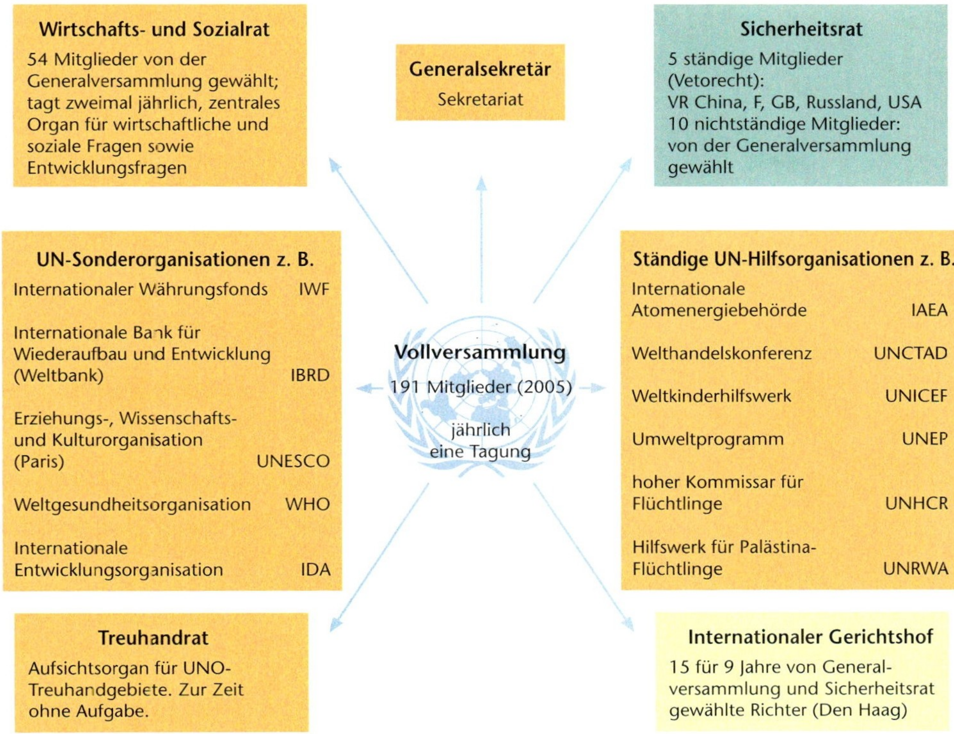

Q2 *Aus der UN-Charta von 1945:*

Artikel 41: Der Sicherheitsrat kann beschließen, welche Maßnahmen – unter Ausschluss von Waffengewalt – zu ergreifen sind, um seinen Beschlüssen Wirksamkeit zu verleihen; er kann die Mitglieder der Vereinten Nationen auffordern, diese Maßnahmen durchzuführen. Sie können die vollständige oder teilweise Unterbrechung der Wirtschaftsbeziehungen, des Eisenbahn-, See- und Luftverkehrs, der Post-, Telegrafen- und Funkverbindungen sowie sonstiger Verkehrsmöglichkeiten und den Abbruch der diplomatischen Beziehungen einschließen.

Artikel 42: Ist der Sicherheitsrat der Auffassung, dass die in Artikel 41 vorgesehenen Maßnahmen unzulänglich sein würden oder sich als unzulänglich erwiesen haben, so kann er mit (...) Streitkräften, die zur Wahrung oder Wiederherstellung des Weltfriedens und der internationalen Sicherheit erforderlichen Maßnahmen durchführen. Sie können Demonstrationen, Blockaden und sonstige Einsätze der Streitkräfte von Mitgliedern der Vereinten Nationen einschließen.

D1 *Organe und Gliederung der Vereinten Nationen.*
Beschlüsse der Vollversammlung werden mit Zweidrittelmehrheit gefasst. Dabei hat jeder Staat, unabhängig von seiner Einwohnerzahl, eine Stimme. Der Sicherheitsrat ist das eigentliche Exekutivorgan der UNO. Entsteht eine Situation, die den Weltfrieden gefährdet, entscheidet er – in geringerem Maße der Generalsekretär sowie die Vollversammlung – über geeignete Maßnahmen.

D2 *Beitragszahler der UNO 2004/2005*

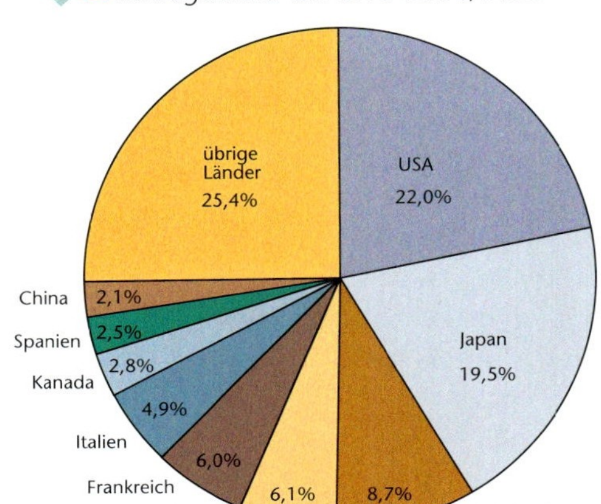

1. *Nenne die wichtigsten Aufgaben der UNO (VT, D1).*
2. *Welche Mittel kann die UNO einsetzen, um einen Krieg zu verhindern oder einen kriegführenden Staat zur Einstellung der Kampfhandlungen zu zwingen (VT, Q2)?*
3. *Wie könnte der UN-Sicherheitsrat reformiert werden? Ist das Vetorecht der „fünf Großen" sinnvoll? Wer sollte dazugehören? Macht euch Notizen zu diesen Fragen und diskutiert sie in der Klasse (VT, D1, D2).*

20 Die Blauhelme – Friedenstruppe der UNO

1 *Blauhelm-Soldaten* der UN-Schutztruppe in Osttimor. Das Foto entstand zu Beginn des Jahres 2000, als die Milizen entwaffnet waren.

UN-Mission
Aktivität nationaler Kräfte im Auftrag der UNO. Einsätze der Bundeswehr im Rahmen von UN-Missionen:
1993/94 in Somalia
1994 (Beginn) Georgien
1997 (Beginn) Bosnien-Herzegowina
1999 (Beginn) Kosovo

Osttimor – ein Fall für die UNO

Osttimor gehörte bis 1975 als Kolonie zu Portugal. Nach dem Rückzug der Portugiesen beanspruchte Indonesien, dem schon der Westteil der Insel gehörte, ganz Timor für sich. Die meisten Menschen in Osttimor betrachteten die indonesischen Soldaten als Besatzer, die mit brutaler Gewalt ihre Fremdherrschaft durchsetzten.

Auf Druck mehrerer Staaten und der UNO erlaubte die indonesische Regierung im August 1999 eine Abstimmung, bei der mehr als 430 000 Wahlberechtigte über die Zukunft Osttimors entscheiden durften: Verbleib bei Indonesien oder Unabhängigkeit, so lautete die Alternative bei der Abstimmung, die von der UNO organisiert wurde. 78,5 % der Inselbewohner entschieden sich für die Unabhängigkeit. Nach Bekanntgabe des Resultats verübten proindonesische Milizen Massaker an der Bevölkerung: Tausende wurden getötet, Zigtausende flohen oder wurden verschleppt. All das geschah unter den Augen des indonesischen Militärs, das nicht eingriff. Die Mitarbeiter der UNO verließen fluchtartig das Land.

Der UN-Sicherheitsrat handelt

Im September 1999 beauftragte der UN-Sicherheitsrat eine multinationale Friedenstruppe unter australischem Kommando damit, das Morden in Osttimor zu beenden. Die Bundeswehr unterstützte die Aktion mit etwa 70 Sanitätssoldaten. Nach nur fünf Monaten war die Mission erfolgreich beendet. UNO-Verwalter konnten nun die lokalen Kräfte bei der Vorbereitung der Unabhängigkeit unterstützen.

Im Mai 2002 wurde Osttimor unabhängig und noch im selben Jahr als neues Mitglied in die UNO aufgenommen. Das größte Problem ist nun die Überwindung der Armut. 80 Prozent des Staatshaushalts werden von der UNO und einzelnen Staaten finanziert. Die Sicherheit des Landes wird weiter von etwa 900 UN-Blauhelmsoldaten garantiert.

Schwierige Missionen der Blauhelme

Die UNO hatte von 1948 bis 2004 insgesamt 56 Friedensmissionen durchgeführt, davon allein 38 seit 1991. Sie waren beileibe nicht alle so erfolgreich wie der Einsatz in Osttimor. Von etwa 800 000 eingesetzten Blauhelmsoldaten verloren über 1900 ihr Leben.

Im afrikanischen Ruanda konnten zu schwache UNO-Kräfte 1994 ein Massaker an 800 000 Mitgliedern der Tutsi-Minderheit nicht verhindern. 1995 mussten in der bosnischen Stadt Srebrenica 300 leicht bewaffnete niederländische Blauhelme tatenlos zusehen, wie Serben über 7000 Bosnier bestialisch ermordeten.

Weil die UNO sich 1999 nicht entscheiden konnte, ob die Souveränität Jugoslawiens wichtiger sei als der Schutz der Menschenrechte, griff die NATO unter Führung der USA ohne ein Mandat des UN-Sicherheitsrates im Kosovo ein, um die muslimische Minderheit gegen die Serben zu schützen.

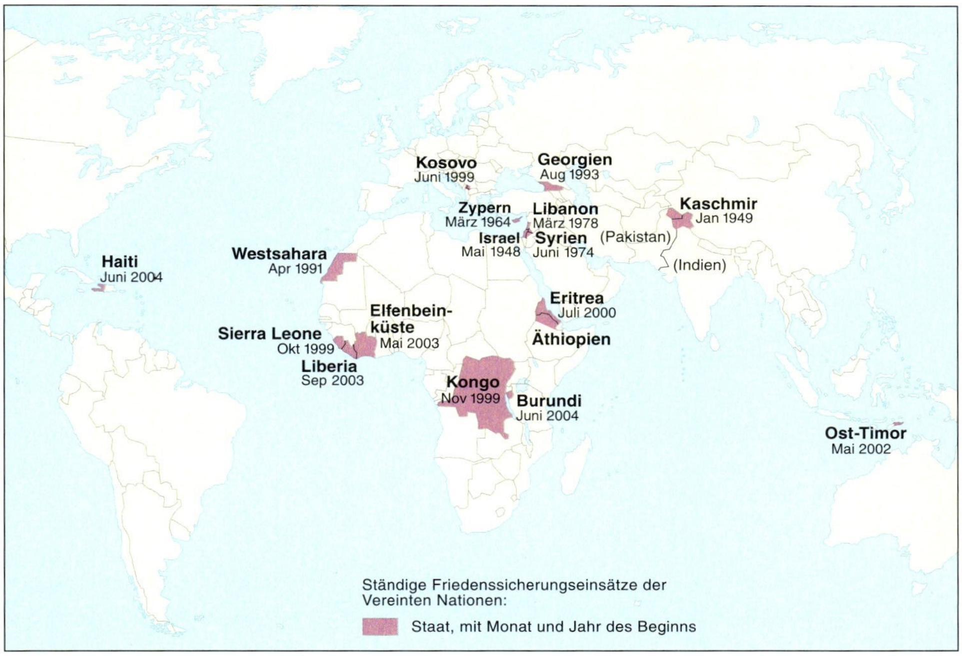

D1 *Friedensmissionen der UNO:* Im Jahr 2004 gab es 16 Einsatzgebiete mit 53 000 Soldaten und Polizisten. Eine friedenserzwingende Mission mit Kampfauftrag findet zum Beispiel im Kongo statt. Den 10 800 Blauhelmen gelang es bis 2005 nicht, die rivalisierenden Milizen und Armee-Einheiten zu entwaffnen und voneinander zu trennen. In Syrien findet dagegen ein friedenssichernder Einsatz statt, der israelische und syrische Truppen auf den Golanhöhen voneinander trennt. In Israel sind dagegen nur Militärbeobachter stationiert, die der UNO Bericht erstatten.

Q2 *Eine „Frühwarnkommission" der UNO könnte nach Meinung des Außenministers von Osttimor, Jose Ramos-Horta, Konflikte schon im Anfangsstadium verhüten. Im Jahr 2004 sagte der Friedensnobelpreisträger in einem Interview:*

Schon Monate vor dem Ausbruch der Gewalt wurden die Milizen von der indonesischen Armee, der Polizei und besonders von den Spezialeinheiten bewaffnet, trainiert und finanziert. Die indonesische Armee hat die Gewalt provoziert und angestachelt. Dafür benutzte sie kriminelle Banden – viele aus dem indonesischen Westtimor (...) oder Sicherheitskräfte in Zivil. (...)

Die gewalttätigen Aktionen vor der Volksabstimmung wurden in der Hoffnung begonnen, die UNO würde die Abstimmung absagen. Oder, wenn sie stattfindet, dass die Leute dann so eingeschüchtert sind, dass sie nicht teilnehmen oder für ein Verbleiben bei Indonesien stimmen. Das hat nicht funktioniert. Deshalb haben sie die letzte Stufe ihres Plans umgesetzt. Diese Stufe hieß Rache, die Zerstörung der Insel. Das war von langer Hand geplant. (...)

Wir müssen realistisch sein: Es gibt keine Möglichkeit, Konflikte völlig auszuschließen. Aber es könnte viel mehr gemacht werden um die Spannungen in vielen Regionen zu reduzieren. Ich schlage deshalb vor, dass die UNO eine effektive, gut finanzierte Frühwarnkommission einrichtet, die eng mit dem UNO-Generalsekretär und dem Sicherheitsrat zusammenarbeitet. Eine Kommission aus Historikern, Journalisten und Wissenschaftlern mit fundierten und weit reichenden Erfahrungen. Sie soll zum einen den Generalsekretär und den Sicherheitsrat über die besonderen Bedingungen in einzelnen Ländern und Regionen unterrichten. Zum anderen könnte sie als Vermittler der UNO in die Problemregionen reisen, um im Dialog mit den Konfliktparteien Wege zu finden, wie eine weitere Verschärfung der Situation verhindert werden kann. Ich sage „Dialog" und „beraten". Weil der allererste Schritt die Beratung und die Verständigung mit den Leuten vor Ort ist, um sie von einer anderen Vorgehensweise zu überzeugen. Die UNO reagiert häufig zu spät. Es muss präventive [vorbeugende] Schritte geben. Erst danach kann der Sicherheitsrat den Druck erhöhen, um eine friedliche Konfliktlösung zu erzwingen.

1. *Nenne die drei verschiedenen Möglichkeiten des Einsatzes von UN-Truppen (D1).*
2. *In welchen Regionen der Welt werden Blauhelmsoldaten überwiegend gebraucht (D1)?*
3. *Wie hätte eine „Frühwarnkommission" der UNO das Massaker in Osttimor 1999 verhindern können (VT, Q2)?*
4. *Diskutiert die folgende Aussage der Menschen in Osttimor nach der Unabhängigkeitsfeier 2002: „Wir waren schon unter den Portugiesen arm, dann waren wir arm unter den Indonesiern, und jetzt sind wir immer noch arm, aber unter uns selbst."*

21 Projekt
Über den Frieden nachdenken – für den Frieden arbeiten

Über den Frieden nachdenken ist nicht so einfach, denn Frieden ist nicht alleine dadurch gegeben, dass kein Krieg herrscht. Frieden meint aber auch keine Welt ohne Konflikte, vielleicht aber eine, in der Menschen einsehen, dass sie ihre Interessen nicht zum Schaden anderer durchsetzen können. Eine Welt also, in der zwar um wichtige Anliegen gestritten wird, in der aber am Ende Kompromisse gesucht werden.

Das Thema Frieden könnt ihr auf verschiedenen Wegen angehen:

Überlegen, was man selbst für den Frieden tun kann

Frieden ist nicht nur hohe Politik, er steckt in unserem alltäglichen Leben. Was können wir tun, um den Frieden zu fördern?

- versuchen, eigene Konflikte ohne Gewalt zu lösen
- zuhören, damit man die Einstellungen und Interessen anderer besser verstehen lernt
- Streit fair austragen, einen Streit auch beenden
- sich einmischen, wenn man ein Unrecht erkennt
- nicht dazu beitragen, dass andere ausgegrenzt werden
- Vorurteile vermeiden, gegen Vorurteile ankämpfen
- andere Meinungen und Lebenspläne akzeptieren/gelten lassen (tolerant sein)
- eigene Positionen öfter infrage stellen
- Kriegsspielzeug, Kriegsvideos ablehnen
- sich für politische Fragen interessieren und auch engagieren
- sich für sozial Schwächere engagieren, z. B. durch Unterstützung eines Entwicklungsprojektes

Karikaturen zum Thema Frieden sammeln und auswerten

Q 1 *„Ich lehne Stacheln ab, sie provozieren nur!“*

Texte zum Thema Frieden suchen

Q 2 *Der Philosoph und Friedensforscher Carl Friedrich von Weizsäcker schrieb während des Kalten Krieges 1967:*

Der Weltfriede ist die Lebensbedingung des technischen Zeitalters. Das technische Zeitalter, das ist unsere Zeit, unser Alltag und der Alltag unserer Kinder und Enkel. Es ist die Welt, in der man zu einer Tagung (...) mit Auto, Eisenbahn oder Flugzeug anreisen kann, in der unsere Medizin die Zahl der Weltbevölkerung zur Explosion bringen kann und, wie wir hoffen müssen, auch begrenzen kann, und in der Atombomben und Napalm das verfügbare, biologische Waffen vielleicht das zukünftge Kriegspotenzial andeuten.

Diese Welt bedarf des Friedens, wenn sie sich nicht selbst zerstören soll (...). Der Weltfriede, den wir jetzt schaffen müssen, ist nicht das goldene Zeitalter der Konfliktlosigkeit. Er ist eine neue Form der Kanalisierung der Konflikte. Er ist Weltinnenpolitik (...). Der Weltfriede bedarf, um wahrhaft Friede zu werden, einer außerordentlichen moralischen Anstrengung. (...)

Nur ein Kriterium politischer Handlungen und Interessen sehe ich heute, das niemand (...) anzugreifen wagen darf: die Bewahrung des Weltfriedens. Das war vor 1945 noch nicht so. Hier bedeutet Hiroshima den Angelpunkt einer langsam sich drehenden Tür der Weltgeschichte.

Lieder zum Thema Frieden hören

Q **3** *Nena: „99 Luftballons"*

Hast Du etwas Zeit für mich
Dann singe ich ein Lied für Dich
Von 99 Luftballons
Auf ihrem Weg zum Horizont
Denkst Du vielleicht grad an mich
Dann singe ich ein Lied für Dich
Von 99 Luftballons
Und dass so was von so was kommt

99 Luftballons
Auf ihrem Weg zum Horizont
Hielt man für UFOs aus dem All
Darum schickte ein General
'Ne Fliegerstaffel hinterher
Alarm zu geben, wenn's so wär
Dabei war'n da am Horizont
Nur 99 Luftballons

99 Düsenjäger
Jeder war ein großer Krieger
Hielten sich für Captain Kirk
Das gab ein großes Feuerwerk
Die Nachbarn haben nichts gerafft
Und fühlten sich gleich angemacht
Dabei schoss man am Horizont
Auf 99 Luftballons

99 Kriegsminister
Streichholz und Benzinkanister
Hielten sich für schlaue Leute
Witterten schon fette Beute
Riefen: Krieg und wollten Macht
Mann, wer hätte das gedacht
Dass es einmal so weit kommt
Weg'n 99 Luftballons

99 Jahre Krieg
Ließen keinen Platz für Sieger
Kriegsminister gibt es nicht mehr
Und auch keine Düsenflieger
Heute zieh ich meine Runden
Seh die Welt in Trümmern liegen
Hab 'nen Luftballon gefunden
Denk an Dich und lass ihn fliegen

Bilder zum Thema Frieden diskutieren

Q **4** *Pablo Picasso (1881–1973): Das Gesicht des Friedens, 1951*

Mit Organisationen in Kontakt treten, die sich für den Frieden einsetzen

- www.uno.de
- www.un.org
- www.volksbund.de
- www.welthungerhilfe.de
- www.amnesty.de
- www.open-the-world.de

22 Abschluss

Nord-Süd-Konflikt

Ordne jedem der Begriffe eine Erklärung zu.

UN-Charta

Völkerbund

Billiglohnländer

Schwellenländer

UN-Vollversammlung

Al-Qaida

Aids

Sicherheitsrat

Blauhelmsoldaten

UN-Generalsekretär

Gründungsurkunde der UNO

Staaten, die sich auf dem Weg zum Industriestaat befinden

eine weltweite Seuche, die am schlimmsten im südlichen Afrika wütet

islamistische Terrororganisation

Hier können vor allem einfache Industrieprodukte billig hergestellt werden.

Dieses Gremium kann den Einsatz von UN-Friedenstruppen beschließen.

Vorgängerorganisation der UNO

Ost-West-Konflikt

Leider ist der Film über den Ost-West-Konflikt gerissen. Die Bilder müssen in der richtigen Reihenfolge rekonstruiert werden. Das heißt, man muss wissen, in welchem Jahr das Ereignis war oder in welchen Zeitraum eine Karte oder ein Plakat gehört. Lege eine Liste an, die die Bilder in der richtigen Reihenfolge nennt. Am besten setzt du gleich eine Jahreszahl dazu. Schreibe zu jedem Bild einen Kurztitel.

1968

1972

1962

1953

1945

1949

1990

Nahost-Konflikt

Er leitet die Vollversammlung der UNO.

Hier kommen Vertreter von 191 Staaten der Erde zusammen.

Soldaten, die ein Mitgliedsstaat der UNO für eine Friedensmission zur Verfügung stellt

Mögliche Themen:

- Die Geschichte Israels bis zur Vertreibung durch die Römer
- Palästina unter türkischer und britischer Herrschaft
- Die Staatsgründung Israels und die Kriege von 1948/49, 1956, 1967 und 1973
- Ein Volk wird heimatlos: das Schicksal der Palästinenser
- Ein schwieriger Weg zum Frieden: Erfolge und Misserfolge seit 1979
- Wem gehört Jerusalem?
- Der Nahost-Konflikt aktuell
- Entwurf für einen Frieden – Wie könnte ein Ausgleich zwischen Juden und Palästinensern aussehen?

Halte ein Kurzreferat zu einem Einzelaspekt des Nahost-Konfliktes.

1. *Wähle ein Thema aus.*
2. *Besorge dir zusätzliche Informationen.*
3. *Gliedere dein Thema.*
4. *Schreibe dir Stichpunkte auf Karteikarten auf.*
5. *Trage der Klasse dein Thema in einem Kurzreferat vor.*

Prager Frühling

Eiserner Vorhang

Kubakrise

Gorbatschow/Bush

Vietnamkrieg

Konferenz von Jalta

Feindbilder

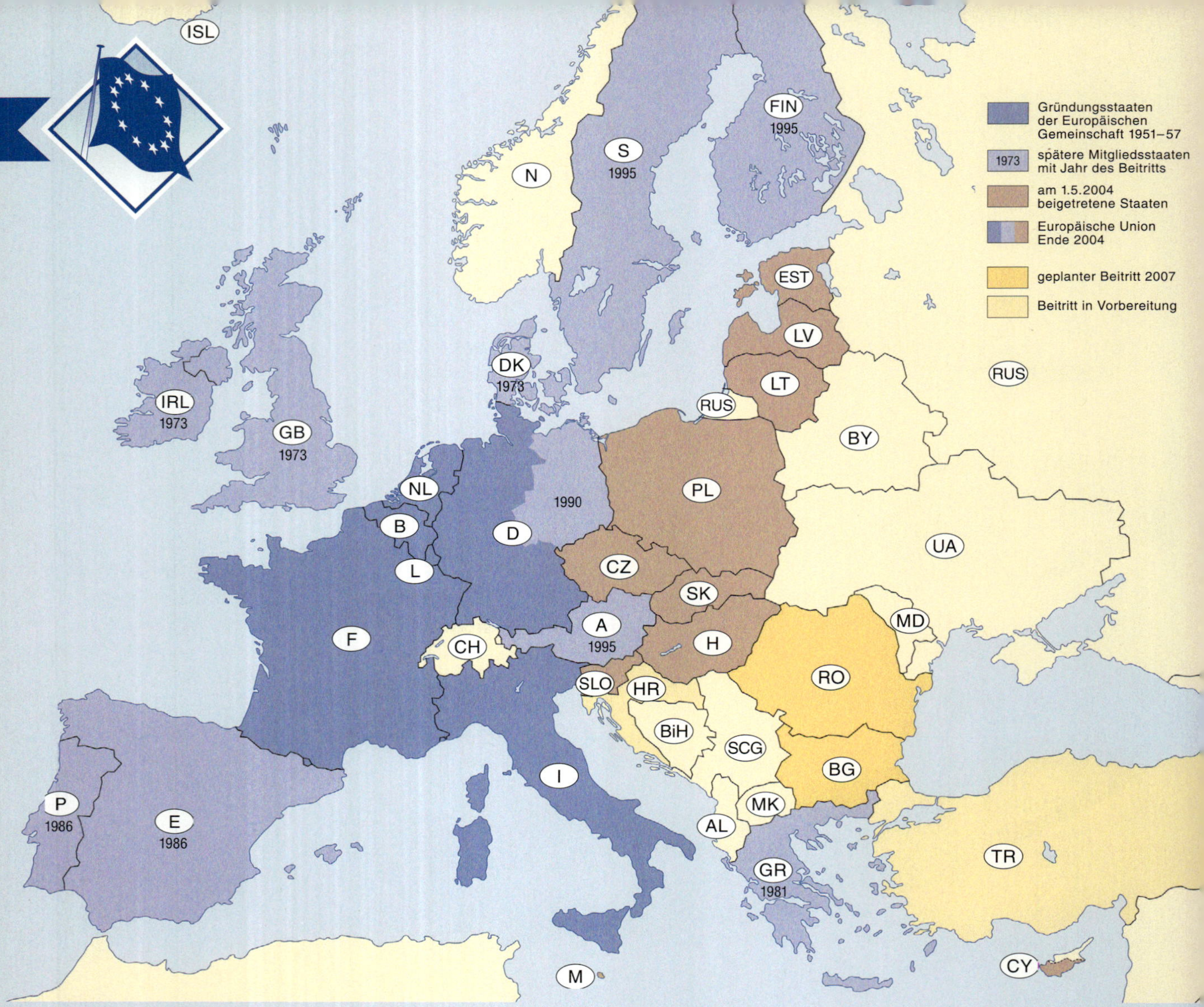

Das „Schiff Europa", in dem sich die Völker Europas – symbolisiert durch europäische Bauwerke – zusammengefunden haben, veranschaulicht das Ergebnis eines erstaunlichen Einigungsprozesses. Der Kontinent, der jahrhundertelang von Kriegen zerrissen war, hat es in den letzten 60 Jahren geschafft, friedlich zusammenzuwachsen. Die wichtigsten Stationen dieser Entwicklung, bewältigte und noch zu bewältigende Probleme wirst du auf den folgenden Seiten kennen lernen.

1947

Der Marshall-Plan –
Anstoß zur Einigung Westeuropas

1951/1957

Unterzeichnung der
Grundlagenverträge der
Europäischen Gemeinschaft

1992

Gründung der
Europäischen Union

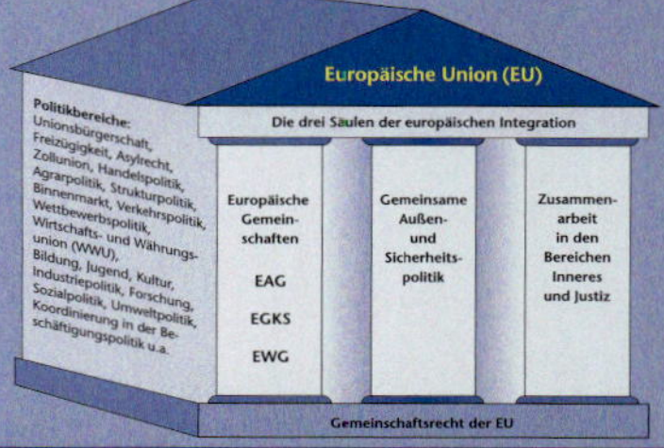

Europa – ein Kontinent wächst zusammen

Bei einem Bilderwettbewerb der EU unter dem Motto „Mein Bild von Europa" reichten Schüler der Freiherr-vom-Stein-Realschule Coesfeld diese Zeichnung ein.

2002

Der Euro wird als Bargeld eingeführt.

2003

Erster Entwurf für eine Verfassung der Europäischen Union

2004

„Osterweiterung" der Europäischen Union

1 Wir in Europa

1 *Zwei polnische Mädchen feiern den Europa-Tag in Warschau,* Foto, 2004.

Informationen über europäischen Jugendaustausch bietet das EU-Jugendportal im Internet: http://europa.eu.int/youth/index_de.html

Selbstverständlichkeiten ...

Wenn du nach Holland fährst, musst du schon aufpassen, wenn du die Grenze überquerst. Da ist kein Schlagbaum, vor dem du halten musst. Niemand kontrolliert dich oder will deinen Ausweis sehen. Und wenn du dir in Maastricht oder Venlo ein paar Jeans kaufen willst, dann findest du die Preise in Euro angegeben – wie zu Hause. Das macht es dir leicht, zu vergleichen – und zu bezahlen. Du kannst auch Geld am Bankautomaten abheben. Das kostet nicht mehr als zu Hause.

Überhaupt genießt du in vielen Dingen in Holland dieselben Rechte wie ein Holländer, und in anderen EU-Ländern ist das genauso. Denn überall bist du mit deinem deutschen Pass ein Bürger der EU. Das gibt dir das Recht, in allen Ländern der Europäischen Union eine Wohnung oder auch Arbeit zu suchen. Quer durch das neue Europa, vom äußersten Norden Finnlands bis hinunter nach Gibraltar, kannst du solche Erfahrungen machen.

... aber nur dem Anschein nach

Das alles erscheint so selbstverständlich und ist es doch nicht. Noch in der Mitte des 20. Jahrhunderts waren für die Menschen Europas eher Erfahrungen von Feindschaft und Krieg zwischen ihren Ländern das „Normale". Vor 20 Jahren störten kleinliche Kontrollen noch das Reisen in die Länder Osteuropas. Heute dagegen stehen die Türen zu den Mitbewohnern der anderen Länder im neu geschaffenen „Haus Europa" weit offen. Vor den „neuen Europäern" liegt die reizvolle Möglichkeit, andere Kulturen kennen zu lernen; aber auch die Aufgabe, diese Kulturen als gleichberechtigte Partner anzuerkennen. Nur wenn der nationale Egoismus abgelegt wird, kann die „europäische Wohngemeinschaft" funktionieren. Dann kann es auch zu einem friedlichen Wettstreit zwischen Ländern und Menschen kommen. Die EU unterstützt dieses Bemühen, etwa durch europäischen Jugendaustausch. Denn eines ist sicher: Kein neues Europa ohne „neue Europäer".

Q3 *Europäischer Eintopf,* Karikatur von Gerhard Mester. – Welches Gericht stammt wohl aus welchem Land?

Q2 *Bürgerinnen und Bürger der Europäischen Union haben folgende Rechte:*

– Sie dürfen in jedem Land der Europäischen Union studieren.

– Sie haben das Recht, bei Unternehmen in anderen Ländern der Europäischen Union einen Arbeitsplatz zu suchen.

– Sie dürfen innerhalb der Europäischen Union reisen, ohne ihren Pass oder Personalausweis vorzeigen zu müssen.

– Sie brauchen keine Arbeitserlaubnis, um in einem anderen Mitgliedsland der Europäischen Union arbeiten zu können.

– Sie brauchen nicht durch den Zoll zu gehen, wenn sie Dinge mit nach Hause nehmen, die sie in einem anderen Land der Europäischen Union für den persönlichen Bedarf gekauft haben.

– Sie dürfen in einem anderen Land der Europäischen Union bei Kommunalwahlen wählen, wenn sie dort ihren Wohnsitz haben.

– Sie müssen nicht ihren Führerschein umtauschen, wenn sie in ein anderes Land der Europäischen Union umziehen.

– Sie dürfen in jedem anderen Land der Europäischen Union ein Sparkonto bei einer Bank haben oder eine Versicherung abschließen, nicht nur in dem Land, in dem sie leben.

D1 *Bedeutung der EU:* Ergebnis einer Umfrage unter Jugendlichen und jungen Erwachsenen aus Deutschland im Alter zwischen 15 und 24 Jahren (Quelle: Eurobarometer, 2003):

„Was bedeutet die Europäische Union für Sie persönlich?" (Angaben in %)	
Frieden	45
wirtschaftlicher Wohlstand	18
soziale Absicherung	10
in der EU reisen, studieren und arbeiten können	57
kulturelle Vielfalt	34
mehr Mitsprache in der Welt	36
Euro	58
Arbeitslosigkeit	23
Bürokratie	14
Geldverschwendung	21
Verlust unserer kulturellen Identität	9
mehr Kriminalität	22
nicht genug Kontrollen an den Grenzen	23

1. *Liste auf, mit welchen Einrichtungen des neuen Europa du schon Erfahrungen gemacht hast (VT, Q2).*
2. *Was bedeutet die EU für dich persönlich? Vergleiche mit den Aussagen in D1.*
3. *Die Karikatur Q3 spielt auf nationale Egoismen an. Erkläre ihre Aussage.*
4. *Stelle fest, ob es an deiner Schule oder in deinem Ort Einrichtungen gibt, die einen internationalen Jugendaustausch unterstützen.*

2 Die Spaltung Europas

1 *Plakat zum Marshall-Plan, 1947.* ERP = European Recovery Programm (offizieller Name des Programms)

Einheit Europas – ein alter Wunsch

Das vereinigte Europa, wie wir es heute kennen, ist keine Selbstverständlichkeit. In der Geschichte gab es immer wieder Pläne und Ansätze für eine solche europäische Staatengemeinschaft. Meist ging es bei diesen Überlegungen darum, Frieden in Europa zu schaffen. Eine besondere Rolle spielte dabei – im Guten wie im Schlechten – das deutsch-französische Verhältnis. So gingen etwa die harten Bestimmungen des Versailler Vertrags für Deutschland maßgeblich auf Frankreich zurück. Aber es waren mit Briand und Stresemann auch Politiker beider Länder, die sich für eine deutsch-französische Versöhnung als Schritt zu einem einigen Europa einsetzten. Und während der Schrecken der NS-Diktatur und des Zweiten Weltkriegs gab es sowohl deutsche als auch französische Widerstandskämpfer, die sich gegen die NS-Herrschaft in Europa wandten und für ein demokratisches Nachkriegseuropa eintraten.

Kalter Krieg und Spaltung

Doch am Ende des Zweiten Weltkriegs kam es zunächst anders. Als Deutschland besiegt war, zerfiel das Bündnis der Alliierten. Zwischen der UdSSR und den USA begann der Kalte Krieg. Seine Frontlinie spaltete Europa. Der sowjetische Diktator Stalin dehnte die Herrschaft des Kommunismus über die osteuropäischen Staaten aus. Westliche Politiker befürchteten, der Kommunismus könne sich weiter nach Westen ausbreiten, sollte es nicht gelingen, ihn „einzudämmen". Aus solchen Überlegungen erwuchs der amerikanische Marshall-Plan: Vier Jahre lang sollten die Europäer von den USA Güter und Kredite erhalten, um ihre vom Krieg zerstörte Wirtschaft wieder aufzubauen. Das sollte sie widerstandsfähig gegen den Kommunismus machen und zugleich die amerikanische Wirtschaft ankurbeln. Allerdings machten die Amerikaner zur Bedingung, dass die Europäer sich selbst über die Verteilung der Lieferungen einigten und die liberale Wirtschaftsordnung der USA annahmen. 17 europäische Staaten – darunter die Bundesrepublik (ab 1949) – gingen auf das Angebot ein. 1948 gründeten sie die OEEC (Organization of European Economic Cooperation), um die Verteilung der Wirtschaftshilfe zu organisieren. Die UdSSR lehnte für sich und ihren Herrschaftsbereich den Beitritt ab.

Q2 *Der französische Außenminister Briand spricht 1929 vor dem Völkerbund:*

Ich bin der Auffassung, dass zwischen Völkern, deren geographische Lage so ist wie die der Völker Europas, eine Art föderatives Band bestehen muss; diese Völker müssen jederzeit die Möglichkeit haben, miteinander in Verbindung zu treten, über ihre Interessen zu beraten, gemeinsame Entschließungen zu fassen, untereinander ein Band der Solidarität zu schaffen, das ihnen erlaubt, zu gegebener Zeit einer ernsten Lage, falls eine solche entsteht, gegenüberzutreten. (...) Es ist klar, dass sich die Verbindung vor allem auf wirtschaftlichem Gebiet betätigen wird: Dies ist das dringlichste Problem. Ich glaube, dass sich hier Erfolge erzielen lassen. Aber ich bin auch sicher, dass vom politischen, vom sozialen Standpunkt gesehen eine föderative Verbindung, welche die Souveränität der an ihr teilnehmenden Nationen unangetastet lässt, von Nutzen sein kann.

Q3 *Der britische Premierminister Winston Churchill sagte 1946 in einer Rede in Zürich:*

Wir Briten haben unser eigenes Commonwealth of Nations (...). Und warum sollte es [daneben] keine europäische Gruppe geben, die den irregeleiteten Völkern dieses unruhigen und machtvollen Kontinents das Gefühl (...) einer gemeinsamen Staatszugehörigkeit einflößen könnte? (...) [Wir müssen] die europäische Familie in einer regionalen Struktur neu schaffen, die vielleicht die Vereinigten Staaten von Europa heißen wird. Der erste Schritt ist die Bildung eines Europarats. Wenn zu Anfang auch nicht alle Staaten willens oder in der Lage sind, der Union beizutreten, müssen wir uns dennoch ans Werk machen, diejenigen Staaten, die es wollen und können, zusammenzufassen und zu vereinen. Bei dieser so dringenden Aufgabe müssen Frankreich und Deutschland die Führung übernehmen. Großbritannien, das Britische Commonwealth of Nations, das mächtige Amerika, und ich hoffe, Sowjetrussland (...) müssen die Freunde und Förderer des neuen Europa sein (...).

Q5 *Karikatur zum Marshall-Plan,* „Der Spiegel", 6.9.1947.
– Wie deutet der Karikaturist den Plan des amerikanischen Außenministers Marshall?

Q4 *Über die Absichten des Marshall-Plans schreibt G. F. Kennan, der Leiter der Planungskommission 1947:*

Das Ersuchen um Unterstützung musste als gemeinsames Ersuchen einer Gruppe befreundeter Nationen kommen und durfte nicht in eine Reihe voneinander unabhängiger Einzelanträge zerfallen. (...) Hätten wir nicht darauf bestanden, dann wären die Vereinigten Staaten mit Mengen von konkurrierenden Wunschzetteln überhäuft worden (...). Das hätte uns gezwungen, selber eine Auswahl zu treffen, die garantiert vielen Leuten nicht gepasst hätte (...). Aber auch hiervon abgesehen, hatten wir ernste Zweifel an den Erfolgschancen eines europäischen Aufbauprogramms, das nur aus einer Reihe unkoordinierter nationaler Pläne bestand; unserer Meinung nach war die übermäßige Zersplitterung Europas eine seiner größten Schwächen. Sie hinderte den freien Wettbewerb und das Entstehen großer Verbrauchermärkte. Durch unser Beharren auf gemeinsamer Planung wollten wir die Europäer zwingen, sich mit den ökonomischen Problemen ihres Erdteils als Europäer auseinander zu setzen und nicht als Nationalisten.

1. *Begründe, warum gerade das französisch-deutsche Verhältnis für die Einigung Europas wichtig ist (VT, Q2, Q3).*
2. *Überlege, warum die UdSSR den Marshall-Plan ablehnte (VT, Q3).*
3. *Liste auf, welche Absichten Planer und Betroffene mit dem Marshall-Plan verbanden (VT, Q1, Q4, Q5).*
4. *Nimm Stellung: Marshall-Plan – Instrument europäischer Einigung oder Spaltung?*

3 Auf dem Weg zur Einigung Westeuropas

Q1 *Der Vertrag über die „Europäische Gemeinschaft für Kohle und Stahl"* wird am 18. April 1951 von den Vertretern der 6 Mitgliedstaaten in Paris unterzeichnet. Nicht zufällig bilden der Franzose Schuman (mit dem Vertragstext in den Händen) und der Deutsche Adenauer (rechts daneben) die Mitte der Versammlung.

Der Europarat – eher eine Sackgasse

Die Gründung der OEEC zur Verteilung der US-Wirtschaftshilfe brachte rege Diskussionen über europäische Wirtschaftsfragen mit sich. Um auch das Gespräch über politische Fragen in Gang zu bringen, wurde 1949 der Europarat gegründet. Er hatte zunächst zehn Mitglieder, im Jahr 2004 waren es 46. Zu einem Instrument europäischer Integration wurde er jedoch kaum. Das verhinderten die Bestimmungen, dass seine Beschlüsse einstimmig gefasst werden mussten und dass sie für die Regierungen nur Ratschläge darstellten. Allerdings ermöglichte gerade diese Regelung auch kommunistischen Staaten aus Osteuropa, an den Gesprächen teilzunehmen.

Der bedeutendste Beschluss des Europarats war die „Europäische Konvention zum Schutz der Menschenrechte und Grundfreiheiten" im Jahr 1953. Dieser zog die Schaffung so wichtiger Einrichtungen wie der „Europäischen Kommission für Menschenrechte" und des „Europäischen Gerichtshofs für Menschenrechte" nach sich.

Kohle und Stahl – Anstoß für Europa

Der erste Schritt auf dem Weg zur Einigung Europas war der 1951 unterzeichnete Vertrag über die „Europäische Gemeinschaft für Kohle und Stahl" (EGKS). Den Anstoß dazu hatte der französische Außenminister Schuman gegeben („Schuman-Plan"). Deutschland, Frankreich, Italien und die Benelux-Länder traten der Gemeinschaft bei. In diesen sechs Mitgliedsländern wurde fortan die Förderung, Verarbeitung und Verteilung von Kohle und Stahl unter die Kontrolle einer gemeinsamen supranationalen Behörde gestellt. Eine weitere supranationale Behörde, der Europäische Gerichtshof, regelte Streitigkeiten zwischen den Mitgliedstaaten.

Besonders wichtig war die Auswirkung des Vertrages auf das deutsch-französische Verhältnis, das Kernproblem der europäischen Einigung: Die gemeinsame Kontrolle befriedigte das französische Sicherheitsbedürfnis gegenüber Deutschland und die Bundesrepublik durfte sich als gleichberechtigter Partner Frankreichs fühlen.

A-Z

Supranational
(von lat. = „über der Nation stehend") sind Behörden, die einer Staatengemeinschaft in den Teilen, in denen die Staaten ihre Souveränität abtreten, übergeordnet sind. Sie können selbstständig übergeordnete Entscheidungen treffen.

Integration
ist ein Vorgang, bei dem aus Teilen ein übergeordnetes Ganzes entsteht; hier: Vorgang der wirtschaftlichen, politischen usw. Einigung Europas.

Zollschranken fallen

Der nächste Schritt auf dem Weg zu einem vereinigten Europa erfolgte mit den Römischen Verträgen von 1957. Die sechs Staaten der EGKS schrieben darin die Gründung der „Europäischen Wirtschaftsgemeinschaft" (EWG) und der „Europäischen Atomgemeinschaft" (EURATOM/EAG) fest. Der EWG-Vertrag setzte die Linie des EGKS-Vertrages fort: Der gemeinsame Markt wurde nun auf Güter aller Art sowie Dienstleistungen, Kapital- und Zahlungsverkehr ausgedehnt. Alle Bewohner der Vertragsstaaten konnten sich im Vertragsgebiet ihren Lebensort frei wählen und innerhalb von 12 Jahren sollten alle Zoll- und Handelsschranken zwischen den Vertragsstaaten fallen.

Im EAG-Vertrag reagierten die „Sechs" auf die wachsende Bedeutung der Atomenergie im 20. Jahrhundert. Der Ankauf von Nuklearmaterial und dessen friedliche Nutzung wurden geregelt, um Europa eine unabhängige Position zwischen den atomaren Großmächten USA und UdSSR zu sichern. Für die Verwirklichung der Abkommen wurden weitere supranationale Behörden (Europäischer Rat, Europäische Kommission, Europäisches Parlament) geschaffen.

„Haus Europa"

Wie geplant wurde 1968 die Zollunion hergestellt. Der Erfolg der „Sechs" wirkte wie ein Sog auf andere europäische Nationen. Denn die Vorteile, die der gemeinsame Markt den „Sechs" schuf, waren zugleich die Nachteile der davon Ausgeschlossenen. Durch neue Beitritte fünf weiterer Staaten wurden bis 1986 aus den „Sechs" die „Elf". Doch die immer größer werdende Runde zeigte deutlich, dass die politische Integration nicht mit der wirtschaftlichen Schritt hielt. 1986 wurde daher die „Europäische Politische Zusammenarbeit" (EPZ) zum Grundsatz erhoben. Aus der wirtschaftlich eng verknüpften europäischen Gemeinschaft sollte eine auch politisch intensiv zusammenarbeitende Union werden.

Den Rahmen für diese Zusammenarbeit der Union schuf der Vertrag von Maastricht im Jahr 1992. Er fasste Erreichtes und Neues zusammen. Zum ersten Mal wurde das „Haus Europa" in seinen tragenden Bestandteilen – den Verträgen, den supranationalen Behörden und ihrer Arbeitsweise – sichtbar. Das sollte auch der neue Name für die Staatengemeinschaft zum Ausdruck bringen: Europäische Union (EU).

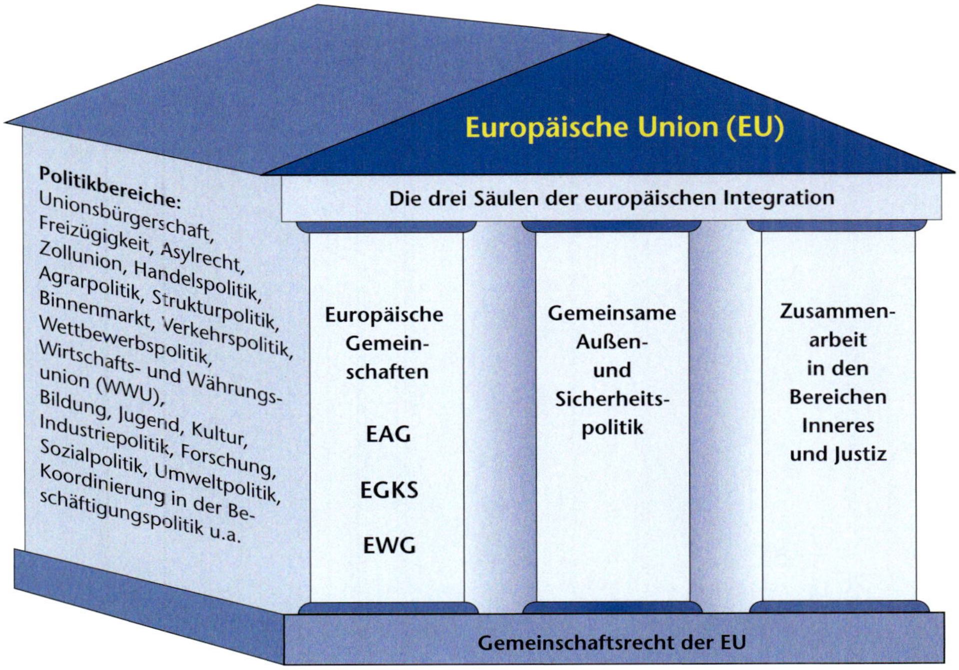

D1 *Das „Haus Europa" nach dem Vertrag von Maastricht 1992.* Die Integration ist nicht in allen Aufgabenbereichen (Säulen) gleich weit fortgeschritten. Festgelegte Verfahren mit verbindlichen Entscheidungen gibt es weitgehend für die Politikbereiche der ersten Säule. In den beiden anderen Bereichen müssen Regierungsvertreter meist von Fall zu Fall Einigkeit herstellen.

Q3 *Der „Schuman-Plan", vom französischen Außenminister Schuman am 9. Mai 1950 den Mitgliedern der französischen Regierung in Paris vorgetragen:*

Der Beitrag, den ein organisiertes und lebendiges Europa für die Zivilisation leisten kann, ist unerlässlich für die Aufrechterhaltung friedlicher Beziehungen (…). Europa lässt sich nicht mit einem Schlage herstellen und auch nicht durch eine einfache Zusammenfassung. Es wird durch konkrete Tatsachen entstehen, die zunächst eine Solidarität der Tat schaffen. Die Vereinigung der europäischen Nationen erfordert, dass der jahrhundertealte Gegensatz zwischen Frankreich und Deutschland ausgelöscht wird. Das begonnene Werk muss in erster Linie Deutschland und Frankreich erfassen (…). Die französische Regierung schlägt [daher] vor, die Gesamtheit der französisch-deutschen Kohle- und Stahlproduktion einer gemeinsamen Hohen Behörde zu unterstellen, in einer Organisation, die den anderen europäischen Ländern zum Beitritt offen steht (…). Die Solidarität der Produktion, die so geschaffen wird, wird bekunden, dass jeder Krieg zwischen Frankreich und Deutschland nicht nur undenkbar, sondern materiell unmöglich ist (…). Durch (…) die Errichtung einer neuen Hohen Behörde, deren Entscheidungen bindend sein werden, wird dieser Vorschlag den ersten Grundstein einer europäischen Föderation bilden.

Q4 *Aus dem Vertrag über die Gründung der Europäischen Wirtschaftsgemeinschaft (EWG) vom 25. März 1957:*

In dem festen Willen (…) einen immer engeren Zusammenschluss der europäischen Völker zu schaffen (…), haben [die Vertragsparteien] beschlossen, eine europäische Wirtschaftsgemeinschaft zu gründen (…).

Artikel 2: Aufgabe der Gemeinschaft ist es, durch die Errichtung eines gemeinsamen Marktes und die schrittweise Annäherung der Wirtschaftspolitik der Mitgliedstaaten eine harmonische Entwicklung des Wirtschaftslebens innerhalb der Gemeinschaft, (…), eine größere Stabilität, eine beschleunigte Hebung der Lebenshaltung und engere Beziehungen zwischen den Staaten zu fördern, die in dieser Gemeinschaft zusammengeschlossen sind.

Artikel 3: Die Tätigkeit der Gemeinschaft (…) umfasst (…)

a) die Abschaffung der Zölle und mengenmäßigen Beschränkungen bei der Ein- und Ausfuhr von Waren (…) zwischen den Mitgliedstaaten;

b) die Einführung eines gemeinsamen Zolltarifs und einer gemeinsamen Handelspolitik gegenüber dritten Ländern;

c) die Beseitigung der Hindernisse für den freien Personen-, Dienstleistungs- und Kapitalverkehr zwischen den Mitgliedstaaten;

d) die Einführung einer gemeinsamen Politik auf dem Gebiet der Landwirtschaft.

A-Z

EG
Die Gründung der Europäischen Gemeinschaft (EG) erfolgte 1967 durch den Zusammenschluss der drei Teilgemeinschaften EGKS, EWG und Euratom (EAG).

EU
Mit dem Vertrag von Maastricht von 1992 wurde die Europäische Gemeinschaft (EG) zur Europäischen Union (EU) fortentwickelt.

Q2 *Der Schuman-Plan und seine Bedeutung für Deutschland* (Symbolfigur „deutscher Michel") in der Sicht des West-SPD-Vorsitzenden Schumacher (links), des Bundeskanzlers Adenauer (Mitte), des DDR-Ministerpräsidenten Grotewohl (rechts), Karikatur „Hamburger Abendblatt", 11. Januar 1952.

Institutionen der Europäischen Union

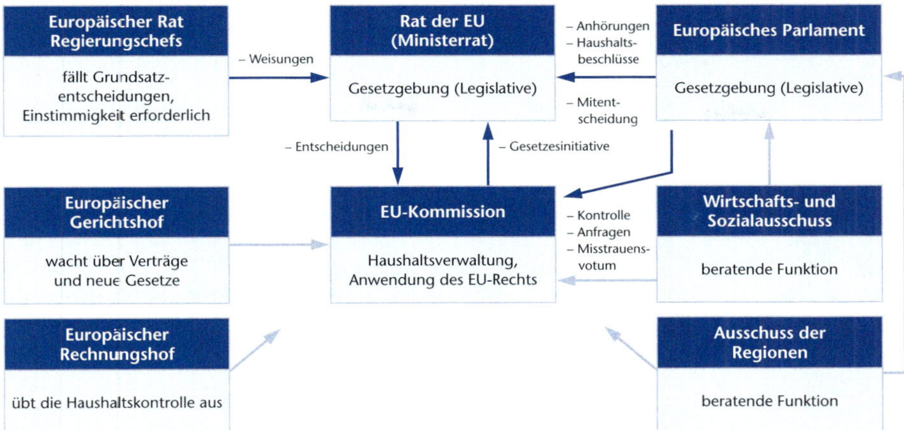

Quelle: SPIEGEL Almanach 2002

D3 *Gewalten und Gewaltenteilung in der Europäischen Union.* Die drei Gewalten der oberen Zeile bilden die Legislative der EU. Die Kommission übt die Exekutive aus und der Gerichtshof die Judikative.

Q5 *US-Präsident Kennedy 1962 über die Beziehungen der USA zur EWG:*

Jenseits des Atlantiks ist gegenwärtig eine einheitliche Wirtschaftsgemeinschaft im Entstehen begriffen, die eines Tages eine Bevölkerung haben dürfte, die dreieinhalbmal so groß ist wie die unsere. Diese Bevölkerung arbeitet im Rahmen einer Wirtschaft zusammen (...), bei der es für Handel und Investitionen keine größeren Hindernisse gibt als zwischen unseren 50 Bundesstaaten. Diese Wirtschaft hatte in der Vergangenheit eine Wachstumsrate, die doppelt so hoch wie die unsrige war, und sie wird eines Tages eine Kaufkraft repräsentieren, die der unsrigen gleichkommt, und einen Lebensstandard aufweisen, der schneller als der unsrige steigt (...). Wenn unseren Exporten der freie Zugang zur EWG [durch Zölle] (...) verwehrt sein sollte, dann würde unsere (...) Führung der freien Welt gefährdet werden (...). Wirtschaftliche Isolierung und politische Führerschaft sind völlig unvereinbar miteinander. Die Länder Westeuropas werden in den nächsten Jahren ihr (...) Wirtschafts- und Handelsschema festlegen, das die Zukunft unserer Wirtschaft (...) entscheidend berühren wird. Wenn wir vom Markt der EWG durch hohe Zollschranken (...) getrennt sind, dann können wir nicht hoffen, bei diesen (...) Entscheidungen eine wesentliche Rolle zu spielen.

D2 *Die Symbole der EU.*
– Überlege, welche Bedeutung die Symbole für die europäische Einigung haben.

Die europäische Flagge zeigt zwölf Sterne in einem Kreis. Sie stehen für Vollkommenheit, Einheit und Harmonie, haben also nichts mit der Anzahl der Länder zu tun.

Der Euro wurde 2002 als Bargeld eingeführt. Er gilt in zwölf Staaten der EU als Währung. Zuvor gab es in Deutschland die D-Mark.

Ludwig van Beethovens „Ode an die Freude" ist die offizielle Hymne der EU.

Der 9. Mai gilt als offizieller Europatag. 1950 stellte der französische Außenminister Robert Schuman an diesem Tag seine Pläne eines vereinten Europa vor.

1. *Zeige die Hauptstationen der europäischen Einigung so auf, dass der Fortschritt des Prozesses deutlich wird (VT, Q1–Q4, D1–D3).*
2. *Vergleiche die Erwartungen an den Schuman-Plan (Q2, Q3). Welche davon sind in Erfüllung gegangen?*
3. *Lege dar, welche Auswirkungen die Gründung der EWG auf die USA hat (Q5). Wie fasst du die Rede auf: Spricht hier ein Verbündeter oder ein Konkurrent Westeuropas?*
4. *Erläutere, worin die Besonderheiten der EU als einer „supranationalen Organisation" bestehen (VT, D3).*

4 „Osterweiterung" Europas

Q1 *„Fahnenflucht"*, Karikatur von Peter Bensch, Dezember 1989.
– Wie sieht der Zeichner den Zusammenschluss?

Kopenhagener Kriterien
Vier Bedingungen, die Beitrittsländer zur EU erfüllen müssen:
- Demokratie,
- Marktwirtschaft,
- Bejahung der Ziele der EU,
- Anwendung des EU-Rechts.

Festgelegt wurden sie von den Regierungschefs der EU 1993 in Kopenhagen.

Das kommunistische Osteuropa

Fast spiegelbildlich zum Zusammenschluss Westeuropas vollzog sich – freilich unter massivem sowjetischem Druck – der Aufbau einer kommunistischen Region in Osteuropa. Wirtschaftlich geschah das durch die Gründung des „Rats für gegenseitige Wirtschaftshilfe" (RGW) 1949.

Der RGW sollte die Isolation der UdSSR und der Staaten ihres Machtbereichs vom Weltmarkt, der von den USA und Westeuropa beherrscht wurde, ausgleichen. Doch westliches Niveau erreichte der RGW nie. Im Gegenteil, die Wohlstandskluft zum Westen wurde immer größer. Dies lag auch an der Zusammensetzung des RGW. Seine Mitgliedstaaten UdSSR, DDR, Tschechoslowakei, Polen, Rumänien, Ungarn, Albanien (bis 1962), später Kuba, Nordvietnam und die Mongolei waren fast alle wirtschaftlich rückständige Staaten. Mit dem Zusammenbruch der UdSSR 1991 löste sich auch die kommunistische Staatengemeinschaft Europas und damit auch der RGW auf.

Der Anschluss an die EU

Mit dem Ende des RGW verstärkten seine früheren europäischen Mitglieder ihre Handelsbeziehungen zur EU. Schon bald war die EU der größte Handelspartner der osteuropäischen Staaten. 1993 boten die Regierungschefs der EU auf ihrem Gipfeltreffen von Kopenhagen diesen früheren RGW-Ländern die Aufnahme in die EU an. Nur mussten sie dafür sorgen, vier politische und wirtschaftliche Bedingungen – seitdem „Kopenhagener Kriterien" genannt – zu erfüllen: die Einführung von Demokratie und Marktwirtschaft, Übereinstimmung mit den Zielen der EU und die Anwendung des EU-Rechts. Bis 1996 hatten die Länder (dazu noch Malta, Zypern und die Türkei) einen Beitrittsantrag gestellt. Für zehn der Länder war die Anpassung im Jahr 2003 so weit gelungen, dass sie zum 1. Mai 2004 der EU beitreten konnten. Damit entstand der größte Binnenmarkt der westlichen Welt, mit 450 Millionen Menschen bevölkerungsreicher als die USA und Russland zusammen.

Standpunkte: Wer hat den Nutzen, wer die Lasten der Osterweiterung?

Q2 *Ein deutscher Professor sagt dazu (2001):*
Als zweiten Gegensatz [der Sichtweisen] würde ich einerseits die Angst der Barbarisierung durch den Osten im Westen und andererseits die Hoffnung der Zivilisierung durch Europa [im Osten] nennen (...). Barbarisierung durch Zuwanderung billiger Arbeitskräfte – auch das eine Furcht, die man im Westen hat. Daraus entsteht der Eindruck, vonseiten des Westens bestehe der Anspruch auf Intervention und Kontrolle [des Ostens]. Wenn man sich nun die andere Seite anschaut, (...) dann wird hier sicherlich Europa als Chance wahrgenommen. (...) Wir haben dann umgekehrt vonseiten des Westens die Wahrnehmung einer Chance zur Zivilisierung Osteuropas. Das ist sozusagen die andere Seite der Kontrolle. Und diese Aussage ist notwendig, um den Osterweiterungsprozess im Westen durchzusetzen. Wir müssen nämlich erklären, warum Bürger aus der Bundesrepublik Steuern bezahlen und diese Steuern im Osten landen werden. (...) Und da wird man darauf hinweisen, dass die Kriminalität [aus dem Osten] gestoppt werden wird, (...) dass es darum gehen muss, Umweltverschmutzung zu reduzieren.

Q3 *Der ehemalige ungarische Ministerpräsident Gyula Horn meint (2001):*
Welche Opfer erbringt eigentlich Westeuropa für die Erweiterung? Denn die Art der Zusammenarbeit, die wir mit der Union haben, ist doch von Vorteil für die europäische Wirtschaft. Zum Beispiel beträgt für deutsche Unternehmen der Gewinn, der in Ungarn eingefahren wird, 750 Millionen D-Mark (...). Opfer hat das ungarische Volk schon erbracht und erbringt es immer noch. Ungarn hat im Jahre 2000 das Produktionslevel des Jahres 1989 wieder erreicht, obwohl dieser Status 1989 nicht allzu hoch war (...). Auch ich war ein Politiker des Systemwechsels [vom Kommunismus zur Demokratie]. Aber Demokratie schafft nicht automatisch Wohlstand. Das ist eine der größten Herausforderungen der Europäischen Union, wie man die Demokratie kräftigen und gleichzeitig auch Wohlstand schaffen kann (...). Wir klopfen nicht als Bettler an die Tür der Europäischen Union. Wir bringen geistige, kulturelle und materielle Werte mit in die EU, die auch eine Bereicherung für Westeuropa darstellen werden.

D1 *Verteilung des Wohlstands in den 15 alten und 10 neuen EU-Ländern,* gemessen am „Brutto-Inlands-Produkt je Einwohner“. Als Maßstab für einen Vergleich ist das Durchschnitts-BIP je Einwohner der 15 alten EU-Länder für das Jahr 2002 auf 100 % gesetzt. Das BIP je Einwohner in Lettland erreichte also 2002 nur 35 % vom durchschnittlichen BIP je Einwohner in der EU.

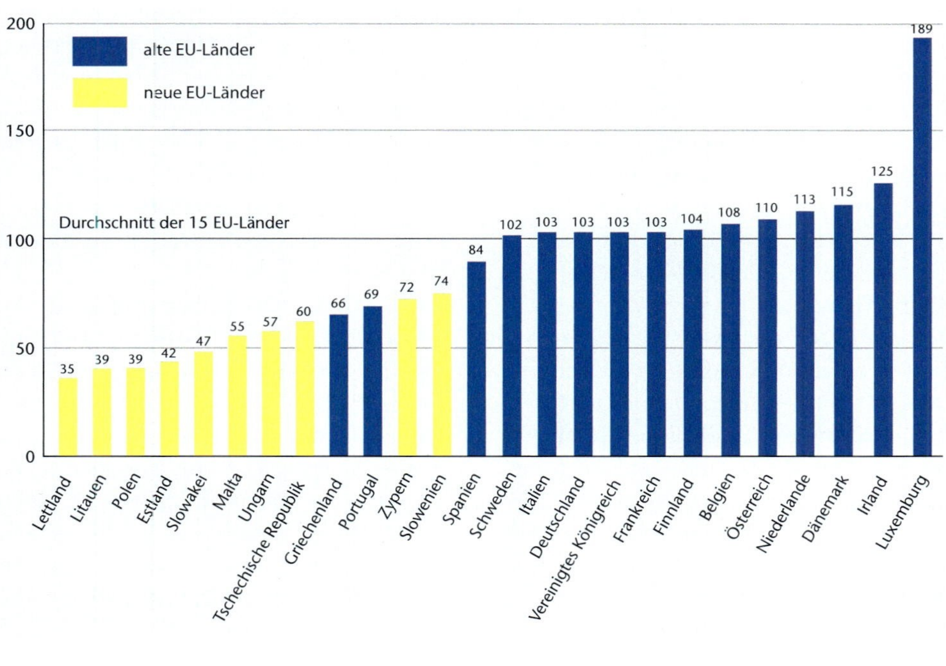

1. *Lege dar, warum die RGW-Länder Anschluss an die EU suchten (VT, Q1, D1).*
2. *Untersuche Q2 und Q3 so:*
   a) *Wie beantwortet der jeweilige Verfasser die Frage nach Nutzen und Lasten der Osterweiterung?*
   b) *Welche der Sichtweisen und Antworten überzeugt dich mehr?*
3. *Nimm Stellung: Könnte sich zwischen alten und neuen EU-Ländern ein ähnlich problematisches Verhältnis einstellen wie zwischen „Wessis“ und „Ossis“ in der Bundesrepublik (VT, D1, Q1–Q3)?*

5 Natürlich gibt es auch Probleme

D1 *Arbeitslosigkeit in der EU 2002.* Unterschiedliche Lebens- und Arbeitsbedingungen sind eines der größten Probleme der EU. 36 % ihrer Mittel (36 Milliarden Euro) gab sie allein 2004 für Ausgleichsmaßnahmen aus. Das ist die zweitgrößte Summe nach den Ausgaben für die Landwirtschaft.

Landwirtschaft in der EU

Eines der größten Problemfelder der EU-Länder ist die gemeinsame Agrarpolitik (GAP), die 1957 im EWG-Vertrag verabredet wurde. Sie verschlingt seitdem jährlich fast 50 % der Gesamtausgaben der Gemeinschaft. Ziele der GAP waren, die Bevölkerung der Gemeinschaft mit guten und preiswerten landwirtschaftlichen Produkten zu versorgen und den Bauern ein „angemessenes" Einkommen zu sichern. Dafür wurde den Landwirten die Abnahme ihrer Erzeugnisse zu Festpreisen garantiert. Billigangebote aus Nicht-EWG-Ländern wurden durch Einfuhrzölle künstlich verteuert, Ausfuhrgüter der EWG-Bauern durch Subventionen künstlich verbilligt. Da sich eine reiche Ernte also lohnte, kam es zu einer riesigen Überproduktion. Güter mussten gelagert oder vernichtet werden. Das kostete Unsummen, und es gab noch mehr Probleme: Die Mengenproduktion verleitete zu rücksichtsloser Ausnutzung von Böden und Tieren; die Ausschaltung der Billiganbieter auf dem Weltmarkt schadete gerade armen Ländern, die von Agrarexporten lebten. In den 1990er-Jahren änderte die EU daher ihre Landwirtschaftspolitik: Zölle und Subventionen wurden allmählich abgebaut, und statt der Menge wurden z. B. umweltfreundlicher ökologischer Anbau und artgerechte Tierhaltung finanziell stärker belohnt.

Die EU und die Welt

Ein anderes Problemfeld der EU ist die Gemeinsame Außen- und Sicherheitspolitik (GASP). Die EU ist zwar die größte Wirtschaftsmacht der Erde, ihr politisches Gewicht entspricht dem aber nicht. Das liegt zum Teil daran, dass die Mitgliedsregierungen gerade in Krisensituationen nicht immer einheitlich auftraten. Ein Beispiel dafür war der Irak-Krieg 2003. Obwohl der Krieg von der Mehrheit der Regierungen und Völker in der EU als unnötig und ungerecht angesehen wurde, konnte der amerikanische Präsident Bush mehrere EU-Regierungen in den Krieg hineinziehen. Damit stellten sie den inneren Zusammenhalt der EU vor eine schwere Zerreißprobe.

Auch bei der internationalen Entwicklungshilfe gibt es Probleme, obwohl sie grundsätzlich zu den starken Seiten der EU zählt. Denn die EU räumt vielen Entwicklungsländern Afrikas, Asiens und Lateinamerikas günstige Handelsbedingungen ein, besonders jenen Ländern, die früher europäische Kolonien waren. Die EU ist der wichtigste Abnehmer ihrer Produkte. Problematisch wird es aber da, wo diese Länder als Konkurrenten von EU-Erzeugern auftreten.

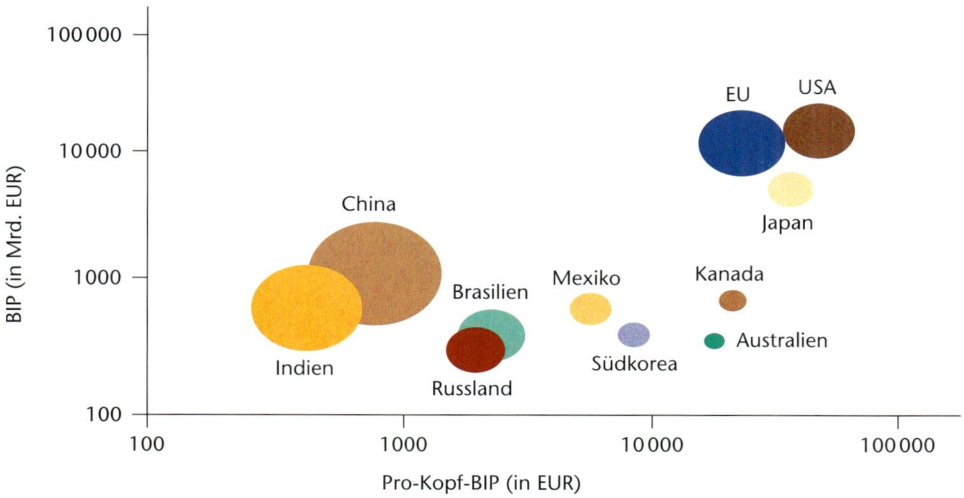

D2 *Stellung der EU (25 Mitgliedsstaaten)* in den größten Wirtschaftszonen der Erde, gemessen an BIP-Werten von 2002. Die Kreisgröße veranschaulicht die jeweilige Bevölkerungszahl.

Q1 *Zur Entwicklungspolitik der EU.*

a) Der Politikwissenschaftler Siegmar Schmidt schreibt dazu (2002):

Im Februar 2001 kündigte der für Handelsfragen zuständige EU-Kommissar Pascal Lamy an, dass für die Exporte der [ärmsten] Staaten in die EU bis zum Jahre 2004 alle Abgaben, Mengenbegrenzungen und Zölle entfallen würden. Lamy betonte, dass dies für alle Produkte mit Ausnahme von in diesen Ländern hergestellten Waffen gelte (...). Für wirtschaftlich [konkurrierende] Produkte wie Bananen, Zucker und Reis sollten allerdings verlängerte Übergangsfristen bis 2006 oder sogar 2009 gelten. Während dieser Fristen werden jedoch die Zölle für diese Produkte jährlich um 20 % gesenkt. Die langen Fristen waren aufgrund des scharfen Widerstands der EU-Agrarlobby, die hohe Verluste für die EU-Produzenten befürchtete, eingeführt worden.

b) Der Journalist Harald Schumann schreibt dazu (2003):

Für die wichtigsten Exportgüter des Südens, Agrarprodukte und Textilien, sind die Märkte in Europa und den USA entweder mengenbegrenzt oder gesperrt (...). Für verarbeitete Produkte gibt es (...) nach wie vor die so genannte Zollausweitung, d. h. höher verarbeitete Rohstoffe werden automatisch mit höheren Zöllen belegt. Und das hat zur Folge, dass eine verarbeitende Industrie in den Rohstoffländern gar nicht erst entstehen kann (...). Den Gipfel des Übels erklimmt das System im Agrarbereich. Wir, Europa und die USA, subventionieren unsere Agrarproduktion mit einer Milliarde US-Dollar pro Tag, 360 Milliarden im Jahr, das ist das Siebenfache der pro Jahr weltweit gewährten Entwicklungshilfe. Und mit diesen Subventionen zerstören wir genau die Märkte, auf denen die ärmsten Entwicklungsländer noch am ehesten wirtschaftliche Erfolge erzielen können.

Q2 *Kaffeebäuerin in Nicaragua.* Die EU ist der Haupthandelspartner der Entwicklungsländer und bestrebt, durch faire Bedingungen deren Wirtschaft zu fördern.

1. *Liste die in VT und D1 genannten Problembereiche der EU auf und erläutere die Problematik genauer.*
2. *Überlege:*
   a) Sind die Probleme durch die Einrichtung der EU verursacht?
   b) Ist die Existenz der EU für die Lösung der Probleme von Vorteil oder nicht?
3. *Beschreibe Stärken und Schwächen der EU-Position in der Welt (VT, D2, Q1, Q2).*
4. *Nimm Stellung: Sollte die EU weniger auf die EU-Agrarlobby hören und mehr für die ärmsten Länder tun (VT, D2, Q1, Q2)?*

Subventionen
(von lat. subvenire = unterstützen) Zahlungen des Staates an Privatpersonen oder Unternehmen, z. B. um finanzielle Nachteile auszugleichen.

Lobby
Interessenvertreter von gesellschaftlichen Gruppen, die Politiker und ihre Entscheidungen beeinflussen wollen.

6 Hochgesteckte Ziele – sind sie erreichbar?

1 *Der Europäische Konvent,* bestehend aus 105 Vertretern der EU-Länder und der Beitrittsländer, arbeitete 2002/2003 den Entwurf zur ersten Verfassung der EU aus.

Verfassung
Grundordnung eines Staates oder einer Staatengemeinschaft. Sie beschreibt die Grundwerte des Staates, seine Gewalten und ihr Funktionieren.

Größer – stärker – einiger

Nach der Osterweiterung im Jahre 2004 soll es in naher Zukunft mit der Südosterweiterung der EU weitergehen. Seit 2002 werden Rumänien und Bulgarien auf einen EU-Beitritt vorbereitet, der für 2007 geplant ist. Die Türkei und Kroatien möchten ebenfalls der EU beitreten. Andere Balkanländer, wie Albanien und Mazedonien dürften folgen.

Im Jahre 2000 fassten die Regierungschefs der damals 15 EU-Staaten in Lissabon den Beschluss, „die Union zum wettbewerbsfähigsten und dynamischsten Wirtschaftsraum der Welt zu machen". Erreicht werden sollte das anspruchsvolle Ziel mit Hilfe der so genannten „Lissabon-Strategie". Sie sieht eine enge Zusammenarbeit der EU-Staaten in den Bereichen Wirtschaft, Bildung, Arbeit, soziale Sicherheit und Umweltschutz vor. Überall in der EU soll die Wirtschaftskraft durch die Anwendung neuester Wissenschaft und Technologie gesteigert werden. Dabei sollen neue Arbeitsplätze entstehen, die auch zur sozialen Absicherung der Menschen beitragen.

Eine weitere ehrgeizige Entscheidung trafen die EU-Chefs im Jahre 2001 mit der Ankündigung einer einheitlichen EU-Verfassung. Diese soll zwar nicht die nationalen Verfassungen ersetzen, aber überall neben diesen Gültigkeit haben.

Eine vorläufige Bilanz 2005

Die Verwirklichung der selbst gesteckten Ziele ist nicht so vorangekommen, wie geplant. Es gibt Zweifel, ob Bulgarien und Rumänien sich wirtschaftlich und politisch so entwickeln, dass sie 2007 Vollmitglieder der EU werden können. Die Lissabon-Strategie hat nicht die erhofften Erfolge gebracht, weder bei der Steigerung des Wirtschaftswachstums noch bei der Bekämpfung der Arbeitslosigkeit. Auch die Einführung einer einheitlichen EU-Verfassung scheint vorläufig blockiert. Der vorliegende Entwurf fand bei Volksabstimmungen in Frankreich und den Niederlanden keine Mehrheit. In manchen Ländern macht sich in Teilen der Bevölkerung eine gewisse EU-Skepsis breit. Immerhin haben Beitrittsverhandlungen mit der Türkei und Kroatien begonnen.

Insgesamt aber hat es den Anschein, als habe sich das Tempo des Einigungsprozesses etwas verlangsamt. Sicherlich liegt das auch daran, dass einige der großen EU-Länder, die bislang zu den Zugkräften der Einigung zählten, selber in wirtschaftlichen Schwierigkeiten stecken. Aber auch unter schwierigen Bedingungen muss der Einigungsprozess weitergehen. Denn nur so werden die Werte, zu denen sich das neue Europa bekennt, zu festen Handlungsgrundsätzen werden und in der Welt Gewicht haben.

Q2 *Aus dem Vorwort der Charta der Grundrechte der EU, verkündet am 7. Dezember 2000 in Nizza:*

Die Völker Europas sind entschlossen, auf der Grundlage gemeinsamer Werte eine friedliche Zukunft zu teilen, indem sie sich zu einer immer engeren Union verbinden. In dem Bewusstsein ihres geistig-religiösen und sittlichen Erbes gründet sich die Union auf die unteilbaren und universellen Werte der Würde des Menschen, der Freiheit, der Gleichheit und der Solidarität. Sie beruht auf den Grundsätzen der Demokratie und der Rechtsstaatlichkeit. Sie stellt die Person in den Mittelpunkt ihres Handelns, indem sie die Unionsbürgerschaft und einen Raum der Freiheit, der Sicherheit und des Rechts begründet. Die Union trägt zur Erhaltung und zur Entwicklung dieser gemeinsamen Werte unter Achtung der Vielfalt der Kulturen und Traditionen der Völker Europas sowie der nationalen Identität der Mitgliedstaaten und der Organisation ihrer staatlichen Gewalt auf nationaler, regionaler und lokaler Ebene bei. Sie ist bestrebt, eine ausgewogene und nachhaltige Entwicklung zu fördern, und stellt den freien Personen-, Waren-, Dienstleistungs- und Kapitalverkehr sicher. Zu diesem Zweck ist es notwendig, (...) den Schutz der Grundrechte zu stärken, indem sie in einer Charta sichtbarer gemacht werden. Diese Charta bekräftigt (...) die Rechte, die sich vor allem aus den gemeinsamen Verfassungstraditionen und den gemeinsamen internationalen Verpflichtungen der Mitgliedstaaten, aus dem Vertrag über die Europäische Union und den Gemeinschaftsverträgen (...) ergeben.

D1 *Die Ziele und Vorstellungen der EU-Politiker werden nicht von allen EU-Bürgern geteilt,* allerdings aus unterschiedlichen Motiven, wie die Umfrage zeigt. – Überprüfe, ob sich die geäußerten Bedenken auf einen gemeinsamen Nenner bringen lassen.

Q3 *Über die Bedeutung der EU für Europa und die Europäer schreibt der französische Politikwissenschaftler Fontaine 2000:*

Es wäre ein schwerer Denkfehler, wollte man die europäische Integration auf das schlichte Bemühen reduzieren, die Volkswirtschaften unserer Staaten an die Herausforderungen des freien Welthandels und der Globalisierung anzupassen. Die europäische Idee ist aus der Feststellung entstanden, dass die Menschen, wenn sie sich einer neuen Sachlage oder neuen Verpflichtungen gegenübersehen, ihr Verhalten anpassen und sich verändern. Sie werden besser, wenn die neuen Umstände besser sind – das ist eine ganz einfache Geschichte des zivilisatorischen Fortschritts, und das ist die Geschichte der Europäischen Gemeinschaft. Der Mensch steht im Mittelpunkt des Projektes Europa, in einer positiven Sicht seiner Fähigkeit und seiner Bereitschaft, aus den Fehlern der Vergangenheit zu lernen, um den künftigen Generationen eine bessere Welt zu hinterlassen. Dieser Kontinent, auf dem sich jede Art von Drama abgespielt hat, auf dem sich souveräne Nationen und totalitäre Ideologien bekämpften und Millionen Unschuldiger in den Krieg oder in die geplante Vernichtung getrieben wurden, dieses Europa des 20. Jahrhunderts schlüpft aus seiner alten Haut und stellt sich dem dritten Jahrtausend gerüstet mit funktionsfähigen Instrumenten, die einen dauerhaften Frieden für alle versprechen.

1 *Zeige auf, welche Zukunftsziele sich die EU gesetzt hat (VT, Q1).*

2 *„Die EU ist eine Wertegemeinschaft". Begründe die Aussage anhand von Q2.*

3 *Lege dar, worin Fontaine (Q3) die Bedeutung der europäischen Integration und der EU sieht. Stimmst du ihm zu?*

4 *Beurteile die Bedeutung der EU in der Welt, wenn sie ihre Ziele erreicht hat.*

5 *Nimm Stellung zu D1: Würdest du nach der Beschäftigung mit der Themeneinheit Europa die Bedenken eher teilen oder ablehnen?*

7 Methode
Meinungsumfragen deuten

Mit Hilfe von Meinungsumfragen können Personen, Hersteller von Produkten, Parteien oder andere Organisationen die Meinung der Bevölkerung oder Teilen davon erkunden. Ziel einer solchen Umfrage kann es sein, Bekanntheit, Beliebtheit, Ansehen, Zustimmung oder Ablehnung von Personen, Waren oder Entscheidungen genauer zu bestimmen. Damit Umfragen zu verlässlichen Ergebnissen führen, müssen sie sorgfältig vorbereitet werden. So muss zum einen das Ziel der Umfrage genau festgelegt werden. Es müssen außerdem zum Ziel passende Fragen – nicht zu viele und klar formuliert – bestimmt werden. Dabei werden die Fragen so gestellt, dass die Befragten nur ganz wenige, vorgegebene Antwortmöglichkeiten haben, z. B. „ja/nein" oder „gut/weiß nicht/schlecht", damit die Antworten vergleichbar sind. Schließlich muss, wenn die Meinung großer Gruppen erkundet werden soll und nicht jedes Mitglied davon befragt werden kann, für die tatsächliche Befragung eine „Stichprobe" bestimmt werden. Damit ihre Befragung ein getreues Abbild der Gesamtgruppe ergibt, muss sie groß genug sein und in wichtigen Merkmalen mit ihr prozentual übereinstimmen (Alter, Geschlecht, Religion, soziale Schichtung).

Mit dem Wissen, warum und wie Meinungsumfragen zustande kommen, lassen sich die Ergebnisse von Umfragen – und in der Regel haben wir ja nur sie vor uns liegen – umfassender, zutreffender und kritischer deuten. Das kannst du nun an einigen Beispielen von Umfragen aus dem Bereich der Europäischen Union üben.

D 1 *„Eurobarometer"* heißen die Meinungsumfragen, die die Europäische Kommission seit 1973 zweimal jährlich in allen EG-/EU-Ländern durchführen lässt. Erkundet wird dabei das Interesse der Bewohner am gemeinsamen Europa bzw. ihre Zufriedenheit mit der EU-Politik. Befragt werden aus jedem Land Stichproben von 1000 Personen (außer Luxemburg: 500 und West-/Ostdeutschland: je 1000). In der folgenden Umfrage von 1999 ging es z. B. um Kenntnisse der Befragten über:

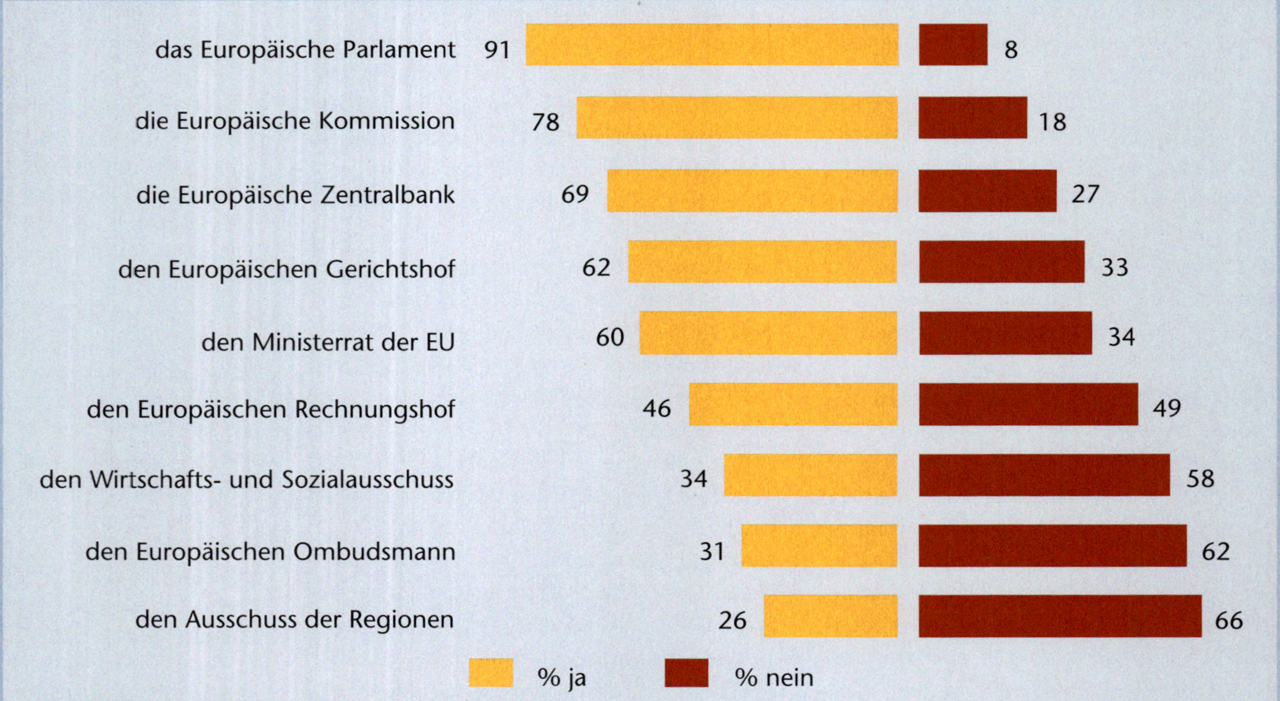

Quelle: Eurobarometer 52.0 – Umfrage Oktober–November 1999

Methodische Arbeitsschritte

1. Bestimme den Auftraggeber der Meinungsumfrage. (Achte auf die Legende oder den Kommentar dazu.)
2. Stelle fest, um welches Ziel/Thema es bei der Umfrage geht. (Überschrift, Legende)
3. Leite aus den Ergebnissen ab, wie viele Fragen gestellt worden sind und wie sie gelautet haben könnten. Wie viele und welche Antwortmöglichkeiten wurden dem Befragten vorgegeben?
4. Kläre mit Hilfe aller Angaben (so weit es möglich ist), wer befragt worden ist. (Größe der Stichprobe, Eigenschaften der Stichprobe)
5. Beschreibe Darstellungsform und Ergebnisse der Umfrage. (Wende dabei die Schritte unter Nr. 2 und 3 der Methodenseite „Statistiken auswerten" an, vgl. S. 286.)
6. Stelle Vermutungen zu möglichen Absichten der Umfrage an.
7. Schätze die Aktualität der Ergebnisse ein.

1 Überlege, welche Absichten die Europäische Kommission mit ihren regelmäßigen Umfragen verfolgt.

2 Wende die einzelnen Arbeitsschritte auf die beiden Umfragen der Doppelseite an.

3 Stelle Vor- und Nachteile vorgegebener und offener Antwortmöglichkeiten am Beispiel von D2 gegenüber.

4 Lege dar, über welche Fragen, die im Zusammenhang mit dem jeweiligen Ziel der zwei Abbildungen auch noch interessant sein könnten, die Ergebnisse nichts aussagen.

D 2 *Zufriedenheit mit der EU-Demokratie (Eurobarometer, 1999),* Selbsteinschätzung von Befürwortern, Unentschlossenen und Gegnern der EU. Aus den Ergebnissen lässt sich ableiten, dass die Befragten zwei Fragen mit jeweils drei Antwortmöglichkeiten gestellt bekommen haben, eine zu ihrer Einstellung zur EU und eine zu ihrer Zufriedenheit mit der EU-Demokratie. – In welcher Reihenfolge würdest du die Fragen stellen?

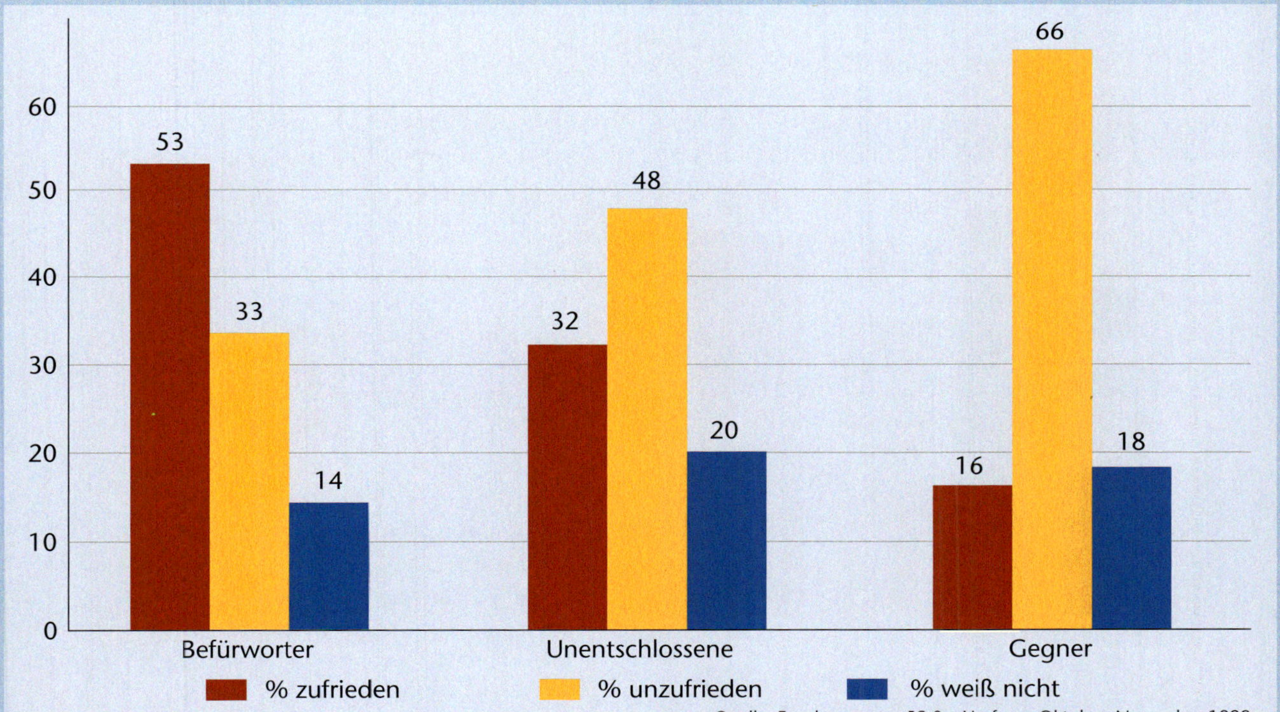

Quelle: Eurobarometer 52.0 – Umfrage Oktober–November 1999

8 Projekt

Die EU, (k)eine wichtige Sache – ein Eurobarometer erstellen

Was ein Eurobarometer ist, darüber habt ihr schon einiges auf den beiden vorigen Seiten erfahren. Dort ging es freilich „nur" um die Deutung von fertigen Ergebnissen bzw. Statistiken. Hier sollt ihr selber eine Umfrage an eurer Schule durchführen und in Statistiken veröffentlichen.

Ziel soll es sein, bei euren Mitschülern zu ermitteln, ob sie die EU für eine wichtige Sache halten. Das ließe sich natürlich direkt mit der Frage machen: „Ist für dich die EU eine wichtige Sache?"

Geschickter ist es jedoch, mehrere Fragen – ca. drei – zu stellen, aus deren Antworten sich ableiten lässt, ob die Befragten die EU für wichtig erachten (vergleicht dazu das Kästchen mit den Beispielen). So machen die Meinungsforscher der EU das auch.

Eurobarometer berücksichtigen Jugendliche ab 15 Jahren. Entsprechend solltet ihr eure Umfrage auf Mitschüler von der 8. oder 9. Klasse an beschränken. Wichtig bei der Durchführung ist, dass ihr einheitlich – Statistiker sagen „objektiv" – vorgeht. So könnt ihr zwar für die Befragung bestimmter Klassen besondere Arbeitsgruppen bilden, aber ihr müsst sicherstellen, dass alle Arbeitsgruppen die gleichen Fragen (mit Antwortvorgaben), Fragebögen, Notiz- und statistischen Auswertungsverfahren anwenden. Sonst könnt ihr die in den einzelnen Klassen ermittelten Ergebnisse nur schwer zu Gesamtergebnissen für einzelne Fragen zusammenfassen oder das Antwortverhalten der Klassen vergleichen.

Am Ende könntet ihr die Ergebnisse eurer Arbeit – kommentierte Statistiken und eine Dokumentation eurer Vorgehensweise in Wort und Bild – auf Stellwänden präsentieren. Vielleicht werden sich nicht nur Mitschüler und Eltern dafür interessieren, sondern auch die Lokalreporter der Zeitungen.

Q1 *Eurobarometer-Symbol*

D1 *Mögliche Fragen*

Beispiele für Fragen nach der Wichtigkeit der EU-Einrichtungen (mit Antwortvorgaben):

- Hältst du die Europawahlen für genauso wichtig wie die Bundestagswahlen?
  (genauso – nicht so – weiß nicht)
- Findest du es gut, dass die EU-Staaten eine einheitliche Währung haben?
  (gut – nicht gut – keine Meinung)
- Wirst du, wenn du 18 Jahre alt bist, an der Europawahl teilnehmen?
  (bestimmt – nein – weiß noch nicht)
- Wird durch die EU Frieden und Sicherheit in und zwischen den Staaten Europas gesichert?
  (auf jeden Fall – kaum – weiß nicht)
- Informierst du dich über die Einrichtungen der EU?
  (ja, öfter – wenig – nein)

Fragebogen

Klasse: 9a
Anzahl der Schüler: 25

Frage: Informierst du dich über die Einrichtungen der EU?

A) ja, öfter ~~||||~~ ||||
B) eher selten ~~||||~~ ~~||||~~ ||
C) nein ||||

Antwort	Anzahl
A	9
B	12
C	4

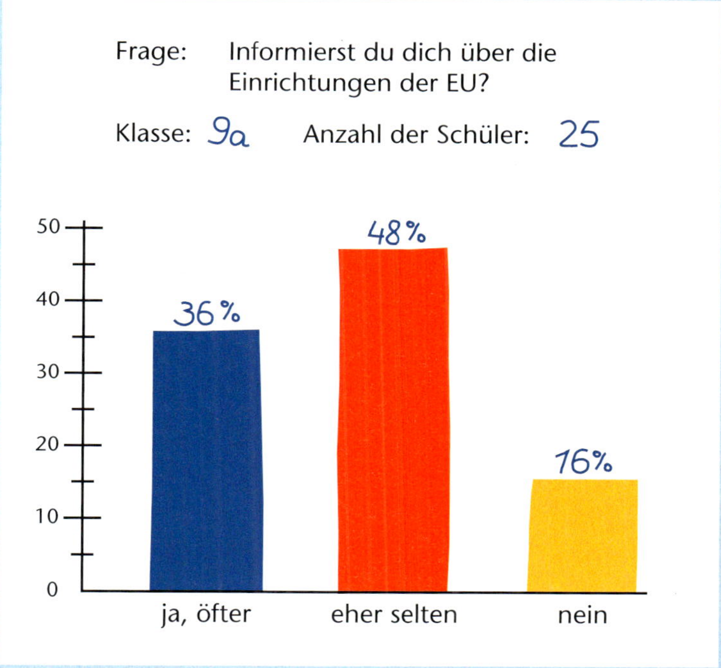

D2 *Vom Fragebogen zur statistischen Darstellung.* Wenn die Arbeitsgruppen für jede der gemeinsam festgelegten Fragen einen besonderen Fragebogen benutzen, können Teilergebnisse der Umfrage später leicht zu einem Gesamtergebnis zusammengetragen werden (vgl. Abbildung links). Da Klassen meist unterschiedlich groß sind, lässt sich das Antwortverhalten zwischen Klassen nur vergleichen, wenn die absoluten Zahlen in Prozentzahlen umgerechnet werden (vgl. Abbildung rechts).

Arbeitsschritte für das Projekt:

1 Vorbesprechung: Festlegung des Ziels; Grobplanung der Vorgehensweise und des angestrebten Ergebnisses
2 Sammeln von Fragen (mit Antwortvorgaben), die zum Ziel passen; Bestimmung einer Arbeitsgruppe, die nach ca. 1 Woche geeignete Vorschläge zur Abstimmung im Plenum vorbereitet
3 Planungssitzung mit folgenden Themen:
   a) Bildung von Arbeitsgruppen
   b) die von allen Gruppen einheitlich zu verwendenden Fragen und Antwortvorgaben
   c) die einheitliche Gestaltung der Fragebögen und Ergebnisnotierung
   d) die Art(en) der statistischen Darstellung
   e) die Arbeitsverteilung: wer welche Klasse(n) befragt, wer das Projekt dokumentiert
   f) die Organisation der Umfrage (so, dass Klassen als Gesamtgruppe befragt werden können)
4 Durchführung (in Arbeitsgruppen): Anfertigung der Fragebögen, Durchführung der Umfrage, Anfertigung der zu präsentierenden Materialien (Statistiken, Kommentare, Dokumentation des Projekts)
5 Präsentation der Materialien auf Stellwänden, z. B. im Forum der Schule

9 Abschluss
Europas Einigung nachgespürt

Spielanleitung
Nachdem du eine Menge über die Einigung Europas erfahren hast, kannst du jetzt in einem Spiel dein Wissen überprüfen. Dazu brauchst du einen Würfel und eine Spielmarke. Du kannst alleine spielen, spannender ist es aber zu mehreren. Anfangspunkt ist die Stadt Zürich, Endpunkt die Stadt Brüssel. Kommst du auf ein Nummernfeld, musst du eine Frage beantworten. Weißt du die Antwort nicht, heißt es: zwei Felder zurück. Wenn du ein Buchstabenfeld überquerst, musst du ebenfalls eine Frage beantworten. Sonst ist dein Wurf ungültig und du musst einmal aussetzen. Die Lösungen findest du auf den in Klammern angegebenen Seiten des Buchs.

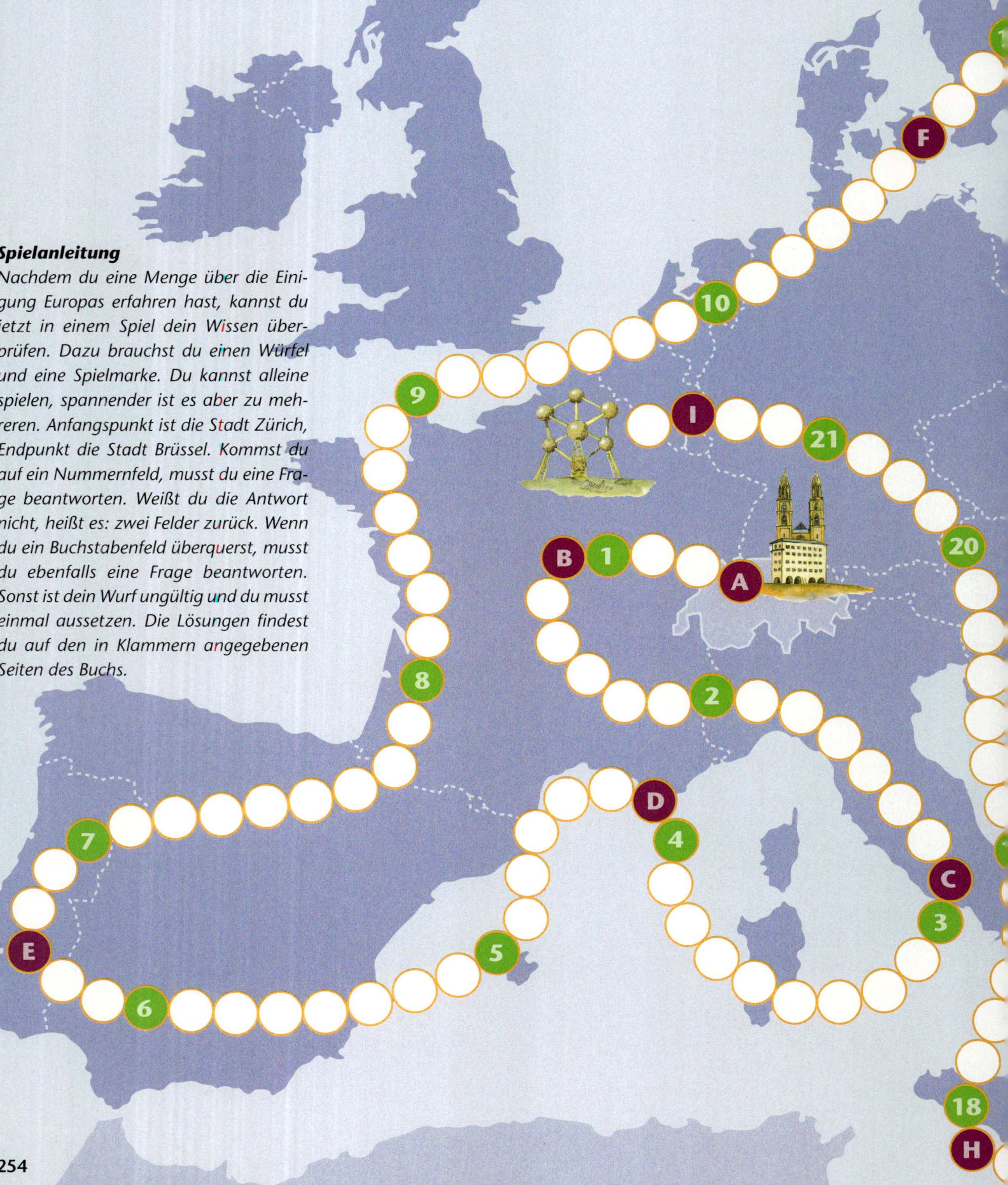

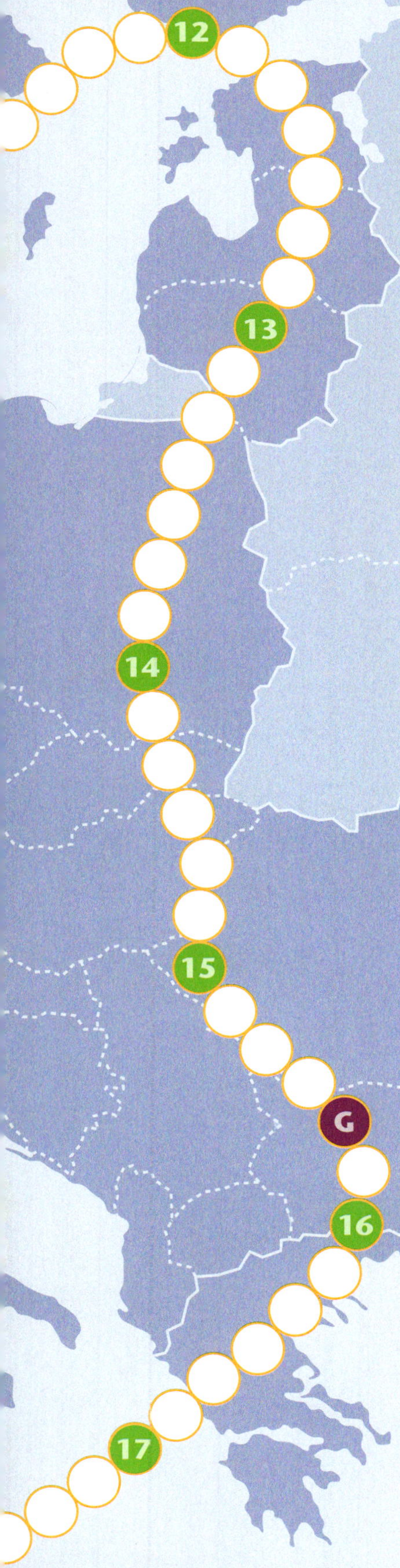

Fragen der Nummernfelder

1. Welche Bestimmung des Marshall-Plans zwang die Europäer zur Zusammenarbeit? (S. 239)
2. Warum wurde die OEEC gegründet? (S. 238)
3. Begann die europäische Einigung mit der Einrichtung des Europarats? (S. 240)
4. Wer gab den Anstoß für die Einrichtung der EGKS? (S. 240)
5. Wie hießen die Gründerstaaten der Verträge von 1951 und 1957? (S. 240/241)
6. Was wurde durch die EGKS geschaffen? (S. 240)
7. Inwiefern war die EWG eine Fortsetzung der EGKS? (S. 241)
8. Auf welchen Säulen ruht das Haus Europa? (S. 241)
9. Nenne drei Gewalten der EU. (S. 243)
10. Was bedeutet „EPZ"? (S. 241)
11. Welche Aufgabe haben die „Kopenhagener Kriterien"? (S. 244)
12. Nenne fünf Staaten der „Osterweiterung" der EU von 2004. (S. 245)
13. Wann darf sich Rumänien vielleicht EU-Mitglied nennen? (S. 248)
14. Welche zwei Posten lagen 2004 an der Spitze der EU-Ausgaben? (S. 246)
15. Welchen Rang hat die EU nach ihren BIP-Werten in der Welt inne? (S. 247)
16. Welchen Rang nimmt die EU als Importeur von Gütern armer Länder ein? (S. 246)
17. Nenne zwei Ziele der „Lissabon-Strategie". (S. 248)
18. Was versteht man unter einer „supranationalen Organisation"? (S. 240)
19. Womit befasste sich der Europäische Konvent? (S. 248)
20. Setzt die europäische Verfassung die nationalen Verfassungen außer Kraft? (S. 248)
21. Was ist ein Eurobarometer? (S. 250)

Fragen der Buchstabenfelder

A Zürich 1946: Welcher Politiker hielt hier eine wichtige Europa-Rede? (S. 239)
B Paris 1951: Welcher Gründungsvertrag der EU wurde unterzeichnet? (S. 240)
C Rom 1957: Was sind die „Römischen Verträge"? (S. 241)
D Nizza 2000: Welche Charta wurde hier verkündet? (S. 249)
E Lissabon 2000: Welches Ziel setzten sich hier die Regierungschefs der EU? (S. 248)
F Kopenhagen 1993: Welche Bestimmungen der EU wurden hier festgelegt? (S. 244)
G Bulgarien feiert den EU-Beitritt. Welches Jahr könnte das sein? (S. 248)
H Malta feiert den EU-Beitritt. Welches Jahr schreibt man? (S. 245)
I Maastricht 1991/92: Welcher Vertrag wird hier unterzeichnet? (S. 241)

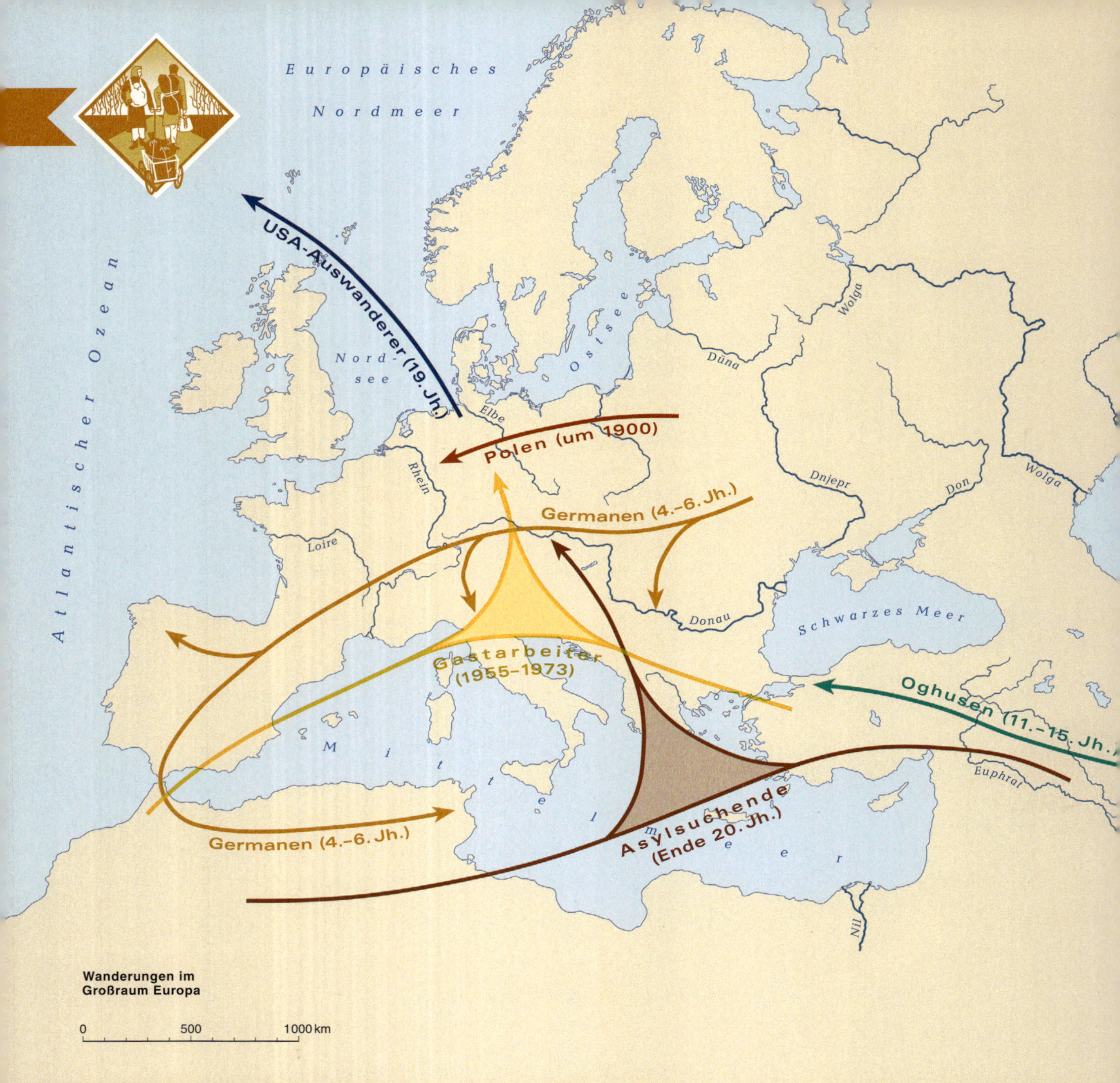

4.–6. Jh. n. Chr.

Germanische Völkerwanderung ins Römische Reich

11.–15. Jh.

Türken besetzen Kleinasien und Konstantinopel.

19. Jh.

Europäer wandern in die USA ein.

Wanderungen in der Geschichte

Menschen auf Wanderung – ein Beispiel, das für viele steht, an vielen Orten und fast zu allen Zeiten. Für manche Menschen – die Nomaden, die es auch heute noch gibt – ist Wanderung das Normale. Die meisten aber verlassen nicht ohne zwingende Gründe den Ort, an dem sie leben, und nehmen die Strapazen einer Wanderung auf sich. Wanderungen verändern die Lebensverhältnisse aller Betroffenen, und das sind nicht nur diejenigen, die (fort-)wandern.
Davon, von Gründen, Umständen, Folgen von Wanderungen, handeln die nachfolgenden Kapitel am Beispiel von Wanderungen, die in Europa und den angrenzenden Regionen stattgefunden haben.

Flüchtlinge im Kosovo-Krieg, 1999

um 1900

Zuzug polnischer Arbeiter ins Ruhrgebiet

seit 1955

Aus Gastarbeitern werden Mitbürger in der Bundesrepublik.

1992/1995

Stärkster Anstieg der Zahl von Asylbewerbern in der Bundesrepublik

1 Die große germanische Wanderung

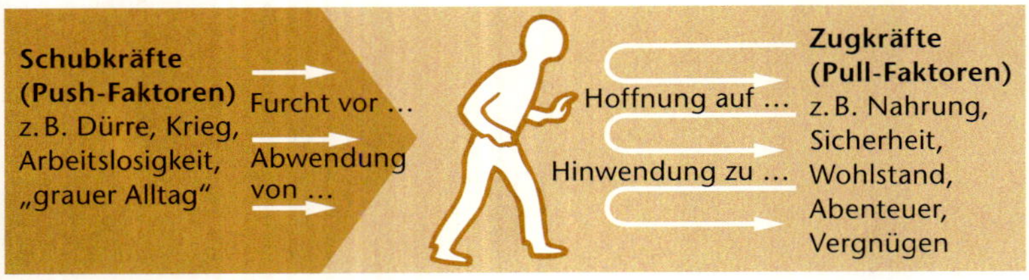

D 1 *Um Gründe und Zielrichtungen* von Bevölkerungswanderungen zu beschreiben und zu erklären, unterscheiden Wissenschaftler zwischen Schub- und Zugkräften. Bei jeder dieser Kräfte wirken äußere Ereignisse (z. B. Krieg) und innere Erlebnisse (z. B. Furcht) zusammen.

Germanenstämme in Bewegung

Das Leben im Germanengebiet jenseits des römischen Limes war beschwerlich und unruhig. Naturkatastrophen oder Streit mit den Nachbarn trieben immer wieder Gruppen von Germanen auf die Suche nach besseren Siedlungsplätzen. Manche versuchten durch den Limes ins Römische Reich zu kommen. Dort hofften sie angenehmer leben oder wenigstens Beute machen zu können. Aber lange konnten die Römer sie abwehren. Das wurde anders, als 375 n. Chr. das asiatische Reitervolk der Hunnen das Ostgotenreich vernichtete. Scheinbar unaufhaltsam weiter vordringend, brachten sie fast alle Germanenstämme in Bedrängnis. Ganze Stämme flohen, bereit, sich mit Gewalt den Weg ins Römische Reich zu erkämpfen.

Germanen im Römischen Reich

Diesem Ansturm waren die römischen Grenztruppen nicht gewachsen. Um die Last der Verteidigung zu verteilen, teilte der römische Kaiser Theodosius 395 das Reich in zwei Teile: Es gab nun einen weströmischen Kaiser in Rom (später Ravenna) und einen oströmischen in Konstantinopel. Aber auch das konnte nicht verhindern, dass ganze Germanenstämme mit Gewalt ins Römische Reich eindrangen. Vergeblich versuchten die Kaiser die Germanen gegeneinander auszuspielen, indem sie zahlreiche Germanenfürsten in ihre Dienste nahmen, um andere zu bekämpfen. Im Westreich beherrschten schließlich mächtige Germanenfürsten den Kaiser fast nach Belieben. Einer von ihnen setzte ihn 476 n. Chr. kurzerhand ab und beendete damit das römische Kaisertum im Westen.

D 2 *Die große germanische Völkerwanderung*

Q1 *Römische Augenzeugen berichten aus Gallien.*

a) Der Bischof Orientius von Auch über den Einfall der Wandalen und Sueben (um 430):
Müde erwarten alle das Ende der Welt. Schon läuft die Zeit der letzten Tage ab. Siehe, wie rasch der Tod die ganze Welt bezwungen hat (...). Nicht lichter Wald, nicht hohe Gebirge, nicht reißende Flüsse, nicht feste Burgen, nicht Städte im Schutz ihrer Mauern konnten die barbarischen Horden aufhalten. Da lagen Menschen als Futter der Hunde, die brennenden Häuser wurden für viele zum Scheiterhaufen, der sie tötete. In Dörfern und Häusern, auf dem Land, an den Straßen und in allen Bezirken, auf allen Wegen hier und dort herrschten Tod, Schmerz, Vernichtung, Niederlage, Brand und Trauer. Ganz Gallien rauchte wie ein einziger Scheiterhaufen.

b) Der Priester Salvian von Marseille (um 440):
Warum duldet Gott, dass wir unter die Herrschaft der Barbaren geraten? (...) Er lässt uns deshalb diese Leiden ertragen, weil wir es verdienen, das zu leiden. Schauen wir doch auf die Schändlichkeiten, die Laster und Verbrechen des römischen Volkes und fragen wir uns, ob wir Schutz verdienen können, wenn wir in solcher Verdorbenheit leben (...). Wir nennen uns Christen und Katholiken und deshalb sind unsere Sünden schwerer, wenn wir ähnliche Sünden wie die Barbaren begehen. Denn unsere Sünde ist furchtbarer, weil wir sie begehen, obwohl wir uns zum wahren Gott bekennen (...). Schämt euch überall, ihr römischen Völker, schämt euch eures Lebens. Niemand soll sich etwas anderes einreden: Allein wegen unserer Laster sind wir besiegt worden.

1 Beschreibe Zug- und Schubkräfte der großen germanischen Wanderung (VT, D1).

2 Liste auf, welche Wege die großen Stämme nahmen und wie lange sie unterwegs waren (D2).

3 Schildere die Wanderung aus der Sicht der Sesshaften (Q1a, Q1b).

4 Vergleiche die Gründe für die Wanderung im VT und in Q1b.

5 Erörtere, ob man überhaupt von „Wanderung“ sprechen kann (VT, Q1a, Q2).

Q2 *„Der Gotenzug“*, Ölgemälde von Arnold Böcklin (1827–1901). Der Maler drückt die Dramatik des Geschehens durch die Landschafts- bzw. Naturdarstellung aus. – Deute das Bild in diesem Sinne.

2 Die Erben Westroms

Q 1 *Der Ostgotenkönig Theoderich (493–526),* Goldmedaillon, Anfang 6. Jh. Die Umschrift lautet: „König Theoderich, der fromme Fürst". Die Haartracht entspricht gotischer Tradition. Aber der Gesichtsausdruck, die Handhaltung, das Siegessymbol in der linken Hand und die Kleidung entsprechen der Darstellung christlich-römischer Kaiser.

A-Z

katholisch
(griech. = allgemein)
So wurde seit dem 3. Jahrhundert die im Römischen Reich allgemein anerkannte christliche Lehre bezeichnet, die seit 381 römische Staatsreligion war.

Probleme in der Fremde

Um 500 n. Chr. hatten sich die Herrschaftsverhältnisse im früheren Weströmischen Reich gründlich verändert. Überall hatten Anführer der germanischen Stämme Königreiche gegründet, die sie mit ihren Kriegern beherrschten. Doch ihre Herrschaft war fast nirgendwo sicher. Die Germanenkönige führten Krieg gegeneinander und der oströmische Kaiser rüstete sich, um den Westen des ehemaligen Römischen Reiches zurückzuerobern.

Aber auch in ihren Reichen hatten die Germanenkönige große Probleme. Außer im Frankenreich waren die Germanen der unterworfenen römischen Bevölkerung an Zahl weit unterlegen. Man schätzt, dass auf 100 römische Bewohner nur ein bis zwei germanische kamen. Dass die Germanen trotzdem die herrschende Oberschicht bildeten, verdankten sie ihrer militärischen Überlegenheit. Die Germanenkönige mussten also überlegen, wie sich ihre Vormachtstellung bewahren ließ und wie zugleich die römische Bevölkerung und die germanischen Besatzer möglichst reibungslos zusammenleben konnten.

Im Ostgotenreich Theoderichs

Der Ostgotenkönig Theoderich glaubte, dass die Römer und Goten seines Reiches am besten zusammenleben würden, wenn jede Bevölkerungsgruppe nach ihren eigenen Sitten und Gesetzen leben konnte. Daher trennte er die Lebensbereiche beider Gruppen völlig. Er verbot die Heirat zwischen Goten und Römern. Er ließ den Römern ihre alten römischen Gesetze und ihre eigenen römischen Beamten. Die Goten lebten nach ihren Sitten und Gesetzen unter ihren Stammesfürsten und wohnten getrennt von den Römern in eigenen Siedlungen. Kriegsdienst war allein Sache der Goten.

So sicherten die Germanen ihre Überlegenheit, sorgten aber auch für die Sicherheit der Römer, die ihnen dafür ein Drittel des gesamten Landes abtreten mussten. Das empfanden die Römer als Unrecht. In ihren Augen blieben die Goten fremde Besatzer. Verstärkt wurde dies durch religiöse Gegensätze. Denn die Römer waren katholische Christen; die Goten waren zwar auch Christen, aber genauso wie die Wandalen und Sueben glaubten sie an eine Lehre, die die Katholiken für falsch hielten.

Anders im Frankenreich Chlodwigs

Der Frankenkönig Chlodwig (482–511) konnte in seinem Reich einen ganz anderen Weg gehen. Die Franken blieben auf ihrem Eroberungszug ins Römische Reich stets mit ihrer ursprünglichen Heimat und den dort verbliebenen Volksteilen in Verbindung. Deshalb mussten sie nicht befürchten, in der zahlenmäßig stärkeren römischen Bevölkerung unterzugehen. Es gab kein Heiratsverbot zwischen Franken und Römern und keine Landabtretung an die Franken. Außerdem bekannten die Franken sich nach der Taufe Chlodwigs zum selben katholischen Glauben wie die Römer.

So entstand im Frankenreich durch die Mischung von germanischen und römisch-katholischen Lebensformen die neue „abendländische Kultur". Und während die anderen Germanenstämme bald untergingen, wurde das Frankenreich unter Karl dem Großen (768–814) zum mächtigsten Reich Europas.

Q2 *Der Ostgotenkönig Theoderich an den oströmischen Kaiser (um 508):*

Eure Macht und Ehre, frömmster Fürst, verpflichtet mich, völlige Einheit mit Euch zu erstreben. Mit Recht blicken zu Euch alle übrigen Fürsten auf, am meisten aber ich, da ich mit Gottes Hilfe in Eurem Staat gelernt habe, wie ich mit Recht und Gerechtigkeit über die Römer herrschen kann. Meine Regierung soll nur ein Abbild der Euren sein, weil Eure Regierung ein Vorbild für jeden Staatsmann und ein Muster bester Regierung ist. Und wenn es mir gelingt, Euch nachzuahmen, bin ich allen anderen voraus.

Q3 *Der Frankenkönig Karl erneuert das christliche (west-)römische Kaisertum, ein Vertrauter berichtet:*

Während seiner ganzen Regierungszeit lag ihm nichts so sehr am Herzen wie der Wunsch, die Stadt Rom wieder zu ihrem alten Ansehen zu bringen und die Kirche des Hl. Petrus dort zu verteidigen, zu beschützen und zu verschönern. (...) Bei seiner letzten Reise nach Rom [800] erhielt er den [weströmischen] Kaisertitel [den seit 476 niemand mehr getragen hatte] (...). Die Eifersucht der oströmischen Kaiser, die ihm die Annahme des Titels verübelten, ertrug er mit Gelassenheit. Und er besiegte ihren Trotz, indem er sie in seinen Briefen mit „Brüder" anredete.

1. *Kennzeichne die Einstellung der Germanenkönige zum Römertum (Q2–Q4).*
2. *Erkläre, was Q2 über Theoderich und Q3 über Karl d. Gr. aussagen.*
3. *Lege dar, warum sich das Frankenreich im Unterschied zu den anderen Germanenreichen behauptete (VT).*
4. *Zeige am Beispiel von Q4 auf, welche Bestandteile in der „abendländischen Kultur" zusammenwirken.*

Q4 *Aachener Dom.* Blick in den Kuppelbau, um 800 von Karl dem Großen errichtet und Jahrhunderte lang das prächtigste Bauwerk nördlich der Alpen. Mit seinen aus Kaiserpalästen Italiens herangeschafften Säulen und den christlichen Gemälden stellt er das Bekenntnis des Germanenfürsten zur christlich-römischen Überlieferung dar.

3 Wie die Türken in die Türkei kamen

Oghusen
(alttürkisch = „Stamm“) Großes Turkvolk, Vorfahren der Turkmenen und der Türken in der Türkei. Berühmte Herrscherfamilien der Oghusen waren die Seldschuken und Osmanen.

Turkvölker
Große asiatische Sprachfamilie mit zahlreichen Völkern, u. a. Türken, Usbeken, Kasachen, Kirgisen, Turkmenen.

Die Wanderung der Oghusen

Die Menschen in der heutigen Türkei stammen vom Volk der Oghusen ab. Ihre Bezeichnung als „Türken“ geht darauf zurück, dass die Oghusen zu den Turkvölkern gehörten, deren Heimat ursprünglich die Steppen Innerasiens waren.

Die Turkvölker waren Nomaden. Herden von Pferden, Kamelen und Yaks (Rinder) waren ihr wertvollster Besitz. Kämpfe um gute Weidegründe gehörten daher für sie zum Alltag. Das machte sie zu geübten Kriegern, hervorragenden Reitern und Bogenschützen. Kämpfe um Weideplätze und Beutegier trieben die Turkvölker immer wieder auf Wanderschaft. Besonders unruhig waren die Oghusen. Im 8. Jahrhundert gelangten sie bis an die Grenze des arabisch-islamischen Weltreichs. Hier lieferten sie sich blutige Kämpfe mit den Moslems.

Glaubenskämpfer des Islam

Die Araber bewunderten die Kriegstüchtigkeit der Oghusen, die Oghusen wiederum bewunderten die arabische Kultur. Die mächtige Herrscherfamilie der Seldschuken nahm sogar den Islam an. Dafür wollten sie aber auch mehr als nur Nachbarn des islamischen Reiches sein. Der Seldschuke Tugrul besetzte mit seinen Oghusen-Kriegern 1055 Bagdad, die Hauptstadt des islamischen Reiches. Von dessen Oberhaupt ließ er sich zum Sultan und Oberbefehlshaber des islamischen Reiches ernennen. Dafür gelobte er, fortan die Feinde des wahren Islam zu bekämpfen. So wurde ein Oghusen-Herrscher, ein Türke, oberster Machthaber in der Welt des Islam. Tugrul und seine Nachfolger hielten ihr Versprechen. Sie zogen gegen den christlichen Kaiser von Byzanz nach Kleinasien (Anatolien).

D 1 *Urheimat und Westwanderung der Turkvölker*

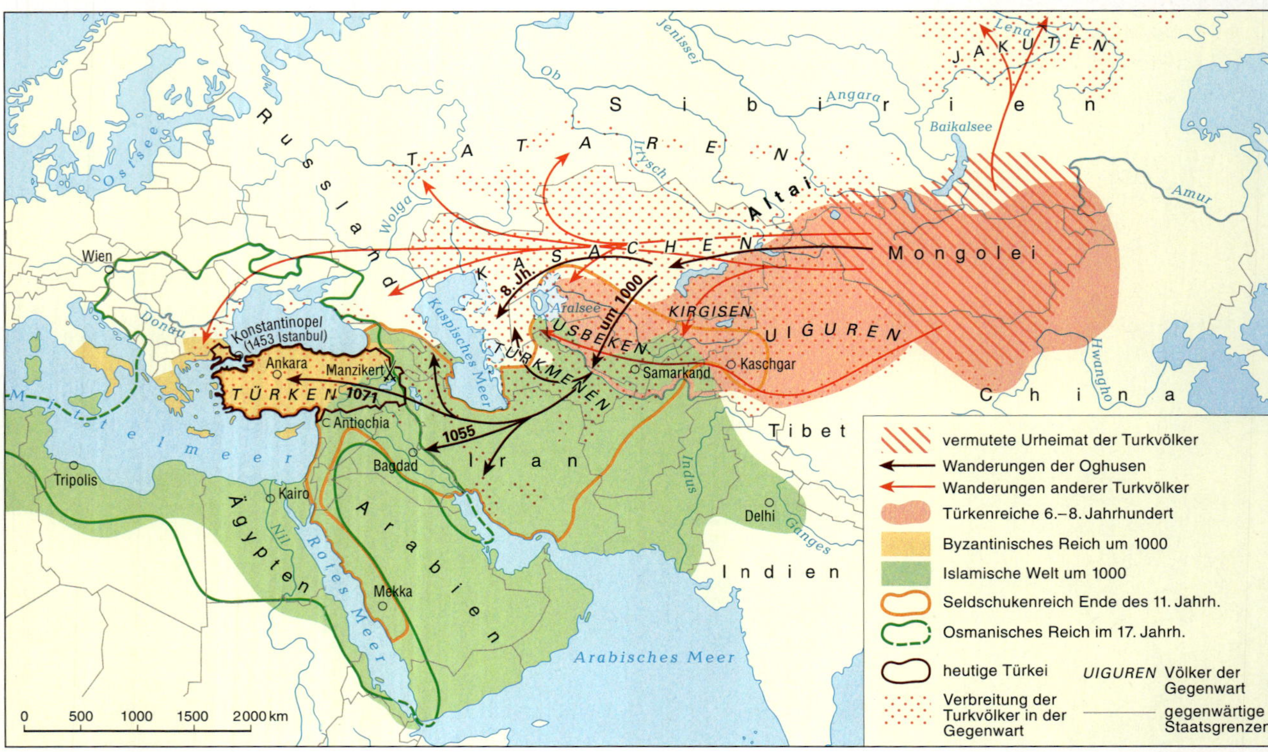

Q 1 *Tonjujuk, Khan der Türk, über sein Volk (732 n. Chr.):*

Die Türk sind an Zahl sehr gering; nicht einmal ein Hundertstel der Bevölkerung der Chinesen. Trotzdem konnten wir den Chinesen immer wieder Widerstand leisten. Das verdanken wir gerade der Tatsache, dass wir Wasser und Gras suchend umherziehen, keinen beständigen Wohnort haben und von der Jagd leben (...). Die Lehren, die in den chinesischen Tempeln gelehrt werden, bringen den Menschen nur Güte und Nachgiebigkeit bei. Aber das ist nicht der Weg, auf dem man Kriege führen und Macht erwerben kann. Darum dürfen wir Türk keine Tempel bauen.

Q 2 *Die „Geschichte von Oguz-Khan" (1314) des Raschid ad Din ist zwar eine Heldensage, doch zeigt sie, wie die Wanderung der Oghusen vor sich gegangen sein könnte:*

Der König jener Gegend sammelte ein Heer, um Oguz-Khan zu bekriegen. Beide Heere standen einander gegenüber und kämpften acht Tage miteinander. Endlich am achten Tage banden die Oghusen die Kamele und Maulesel zu einer Reihe zusammen und stellten sie vor ihrem Heere auf. Und aus dem Hintergrund überschütteten sie die Feinde mit einem Pfeilregen, der einem Hagelschauer glich, und besiegten die Feinde. Oguz-Khan tötete den König und bemächtigte sich seines Reiches. Dann brach er zur Eroberung der Länder des Nordens auf. Dafür hatten sich 19 000 Familien der Oguz versammelt, die man „die neunzehn Stämme" nannte.

Q 3 *Reisebericht des Arabers Hauqal (10. Jh.) über das türkisch-arabische Grenzgebiet Transoxanien (östlich des Aralsees):*

Alle Grenzen Transoxaniens liegen den Kriegsgebieten mit den Türken sehr nahe. So ist Choresm Grenzgebiet gegen die Oguz-Türken. Es ist allgemein bekannt, dass es für den Islam kein Kriegsgebiet gibt, dessen Bewohner tapferer sind als die Türken. Ganz Transoxanien ist Grenzgebiet, das die Türken überfallen.

Q 4 *Grabturm eines Seldschukenfürsten* bei Radkan, Türkei. Er stellt ein übergroßes Nomadenzelt aus Stein dar. Sogar Schnüre und Knoten, mit denen die Filzwände solcher Zelte zusammengehalten wurden, sind nachgebildet. Ein Nomadenfürst wurde in seinem Zelt begraben. Daran hielten die Seldschuken auch fest, als sie nicht mehr in Zelten wohnten. – Überlege, warum die Oghusenfürsten wohl ein solches „Zelt aus Stein" bauen ließen.

1. *„Das vom fernen Asien kommt im Galopp/und sich ins Mittelmeer streckt wie ein Stutenkopf/das ist unser Land." Warum wählte wohl der türkische Dichter Nazim Hikmet (1902–1963) diese Verse um sein Land zu beschreiben (VT, D1)?*
2. *Welche Schub- und Zugkräfte führten zu der Wanderungsbewegung (siehe S. 258 D1)?*
3. *Welches Ereignis auf ihrer Wanderung war für die Zukunft der Oghusen besonders wichtig (VT)?*
4. *Wie werden die Türken in Q1–Q3 charakterisiert? Überlege, welche Rolle diese Eigenschaften für die Wanderungen spielten.*

Q 5 *Nomadenkrieger* (vorne am Gürtel Köcher mit Pfeilen und dem nicht gespannten Bogen), frühes chinesisches Steinrelief

4 Die Erben von Byzanz

Die Türkei entsteht

1071 versuchte der Kaiser von Byzanz den Vormarsch des Seldschukensultans bei Manzikert zu stoppen. Seine Truppen erlitten eine gewaltige Niederlage, die große Folgen hatte: Der Hilferuf des besiegten Kaisers an die christlichen Herrscher Europas führte zum ersten Kreuzzug, dem weitere folgten. Sie verhinderten aber nicht, dass die Oghusen fast ganz Anatolien besetzten. Dabei trafen sie auf eine griechische Bevölkerung, die nach christlichen Sitten lebte und die sich immer noch als „Rhomai" (Römer) verstand. Daher nannten auch die Türken sie „Rum".

Die Türken verstanden sich zwar als Glaubenskämpfer für die arabisch-islamische Kultur, aber sie duldeten nach moslemischer Sitte das Christentum der Griechen, wenn sich diese nur unterwarfen und Steuern zahlten. Dennoch zogen es viele Griechen vor zu fliehen. Dagegen nahm die Zahl der türkischen Einwanderer immer mehr zu, sodass die europäischen Kreuzritter, die Anatolien 1190 durchzogen, das Land als Türkenland –„Türkei"– bezeichneten. Das wurde es vollends, als um 1220 große Scharen von Oghusen vor den anrückenden Mongolen, einem anderen Nomadenvolk aus Innerasien, flohen und ihre alten Sitze am Aralsee verließen, um zu ihren Stammesgenossen nach Anatolien aufzubrechen.

Nomaden werden sesshaft

Unter ihnen war auch eine Herrscherfamilie, die sich durch ihre militärische Tüchtigkeit schnell allgemeines Ansehen erwarb, die Osmanen, die 1299 die Herrschaft in Anatolien an sich rissen. Ihnen gelang es, das ganze Byzantinische Reich zu erobern und zu einem türkischen Reich zu machen.

Damit kam die große Oghusen-Wanderung zum Stillstand. Die unruhigen Nomaden von einst wurden sesshaft.

Rum
(türk. = Römer)
Bis heute türkische Bezeichnung für in Anatolien lebende Griechen.

Osmanen
sind ein türkisches Herrschergeschlecht, benannt nach Osman I., der 1299 den Sultantitel erwirbt und damit das osmanische Herrschertum begründet. Der letzte Osmanensultan wurde 1924 abgesetzt.

Q 1 *Die Eroberung von Konstantinopel/ Byzanz* 1453 durch Sultan Mehmed II. bedeutete das Ende des Byzantinischen Reiches.

Q 2 *Sultan Mehmeds II. neue Hauptstadt. Ein osmanischer Beamter berichtet (1453):*

Als der Sultan in Byzanz ankam, fand er seine künftige Residenz prächtig vollendet und sowohl die Festung am Goldenen Tor wie auch sämtliche Mauern der Stadt sorgfältig aufgebaut. Er war zufrieden mit dem Geleisteten. (...) Dann befahl er so schnell wie möglich die Brücken von Anthyras und Rhegion (...) wieder aufzubauen. Außerdem sollten auch die übrigen zur Stadt führenden Straßen, wo sie morastig und schwer passierbar waren, geebnet und ausgeglichen werden. (...) Vor allem aber kümmerte er sich um die Besiedlung der Stadt. Er bemühte sich sie ganz mit Einwohnern zu füllen, so wie es früher auch gewesen war. Zu diesem Zweck sammelte er alle möglichen Leute überall in seinem Reich, sowohl in Asien wie in Europa [auf dem Balkan]. Und er siedelte sie mit größtmöglicher Sorgfalt und Eile in die Stadt hinein um. Er nahm sie aus türkischen, aber auch aus allen anderen nichttürkischen Völkerschaften, diese jedoch vor allem aus christlichen Völkerschaften.

Q 3 *Christliche Reaktionen auf die Eroberung des Byzantinischen Reiches.*

a) Der Papst an Sultan Mehmed II. (1463):

Ein kleines Ding kann Dich unter allen, die heute leben, zum Größten, Mächtigsten und Herrlichsten machen. (...) Es ist das Wassertröpfchen, womit Du Dich taufen lässt, Dich zum Christentum bekehrst und an das Evangelium glaubst. (...) Wir werden Dich Kaiser der Griechen und des Ostens nennen, und was Du jetzt mit Gewalt genommen hast und zu Unrecht besitzt [das Byzantinische Reich], besitzt Du dann zu Recht. Die Christen werden Dich alle verehren und als obersten Richter anerkennen.

b) Ein Bischof warnt den abendländischen Kaiser Karl V. (1530):

Glaube Eure Majestät ja nicht, dass der Sultan an etwas anderes denkt als die Reiche Europas einzunehmen. (...) Ich weiß von glaubwürdigen Männern, dass er oft sagt, ihm käme die Herrschaft über Rom und das ganze Abendland zu. Denn er sei der rechtmäßige Nachfolger des Kaisers Konstantin, der Konstantinopel zum Sitz des [römischen] Kaisertums machte.

1 Nenne Gründe, warum das Jahr 1071 für die türkische und europäische Geschichte so bedeutsam ist (VT).

2 Erkläre: Warum verstand sich die griechische Bevölkerung des Byzantinischen Reiches als „Römer" (VT, Q4)?

3 Überlege, warum in Anatolien durch die türkische Einwanderung die griechische Kultur ihre Bedeutung verloren hat (VT).

4 Weise nach, dass die Osmanen bewusst das Erbe von Byzanz antraten (VT, Q2, Q3b, Q4).

5 Zeige auf, welche Rolle das Erbe von Byzanz im Schreiben des Papstes spielt (Q3a).

Q 4 *Blick auf Alt-Istanbul.* Hier war bis 1453 das Machtzentrum des oströmisch-byzantinischen Reiches und von 1453–1922 das des türkisch-osmanischen Reiches. Der Gebäudekomplex oben links war der Regierungssitz des Sultans („Topkapi-Seray"). Unten Bildmitte die „Hagia Sophia", die 536 von dem römischen Kaiser Justinian erbaute Prachtkirche, die auch unter den Osmanen – in eine Moschee umgebaut – etwas Besonderes war.

5 Von Minden nach New Minden

Damals eine alltägliche Geschichte
Im April 1857 verließ Carl Niemeyer mit seiner Frau und vier Kindern Minden. Sie fuhren nach Bremerhaven und von dort aus mit dem Schiff nach New York. Es war nicht mehr auszuhalten gewesen in Minden. Von dem Ertrag der drei Morgen Land, die Carl von einem Bauern gepachtet hatte, war die Familie nie satt geworden. Das Geld reichte nur aus, solange die ganze Familie zusätzlich in Heimarbeit Leinen webte. Das verkaufte Carl in Minden oder Bielefeld. Aber seit es überall Fabriken gab, in denen mit Maschinen billige Baumwollstoffe produziert wurden, konnte Carl sein teureres Leinen nicht mehr verkaufen. Niemeyers mussten Schulden machen und Besserung war nicht in Sicht. Da fassten sie den Entschluss auszuwandern – nach Amerika. Sie hatten über das Land schon viel Gutes gehört.
Die Niemeyers verkauften ihren ganzen Besitz. Davon bezahlten sie ihre Schulden, um eine Auswanderungserlaubnis zu bekommen. Fast den gesamten Rest des Geldes verschlang die Überfahrt. Jeder, ob Fuhrmann, Kapitän oder Gastwirt, will an uns verdienen, dachte Carl mehr als einmal. Aber wenigstens wussten die Niemeyers schon, wohin sie wollten, als sie „Castle Garden", eine kleine Insel im Hafen von New York, wo alle Einwanderer untersucht und registriert wurden, verlassen durften: zu Bekannten nach New Minden im fruchtbaren Illinois.
Wie den Niemeyers ging es vielen der fast 5 Millionen Deutschen, die im 19. Jahrhundert in die USA auswanderten. Die meisten fanden ihr Auskommen und eine neue Heimat, manche freilich kehrten enttäuscht zurück.

D 1 *Orte mit deutschen Namen im Mittelwesten der USA.*
Mit fast 5 Millionen waren die Deutschen die stärkste Gruppe der USA-Einwanderer im 19. Jahrhundert. Einige hatten politische Gründe ihre Heimat zu verlassen; für die meisten Flüchtlinge aber war wirtschaftliche Not der Grund. Die Hoffnung, auf Bekannte oder Heimatliches in einer deutschen Ansiedlung in den USA zu stoßen, erleichterte den Entschluss. Die Amerikaner sahen die Entstehung von „Deutschländern" in den USA mit gemischten Gefühlen. – Was fällt dir an der Karte auf?

Q1 *Aus Bünde bei Herford berichtet 1842 ein Hofbesitzer:*

Es sind aus dem hiesigen Amte seit dem Frühjahr schon 150 Menschen nach Amerika abgereist, aber alles das hilft noch gar nicht. Die Auswanderungen müssen noch viel bedeutender und ganz anders werden, wenn es für die hier Bleibenden besser werden soll. (...) [Sie müssen] zunehmen, aber nur für die armen und geringen Leute, damit für die Zurückbleibenden Platz wird.

Q2 *Leben in Amerika, aus dem „Mindener Sonntagsblatt" vom 25. August 1833:*

Es ist kein Wunder, dass so viele ihre Blicke nach Amerika richten, wo man nicht von den Lasten weiß, unter welchen die meisten Völker Europas erliegen (...). Wo jeder, welcher arbeiten kann und mag, auch Arbeit findet und wo jeder treue Arbeiter eines reichlichen, unverkürzten Lohnes gewiss ist. Wo jeder gilt, was er selbst wert ist und von einem erheblichen Unterschiede der Menschen keine Rede ist; wo endlich jeder die Wahrheit frei reden und schreiben darf ohne sich (...) vor Menschen zu fürchten.

Q3 *John Q. Adams (Präsident der USA 1825–1829) in einem Brief vom 4. Juni 1819 über die Einwanderer:*

In einer Frage müssen sich die Einwanderer entscheiden, wenn sie nicht enttäuscht sein wollen in all ihren Erwartungen vom Glücklichsein als Amerikaner. Sie müssen eher nach vorn auf ihre Nachkommenschaft sehen, anstatt rückwärts auf ihre Vorfahren. Wie auch immer ihre eigenen Empfindungen sein werden, sie müssen damit rechnen, dass [ihre] Kinder sich mit der Weltanschauung dieses Landes verbinden und teilhaben werden an dem stolzen Selbstbewusstsein, das zum allgemeinen Charakter des amerikanischen Volkes gehört und das vielleicht besonders bei denen anzutreffen ist, deren Vorfahren aus Deutschland stammen, die aber selbst in Amerika geboren sind. Unser Bewusstsein der Überlegenheit über andere Nationen erwächst aus dem Bewusstsein jedes Einzelnen, dass ihm in diesem Land niemand übergeordnet ist.

Q4 *Bis zum Bau großer Personendampfer im späten 19. Jahrhundert war die Überfahrt nach Amerika eine Strapaze und oft gefährlich,* Rekonstruktionszeichnung.

Q5 *„Man muss sich schon fürchten, in all den Ausländern unterzugehen",* Cartoon (Karikatur) aus einer amerikanischen Zeitschrift 1888. Nachdem sich Mittel- und Westeuropäer der amerikanischen Gesellschaft angepasst hatten, rief die um 1880 beginnende starke Einwanderung aus Asien und Russland heftige Ausländerfeindlichkeit hervor.

1. *Stelle die Schub- und Zugkräfte fest (s. S. 258), die die Niemeyers zur Auswanderung veranlassten (VT, D1, Q1–Q3).*
2. *Beschreibe, was ein Auswanderer alles auf sich nehmen musste (VT, Q4).*
3. *Deute den Cartoon und seinen Titel (Q5). Lies dazu auch Q3.*
4. *Nimm Stellung zu den Forderungen, die Adams an die Einwanderer stellte (Q3).*
5. *Im 19. Jahrhundert waren „Deutschenwitze" bei den Amerikanern britischer Herkunft sehr verbreitet. Warum wohl?*

6 Als das Ruhrgebiet Polen brauchte

„Goldener Westen"?

„Kasperski, Rabczinsky, Urbaniak" – Namen wie diese finden sich häufig in Ruhrgebietsstädten. Viele ihrer Träger sind Nachkommen jener Polen, die etwa seit 1875 ins Ruhrgebiet einwanderten. Damals kam die Industrialisierung in Schwung; immer mehr Kohle wurde gebraucht und im Ruhrgebiet entstanden viele neue Zechen. Hier fanden zahlreiche einheimische Arbeiter ihr Auskommen, doch es wurden noch viel mehr Arbeiter benötigt, um die Nachfrage nach Kohle zu decken. Werber machten Reklame für die Arbeit im Ruhrgebiet.

Den größten Erfolg hatten sie unter der polnischen Bevölkerung in den Ostprovinzen des Deutschen Reiches, in Ostpreußen, Westpreußen, Posen und Oberschlesien. Hier lebten viele Menschen als Tagelöhner in der Landwirtschaft mit ihren Familien am Existenzminimum. Unter ihnen sprach es sich schnell herum, dass es im Westen Arbeit und ein sicheres Einkommen gäbe. Das brachte die Einwanderung ins Ruhrgebiet in Gang. 1912 waren dort 37 % aller Bergleute polnischer Herkunft. Auf 19 Großzechen im Raum Recklinghausen, Bochum, Gelsenkirchen, Wattenscheid – den so genannten „Polenzechen", stellten sie mehr als 50 % der Belegschaft.

Polen und Deutsche

Zuerst waren nur Männer gekommen, doch bald nahm die Zahl der polnischen Familien zu und auch die Zahl der im Ruhrgebiet geborenen Kinder. Vor allem in den Werkssiedlungen – den „Kolonien", wo Polen bevorzugt wohnten – wurden ganze Straßenzüge polnisch, mit polnischen Geschäften und Läden. Abgesonderte Siedlungen und fremde Sitten ließen Vorurteile der Einheimischen gegen die Neuankömmlinge entstehen. Häufig wurden sie abfällig als „Pollacken" bezeichnet und in so genannten „Polenwitzen" verspottet. Nicht selten verbarg sich dahinter Angst vor der Konkurrenz der Zugezogenen, denn die Zechenleitungen bescheinigte vielen Polen fleißige und lenksame Kumpel zu sein.

Ziel der deutschen Behörden war es, die Polen möglichst schnell zu „germanisieren". Sie betrachteten die polnischen Vereine und die 1902 gegründete polnische Gewerkschaft mit Misstrauen und ließen sie ab 1909 durch die so genannte „Polenüberwachungsstelle" in Bochum kontrollieren. Dennoch wurde das Ruhrgebiet für nicht wenige polnische Familien zur neuen Heimat und sie blieben auch hier, als sie nach der Gründung eines neuen polnischen Staates 1918 hätten fortziehen können.

Germanisierung
Maßnahmen der deutschen Regierung, um die Polen an deutsche Verhältnisse anzupassen. Sie richteten sich vor allem gegen den Gebrauch der polnischen Sprache im Betrieb, in der Schule und im Vereinsleben.

D 1 *Polnische Bevölkerung im Ruhrgebiet,* amtliche Zählung nach Regierungsbezirken. Fast alle Polen kamen aus den Teilen Polens, die damals zum Deutschen Reich gehörten. Sie galten daher als deutsche Reichsangehörige. 1918 bekamen die Polen einen eigenen Staat, was viele zur Rückkehr veranlasste.

a) polnisch Sprechende					
Reg.-Bez.	*1890*	*1900*	*1905*	*1910*	*1925*
Münster	5415	26521	38657	62624	4508
Arnsberg	18478	64283	86369	119130	6184
Düsseldorf	4528	23220	43435	67211	4179
b) deutsch und polnisch Sprechende					
Reg.-Bez.	*1890*	*1900*	*1905*	*1910*	*1925*
Münster	588	1679	2552	5408	16016
Arnsberg	2005	7209	6805	12924	24271
Düsseldorf	615	3886	4229	7081	14021
Summe	**31629**	**126797**	**182047**	**274378**	**69179**

Q1 *Polnische Vereine im Ruhrgebiet.* Sie spielten für die Pflege der polnischen Kultur eine wichtige Rolle. 1912 gab es 875 polnische Vereine mit 81 532 Mitgliedern, u. a. 244 kirchliche Arbeitervereine, 117 Turnvereine (Sokoł), 95 Gesangsvereine und 68 Rosenkranzbruderschaften (links: Fahne der „Bruderschaft des lebenden Rosenkranzes der Jugend" aus Duisburg-Marxloh von 1908). Die Turnvereine (rechts) wurden von den deutschen Behörden verdächtigt, heimliche Schulungszentren des Kampfes für ein freies Polen zu sein.

Q2 *Hans Marchwitza, ein oberschlesischer Dichter, beschreibt seine Übersiedlung ins Ruhrgebiet:*

In der Stadt Beuthen stellte sich alle paar Wochen ein Anwerber von der Ruhr ein, der nicht viel zu locken brauchte. Hunderte Unzufriedene wie wir umlagerten das schmutzige Hotel, wo er zu wohnen pflegte und die Formalitäten mit denen erledigte, die im Ruhrgebiet Arbeit und vielleicht sogar eine neue Heimat zu finden hofften. (...) Der Zug rollte. Unser armes Land flog vorbei. Staubige, Feuer speiende schweißtriefende Städte, traurige Straßen, abgefetzte barfüßige Kinderscharen, bleiche Frauen, ausgemergelte uns nachstarrende Männer. Die alte Heimat entblößte noch einmal ihr ganzes trostloses Gramgesicht. (...) Der Zug rollte durch das flammende Westfalen – Dortmund, Bochum, Essen – die Kanonenstadt Krupps (...), das Ruhrgebiet, das „Kap der guten Hoffnung", der Goldwesten des Reiches.

Q3 *Zur Germanisierung der Polen schrieb der westfälische Oberpräsident Studt 1896:*

Scharfe Überwachung [politischer Öffentlichkeitsarbeit] und Vereinstätigkeit, Fernhaltung nationalpolnischer Geistlicher, Beschränkung des Gebrauchs der polnischen Sprache in öffentlichen Versammlungen, ausschließlich deutsche [und deutschsprachige] Schulbildung, das werden die Mittel sein, mit denen das Polentum im Westen der Monarchie [Ruhrgebiet] dem Einfluss der deutschfeindlichen [politischen Öffentlichkeitsarbeit] entzogen und der Germanisierung zugeführt wird.

Q4 *Der „Polenbund" (1894 in Bochum gegründet) an die Polen im Ruhrgebiet:*

a) Die deutschen Vereine müssen wir ohne Rücksicht darauf, wie sie sich nennen, meiden. (...) Die Polen dürfen überhaupt in keine fremden Vereine eintreten, denn dort überall werden die Polen von der Germanisierung angesteckt. (Gründungsaufruf 1894)

b) Der Polenbund bezweckt die Erhaltung des Polentums durch:

1. erfolgreichen Schutz der moralischen und der materiellen Interessen der in Deutschland arbeitenden Polen (...)

3. Ausbildung der politischen Fähigkeiten und Tugenden der polnischen Auswanderer auf nationalpolnischer und christlicher Grundlage. (Satzungen 1908)

1. *Stelle fest, welche Schub- und Zugkräfte für die polnische Einwanderung ins Ruhrgebiet maßgebend waren (VT, Q2).*
2. *Zeige auf, wie sich die Zuwanderung zeitlich entwickelte und welche Gegenden besonders davon betroffen waren (D1, VT).*
3. *Untersuche, wie sich Vorurteile zwischen Polen und Deutschen bildeten und worin sie sich ausdrückten (VT).*
4. *Stelle die Absichten und Maßnahmen der deutschen Germanisierungspolitik (VT, Q3) den polnischen Aktivitäten (Q1, Q4) gegenüber. Diskutiere die unterschiedlichen Standpunkte im Pro- und Contra-Verfahren. Gibt es vergleichbare Erscheinungen in der Gegenwart?*

7 „Kommt und arbeitet bei uns"

D 1 *Ausländische Wohnbevölkerung in der Bundesrepublik.* Ihr Anteil an der Gesamtbevölkerung beträgt seit 1996 konstant 8,9%. Die größten Volksgruppen stellten 2003 (in Millionen): Türken (1,9), Italiener (0,6), Bewohner des früheren Jugoslawien (0,57), Griechenland (0,35), Polen (0,33).

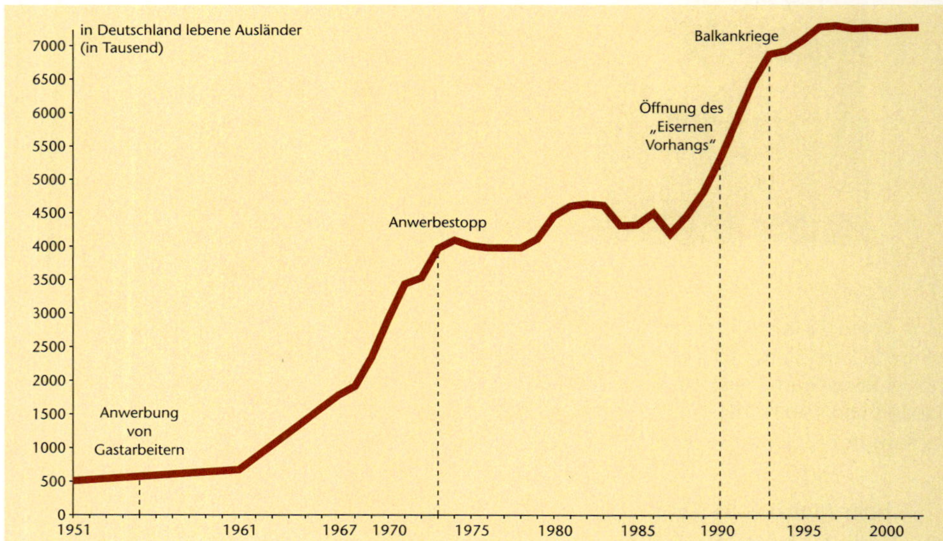

Arbeitskräfte dringend gesucht

1955 ging es mit Wirtschaft und Wohlstand steil aufwärts in der Bundesrepublik. Aber schon sah man beides in Gefahr. Um mehr herstellen zu können, brauchte man mehr Arbeitskräfte, und deutsche Arbeitskräfte wurden knapp. Daher schloss die Bundesregierung zwischen 1955 und 1968 mit Italien, Spanien, Griechenland, der Türkei, Marokko, Portugal, Tunesien und Jugoslawien Verträge ab. Sie ermöglichten es, dort Arbeiterinnen und Arbeiter für die Bundesrepublik anzuwerben. Millionen so genannter Gastarbeiter kamen in die Bundesrepublik. Lange Zeit profitierten alle davon: Die Unternehmen machten Gewinne, den Deutschen kam die günstige Wirtschaftsentwicklung zugute, die Gastarbeiter selber konnten Geld an ihre Familien überweisen.

Aus Gastarbeitern werden Einwanderer

1973 begann in fast allen Industrieländern eine Wirtschaftskrise. Arbeitsplätze wurden abgebaut. Daher verhängte die Bundesregierung einen Anwerbestopp für Gastarbeiter. Er gilt bis heute. Zahlenmäßig begrenzte Ausnahmen sind nur für Berufe zulässig, für die es in Deutschland trotz hoher Arbeitslosigkeit zu wenig Bewerber gibt, z. B. in der Alten- und Krankenpflege oder Informationstechnologie.

Obwohl die Bundesregierung die Rückkehr in die Herkunftsländer finanziell förderte, blieb ein Großteil der Gastarbeiter hier. Gesetzliche Regelungen ermöglichten es ihnen, dauerhaftes Aufenthaltsrecht und teilweise auch die deutsche Staatsangehörigkeit zu erwerben sowie ihre Familien nach Deutschland zu holen. Damit aber veränderte sich ihre Lebensplanung. Sie betrachteten Deutschland als neue Heimat; die Verbindungen zur einstigen Heimat wurden schwächer. Und für ihre in Deutschland geborenen Kinder galt dies erst recht.

Deutsche Politiker taten sich lange Zeit schwer, einzusehen, dass aus Gastarbeitern Einwanderer geworden waren. Sie standen vor der Frage, wie diese Menschen aus anderen Kulturen in die deutsche Gesellschaft zu integrieren, d. h. einzufügen waren. Dafür mussten und müssen Lösungen gefunden werden.

A-Z

Gastarbeiter
Umgangssprachlicher Begriff aus den 1950er-Jahren. Offiziell hießen die im Ausland angeworbenen Arbeitskräfte „ausländische Arbeitnehmer". Seit dem Anwerbestopp sind die ausländischen Arbeitskräfte, die zeitlich begrenzt in der Bundesrepublik arbeiten können, nach Berufsgruppen in der Anwerbestopp-Ausnahmeverordnung (ASAV) erfasst.

Q 1 *Was heißt Integration?*

a) Aus einer Stellungnahme der CDU aus dem Jahr 2000:

Ohne [Pflichtbewusstsein] gegenüber den grundlegenden Wertvorstellungen des Aufnahmestaates kann unser Gemeinwesen weder seine Aufgaben erfüllen noch seine Bürger für das Gemeinwohl aller in die Pflicht nehmen. Integration erfordert deshalb, neben dem Erlernen der deutschen Sprache sich für unsere Staats- und Verfassungsordnung klar zu entscheiden und sich in unsere sozialen und kulturellen Lebensverhältnisse einzuordnen. Dies bedeutet, dass die Werteordnung unserer christlich-abendländischen Kultur, die vom Christentum, Judentum, antiker Philosophie, Humanismus, römischem Recht und Aufklärung geprägt wurden, in Deutschland akzeptiert wird. Das heißt nicht Aufgabe der eigenen kulturellen und religiösen Prägung, aber Bejahung und Einordnung in den bei uns für das Zusammenleben geltenden Werte- und Ordnungsrahmen. (...) In diesem Sinne ist es zu verstehen, wenn die Beachtung dieser Werte als Leitkultur in Deutschland bezeichnet wird.

b) Aus einer Stellungnahme der damaligen Bundesregierung (SPD/Grüne) 2002:

Die Kommission „Zuwanderung" des Bundesministeriums des Inneren (...) hat den engen Zusammenhang zwischen Migration und Integration betont. Zuwanderung braucht ein Gesamtkonzept: Es geht nicht nur um den Arbeitsmarkt, nicht nur um humanitäre Verpflichtungen. Indem wir die Tatsache anerkennen, dass Deutschland ein Einwanderungsland ist, müssen wir uns der Integration als gesamtgesellschaftlicher Herausforderung stellen.

Das bedeutet auch, dass Integration etwas anderes ist als Anpassung. Richtig ist, dass wir klar formulieren müssen, was wir unter Integration verstehen und welche Anforderungen an die Zuwandernden damit verbunden sind. Integration ist aber ein zweiseitiger Prozess: Er verlangt auch von uns, von der Zuwanderungsgesellschaft einiges: Toleranz, Akzeptanz, Respekt, ein aktives Zugehen auf die Migrantinnen und Migranten. In diesem Prozess werden sich beide Seiten verändern – eine Chance, die viele als Bedrohung empfinden.

D 2 *Ehegatten- und Familiennachzug nach Deutschland* (erteilte Visa = Einreisegenehmigungen 1996–2002). Bei den in der Tabelle als „deutsch" bezeichneten Personen handelt es sich z. T. um frühere Ausländer, die deutsche Staatsbürger geworden sind. – Vergleiche, wie sich der Umfang der verschiedenen Zuzugsarten entwickelt hat.

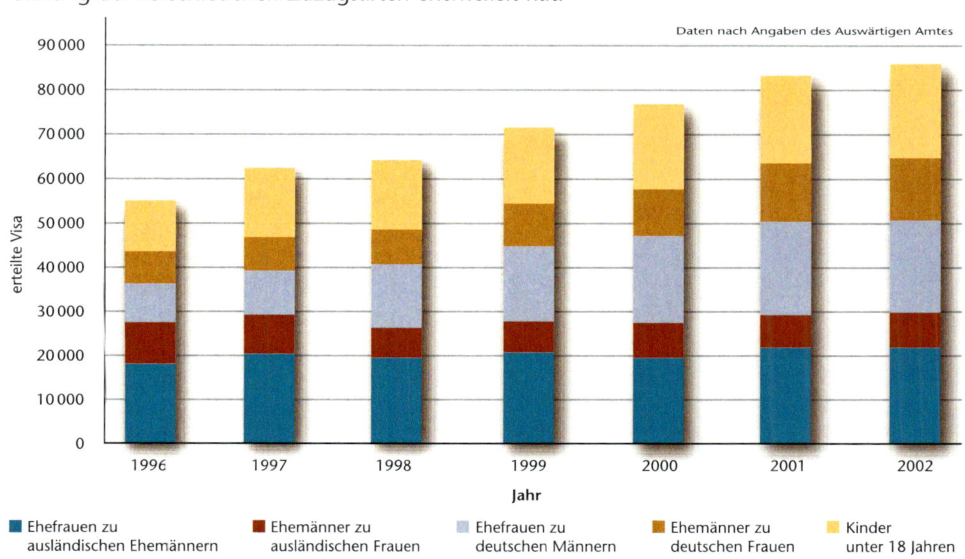

1 Zeige die Zug- und Schubkräfte für die Zuwanderung von Gastarbeitern in die Bundesrepublik auf (D1, D2, VT).

2 Stelle fest, wodurch die Zuwanderung von Gastarbeitern den Charakter von Einwanderung bekommen hat (D2, VT).

3 Erörtere den Satz des Schriftstellers Max Frisch: „Wir riefen Arbeitskräfte, doch es kamen Menschen."

4 Vergleiche die Stellungnahmen zur Integration (Q1a und Q1b). Welcher könntest du dich anschließen?

5 Das Zuwanderungsgesetz von 2004 sieht gegen Ausländer, die sich Integrationsmaßnahmen entziehen, die Einschränkung finanzieller Unterstützung und der Bleibedauer vor. Findest du das richtig?

8 „Andere Länder, andere Sitten“

Kultur
Sitten, Gewohnheiten, Regeln, die von einer Gemeinschaft als wertvoll und richtig angesehen und befolgt werden. Kulturgüter sind z. B. Sprache, Recht, Religion.

Verhaltensprobleme

Für die Gastarbeiter in der Bundesrepublik war es zunächst wichtig, arbeiten zu können und den Lebensunterhalt für ihre Familien zu verdienen. Aber es gab auch andere Seiten. Sie mussten mehr oder weniger alle die Erfahrung machen, wie schwer es ist, sich in einem fremden Land zurechtzufinden. Nicht nur die Sprache ist ein Hindernis. Wer in einer bestimmen Kultur aufgewachsen ist, hat gelernt manche Dinge für richtig und andere für falsch zu halten und sich in seinem Verhalten danach zu richten. Traditionen, Normen und Gewohnheiten verschaffen ihm Sicherheit in der Gemeinschaft der Menschen gleicher Kultur: Er weiß, „was sich gehört und zu wem er gehört“.

Zwischen zwei Kulturen

Kulturelle Gewohnheiten und Überzeugungen sind nicht leicht zu verändern. Das führte dazu, dass vor allem Gastarbeiterfamilien aus Ländern, die sich kulturell sehr stark von der Bundesrepublik unterschieden, etwa die aus den islamischen Ländern Türkei oder Marokko, größere Schwierigkeiten hatten, sich den neuen Lebensverhältnissen anzupassen. Vieles, was in Deutschland erlaubt, erwünscht oder gar gefordert war, war in ihrer Heimat verboten oder galt als unehrenhaft. Betroffen waren davon besonders Frauen und Mädchen. Die meist religiös begründeten Verhaltensweisen, die sie mitbrachten, vertrugen sich oft nicht mit den deutschen Ansichten über die Gleichberechtigung von Mann und Frau.
Die Frauen der ersten Ausländergeneration vermieden Konflikte, indem sie sich freiwillig von der deutschen Öffentlichkeit isolierten und in der Familie nach den erlernten kulturellen Gewohnheiten lebten. Für die in Deutschland geborenen und aufgewachsenen Mädchen war das nicht mehr möglich. Spätestens mit Beginn der Schulpflicht wurden sie durch die Schule und auch durch Freundschaften mit Deutschen mit deutschen kulturellen Gewohnheiten konfrontiert.

Q 1 *Unterschiedliche Kulturen – gemeinsame Schule.* An vielen Orten begegnen sich verschiedene Kulturen. Bei gemeinsamer Arbeit oder gemeinsamem Spiel können Menschen sich kennen lernen und zusammenfinden. Gerade die Schule kann ein wichtiger Ort dafür sein. – Überlege, ob es bei euch auch solche Möglichkeiten gibt und wie sie genutzt werden könnten.

Miteinander leben, aber wie?

Aber nicht nur Mädchen, alle jungen Ausländer befinden sich in einer ähnlichen Lage. Sie stehen zwischen der Kultur des Herkunftslandes der Familie und der Bundesrepublik. Häufig fühlen sie sich weder hier noch dort als ganz dazugehörig.
Oft sehen sie selbst in der Bundesrepublik ihre eigentliche Heimat, und das deutsche Recht gibt ihnen auch die Möglichkeit die Bundesrepublik zu ihrer Heimat zu machen. Das wirft eine Menge Fragen auf. Im Mittelpunkt steht dabei die Frage, wie deutsche und (ehemalige) Ausländer so miteinander leben können, dass beide voneinander lernen und sich gegenseitig akzeptieren. Das setzt auf beiden Seiten Toleranz voraus und dürfte schließlich auch für alle von Gewinn sein.

2 *Jugendliche der 2. und 3. Generation aus lange in Deutschland lebenden Gastarbeiterfamilien berichten (2000).*

a) Tino (19), italienischer Herkunft:

Da, wo wir wohnen, gab es schon immer die Ecke, in der mehr Ausländer gewohnt haben, und die andere Ecke, wo mehr Deutsche gewohnt haben. Diese Trennung ist heute noch da. (...) Wenn ich es mir recht überlege, verstehe ich mich mit Ausländern schon besser als mit Deutschen. Irgendwie sind die Deutschen doch ein bisschen verkrampfter als die Südländer. Die sind temperamentvoller, lockerer, einfach anders. (...) Wie gesagt, ich kann mich nicht zum deutschen Volk zählen, ich fühle mich auch nicht als Italiener. Gut, das Herz schlägt vielleicht ein bisschen stärker für Italien als für Deutschland. Aber ich kann nicht sagen, ich bin Italiener. Ich gehöre irgendwie auch zu Deutschland. Ich fühle mich dort zu Hause, wo ich mich wohl fühle. Wo ich Menschen um mich herum habe, die ich liebe, die mich lieben, sprich Familie. Das ist für mich zu Hause. (...) Ich empfinde mich als zwischen den Stühlen sitzend, und das ist oft unangenehm. Es ist doch viel bequemer, auf einem gemütlichen Sessel zu sitzen. Irgendwie findet meine Seele keine Ruhe. Deshalb hänge ich an dieser starken Utopie „vereintes Europa". Wir alle sind Europäer, und fertig.

b) Gönül (21), türkischer Herkunft, aus Minden (Westfalen):

So kam ich zu „Merhaba". Das ist ein Projekt [in Köln], wo Kurse [über Religion, türkische Literatur oder Migrantenliteratur, Karriere und Berufsmöglichkeiten] für türkische Oberschülerinnen und Studentinnen angeboten werden. (...) Ich habe dort gemerkt, dass ich mich von vielen Mädchen sehr unterscheide und dass man die türkischen Jugendlichen nicht alle unter eine Haube packen und sagen kann: Das ist die dritte Generation der Gastarbeiterkinder. Es gibt so viele Unterschiede, man kann nicht alle über einen Kamm scheren. (...) Außerdem wollte ich mich ein bisschen mit meiner türkischen Herkunft auseinander setzen, damit es nicht ganz verloren geht. Ich merke ja, wie viel bei mir schon verloren gegangen ist. (...) Es geht mir um diesen Background, dass ich nicht ganz entwurzelt bin. (...) Trotzdem finde ich es erstaunlich, dass ich in der Türkei das Gefühl habe, als ob ich immer schon da gewesen wäre. Ich fühle mich dort sehr wohl, habe da noch eine große Familie, die Mentalität gefällt mir, die Menschen sind herzlicher, freundlicher. Wir haben viele Gemeinsamkeiten, obwohl wir in zwei ganz verschiedenen Welten leben. (...) Trotzdem werde ich nicht in die Türkei zurückgehen, um dort zu leben und zu arbeiten. Da fühle ich mich hier wohler, schon weil ich hier mein ganzes Leben gelebt habe und weil es dort kaum Möglichkeiten außerhalb der Familie gibt. Man ist eingebunden und nimmt als Frau eine bestimmte Rolle ein. Man muss sich einschränken. Andere Länder, andere Sitten, wie man so schön sagt. (...) Die ganze Diskussion um Identität [und] Integration (...) berühren mich irgendwie nicht (...). In der dritten Generation, die Kinder, die hier aufgewachsen (...) sind, können gar nicht mehr wählen. Denn Zusammenleben ist ja bereits Integration (...). Mein Gedanke ist, dass sich die türkische Kultur so mit der deutschen vermischt, dass eine ganz neue Kultur entsteht, aus beiden Kulturen eine neue Mischkultur.

3 *„Die in der Fremde arbeiten"*, Zeichnung, 1983

1. *Liste auf, mit welchen kulturellen Problemen sich Kinder aus Gastarbeiterfamilien auseinander setzen müssen (VT, Q2a, Q2b, Q3 und Q4).*
2. *Erläutere, warum Mädchen und Frauen besonders betroffen sein können (VT, Q2b).*
3. *Deute die Abbildungen (Q3, Q4) mit Hilfe der Quellen (Q2a, Q2b).*
4. *Befrage Mitschüler(innen) ausländischer Herkunft, ob sie die Gefühle der Jugendlichen in Q2a und Q2b teilen können.*

4 *„Zwischen zwei Stühlen"*, Illustration

9 „Rettungsinsel Europa"?

Asyl
(von griech. = asylos, Zufluchtsort)
Im Altertum und Mittelalter stand der Begriff für „heilige Orte" wie Tempel und Kirchen, in denen man vor Verfolgung sicher war. In der Neuzeit ist es das Recht eines Staates, den politisch oder religiös Verfolgten Schutz zu gewähren.

Auf der Suche nach Asyl

Flucht und Vertreibung prägten das 20. Jahrhundert so sehr, dass es oft als „Jahrhundert der Flüchtlinge" bezeichnet wird. Europa erlebte die letzte Massenflucht Anfang der 1990er-Jahre durch den Krieg in Jugoslawien. Weltweit sind immer noch Millionen Menschen auf der Flucht. Sie fliehen vor (Bürger-)Kriegen, weil sie als Angehörige von bestimmten Volksgruppen oder Religionen verfolgt werden, wie z. B. Kurden in der Türkei, oder wegen ihrer politischen Gesinnung; sie fliehen vor den Auswirkungen von Naturkatastrophen oder einfach weil Armut und Not unerträglich werden.
Vielen Menschen davon erscheinen die Länder Mittel- und Westeuropas wie Inseln der Freiheit, des Friedens und des Wohlstands. Hier hoffen sie Asyl zu finden. Und ein dichtes, erdumspannendes Verkehrsnetz macht diese Inseln auch von nahezu überall her erreichbar. Dafür opfern viele ihr letztes Geld. Doch auch wenn sie Europa erreichen, ist die Chance, dort Asyl zu finden, für die meisten gering.

Asyl ja, aber lange nicht für jeden

Unser Grundgesetz garantiert politisch Verfolgten Asyl (Art. 16a). Die Verfassungen Frankreichs, Italiens, Spaniens und Portugals enthalten ähnliche Bestimmungen. Zudem haben sich alle Staaten der Europäischen Union (EU) verpflichtet, das „Genfer Flüchtlingsabkommen" (1951) einzuhalten. Dieses verbietet es, Flüchtlinge in ein Gebiet auszuweisen, wo ihr Leben oder ihre Freiheit bedroht sind. Wirtschaftliche Not aber begründet keinen Bleibeanspruch.
Seit den 1990er-Jahren verschärften die EU-Staaten die Einreise- und Bleibebestimmungen, um die Zahl der Asylbewerber gering zu halten. So dürfen Personen aus bestimmten Staaten nur mit einer Sondererlaubnis (Visum) in den EU-Raum einreisen. Die Ablehnung eines Asylbewerbers in einem EU-Staat gilt für alle EU-Staaten. Seit der Verabschiedung eines neuen Gesetzes im Jahre 2002 verliert zudem ein Bewerber in der Bundesrepublik seinen Anspruch, wenn er gegen die demokratische Ordnung verstößt.

D 1 *Asylantragsteller und ihre Herkunft* in der Bundesrepublik 1990–2002. Entschieden wurde 1990–2002 über rund 2,6 Millionen Anträge, dabei erhielten ca. 131 000 Personen Asyl, etwa 95 000 zeitlich begrenztes Bleiberecht.

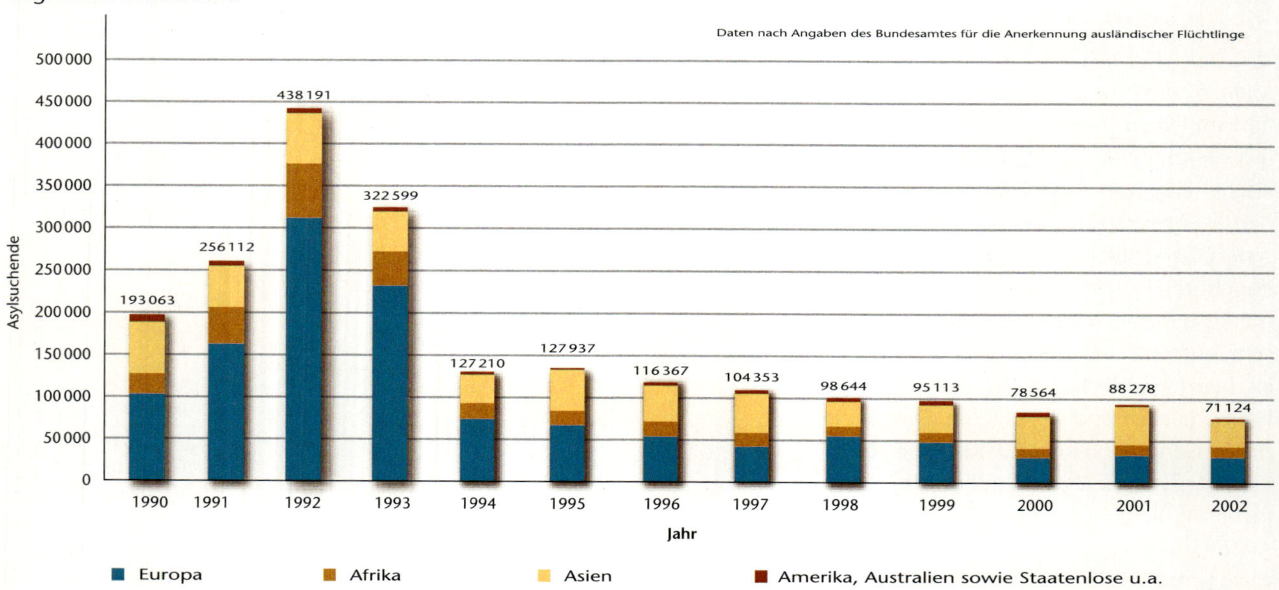

Q1 *Genfer Flüchtlingsabkommen von 1951, Artikel 1 und 33, geltendes Recht in den westeuropäischen Staaten:*

Im Sinne dieses Abkommens findet der Ausdruck „Flüchtling“ auf jede Person Anwendung (...), die sich aus der begründeten Furcht vor Verfolgung wegen ihrer Rasse, Religion, Nationalität, Zugehörikeit zu einer bestimmten sozialen Gruppe oder wegen ihrer politischen Überzeugung außerhalb des Landes befindet, dessen Staatsangehörigkeit sie besitzt, und [die] den Schutz dieses Landes (...) wegen dieser Befürchtungen nicht in Anspruch nehmen will. (...)

Keiner der vertragschließenden Staaten wird einen Flüchtling auf irgendeine Art und Weise über die Grenzen von Gebieten ausweisen oder zurückweisen, in denen sein Leben oder seine Freiheit wegen seiner Rasse, Religion, Staatszugehörigkeit, seiner Zugehörigkeit zu einer bestimmten sozialen Gruppe oder wegen seiner politischen Überzeugung bedroht sein würde.

Q2 *Grundgesetz, Artikel 16a (eingefügt 1993):*

(1) Politisch Verfolgte genießen Asylrecht.

(2) [Darauf] kann sich nicht berufen, wer aus einem Mitgliedsstaat der Europäischen Gemeinschaft oder aus einem anderen Drittstaat einreist, in dem die Anwendung des Abkommens über die Rechtsstellung der Flüchtlinge (...) sichergestellt ist. (...)

(3) Durch Gesetz (...) können Staaten bestimmt werden, bei denen auf Grund der Rechtslage (...) gewährleistet erscheint, dass dort weder politische Verfolgung noch unmenschliche (...) Behandlung stattfindet. Es wird vermutet, dass ein Ausländer aus einem solchen Staat nicht verfolgt wird, solange er nicht Tatsachen vorträgt, die die Annahme begründen, dass er entgegen dieser Vermutung politisch verfolgt wird.

Q3 *Karikatur,* Gerhard Mester, 1985

1. *Beschreibe die Entwicklung der Asylanträge in Deutschland 1990–2002 (D1).*
2. *Zeige die wichtigsten Schub- und Zugkräfte auf, die Asylbewerber nach Westeuropa führen (VT, Q1–Q3).*
3. *Unterscheide zwischen dem Recht auf Asyl und dem Anspruch auf Schutz als Flüchtling (VT, Q1, Q2).*
4. *Mit welchen Maßnahmen versuchen die Europäer, die Zahl der Asylbewerber und Flüchtlinge zu begrenzen (VT, Q2–Q4)? Findest du sie richtig?*

Q4 *Auffanglager für Flüchtlinge* am Rande eines Bürgerkriegsgebiets in Afrika unter den Fahnen der Vereinten Nationen und des Roten Kreuzes. Die europäischen Staaten unterstützen solche Hilfsmaßnahmen in den Krisengebieten, etwa mit der Entsendung von „Blauhelmen“ zum Schutz der Zivilbevölkerung oder durch Versorgung mit Lebensmitteln und Medikamenten. Damit lindern sie menschliche Not und verhindern zugleich, dass sich Fluchtbewegungen weiter ausbreiten.

10 Methode
Problemsituationen im Rollenspiel erkunden

Das Rollenspiel ist ein gutes Hilfsmittel, um sich in die Situation anderer Menschen hineinzuversetzen und deren Erleben nachzuempfinden. Besonders interessant ist das bei Personen in Problemsituationen, also in Momenten, in denen unter mehreren Handlungsmöglichkeiten, eine mit möglichst günstigen Folgen ausgewählt werden muss. Du hast das sicher selbst schon erlebt. Daher kannst du nachempfinden, wie solche Erlebnisse bei anderen ablaufen. Das Hineinfühlen in andere Menschen hilft dir dabei, die Entscheidung anderer zu verstehen – auch dann, wenn du dich anders entschieden hättest.

Um im Rollenspiel zu erkunden, was in Menschen vor sich gegangen sein könnte, die vor der Frage standen, ihre Heimat zu verlassen, musst du die Einflüsse kennen, die in solchen Situationen wirksam sind. Hierbei helfen dir die in unserer Themeneinheit immer wieder erwähnten Zug- und Schubkräfte. Natürlich erleben Menschen solche Problemsituationen unterschiedlich. Während der eine unbedingt die Heimat verlassen will, zweifelt ein anderer und muss noch überredet werden. Das lässt sich im Rollenspiel darstellen, indem ein Spieler seine Pro-Contra-Überlegungen im lauten Nachdenken vorträgt oder zwei Spieler ein Gespräch führen. Die Güte eines solchen Rollenspiels hängt nicht zuletzt davon ab, ob die in der Situation wirksamen Einflüsse erfasst und die getroffenen Entscheidungen einsichtig sind.

D **1** *Rollenkarten helfen dir,* dich in eine Situation hineinzuversetzen.
Auf ihnen findest du:
a) das Problem
b) die Rollenspieler
c) eine allgemeine Spielanleitung

Soll ich als Arbeiter ins Ruhrgebiet gehen?

Der Pole Kasperski

Er wägt im lauten Nachdenken Vor- und Nachteile ab, wenn er einen Arbeitsvertrag bei dem Anwerber unterschreibt.

(vgl. Kapitel 6)

Sollen wir in Deutschland bleiben?

Die türkischen Mädchen Ayla und Hülya (16)

Ayla ist dafür und sucht die zweifelnde Hülya zu überzeugen.

(vgl. Kapitel 8)

Sollten wir nicht in die USA auswandern?

Frau und Herr Niemeyer aus Minden

Herr Niemeyer will es und sucht die Bedenken seiner Frau zu zerstreuen.

(vgl. Kapitel 5)

Mit Hilfe der Angaben auf der Rollenkarte und der Informationen aus den entsprechenden Kapiteln kannst du wirklichkeitsnahe Spielszenen entwickeln.

D 2 *Rollenkarte und vorgetragener Dialog – Beispiel für Anfang und Ende eines Rollenspiels:*

T: Die Hunnen werden bald hier sein. Wir sollten uns auf den Weg machen.

V: Warum kämpfen wir nicht. Wir können sie doch zurückschlagen.

T: Das hat bis jetzt keiner geschafft. Und wenn wir verlieren, wird es uns böse ergehen.

V: Dann sollten wir uns unterwerfen. Sie sollen milde sein gegen Völker, die sich unterwerfen.

T: So spricht kein freier Gote. Eher will ich im Kampf sterben.

V: Aber stell dir die Strapazen einer Wanderung vor – die Alten, die Frauen, Kinder, das Vieh, all die Wagen ...

T: Ich weiß, wir werden kämpfen müssen, aber wir sind stark. Und andere Stämme werden sich uns anschließen.

V: Und wo sollen wir hin?

T: Das fragst du? Wir ziehen ins Römische Reich.

V: Das haben die anderen Goten vor uns auch versucht und sind an der Grenze schon geschlagen worden.

T: Das war früher. Die Grenztruppen sind nicht mehr so stark. Wir kommen durch. Und was uns dann erwartet, das weißt du ja wohl!

Fliehen oder Bleiben?

Teja und Vallia, zwei Gotenhäuptlinge

Teja sucht Vallia zur Flucht zu überreden.

(vgl. Kapitel 1)

V: Ja, ja, ich hoffe, es stimmt. Eine Welt, in der man besser leben kann als hier und wo es reiche Beute gibt.

T: Und noch mehr. Wir werden dort Land finden, wo wir frei und sorgenlos leben könnne. Das Römische Reich ist unermesslich groß.

V: Ja, du hast wohl Recht. Ich ziehe mit deinen Leuten mit.

Methodische Arbeitsschritte

1. Die Klasse wird in Gruppen zu je 5–6 Mitgliedern aufgeteilt. Jede Gruppe erhält eine Rollenkarte für ein Rollenspiel, das von einem Gruppenmitglied/mehreren Gruppenmitgliedern präsentiert werden soll. (Alternative: Jede Gruppe fertigt selbst eine Rollenkarte zu einem Problemfall der gerade behandelten Themeneinheit an.)
2. Die Gruppe informiert sich mit Hilfe des Buches noch einmal genau über die Probleme, mit denen es die Person/Personen in der darzustellenden Situation zu tun hatte(n).
3. Die Gruppen erarbeiten nach den Angaben der allgemeinen Spielanleitung auf der Rollenkarte eine Spielszene, indem sie Argumente und Gegenargumente sammeln, die vorgetragen werden sollen, diese in eine sinnvolle Reihenfolge bringen und den/die Rollenspieler bestimmen, der/die die Szene präsentieren soll(en).
4. Präsentation des Rollenspiels vor der Klasse.
5. Aussprache über die Präsentation anhand folgender Fragen: a) Wurde die Problemsituation realitätsnah erfasst? b) Hat/haben der/die Rollenspieler die Situation (aus Sicht der Zuschauer) überzeugend dargestellt? c) Wie hat/haben der/die Rollenspieler selbst seine/ihre Rolle(n) erlebt?

1 *Beschreibe kurz eine Problemsituation, die du selbst einmal erlebt hast. Welche Rolle hast du dabei gespielt?*

2 *Erfinde eine Spielszene zu der Situation.*

3 *Fertige nach dem Vorbild von D1 selber eine Rollenkarte zu einem Problemfall in der Themeneinheit „Wanderungen in der Geschichte“ an.*

4 *Wende die methodischen Arbeitsschritte auf einen der in D1 genannten Fälle an. Das Beispiel D2 hilft dir dabei.*

11 Projekt
Jedes Jahr auf Völkerwanderung

Auch eine Völkerwanderung

Wahrscheinlich hast du auch schon einmal an einer „Völkerwanderung" teilgenommen. An der größten, die es in unserer Zeit gibt: am Massentourismus. Jedes Jahr verlassen Millionen von Menschen ihren Wohnsitz, um an fernen Orten ihren Urlaub zu verbringen. Ihren Höhepunkt erreicht die Wanderwelle in den Sommermonaten; dann können Straßen, Bahnen und Fluglinien die Menschenmassen kaum mehr bewältigen.

Der Massentourismus, wie wir ihn heute kennen, begann erst vor ca. 30 Jahren, vor allem in den westlichen Industriestaaten Europas und Nordamerikas (in Asien nur in Japan). Nur hier hatten immer mehr Menschen so viel Freizeit und Geld, dass sie einige Wochen des Jahres anderswo verbringen konnten. Inzwischen haben die Reiselust der Menschen und die Tourismus-„Industrie" gigantische Ausmaße angenommen.

Natürlich profitieren vom Tourismus nicht zuletzt auch die Menschen in den Zielgebieten der Reisenden. Aber der Tourismus bringt hier auch Probleme mit sich, z. B. durch Eingriffe in die Landschaft (Feriendörfer) oder durch die Gegensätze zwischen einheimischer und „Tourismus"-Kultur.

Vielleicht erscheint es dir auf den ersten Blick befremdlich, den modernen Massentourismus als „Völkerwanderung" zu bezeichnen. Denn es wandern ja keine Völker, sondern es reisen nur Einzelne oder kleine Gruppen; und sie reisen ja auch nur für ein paar Tage oder Wochen von ihrem Wohnsitz fort. Aber es gibt auch Erscheinungen, die sich mit den Wanderbewegungen, von denen du auf den vorangegangenen Seiten erfahren hast, vergleichen lassen. Es lohnt sich zu untersuchen, was die Touristenmassen von zu Hause fortzieht und an andere Orte der Erde führt – und welche Folgen die Begegnung mit fremden Ländern und Menschen hat: für die Touristen, für die Einheimischen und für die Natur.

Q 1 *An landschaftlich reizvollen Zielorten sind riesige Ferienanlagen für die Touristenströme entstanden.* Dieses Foto zeigt ein Hotel am Strand von Cancun in Mexiko. – Zerstören wir, was wir lieben?

Q 2 *Ein Gefühl, fast wie ein Großwildjäger.*
Fremde Lebenswelt als Touristenattraktion.

Q 3 *Tradition wird Attraktion.*
Tourismus ist für viele Länder der Dritten Welt zur Haupteinnahmequelle geworden.

Q 4 *Auch eine Kulturbegegnung?*
An europäischen Stränden alltäglich, aber in einem islamischen Land wie hier in Tunesien eher ein Ärgernis.

Erkundung des Massentourismus

Die Hintergünde und Auswirkungen des Massentourismus kannst du beinahe an jedem Ort erkunden. Da Massentourismus hier ja als eine Art „Völkerwanderung" betrachtet werden soll, solltest du dabei ganz bestimmte Fragen stellen, z. B.:

1 Wie und warum entscheiden sich Touristen für ein ganz bestimmtes Ziel?
2 Welche Transportmöglichkeiten nutzen sie?
3 Mit wem (Bekannten, Menschen gleicher oder anderer Nationalität, Einheimischen) und wo (im abgeschlossenen Klub oder Dorf, auf selbstständigen Erkundungsgängen) verbringen sie ihren Urlaub am Zielort?
4 Passen sich die Touristen den Lebensformen der Einheimischen an oder erwarten sie, dass sich die Einheimischen ihnen anpassen?

Ansprechpartner für diese Fragen können Mitschüler, Passanten auf der Straße, Nachbarn, Reisebüros, Fluggesellschaften oder Botschaften bekannter Urlaubsländer sein. So kannst du eine Menge Informationen und Materialien zusammentragen: Ergebnisse von Umfragen, Interviews, Reiseprospekte, Ferienpostkarten, Zeitungsartikel, Werbematerial, Erlebnisberichte …
Das Ganze könnte dann in Form einer Ausstellung, eines Zeitungsberichts usw. veröffentlicht werden.

Q 5 *Urlaub in der Ferne* – Zeit „Land und Leute" kennen zu lernen?

12 Abschluss
Wanderungen – in Begriffe gefasst

Auf dieser Seite kannst du dein Wissen über Wanderungsbewegungen unter Beweis stellen. Vier Wanderungen sind jeweils durch drei Texte näher beschrieben, die sich auf die rot markierten Oberbegriffe beziehen. Allerdings sind die Texte arg durcheinander geraten. Ordne die Texte mit dem Lösungsbuchstaben in der richtigen Reihenfolge von 1 bis 12 auf einem Extra-Blatt. Das Lösungswort ist ein dir aus diesem Kapitel bekannter Begriff.

Oberbegriffe der Ereignisse	Schub- und Zugkräfte bei der Entstehung der Wanderung	Maßnahmen der Sesshaften zur Kontrolle der Wanderbewegung	politische, kulturelle, soziale Folgen der Wanderung
Große germanische Völkerwanderung	1 Wirtschaftliche Not zu Hause; sichere Aussicht auf Arbeit und guten Verdienst in einem Betrieb im Zielland ( ) G	2 Der Kalif gewinnt die Eindringlinge für den Glaubenskrieg und leitet die Wanderung ins Byzantinische Reich ab ( ) L	3 Entstehung zahlreicher Orte mit deutschen Namen und deutschstämmiger Bevölkerung ( ) N
Wanderung des Turkvolkes der Oghusen	4 Not und Bedrückung zu Hause; Hoffnung auf Arbeit, Auskommen und Leben in Freiheit im Zielland ( ) D	5 Nach Abschluss entsprechender Staats- und Arbeitsverträge Einreise- und Aufenthaltserlaubnis im Zielland ( ) A	6 Flucht vor den Hunnen; Abenteuerlust; Suche nach Sicherheit, angenehmem Leben und Beute im Römischen Reich ( ) C
Die Zuwanderung von Gastarbeitern und ihren Nachkommen	7 Vergeblicher Versuch der Kaiser, die Stammesführer gegeneinander auszuspielen und so das Geschehen zu steuern ( ) A	8 Genaue Registrierung von Herkunft und Ziel der Ankömmlinge vor Erteilung der Einreiseerlaubnis ( ) E	9 Untergang des Oströmischen Reiches; Entstehung eines islamischen Großreiches in Anatolien und auf dem Balkan ( ) E
Deutsche Auswanderung in die USA	10 Unsicherheit der nomadischen Lebensweise; Bewunderung der arabischen Kultur; Machtgier der Stammesfürsten ( ) T	11 Die große Zahl bleibewilliger Ausländer führt zu Diskussionen über ihre kulturelle Integration ( ) R	12 Untergang des Weströmischen Reiches; an seiner Stelle Reiche der Goten, Franken, Sueben, Wandalen ( ) S

1	2	3	4	5	6	7	8	9	10	11	12

Senkrecht:
1 Deutsches Zielgebiet osteuropäischer Zuwanderer um 1900 (S. 268). **2** Frankenkönig der Völkerwanderungszeit (S. 260). **3** Asiatisches Reitervolk (S. 258). **4** die „Kanonenstadt" Krupps (S. 269). **5** Herkunftsland von Gastarbeitern der Bundesrepublik (S. 270). **6** Volkszugehörigkeit der osteuropäischen Zuwanderer um 1900 (S. 268). **7** Von Germanen schwer heimgesuchte römische Provinz (S. 259). **8** Germanische Eroberer Nordafrikas (S. 258). **9** Ursprüngliche Lebensform der Turkvölker (S. 262). **10** Für viele Asylanten eine Rettungsinsel (S. 274). **11** 1055 einem Türkenfürsten verliehener islamischer Herrschertitel (S. 262). **12** Früher abfällige Bezeichnung polnischer Zuwanderer (S. 268). **13** Amerikanischer Verfechter rascher „Amerikanisierung von Einwanderern" (S. 267).

Waagerecht:
1 Wichtige Zugkraft (S. 258). **2** Turkvolk, das Anatolien eroberte (S. 264). **3** Germanische Reichsgründer in Nordwestspanien (S. 258). **4** Angehöriger der östlichen Germanenstämme (S. 258). **5** Sondererlaubnis zur Einreise in die EU (S. 274). **6** Anforderung an ausländische Einwanderer (S. 271). **7** Türkischer Eroberer von Bagdad (S. 262). **8** Zufluchtsort (S. 274). **9** Letzte Hauptstadt des Weströmischen Reiches (S. 258). **10** Namengebender Gründer einer türkischen Herrscherfamilie (S. 262).

Kopiere die Seite und löse das Rätsel, indem du die richtigen Begriffe einsetzt. In Klammern steht die Seite, wo du nachschlagen kannst.
Wenn du die weiß nummerierten Buchstaben in der angegebenen Reihenfolge in die Kästchen einsetzt, erhältst du ein dir bekanntes Lösungswort.

Methodenglossar

Einen Stammbaum erstellen (Band 1, S. 12)

1. Zeichne auf einem DIN-A3-Blatt deinen Familienstammbaum. (Ganz vorne im Buch findest du auch eine Vorlage zum Kopieren.) Das oberste Feld ist für dich selbst, die zwei Felder darunter sind für deine Eltern gedacht.
2. Sammle folgende Angaben von jedem Familienmitglied: den Vor- und Nachnamen, das Geburts- (*) und gegebenenfalls das Todesdatum (†), den Geburtsort, die Kinderzahl und den Beruf. Die Daten kannst du erfragen oder im Familienbuch nachschlagen.
3. Trage die Angaben in die einzelnen Felder ein. Der Stammbaum wird für den Betrachter noch interessanter, wenn du Fotos deiner Verwandten oder andere Erinnerungsstücke neben das entsprechende Feld klebst.

Vom Fund zur Rekonstruktion (Band 1, S. 38)

1. Beschreibe den ursprünglichen Fund: Wie viel war von dem Gegenstand oder Gebäude erhalten und in welchem Zustand war der Fund?
2. Vergleiche die Rekonstruktion mit dem Fund. Was wurde originalgetreu wiedergegeben? An welchen Stellen hat der Archäologe etwas hinzugefügt?
3. Betrachte die Rekonstruktion kritisch: Was konnte der Archäologe wissen, wo musste er dagegen Vermutungen anstellen? Hat er vielleicht auch an manchen Stellen seine Fantasie spielen lassen?

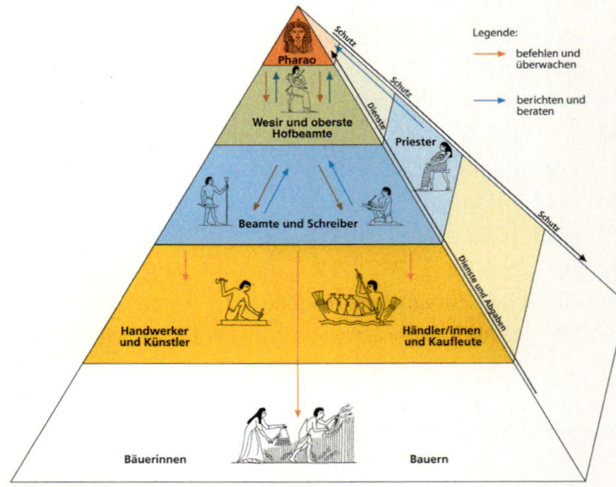

Ein Schaubild verstehen (Band 1, S. 58)

1. Stelle fest, welches Thema das Schaubild behandelt. Die Legende verrät es dir.
2. Untersuche, warum einzelne Teile des Schaubildes in verschiedenen Farben dargestellt sind.
3. An welchen Stellen werden Pfeile und Linien verwendet? Was sagen sie über die Beziehungen zwischen den Personen aus?
4. Warum eignet sich die gewählte Form des Schaubildes besonders gut, um das Thema darzustellen? Kannst du dir noch eine andere Form vorstellen?

Schriftliche Quellen auswerten (Band 1, S. 84)

Fragen zum Text:

1. Worum geht es in dem Text? Welche Orte, Personen oder Gruppen werden genannt?
2. Gibt es Wörter oder Sätze, die du nicht verstehst? Schlage in einem Wörterbuch nach oder frage deine Lehrerin bzw. deinen Lehrer.
3. Unterteile den Text in einzelne Abschnitte und verfasse für jeden Abschnitt eine kurze Überschrift.

Fragen zum Verfasser:

4. Wer hat den Text verfasst?
5. Kannst du erkennen, an wen sich der Verfasser mit seinem Text wendet?
6. Schreibt der Verfasser über Dinge, die er selbst erlebt hat, oder woher hat er seine Kenntnisse?
7. Mit welcher Absicht mag der Verfasser den Text geschrieben haben?

Geschichtskarten lesen und auswerten (Band 1, S. 102)

1. Über welches Thema gibt die Karte Auskunft? Beachte dafür die Überschrift und die Legende.
2. Welcher Raum wird gezeigt? Welche Orte werden hervorgehoben? Vergleiche mit dem Geografie-Atlas, um welches heutige Gebiet es sich handelt.
3. Über welche geschichtliche Zeit informiert die Karte? Bezieht sie sich auf ein bestimmtes Jahr, auf einen kurzen oder langen Zeitabschnitt? Werden unterschiedliche Zeitstufen dargestellt?
4. Beachte die Legende. Was bedeuten die Zeichen, Farben, Linien und Pfeile in der Karte?

Gruppenarbeit (Band 1, S. 142)

Vorbereitung in der Klasse

1. Legt genau fest, was ihr gemeinsam erarbeiten und mit welchen Schritten ihr zum Ziel kommen wollt.
2. Besprecht, wie die Ergebnisse in der Klasse präsentiert werden sollen.
3. Klärt, wie viel Zeit ihr für die Gruppenarbeit habt.
4. Teilt euch in Gruppen auf. Achtet darauf, dass nicht immer dieselben Schüler eine Gruppe bilden. Ihr könntet z. B. Zufallsgruppen auslosen.
5. Schiebt die Tische in eurem Klassenraum zu Gruppentischen zusammen, sodass alle Gruppen ungestört arbeiten können.

Durchführung in der Gruppe

6. Entscheidet zunächst, wer später als Gruppensprecher der Klasse eure Ergebnisse vorstellen soll.
7. Teilt die Arbeit dann untereinander auf. Ein schriftlicher Arbeitsplan kann hierbei hilfreich sein. Wichtig ist, dass niemand ausgeschlossen wird und jedes Gruppenmitglied eine Aufgabe übernimmt.

Präsentation der Ergebnisse

8. Die Gruppensprecher stellen die Ergebnisse vor. Wenn beim Vortrag etwas fehlt, können die anderen Gruppenmitglieder ergänzen.
9. Vergleicht die Ergebnisse der einzelnen Gruppen miteinander und fasst sie zusammen.
10. Sprecht zum Schluss darüber, wie euch die Gruppenarbeit gefallen hat: Was hat gut geklappt, was muss geändert werden? Waren alle gleichberechtigt? Müssen noch weitere Regeln vereinbart werden?

Bilder als Geschichtsquelle (Band 1, S. 160)

1. Betrachte das Bild in Ruhe und mache dir erste Gedanken:
   - Was zeigt das Bild?
   - Was fällt dir auf?
   - Welche Teile des Bildes sind besonders interessant?
   - Was verstehst du nicht?
2. Beschreibe das Bild genau:
   - Um welche Art von Bild handelt es sich?
   - Was ist dargestellt? Welche Situation bzw. Situationen sind auf dem Bild festgehalten?
   - Welche Farben und Formen tauchen in dem Bild besonders oft auf?
3. Versuche das Bild zu deuten. Vielleicht benötigst du hierfür zusätzliche Informationen.
   - Wer hat das Bild gemalt?
   - Was möchte der Künstler dem Betrachter mit diesem Bild mitteilen?
   - Warum hat der Maler gerade diese Personen und Ereignisse für sein Bild ausgewählt?
   - Ist die Darstellung naturgetreu?
   - Hat der Künstler in der Zeit gelebt, die er auf dem Bild dargestellt hat?

Schriftliche Quellen vergleichen (Band 1, S. 178)

1. Stelle möglichst genau fest, was in den Quellen steht und wer sie geschrieben hat. (Du kannst das Verfahren von Seite 84 dafür anwenden.)
2. Stelle fest, womit sich die Texte/Autoren gemeinsam befassen bzw. was beide erklären wollen.
3. Liste stichwortartig auf, worin sie übereinstimmen.
4. Liste nun für jeden Text/Autor getrennt auf, was er a) zusätzlich und b) ganz anders als der andere berichtet. So erkennst du, wo sich die Berichte ergänzen und wo sie sich widersprechen.
5. Überlege bei den Widersprüchen, welcher Text/Autor dir glaubwürdiger erscheint.
6. Fasse die Ergebnisse deines Vergleichs in einem Bericht darüber zusammen, was sich damals wahrscheinlich zugetragen hat.

Stadtpläne erzählen aus der Geschichte (Band 2, S. 35)

1. Wo liegt der älteste Siedlungskern?
2. Wie entwickelte sich die Stadt in den folgenden Jahrhunderten?
3. Welche besonderen Gebäude und Sehenswürdigkeiten erkennst du?
4. Wann wurden diese Gebäude gebaut und welche Funktion hatten sie?
5. Was sagen die Namen von Straßen, Plätzen und Vierteln über ihre (frühere) Bedeutung aus?
6. Wie verlief wohl das wirtschaftliche, kirchliche und gesellschaftliche Leben in der Stadt?

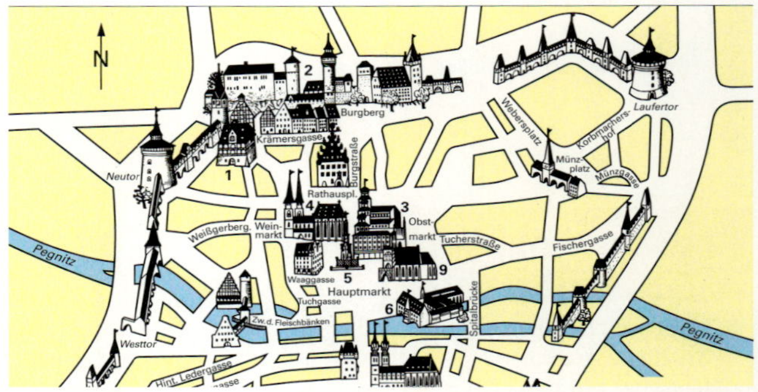

Historische Karten untersuchen (Band 2, S. 67)

1. Aus welcher Zeit stammt die Karte?
2. Welche Kontinente und Länder sind dargestellt?
3. Gibt es Einzelheiten, die besonders hervorgehoben sind?
4. Über welche Kenntnisse verfügte der Zeichner, was war ihm dagegen noch nicht bekannt?
5. Zu welchem Zweck wurde die Karte angefertigt?
6. Welche geografischen, politischen oder religiösen Vorstellungen der damaligen Zeit lassen sich aus der Karte ablesen?

Eine Pro-Contra-Diskussion führen (Band 2, S. 78)

1. Wählt einen Diskussionsleiter/eine Diskussionsleiterin.
2. Bildet zwei Gruppen, die jeweils entgegengesetzte Meinungen vertreten.
3. Gebt den Gruppen Zeit um ihre Argumente zu sammeln.
4. Stimmt darüber ab, wer für die eine Meinung ist und wer für die andere. Haltet das Ergebnis fest.
5. Hört euch die Argumente der beiden Gruppen an und stellt ihnen anschließend Fragen.
6. Stimmt noch einmal zu den gegensätzlichen Meinungen ab.
7. Wertet die Diskussion aus:
   - Welche Argumente waren überzeugend, welche nicht?
   - Hat sich das Abstimmungsergebnis verändert und wenn ja, warum?

Ein Verfassungsschema interpretieren (Band 2, S. 95)

Das Schema nach Gruppen und Personen zerlegen

1. Wie ist das Schema gegliedert? Lassen sich verschiedene Blöcke, Farben und Symbole erkennen?
2. Wie sind die Blöcke miteinander verbunden? Welche Richtung und Bedeutung haben Pfeile und Linien?
3. Gibt es Begriffe, die du im Lexikon nachschlagen musst?

Verfassungsmerkmale Machtausübung, Gesetzgebung und Rechtsprechung

3. Wer darf Gesetze vorschlagen? Wer arbeitet sie aus? Wer erlässt sie?
4. Wer sorgt dafür, dass Regierung und Bürger sich an die Gesetze halten?
5. Wer regiert den Staat, d.h. übt Macht mithilfe der Gesetze aus?
6. Wer kann durch seinen Einspruch dafür sorgen, dass ein Gesetz vorläufig nicht in Kraft treten darf? Wer darf Gesetze sogar rückgängig machen?
7. Gibt es Grundrechte, die kein neues Gesetz verletzen darf?

Verfassungsmerkmal Wahl

8. Welche Ämter werden durch Wahl besetzt, welche nicht?
9. Wer darf wählen, wer nicht? Wer darf gewählt werden?

Verfassungsmerkmale Machtverteilung und Machtkontrolle

10. Welche Macht haben die verschiedenen Personen bzw. Gruppen im Staat?
    Wo ist besonders viel Macht konzentriert?
11. Wo sind „Sicherungen" in der Verfassung eingebaut, damit Einzelne ihre Macht nicht missbrauchen können (z. B. um eine Diktatur zu errichten)?

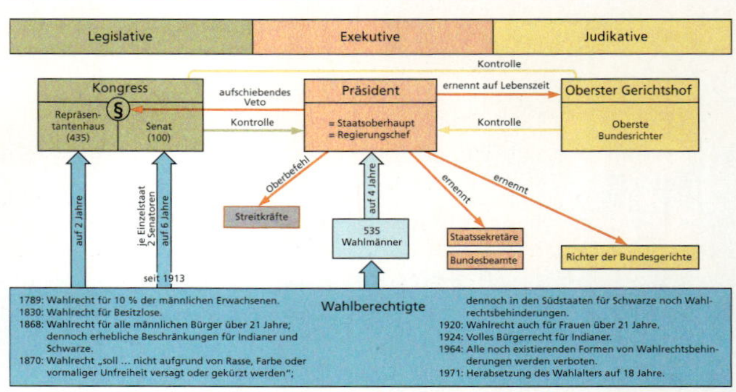

Karikaturen richtig deuten (Band 2, Seite 102)

1. Aus welcher Zeit stammt die Karikatur? Wer hat sie gezeichnet?
2. Welche Szene zeigt das Bild? Welche Gegenstände, Sachverhalte, Tiere oder Personen werden abgebildet?
3. Wo weicht der Künstler oder die Künstlerin von der Wirklichkeit ab? Was ist also übertrieben oder verzerrt dargestellt?
4. Welche Symbole erkennst du? Erkläre ihre Bedeutung.
5. Gegen wen richtet sich die Kritik? Wird zum Beispiel eine Person verspottet oder werden gesellschaftliche Verhältnisse kritisiert?
6. Versuche die Aussage der Karikatur in einem Satz zusammenzufassen.
7. Überlege, welche Wirkung der Zeichner beim Betrachter erzielen wollte:
   Welches Publikum sollte angesprochen werden?
   Ergreift der Karikaturist für eine Person oder eine Sache Partei?
   Wie wirkt die Karikatur auf dich?

Politische Lieder (Band 2, S. 132)

1. Wann ist das Lied entstanden?
2. Wer hat den Text geschrieben?
3. Um welche Ereignisse und Personen geht es in dem Lied?
4. Was sagt der Titel des Liedes aus?
5. Wie klingt der Text – anklagend, ironisch, aufrührerisch oder spöttisch?
6. Wie wirkt das Lied insgesamt auf dich?
7. Was hat der Verfasser mit diesem Lied beabsichtigt?

Aus den „unpolitischen Liedern" von Heinrich Hoffmann von Fallersleben, 1841:

Wie ist doch die Zeitung interessant
für unser liebes Vaterland!
Was haben wir heute nicht alles vernommen!
Die Fürstin ist gestern niedergekommen,
und morgen wird der Herzog kommen,
hier ist der König heimgekommen,
dort ist der Kaiser durchgekommen –
bald werden sie alle zusammenkommen –
wie interessant! Wie interessant!
Gott segne das liebe Vaterland!

Historienmalerei – gemalte Geschichte? (Band 2, S.116)

Fragen zur Person des Malers und zur Person des Auftraggebers

1. Wer war der Maler des Bildes? Wann hat er gelebt?
2. Wer war der Auftraggeber? Welche Position hatte er inne?

Fragen zu den dargestellten Ereignissen und Personen

3. Was ist auf dem Gemälde zu sehen? Wie sind die Personen dargestellt?
4. Welche Personen oder Handlung stellt der Maler in den Mittelpunkt?
5. Hat der Maler das Dargestellte selbst gesehen oder haben ihm andere davon berichtet?

Fragen zur Wirkung

6. Wie setzt der Maler Farben oder den Wechsel von Licht und Schatten ein um eine bestimmte Wirkung zu erzielen?
7. Welchen Eindruck wollte der Maler oder Auftraggeber dem Betrachter vermitteln?
8. Wie wirkt das Gemälde auf dich selber?

Statistiken auswerten (Band 2, S. 165)

1. Thema erfassen:
   - Um welchen Sachverhalt geht es? (Meistens steht es in der Überschrift oder in der Legende.)
   - Welchen Zeitraum umfassen die Zahlenangaben?
2. Inhalt und Darstellungsform beschreiben:
   - Wie wird das statistische Material dargestellt: als Tabelle oder Grafik, in absoluten Zahlen oder in Prozentangaben?
   - Sind die Zahlen übersichtlich zusammengestellt und vollständig (Maßstab, Datenmenge)?
3. Statistik auswerten:
   - Was sagen die angegebenen Daten genau aus?
   - Lassen sich Entwicklungen ablesen?
   - Gibt es Zusammenhänge mit anderen Informationen oder Materialien?
   - Inwiefern hat die Statistik neue Erkenntnisse hervorgebracht?
4. Statistik kritisch betrachten:
   - Beruhen die Zahlen auf Schätzungen oder auf genauen Zählungen?
   - Gibt es Zweifel am Wahrheitsgehalt der Aussagen?

Jahr	*in Mark (Geldwert von 1913)*	*Index (1913 = 100)*
1810	618	58
1820	698	64
1830	565	53
1840	618	57
1850	696	64
1860	639	60
1870	706	65
1880	634	58
1890	793	73
1900	945	87
1910	999	92
1913	1083	100

Fotografien als Geschichtsquellen betrachten (Band 2, S. 212)

1. Betrachte das Foto genau und beschreibe die Einzelheiten.
2. Fasse zusammen, welche konkrete Situation der Fotograf auf dem Bild festgehalten hat.
3. Überlege, zu welchem Zweck das Foto aufgenommen wurde. Ist es ein Pressefoto oder eine private Aufnahme?
4. Beschreibe die Wirkung des Fotos. Welche Einzelheiten hat der Fotograf besonders hervorgehoben; welche Stimmung herrscht auf dem Bild?
5. Betrachte das Foto kritisch. Trifft der Fotograf eine bestimmte Aussage? Will er sachlich informieren oder eine bestimmte Wirkung beim Betrachter erzielen?

Kriegerdenkmäler befragen (Band 2, S. 218)

1. Beschreibe das Denkmal genau. Was ist dargestellt, welche Einzelheiten fallen auf?
2. Wie wirkt das Denkmal auf dich? Zeigt es wirkliche Menschen oder Helden? Werden Gefühle wie Trauer und Schmerz sichtbar oder verkörpern die Figuren Heldenmut und Stärke?
3. Gibt es eine Inschrift und was sagt sie aus?
4. An welchem Ort ist das Denkmal aufgestellt? Hat dieser Platz eine besondere Bedeutung für die Stadt?
5. Informiere dich über die Entstehungsgeschichte des Denkmals. Aus welchem Anlass wurde es errichtet, wer hat den Auftrag dazu gegeben und wer hat es geschaffen?
6. Versuche die Botschaft des Denkmals zu formulieren. Kannst du ihr zustimmen?

Eine Kurzbiografie schreiben (Band 2, S. 238)

1. Sammle Informationen zu Taten, Ereignissen, Erlebnissen im Leben der Person. Schreibe sie zunächst einzeln in Stichworten auf Notizblätter oder Karteikarten auf; hebe dabei Angaben zu Zeit und Ort / Geschehen hervor. Dann kannst du später die Blätter bzw. Karten leicht in eine bestimmte Reihenfolge bringen.
2. Bringe die Blätter bzw. Karten in eine zeitliche Reihenfolge.
3. Formuliere nun aus den so geordneten Angaben zu Zeit und Ort / Geschehen sowie den dazu gehörenden Stichworten einen Text. Beachte, dass er klarmachen muss, warum die Person eine bekannte Persönlichkeit war.

1933 Indien
Gründung der Zeitschrift „Harigans" zum Kampf für die Ärmsten der Hindu-Gesellschaft

1893 – 1915 Südafrika
Rechtsanwalt in einer indischen Firma; organisiert erstmals Streiks gegen Briten im Kampf um die Rechte der Inder in Südafrika

Verfälschte Bildaussagen interpretieren (Band 3, S. 30)

1. Analysiere und deute das Bild so, wie es vor dir liegt. Wende dabei die dir bereits bekannten Schritte zur Interpretation eines Gemäldes bzw. eines Fotos an. Vergleiche dazu S. 286 im Methodenglossar.
2. Stelle durch Bildvergleich oder der Textinformation zur Verfälschung die Art der Manipulation fest.
3. Stelle, noch ohne Informationen zu wichtigen Begleitumständen und Hintergrundereignissen zu lesen, Vermutungen darüber an, welche Absichten hinter der Manipulation stecken könnten.
4. Lies die Informationen zu wichtigen Begleitumständen bzw. Interessen des Fälschers und benutze sie zu einer Deutung der Manipulation.

Politische Plakate analysieren (Band 3, S. 68)

Um Botschaft und Absicht eines politischen Plakates zu ergründen, ist es sinnvoll, dessen Wort- und Bildsprache zu analysieren:

1. Kläre die Hintergründe:
   - Von wem stammt das Plakat, an wen richtet es sich?
   - Wann und aus welchem Anlass ist es entstanden?
2. Beschreibe das Plakat genau:
   - Welche Personen, Gegenstände, Situationen sind abgebildet?
   - Wie lautet der Text des Plakates?
3. Untersuche die Gestaltungsmittel:
   - Wie sind die Personen dargestellt (Aussehen, Gesichtszüge, Körpersprache)?
   - Welche Symbole werden eingesetzt? Wofür stehen sie?
   - Welche Farben und Schriftzüge werden verwendet? Welche Wirkung wird damit erzielt?
   - Arbeitet das Plakat mit Argumenten, Gefühlen, Feindbildern?
4. Bewerte das Plakat:
   - In welcher Beziehung steht das Plakat zur damaligen politischen Situation?
   - Was will die Partei mit dem Plakat erreichen?
   - Was erfährt man durch das Plakat über die Partei und ihre Politik?

Historische Reden untersuchen (Band 3, S. 112)

Ob und wie eine historische Rede als Geschichtsquelle genutzt werden kann, hängt nicht zuletzt davon ab, welches Quellenmaterial zur Verfügung steht. Liegt die Rede in schriftlicher Form vor, können folgende Aspekte untersucht werden:

- **Geschichtlicher Hintergrund:**
  - Wer hat die Rede wann und wo gehalten?
  - Was war der Anlass für die Rede? An wen richtet sie sich?
- **Inhalt:**
  - Worum geht es in der Rede?
  - Was sind die wichtigsten Aussagen?
- **Sprache und Stil:**
  - Wie ist die Rede gegliedert?
  - In welcher Reihenfolge werden die Argumente vorgetragen?
  - Welche sprachlichen Mittel werden verwendet? Welche Funktion haben sie?
  - Ist die Rede als Monolog oder als Dialog mit dem Publikum aufgebaut?

Liegt die Rede als Ton- bzw. Bilddokument vor, können folgende Ebenen zusätzlich in die Analyse miteinbezogen werden:

- Gestik, Mimik und Stimme des Redners
- Rhythmus des Vortrags (Tempo, Betonung, Pausen)
- Reaktionen der Zuhörer

Am Ende der Untersuchung steht die Bewertung der Rede:
- Welche Ziele verfolgt der Redner?
- Wie lässt sich die Rede in die damalige politische Situation einordnen?

Zeitzeugen befragen (Band 3, S. 176)

1. **Vorbereitung:**
   - Überlegt, welche Person am besten geeignet ist, euch Auskunft zu dem von euch gewählten Thema zu geben.
   - Erarbeitet gemeinsam Fragen für das Interview.
2. **Befragung:**
   - Schafft für das Interview eine vertrauliche Atmosphäre. Denkt daran, dass die befragte Person von den Erlebnissen stark berührt sein kann und es ihr nicht immer leicht fällt, darüber zu berichten.
   - Sorgt dafür, dass die Aussagen lückenlos protokolliert werden.
3. **Auswertung:**
   - Wertet gemeinsam das Interview aus. Denkt daran, dass die befragte Person über ein Ereignis berichtet, das oft vor vielen Jahren stattfand. Manches kann sie vergessen, anderes erst später erfahren haben.
   - Vergesst nicht, dass auch eure Meinung zum Interview Bestandteil der Auswertung ist. Schätzt die Verlässlichkeit der Aussagen eures Zeitzeugen ein.
   - Überlegt euch, wie ihr die Ergebnisse präsentieren könnt (Wandzeitung, Bericht in der Schülerzeitung, Videofilm, u. a. m.)

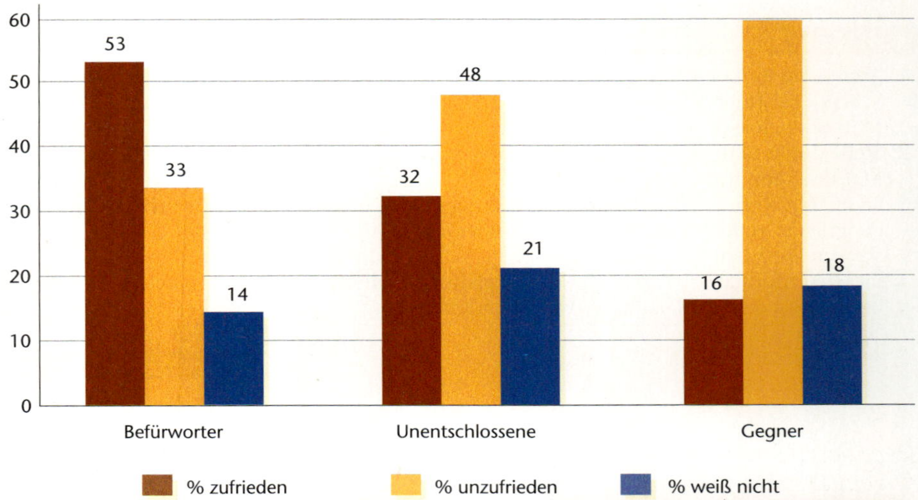

Meinungsumfragen deuten (Band 3, S. 250)

1. Bestimme den Auftraggeber der Meinungsumfrage. (Achte auf die Legende oder den Kommentar dazu.)
2. Stelle fest, um welches Ziel/Thema es bei der Umfrage geht. (Überschrift, Legende)
3. Leite aus den Ergebnissen ab, wie viele Fragen gestellt worden sind und wie sie gelautet haben könnten. Wie viele und welche Antwortmöglichkeiten wurden dem Befragten vorgegeben?
4. Kläre mit Hilfe aller Angaben (so weit es möglich ist), wer befragt worden ist. (Größe der Stichprobe, Eigenschaften der Stichprobe)
5. Beschreibe Darstellungsform und Ergebnisse der Umfrage. (Wende dabei die Schritte unter Nr. 2 und 3 der Methodenseite „Statistiken auswerten“ an, vgl. S. 286.)
6. Stelle Vermutungen zu möglichen Absichten der Umfrage an.
7. Schätze die Aktualität der Ergebnisse ein.

Fish-Bowl: Diskutieren wie Profis (Band 3, S. 206)

1. In Gruppen werden Einzelthemen bearbeitet und diskutiert. Haltet die Arbeitsergebnisse stichwortartig fest und benennt einen oder zwei Gruppensprecher.
2. Legt die Sitzordnung fest: Die Gruppensprecher und -sprecherinnen setzen sich in einen Innenkreis. In dieser Runde nimmt ein Moderator Platz, der das Gespräch leitet. Außerdem wird ein freier Stuhl in den Kreis gestellt.
   Die übrigen Schülerinnen und Schüler setzen sich in einen Außenkreis.
3. Die Schülerinnen und Schüler im Innenkreis tragen die Diskussionsergebnisse ihrer Gruppen vor. Die Beiträge folgen in lockerer Form aufeinander und werden jeweils im Innenkreis diskutiert.
   Die Zuhörer im Außenkreis haben von ihrem Platz aus kein Rederecht. Wenn sie sich an der Diskussion beteiligen möchten, müssen sie sich auf den freien Stuhl setzen. Nach ihrem Redebeitrag gehen sie wieder auf ihren Platz im Außenkreis zurück.

Problemsituationen im Rollenspiel erkunden (Band 3, S. 276)

1. Die Klasse wird in Gruppen zu je 5–6 Mitgliedern aufgeteilt. Jede Gruppe erhält eine Rollenkarte für ein Rollenspiel, das von einem Gruppenmitglied/mehreren Gruppenmitgliedern präsentiert werden soll. (Alternative: Jede Gruppe fertigt selbst eine Rollenkarte zu einem Problemfall der gerade behandelten Themeneinheit an.)
2. Die Gruppe informiert sich mit Hilfe des Buches noch einmal genau über die Probleme, mit denen es die Person/Personen in der darzustellenden Situation zu tun hatte(n).
3. Die Gruppen erarbeiten nach den Angaben der allgemeinen Spielanleitung auf der Rollenkarte eine Spielszene, indem sie Argumente und Gegenargumente sammeln, die vorgetragen werden sollen, diese in eine sinnvolle Reihenfolge bringen und den/die Rollenspieler bestimmen, der/die die Szene präsentieren soll(en).
4. Präsentation des Rollenspiels vor der Klasse.
5. Aussprache über die Präsentation anhand folgender Fragen: a) Wurde die Problemsituation realitätsnah erfasst? b) Hat/Haben der/die Rollenspieler die Situation (aus Sicht der Zuschauer) überzeugend dargestellt? c) Wie hat/haben der/die Rollenspieler selbst seine/ihre Rolle(n) erlebt?

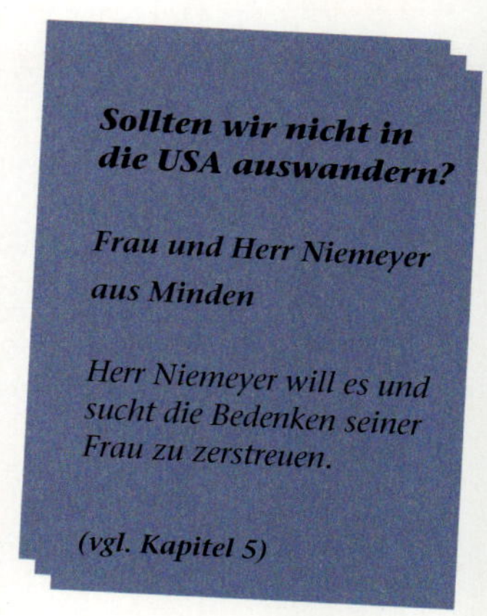

Weiterführende Literatur

Sozialismus – der Weg zu einer besseren Welt?

Sachbücher:

Jörg Baberowski: Der rote Terror.
Die Geschichte des Stalinismus. München 2003.

Francois Furet: Das Ende der Illusion.
Der Kommunismus im 20. Jahrhundert. München 1996.

M. Hildermeier: Geschichte der Sowjetunion 1917–1991. Entstehung und Niedergang des ersten sozialistischen Staates. München 1998.

Jerzy Holzer: Der Kommunismus in Europa.
Frankfurt 1998.

Gerda Szepanski: Die stille Emanzipation.
Frauen in der DDR. Frankfurt 1998.

Rainer Zoll (Hg.): Ostdeutsche Biographien.
Lebenswelt im Umbruch. Frankfurt 1999.

Europa zwischen Demokratie und Diktatur

Jugendbücher und Romane:

Peter Berger: Im roten Hinterhaus. Würzburg 2002.

Alfred Döblin: Berlin Alexanderplatz. München 2002.

Willi Fährmann: Zeit zu hassen, Zeit zu lieben.
Würzburg 1994.

Hans Fallada: Kleiner Mann, was nun?
Hamburg 2005.

Cornelia Julius: Von feinen und von kleinen Leuten.
Weinheim/Basel 1983.

Klaus Kordon: Die roten Matrosen oder Ein vergessener Winter. Weinheim/Basel 2005.

Klaus Kordon: Mit dem Rücken zur Wand.
Weinheim/Basel 2003.

Tilde Michels: Freundschaft für immer und ewig.
München 1992.

Erich Maria Remarque: Im Westen nichts Neues.
Köln 1998.

Sachbücher:

Jürgen W. Falter: Hitlers Wähler. München 1991.

Manfred Görtemaker: Weimar in Berlin. Porträt einer Epoche. Berlin 2002.

Eberhard Kolb: Die Weimarer Republik.
München 2002.

Hagen Schulze: Weimar. Deutschland 1917–1933.
Berlin 1994.

Heinrich August Winkler: Weimar 1918–1933.
Die Geschichte der ersten deutschen Demokratie.
München 1998.

Der Nationalsozialismus

Jugendbücher und Romane:

Alfred Andersch: Sansibar oder der letzte Grund. Zürich 1970.

Horst Burger: Warum warst du in der HJ. Vier Fragen an meinen Vater. Reinbek 1978.

Willi Fährmann: Es geschah im Nachbarhaus. Würzburg 1987.

Miep Gies: Meine Zeit mit Anne Frank. Bern 1987.

Alexander Goeb: Er war sechzehn, als man ihn hängte. Reinbek 1981.

Uri Orlev: Lauf, Junge, lauf. Weinheim/Basel 2004.

Gudrun Pausewang: Reise im August. Ravensburg 1997.

Morton Rhue: Die Welle. Ravensburg 1997.

Hans P. Richter: Damals war es Friedrich. München 1992.

Carlo Ross: Im Vorhof der Hölle. München 1996.

Anna Seghers: Das siebte Kreuz. Ein Roman aus Hitlerdeutschland. Berlin 1993.

Lisa Tetzner: Die Kinder aus Nr. 67. Hamburg 2004.

Hermann Vinke: Das kurze Leben der Sophie Scholl. Ravensburg 1997.

Sachbücher:

Wolfgang Benz: Geschichte des Dritten Reiches. München 2000.

Wolfgang Benz: Der Holocaust. München 2002.

W. Benz, H. Graml, H. Weiß (Hg.): Enzyklopädie des Nationalsozialismus. Stuttgart 1998.

Martin Broszat: Der Führerstaat. Nationalsozialistische Herrschaft 1933 bis 1945. München 1987.

Michael Burleigh: Die Zeit des Nationalsozialismus. Eine Gesamtdarstellung. Frankfurt 2000.

Anselm Faust: Verfolgung und Widerstand im Rheinland und in Westfalen 1933–1945. Köln 1992.

D. Peukert, J. Reulecke: Alltag im Nationalsozialismus. Wuppertal 1981.

Hans-Ulrich Thamer: Der Nationalsozialismus. Stuttgart 2002.

Deutschland nach 1945 – besetzt, geteilt und wieder vereint

Jugendbücher und Romane:

Christoph Hein: Drachenblut – Der fremde Freund. Berlin 1999.

Stefan Heym: Collin. Frankfurt/Main 1981.

Karin König: Ich fühl mich so fifty-fifty. München 1991.

Klaus Kordon: Krokodil im Nacken. Weinheim/Basel 2004.

G. Leidecker, D. Kirchhöfer, P. Güttler (Hg.): Ich weiß nicht, ob ich froh sein soll. Kinder erleben die Wende. Stuttgart 1991.

Sachbücher:

Wolfgang Benz: Deutschland seit 1945. Entwicklungen in der Bundesrepublik und in der DDR. Chronik, Dokumente, Bilder. München 1990.

M. Görtemaker: Geschichte der Bundesrepublik Deutschland. Von der Gründung bis zur Gegenwart. München 1999.

G. Helwig (Hg.): Die letzten Jahre der DDR. Texte zum Alltagsleben. Köln 1990.

Ch. Kleßmann, G. Wagner: Das gespaltene Land. Leben in Deutschland 1945 bis 1990. München 1993.

H. Potthoff: Im Schatten der Mauer. Deutschlandpolitik 1961–1990. Berlin 1999.

H. Weber: DDR – Grundriss der Geschichte 1945–1990. München 1999.

Stefan Wolle: Die heile Welt der Diktatur. Alltag und Herrschaft in der DDR 1971–1989. Berlin 1998.

Konflikte und Friedensbemühungen seit 1945

Jugendbücher und Romane:

Lutz van Dijk: Township Blues. München 2000.

Randa Ghazy: Palästina. Träume zwischen den Fronten. Ravensburg 2002.

Joseph Kanon: Der verlorene Spion. München 2000.

Amos Oz: Panther im Keller. München 2003.

Gudrun Pausewang: Die letzten Kinder von Schewenborn. Ravensburg 1985.

Galila Ron–Feder: Die Tage nach dem Anschlag. Weinheim/Basel 2002.

Klaus Steinvorth: Achmed. Der Aufstand der Kinder. Frankfurt 1996.

Manfred Theisen: Checkpoint Jerusalem. Eine Liebe in der Zeit des Terrors. München 2004.

Sachbücher:

Florian Hassel: Der Krieg im Schatten. Russland und Tschetschenien. Frankfurt 2003.

Anna Politovskaja: In Putins Russland. Köln 2005.

Rolf Steininger: Der Nahostkonflikt. Frankfurt 2003.

Europa – ein Kontinent wächst zusammen

Jugendbücher:

Christine Ockrent: Wie Julius Caesar den Euro erfand. Die Geschichte der europäischen Einigung. Berlin 2002.

Ulrike Reisach, Rainer Köthe: Europa (Was ist was – Band 113). Nürnberg 2002.

Sachbücher:

W. D. Gruner, W. Woyke: Europa–Lexikon. München 2004.

Klaus Hemmo: Der weite Weg nach Europa – die Deutschen und ihre slawischen Nachbarn. Düsseldorf/Zürich 2004.

Frank Niess: Die europäische Idee. Aus dem Geist des Widerstands. Frankfurt 2001.

Ferdinand Seibt: Die Begründung Europas. Ein Zwischenbericht über die letzten tausend Jahre. Frankfurt 2004.

Wanderungen in der Geschichte

Jugendbücher:

Franz Nuscheler: Nirgendwo zu Hause. Menschen auf der Flucht. München 1988.

Michael Schmauder: Die Völkerwanderung (Was ist was – Band 67). Nürnberg 2003.

Alicja Wancerz–Gluza (Hg.): Grenzerfahrungen. Jugendliche erforschen deutsch-polnische Geschichte. Hamburg 2004.

Sachbücher:

Walter Pohl: Die Völkerwanderung. Eroberung und Integration. Stuttgart/Berlin/Köln 2002.

Karl–Heinz Meier–Braun: Deutschland, Einwanderungsland. Frankfurt 2002.

Michael Richter: Gekommen und geblieben. Deutsch-türkische Lebensgeschichten. Hamburg 2003.

Ökonomische Bildung in der Zeitreise

Ökonomische Themen in Zeitreise 1
Anknüpfungspunkte zur Umsetzung der Rahmenvorgabe für ökonomische Bildung in den Jahrgangsstufen 5/6

Problemfelder	Zentrale Inhalts- und Problemaspekte	Unterrichtsthemen in Zeitreise 1 [unter Berücksichtigung weiterer zentraler Inhalts- und Problemaspekte]
1. Konsumenten-souveränität – Verkaufsstrategien	a) Bedürfnisse, Nachfrage und wirtschaftliches Handeln	Aus Jägern und Sammlern werden Bauern und Handwerker [4c]: – Sammlerinnen und Jäger der Altsteinzeit (S. 28/29) – Überleben im Eiszeitalter (S. 30/31) – Die ersten Bauern (S. 32/33)
	d) Konsum und ökologische Verantwortung	Der Mensch nutzt und verändert die Natur [7a]: – Aus Nomaden werden Ackerbauern (S. 134/135) – Ägypten – ein „Geschenk“ des Nils? (S. 50/51)
2. Markt – Marktprozesse zwischen Wettbewerb, Konzentration und Marktmacht	a) Die Koordination von Angebot und Nachfrage am Markt und Funktionen des Marktpreises	Die Entwicklung wirtschaftlichen Handelns [1a]: – Handel und Tauschwirtschaft in der Jungsteinzeit (S. 34/35) – Tauschhandel in der Metallzeit (S. 42/43) – Handel am Limes (S. 122/123)
3. Geldgeschäfte – Geldwertstabilität	a) Geldfunktion und Sicherung des Geldwertes durch die SBZ	Die Erfindung des Geldes erleichtert den Handel [1a; 2a]: – Münzsystem und Geldwirtschaft bei den Griechen (S. 78/79) – Handel am Limes (S. 122/123)

Problemfelder	Zentrale Inhalts- und Problemaspekte	Unterrichtsthemen in Zeitreise 1 [unter Berücksichtigung weiterer zentraler Inhalts- und Problemaspekte]
4. Produktion – Technischer Fortschritt – Strukturwandel	c) Innovationen in der Produktion und Strukturwandel	Technischer Fortschritt in der Frühzeit: – Erfindungen und neue Werkzeuge in der Jungsteinzeit (S. 34/35) – Projekt: Zurück in die Steinzeit (S. 40/41) – Kupfer, Bronze und Eisen – mit Metall geht vieles besser (S. 42/43)
7. Ökologische Herausforderungen/Verhältnis von Ökonomie und Ökologie	a) Ursachen und globale Aspekte ökologischer Krisen b) Qualitatives versus quantitatives Wachstum – nachhaltiges Wirtschaften und Kreislaufwirtschaft	Antike Umweltsünden [1a; 1d]: – Von fruchtbaren Feldern zur Salzsteppe (S. 136/137) – Holzhunger in der Antike (S. 138/139) – Thermen, Toiletten und dicke Luft (S. 140/141) Umwelt früher und heute [1d]: – Umwelt hat Geschichte (S. 132/133) – Projekt: Menschen und Tiere in der Geschichte (S. 144/145) – Umweltprobleme heute und in der Zukunft (S. 146/147)

Ökonomische Themen in Zeitreise 2

Anknüpfungspunkte zur Umsetzung der Rahmenvorgabe für ökonomische Bildung in den Jahrgangsstufen 7/8

Problemfelder	Zentrale Inhalts- und Problemaspekte	Unterrichtsthemen in Zeitreise 2 [unter Berücksichtigung weiterer zentraler Inhalts- und Problemaspekte]
2. Markt – Marktprozesse zwischen Wettbewerb, Konzentration und Marktmacht	a) Die Koordination von Angebot und Nachfrage am Markt und Funktionen des Marktpreises b) Wettbewerb versus Konzentration; Marktgeschehen und staatlicher Ordnungsrahmen	Handel und Handwerk im Mittelalter [1a]: – Städte entstehen und wachsen (S. 32/33) – Auf dem Markt (S. 36/37) – Zünfte, Meister und Gesellen (S. 38/39) – Fernkaufleute verbinden die Städte (S. 40/41)
3. Geldgeschäfte – Geldwertstabilität	a) Geldfunktionen und Sicherung des Geldwertes durch die EZB c) Kreditformen und Vermögensanlage	Banken, Geldhandel und Kredite: – Regiert Geld die Welt? (S. 60/61)
4. Produktion – Technischer Fortschritt – Strukturwandel	a) Unternehmensformen und die Rolle der Unternehmerin/des Unternehmers in der Marktwirtschaft	Die Rolle von Unternehmern in der Geschichte [2a; 2b]: – Zünfte, Meister und Gesellen (S. 38/39) – Die Fugger in Augsburg (S. 60/61) – Unternehmer zur Zeit der Industrialisierung (S. 158/159, S. 176/177)
	b) Standortfaktoren, betriebliche Grundfunktionen und betriebliche Kennziffern c) Innovationen in der Produktion und Strukturwandel	Industrialisierung [2a; 5b]: – Der Aufbruch ins Industriezeitalter (S. 156/157) – Warum gerade England? (S. 158/159) – Mit Volldampf voraus! (S. 160/161) – Deutschland wird Industrieland (S. 162/163) – Das Ruhrgebiet wird zur größten Industrieregion (S. 166/167) – Von der „Maloche“ zur Dienstleistung (S. 180/181) – Projekt: Ein Besuch im Landschaftspark Duisburg-Nord (S. 182/183)

Problemfelder	Zentrale Inhalts- und Problemaspekte	**Unterrichtsthemen in Zeitreise 2** [unter Berücksichtigung weiterer zentraler Inhalts- und Problemaspekte]
5. Arbeit und Beruf in einer sich verändernden Industrie-, Dienstleistungs- und Informationsgesellschaft	b) Der Arbeitsmarkt und der Wandel von Arbeitsformen, Arbeitsbedingungen und Qualifikationsanforderungen durch technischen Fortschritt und Globalisierung c) Arbeitnehmer- und Arbeitgebervertretungen, Tarifverträge und Tarifautonomie	Die soziale Frage [4c]: – Die Industrialisierung bringt Probleme (S. 168/169) – Kindheit und Jugend im Industriezeitalter (S. 170/171) – Arbeiter kämpfen für soziale Gerechtigkeit (S. 172/173) – Frauen auf dem Weg zur Emanzipation (S. 174/175) – Kirchen, Staat und Unternehmer reagieren (S. 176/177) – Die Diakonie aus Kaiserswerth (S. 178/179)
6. Einkommen und soziale Sicherung zwischen Leistungsprinzip und sozialer Gerechtigkeit	a) Primärverteilung des Einkommens, Verteilungsungleichheiten und staatliche Umverteilung b) Soziale Risiken: Systeme der sozialen Sicherung und Formen der privaten Vorsorge	
8. Soziale Marktwirtschaft – Herausforderung durch Internationalisierung und Globalisierung	c) Der Prozess der Globalisierung, Chancen und Risiken d) Wirtschaftsbeziehungen zwischen unterschiedlich entwickelten Ländern	„Ein Platz an der Sonne" – Der Wettlauf um die „freien" Gebiete der Erde [2b]: – Die Europäer teilen die Welt unter sich auf (S. 188/189) – Afrika – „herrenloses Land"? (S. 190/191) – Der Globus in der Hand der „überlegenen Rasse" (S. 192/193) – Indien wird britische Kolonie (S. 236/237) – Das Deutsche Reich wird Kolonialmacht (S. 194/195) – Ausbeutung und Vernichtung (S. 196/197) – Afrika heute (S. 198/199) – Projekt: Kolonialwaren gestern und heute (S. 200/201)

Ökonomische Themen in Zeitreise 3

Anknüpfungspunkte zur Umsetzung der Rahmenvorgabe für ökonomische Bildung in den Jahrgangsstufen 9/10

Problemfelder	Zentrale Inhalts- und Problemaspekte	Unterrichtsthemen in Zeitreise 3 [unter Berücksichtigung weiterer zentraler Inhalts- und Problemaspekte]
3. Geldgeschäfte – Geldwertstabilität	a) Geldfunktion und Sicherung des Geldwertes durch die EZB c) Kreditformen und Vermögensanlage	Inflation in der Weimarer Republik [1a; 2b]: – Das Krisenjahr 1923 – Ruhrbesetzung, Inflation, Putsch (S. 58–61) Die Weltwirtschaftskrise [1a; 2b]: – Republik im Untergang (S. 64–67)
5. Arbeit und Beruf in einer sich verändernden Industrie-, Dienstleistungs- und Informationsgesellschaft	c) Arbeitnehmer- und Arbeitgebervertretungen, Tarifverträge und Tarifautonomie	Entstehung von Arbeitnehmervertretungen [6a]: – Einigkeit macht stark (S. 22/23) – Feindliche Verwandte – die Spaltung der Sozialdemokratie in Deutschland (S. 34/35)
6. Einkommen und soziale Sicherung zwischen Leistungsprinzip und sozialer Gerechtigkeit	a) Primärverteilung des Einkommens, Verteilungsungleichheiten und staatliche Umverteilung	Soziale Ungleichheit – Grundprinzipien sozialistischer Lösungsversuche [1a; 2a; 2b; 4a; 5b]: – Sozialismus – immer noch Hoffnungsträger? (S. 12/13) – Eigentum – ein problematisches Menschenrecht? (S. 14/15) – Eine gerechtere Gesellschaft schaffen – aber wie? (S. 16/17) – Marx und Engels – Begründer des „wissenschaftlichen Sozialismus" (S. 18–21) – Lenin und die russische Revolution (S. 24–27) – Stalin und der „Stalinismus" (S. 28/29) – Neubeginn 1945 – Anpassung und Richtungssuche (S. 36/37) – Internationaler Sozialismus heute – Organisationen, Ziele, Möglichkeiten (S. 38/39)

Problemfelder	Zentrale Inhalts- und Problemaspekte	Unterrichtsthemen in Zeitreise 3 [unter Berücksichtigung weiterer zentraler Inhalts- und Problemaspekte]
7. Ökologische Herausforderungen/ Verhältnis von Ökonomie und Ökologie	a) Ursachen und globale Aspekte ökologischer Krisen c) Prinzipien der Umweltökonomie und Einsatz umweltpolitischer Instrumente im nationalen und internationalen Rahmen	Landwirtschaftspolitik der EU [8b; 8d]: – Natürlich gibt es auch Probleme (S. 246/247)
8. Soziale Marktwirtschaft – Herausforderung durch Internationalisierung und Globalisierung	a) Die Entwicklung der Sozialen Marktwirtschaft und ihre ordnungspolitischen Elemente; wirtschaftspolitische Ziele, Entscheidungsfelder und Träger der nationalen Wirtschaftspolitik	Die Wirtschaftssysteme in der Bundesrepublik und in der DDR [2a; 2b]: – Ringen um eine neue Wirtschaftsordnung in den Westzonen (S. 148–151) – „Es muss demokratisch aussehen" (S. 152/153) – Markt- und Planwirtschaft (S. 156/157)
	b) Vom nationalen Markt zum europäischen Binnenmarkt	Die europäische Einigung: – Wir in Europa (S. 236/237) – Die Spaltung Europas (S. 238/239) – Auf dem Weg zur Einigung Westeuropas (S. 240–243) – „Osterweiterung" Europas (S. 244/245) – Hochgesteckte Ziele – sind sie erreichbar? (S. 248/249)
	c) Der Prozess der Globalisierung, Chancen und Risiken d) Wirtschaftsbeziehungen zwischen unterschiedlich entwickelten Ländern	Globalisierung [5b]: – Der Nord-Süd-Konflikt (S. 218/219) – Konfliktpotenzial „Bevölkerungsentwicklung" (S. 220/221) – Gewinner und Verlierer der Globalisierung (S. 222/223) – Internationaler Terrorismus (S. 224/225)

Verzeichnis der Namen, Sachen und Begriffe

Wichtige verwendete Abkürzungen:
Abb. = Abbildung; amerik. = amerikanisch; arab. = arabisch; brit. = britisch; chin. = chinesisch; christl. = christlich; dt. = deutsch; ehem. = ehemaliger; engl. = englisch; evang. = evangelisch; faschist. = faschistisch; frz. = französisch; germ. = germanisch; israel. = israelisch; ital. = italienisch; Jh. = Jahrhundert; jüd. = jüdisch; kuban. = kubanisch; NS = Nationalsozialismus; österreich. = österreichisch; paläst. = palästinensisch; polit. = politisch; poln. = polnisch; portug. = portugiesisch; preuß. = preußisch; röm. = römisch; russ. = russisch; sowjet. = sowjetisch; sozialist. = sozialistisch; span. = spanisch; tsch. = tschechisch/tschechoslowakisch; türk. = türkisch; ungar. = ungarisch

Hinweise:
▷ Verweis auf ein Stichwort
~ ersetzt das Stichwort bei Wiederholung
Halbfett gesetzt sind historische Grundbegriffe, die im Mini-Lexikon des Buches erläutert werden. Die halbfette Seitenzahl gibt den Fundort an.
Bei Herrschern und kirchlichen Amtsträgern werden die Regierungs-/Amtsdaten, bei allen anderen Personen die Lebensdaten angegeben.

Verzeichnis der Textquellen

Sozialismus – der Weg zu einer besseren Welt

S. 13: Q2 zit. nach: „Wochenschau" Nr. 6, Nov./Dez. 1989, S. 237
Q3 Jerzy Szacki, Der Liberalismus nach dem Ende des Kommunismus. Mit einem Postskriptum zur deutschen Ausgabe, aus dem Polnischen von Friedrich Griese, Frankfurt/Main 2003, S. 335, S. 338ff. (bearb. v. Verf.)
Q4 Tomas Moulian, Sozialismus für das 21. Jahrhundert, Zürich 2003, S. 215, S. 217, S. 222

S. 15: Q2 Walter Grab (Hg.), Die Französische Revolution. Eine Dokumentation, München 1973, S. 237
Q3/Q4 Carl Jantke/Dietrich Hilger (Bearb. u. Hg.), Die Eigentumslosen. Der deutsche Pauperismus und die Emanzipationskrise in Darstellungen und Deutungen der zeitgenössischen Literatur, Freiburg/München 1965, S. 379ff./S. 437, S. 449f.

S. 17: Q2 Walter Grab (Hg.), Die Französische Revolution. Eine Dokumentation, München 1973, S. 278, S. 280, S. 282f.
Q3 Bruno Hildebrand, Die Nationalökonomie der Gegenwart und Zukunft (1848), in: Wilhelm Treue u. a. (Hg.), Quellen zur Geschichte der industriellen Revolution, Göttingen 1966, S. 200f.

S. 20: Q4 Iring Fetscher (Hg.), Karl Marx/Friedrich Engels. Studienausgabe in 4 Bänden, Bd. 1, Frankfurt/M. 1966, S. 162f.
Q5 Karl Marx, Lohn, Preis, Profit (1865), in: Iring Fetscher (Hg.), Karl Marx/Friedrich Engels. Studienausgabe in 4 Bänden, Bd. 2, Frankfurt 1966, S. 195ff., S. 207

S. 21: Q6 Iring Fetscher (Hg.), Karl Marx/Friedrich Engels. Studienausgabe in 4 Bänden, Bd. 3, Frankfurt 1966, S. 76f.

S. 25: Q2 Julius Braunthal, Geschichte der Internationale, Bd. 1, Hannover 1961, S. 368f.
Q3 Bundessekretariat der Jungsozialisten, Bonn (Hg.), Progr. der dt. Sozialdemokratie, Hannover 1963, S. 74f.

S. 26: Q2 Lenin. Aus den Schriften 1895–1923, hg. v. Hermann Weber, München 1980, S. 210ff.
Q3 Julius Braunthal, Geschichte der Internationale, Bd. 1, Hannover 1961, S. 554, S. 560

S. 27: Q5 Hugo Portisch, Hört die Signale, München 1993, S. 171
Q7 François Furet, Das Ende der Illusion, München/Zürich 1996, S. 181

S. 29: Q2 Hugo Portisch, Hört die Signale. Aufstieg und Fall des Sowjetkommunismus, München 1993, S. 211
Q3 Lew Kopelew, Aufbewahren für alle Zeit, München 1979, S. 53f.
Q5 Wolfgang Leonhard, Die Revolution entlässt ihre Kinder, München 1980, S. 40, S. 42f.

S. 33: Q3 Hubertus Gaßner/Eckart Gillen, Zwischen Revolutionskunst und Sozialistischem Realismus. Dokumente und Kommentare. Kunstdebatten in der Sowjetunion von 1917 bis 1934, Köln 1979, S. 189
Q4 Hubertus Gaßner/Eckart Gillen, Zwischen Revolutionskunst und Sozialistischem Realismus. Dokumente und Kommentare. Kunstdebatten in der Sowjetunion von 1917 bis 1934, Köln 1979, S. 401
Q5 Hubertus Gaßner/Eckart Gillen, Zwischen Revolutionskunst und Sozialistischem Realismus. Dokumente und Kommentare. Kunstdebatten in der Sowjetunion von 1917 bis 1934, Köln 1979, S. 512

S. 35: Q2 Jörg Berlin (Hg.), Die deutsche Revolution 1918/19, Köln 1979, S. 126f.
Q3 Jörg Berlin (Hg.), Die deutsche Revolution 1918/19, Köln 1979, S. 294ff.

S. 37: Q2 SPD-Parteivorstand (Hg.), Grundsatzprogramm der Sozialdemokratischen Partei Deutschlands, S. 12, S. 52f.
Q3 Auszug aus der Rede des IG-Metall-Vorsitzenden Peters vor Gewerkschaftsvertretern am 15. 6. 2004, in: „Der Spiegel" Nr. 29/12. 7. 04, S. 24

S. 39: Q2 zit. nach: „Wochenschau" Nr. 6, Nov./Dez. 1989, S. 237
Q3 50 Jahre Sozialistische Internationale. Ausstellung der Friedrich-Ebert-Stiftung. Beiheft, hg. v. Dieter Dowe/Michael Schneider, Bonn 2001, Vorwort des Präsidenten der SI

Europa zwischen Demokratie und Diktatur

S. 47: D1 Gunther Mai, Europa 1918–1939. Mentalitäten, Lebensweisen, Politik zwischen den Weltkriegen, Stuttgart 2001, S. 184
Q2 Erich Maria Remarque: Im Westen nichts Neues, Köln 1996, S. 261f.

S. 50: Q5 Benito Mussolini, Der Geist des Faschismus. Ein Quellenwerk, München 1943, S. 45.
Q6 Ernst Nolte, Der Faschismus. Von Mussolini zu Hitler, München 1968, S. 43f.
Q7 Ernst Nolte, Der Faschismus. Von Mussolini zu Hitler, München 1968, S. 261

S. 51: Q8 Hans-Christian Kirsch (Hg.), Der spanische Bürgerkrieg in Augenzeugenberichten, Düsseldorf 1967, S. 268f.

S. 54: Q3 Gerhard A. Ritter/Susanne Miller (Hg.), Die deutsche Revolution 1918–19, Frankfurt/M. 1983, S. 77ff.
Q4 Stenographische Berichte des Reichstages Bd. 427, S. 4728

S. 57: D1 zit. nach: Harry Pross (Hg.), Die Zerstörung der deutschen Politik, Dokumente 1871–1933, Frankfurt/M. 1983, S. 145f.
Q2 Kurt Tucholsky: Gesammelte Werke. Bd. 2, 1919–1920, Reinbek 1975, S. 205.
Q3 Herbert Michaelis/Ernst Schraepler (Hg.), Ursachen und Folgen. Vom deutschen Zusammenbruch 1918 und 1945 bis zur staatlichen Neuordnung Deutschlands in der Gegenwart, 3. Bd., Berlin o. J., S. 226f.

S. 60: Q6 Max Krell, Das alles gab es einmal, Frankfurt 1961, S. 67.
Q7 Curt Riess „Weltbühne Berlin", in: Rudolf Pörtner (Hg.), Alltag in der Weimarer Republik. Erinnerungen an eine unruhige Zeit, Düsseldorf 1990, S. 34f.

S. 61: D2 Heinrich August Winkler, Der lange Weg nach Westen. Bd. 1., München 2002, S. 448f.

S. 63: D1 Ursula A. J. Becher, Geschichte des modernen Lebensstils. Essen–Wohnen–Freizeit, München 1990, S. 175f.
Q3 Heinrich August Winkler/Alexander Cammann (Hg.), Weimar. Ein Lesebuch zur deutschen Geschichte 1918–1933, München 1997, S. 146f.

S. 66: Q4 (4) Günther Prien, Mein Weg nach Scapa Flow, in: Christian Geißler (Hg.), Das dritte Reich mit seiner Vorgeschichte, Lesewerk zur Geschichte, Bd. 9, Ebenhausen 1961, S. 55
Q6 Zeiten und Menschen, Bd. 4, Paderborn 1983, S. 65

Q7 zit. nach: Wolfgang Michalka/Gottfried Niedhart (Hg.), Die ungeliebte Republik, Dokumentation zur Innen- und Außenpolitik Weimars 1918–1933, München 1980, S. 340ff.
S. 67: D1 Walter Göbel, Die Weimarer Republik, Stuttgart 2000, S. 39
D2 nach: Chronik Ruhrgebiet, Gütersloh 1997, S. 393
D3 nach: Martin Broszat, Das dritte Reich. Ursprünge, Ereignisse, Wirkungen, Freiburg 1983, S. 99
D4 zit. nach: Horst Möller, Weimar. Die unvollendete Demokratie, München 1985, S. 192
S. 71: D2 nach: Jürgen W. Falter, Hitlers Wähler, München 1991, S. 288
D3 nach: Jürgen W. Falter, Hitlers Wähler, München 1991, S. 297
Q2 Wolfgang Michalka u. Gottfried Niedhart (Hg.), Deutsche Geschichte 1918 – 1933. Dokumente zur Innen- und Außenpolitik, Frankfurt/M. 1992, S. 186
S. 73: D1 Karl Dietrich Erdmann, Die Weimarer Republik, in: Bruno Gebhardt, Handbuch der deutschen Geschichte, Bd. 4/1, Stuttgart 1973, S. 307 u. S. 330
D2 Eberhard Kolb, Die Weimarer Republik, Bd. 16, München 1993, S. 144ff.

Der Nationalsozialismus
S. 79: Q2 Reichsgesetzblatt 1933, T 1, S. 83
Q3a zit. nach: Werner Conze, Der Nationalsozialismus 1919–1933, Stuttgart 1995, S. 72
Q3b Dokumente der Deutschen Politik und Geschichte von 1848 bis zur Gegenwart, IV. Band: Die Zeit der nationalsozialistischen Diktatur 1933–1945, Aufbau und Entwicklung 1933–1938, Berlin/München o. J., S. 29ff.
Q4 Reichsgesetzblatt 1933, Teil 1, S. 141
Q5 Joseph Goebbels, Wesen und Gestalt des Nationalsozialismus, Berlin 1934, S. 13
S. 81: Q3 Ernst Niekisch, Das Reich der niederen Dämonen, Hamburg 1953, S. 131ff.
Q4 Klaus-Jörg Ruhl, Brauner Alltag. 1933–1939 in Deutschland, Düsseldorf 1990, S. 35
Q5 Erich Matthias/Rudolf Morsey, Das Ende der Parteien 1933, Droste, Düsseldorf 1960, S. 241
S. 83: Q2a + b Guido Knopp, Hitler – eine Bilanz, München 2005, S. 62f.
Q3 Hans-Ulrich Thamer, Beseitigung des Rechtsstaats, in: Informationen zur politischen Bildung, Heft 266/2004, Bonn 2004, S. 6f.
S. 86: Q5 Adolf Hitler, Mein Kampf 1925/1927, München 1933, S. 420ff.
Q6 Adolf Hitler, Mein Kampf 1925/1927, München 1933, S. 420ff.
Q7 Adolf Hitler, Mein Kampf 1925/1927, München 1933, S. 739ff.
Q8 Hessisches Hauptstaatsarchiv Wiesbaden, Abt. 483 Nr. 01073, Bl. 160
S. 87: Q9 Lina Haag, Eine Hand voll Staub, Frankfurt/M. 1995, S. 136
S. 89: D3 Sebastian Haffner, Anmerkungen zu Hitler, Kindler, München 1987, S. 31
D4 Werner Bührer, Wirtschaft; in: Wolfgang Benz/Hermann Graml/Hermann Weiß (Hg.), Enzyklopädie des Nationalsozialismus, Stuttgart 1997, S. 121
Q2 Fritz Blaich (Hg.), Wirtschaft und Rüstung im „Dritten Reich", Düsseldorf 1987, S. 65
S. 91: Q2 Adolf Hitler, Rede in Reichenberg, 2. Dezember 1938, in: Völkischer Beobachter, 4. Dezember 1938
Q3 zit. nach: Erika Martin in: „Glauben und rein sein …" – Mädchen im BDM, WDR-Schulfernsehen, Okt. 1994
S. 92: Q7 Aus der Familienchronik von W. Brölsch, Mülheim 2003, o. S.
Q8 Karl-Heinz Schnibbe, Jugendliche unter Hitler, Die Hellmuth Hübener Gruppe in Hamburg 1940/41, Berg am See 1991, S. 22f.
Q9 Arno Klönne, Jugend im Dritten Reich. Die HJ und ihre Gegner, Köln 1982, S. 258f.
S. 93: Q10 M. Hepp: Vorhof zur Hölle, in: Angelika Ebbinghaus (Hg.), Opfer und Täterinnen. Frauenbiographien des Nationalsozialismus, Hamburg 1987, S. 202
Q11 aus: Geschichte und Geschehen A4, Leipzig 2005, S. 137
S. 95: Q2 Texte zur Landesgeschichte, Nationalsozialismus, Quellen zur Geschichte der NS-Herrschaft im Gebiet des Landes Rheinland-Pfalz, Mappe 1, Speyer 1983
Q3 Harald Focke/Uwe Reimer, Alltag unterm Hakenkreuz, Reinbek bei Hamburg 1979, S. 90f.
Q4 Hans-Jochen Gamm, Der braune Kult, Hamburg 1962, S. 39
Q5 Interview des Verfassers am 10. Februar 1998
S. 97: Q2 Adolf Hitler, Mein Kampf, München 1932, S. 459f.
Q3 Mitschrift des Verfassers bei einer Veranstaltung: „Frauen unter dem Hakenkreuz", Hamburg 1980
Q4 zit. nach: Der deutschen Frauen Leid und Glück, Paris 1939, S. 47
Q5 zit. nach: Wolfgang Hug (Hg.), Geschichtliche Weltkunde. Quellenbuch, Bd. 3, Frankfurt 1983, S. 151
Q6 „Völkischer Beobachter" vom 12. 8. 1934
S. 100: Q5 Reichsgesetzblatt Teil I, von 1935, S. 1146
Q6 Nationalsozialismus in Essen und Umgebung. Texte aus gesammelten Akten 1935/1936, Stadtarchiv Essen, o. S.
Q7 zit. nach: Inge Marßolek/René Ott, Bremen im Dritten Reich. Anpassung–Widerstand–Verfolgung, Bremen 1986, S. 175
Q8 Rheinisch-Westfälische Zeitung, 10. November 1938
Q9 Deutschland-Berichte der Sozialdemokratischen Partei Deutschlands (Sopade) 1934–1940, hg. von Klaus Behnken, Frankfurt/M. 1980, Bd. 5 (1938), S. 1204f., S. 1209
S. 101: Q10 zit. nach: Inge Marßolek/René Ott, Bremen im Dritten Reich. Anpassung–Widerstand–Verfolgung, Bremen 1986, S. 175
Q11 Reichsgesetzblatt, Teil I, Nr. 86 von1933, S. 529
Q13 www.lpb.bwue.de/publikat/euthana/euthana32.htm, hier aus: „Euthanasie" im NS-Staat: Grafeneck im Jahr 1940, Landeszentrale für politische Bildung Baden-Württemberg (Hg.), Stuttgart 2000
S. 103: Q2 zit. nach: Günter Schönbrunn, Weltkriege und Revolutionen 1914–1945, Geschichte in Quellen, Bd. V, München 1961, S. 349f.
Q3 zit. nach: Erhard Klöss (Hg.), Reden des Führers, München 1967, S. 104ff.
S. 105: Q3 Wolfgang Michalka (Hg.), Deutsche Geschichte 1933–1945, Frankfurt/M 1993, S. 235
Q4 Hannes Heer (Hg.), „Stets zu erschiessen sind Frauen, die in der Roten Armee dienen". Geständnisse deutscher Kriegsgefangener über ihren Einsatz an der Ostfront, Hamburg 1995, S. 10
S. 107: Q2 Wolfgang Benz, Der Holocaust, München 1995, S. 10
Q3 Ruth Klüger, Weiter leben. Eine Jugend. Göttingen 1992, S. 107
Q4 Geschichte in Quellen, Band 6, München 1970, S. 521f.
S. 109: Q6 zit. nach: Internationaler Militärgerichtshof, Bd. XXIX, S. 145

Q7 Wolfgang Benz, Der Holocaust, München 1995, S. 117
S. 111: Q2 zit. nach: Walter Kempowski, Das Echolot, Bd. 1, Knaus, München 1993, S. 34ff.
Q3 zit. nach: Geschichte in Quellen, Bd. 6, München 1970, S. 542f.
S. 113: Q2 Iring Fetscher, Joseph Goebbels im Berliner Sportpalast 1943: „Wollt ihr den totalen Krieg?", Hamburg 1998, S. 94ff.
S. 116: Q4 Jürgen Mittag, Wilhelm Keil (1870–1968). Sozialdemokratischer Parlamentarier zwischen Kaiserreich und Bundesrepublik, Düsseldorf 2001, S. 349.
Q5 Prof. Dr. Peter Steinbach/Dr. J. Tuchel/K. Bästlein, Der 20. Juli 1944 – Vermächtnis und Erinnerung. Katalog zur Sonderausstellung der Gedenkstätte Deutscher Widerstand Berlin, Berlin 2004, Material 19.1, 6/98/2
S. 115: Q6 Begleitmaterialien zur Ausstellung „Widerstand gegen den Nationalsozialismus", Gedenkstätte Deutscher Widerstand Berlin
Q7 Ursachen und Folgen. Eine Urkunden- und Dokumentensammlung zur Zeitgeschichte, hg. v. Herbert Michaelis, Bd. 19, Berlin 1973, S. 527
Q8 G. Ritter (Hg.), Geschichte der deutschen Arbeiterbewegung, Band 5, Berlin 1991, S. 476.
S. 122: Q4 zit. nach: Verjährung nationalsozialistischer Verbrechen, Teil 1, Bonn 1980, S. 165f.
Q5 Interviews in: Müssen wir uns heute noch schuldig fühlen?, stern Nr. 5/ 27. 1. 2005, S. 44
S. 123: Q6 Hajo Funke, Rechtsextremismus heute; in: Johannes Gienger u. a. (Hg.), Nationalsozialismus, Simmozheim 2003, o. S.
Q7 Was bleibt von der Vergangenheit? Die junge Generation im Dialog über den Holocaust/Stiftung für die Rechte Zukünftiger Generationen (Hg.), Berlin 1999

Deutschland nach 1945 – besetzt, geteilt und wieder vereint

S. 129: Q2 Richard von Weizsäcker, Brücken zur Verständigung, Berlin 1990, S. 48ff.
S. 132: Q3 Freiherr vom Steins Ausgewählte Schriften, hg. von Klaus Thiede, Jena 1929, S. 178.
Q4 Franz Wigard (Hg.), Stenografische Berichte über die Verhandlungen der deutschen konstitutionellen Nationalversammlung zu Frankfurt am Main, 1848/1849, Bd. 6, S. 4708ff.
S. 133: Q5 Harry Pross (Hg.), Dokumente zur deutschen Politik 1806–1870, Frankfurt/M. 1963, S. 285
Q6 Heinrich Otto Meisner (Hg.), Kaiser Friedrich III. Das Kriegstagebuch von 1870/71, Berlin 1926, S. 302f.
S. 135: Q3 Georg Herwegh, Morgenröte, New York 1947, S. 265
Q4 Zit. nach: Staatsarchiv Detmold, L 116 Nr. 19.
S. 136: Q5 Herrmann Krätschell, Carl Peters 1856 bis 1918. Ein Beitrag zur Publizistik des imperialistischen Nationalismus in Deutschland, Berlin 1959, S. 16f.
Q6 Zit. aus: Erhard Meueler (Hg.), Unterentwicklung. Wem nützt die Armut der Dritten Welt?, Reinbek bei Hamburg 1975, S. 39ff.
S. 137: Q8 Eugen Dühring, Die Judenfrage als Racen-, Sitten- und Culturfrage. Mit einer weltgeschichtlichen Antwort. Karlsruhe 1881, S. 110ff.; zit. nach: Manfred Görtemaker, Deutschland im 19. Jahrhundert. Entwicklungslinien, Bonn 1996, S. 271f.
S. 139: Q1 Die Zeitung „Der Tag" vom 4. September 1928
Q3 Kurt Tucholsky, Deutschland, Deutschland über alles. Ein Bilderbuch, Berlin 1929, Schlußabsatz
S. 140: Q6 zitiert in: Walther Hofer, Der Nationalsozialismus, Dokumente 1933–1945, Frankfurt/M. 1994, S. 37.
Q7 Wolfgang Michalka (Hg.), Das Dritte Reich. Dokumente zur Innen- und Außenpolitik, Band 2, Weltmachtanspruch und nationaler Zusammenbruch 1939–1945, München 1985, S. 367ff.
S. 141: Q8 Wolfgang Michalka (Hg.), Das Dritte Reich. Dokumente zur Innen- und Außenpolitik, Band 2, Weltmachtanspruch und nationaler Zusammenbruch 1939–1945, München 1985, S. 367ff.
Q9 Herman Brill, Gegen den Strom, Wege zum Sozialismus, Heft 1, Offenbach 1946, S. 97ff.
S. 145: Q2 Sibylle Meyer/Eva Schulze, Wie wir das alles geschafft haben, München 1988, S. 122f.
Q3 Helmut Dubiel, Niemand ist frei von der Geschichte, München 1999, S. 135f.
S. 147: Q3 Alois Harasko, Die Vertreibung der Sudetendeutschen; aus: Wolfgang Benz (Hg.), Die Vertreibung der Deutschen aus dem Osten, Frankfurt/ M. 1985, S. 138
Q4 Landkreis Ludwigsburg (Hg.), Die Eingliederung der Vertriebenen im Landkreis Ludwigsburg, Ludwigsburg 1986, S. 89
S. 150: Q5 Geschichte in Quellen, Die Welt seit 1945, bsv, München 1980, S. 93ff.
Q6 Hoegner, Wilhelm, Der schwierige Außenseiter, München 1959, S. 237
S. 151: Q7a Harry S. Truman, Erinnerungen 1945–1953, Stuttgart 1956, S. 122f.
Q7b Konrad Adenauer, Erinnerungen, Stuttgart 1965, S. 183
Q7c Ludwig Erhard, Wohlstand für alle, Düsseldorf 1957, S. 36
S. 153: Q2 Wolfgang Leonhard, Die Revolution entlässt ihre Kinder, Kiepenheuer u. Witsch, Köln/Berlin 1955, S. 363ff.
Q3 Hanno Müller (Hg.), Recht oder Rache? Buchenwald 1945-1950. Betroffene erinnern sich, Frankfurt/ M. 1991, S. 61f.
S. 155: Q2 Michael Stürmer, Die Sieger von 1945 und die deutsche Frage; in: Damals. Das Magazin für Geschichte und Kultur, Heft 5, Leinfelden-Echterdingen 1985, S. 443f.
S. 157: D1 zit. nach: Zahlenspiegel, Bonn 1986, S. 75ff.
Q2 Ludwig Erhard, Wohlstand für alle, Econ, Düsseldorf 1957, 6. Aufl., S. 247
S. 159: Q2/Q3 Verhandlungen des deutschen Bundestages, 2. Wahlperiode 1953–1957, Band 22, 3135ff.
S. 161: Q2a Fritz Schenk, Im Vorzimmer der Diktatur – Zwölf Jahre Pankow, Kiepenheuer & Witsch, Köln, 1962, S. 220ff.
Q2b Neues Deutschland, Ost-Berlin, 28. Juni 1953
Q3 „Das Volk" vom 19. Juni 1953
Q4 Ilse Spittman-Rühle/Karl Wilhelm Fricke, 17. Juni 1953, Köln 1982, S. 15
S. 162: D1 Johannes Ebert/Andreas Schmid, Das Jahrhundertbuch, München 1999, S. 774
Q6 zit. nach: „Volksarmee" Nr. 41/1963, Berlin, S. 217
Q7 Jürgen Rühle/Gunter Holzweißig, 13. August 1961. Die Mauer von Berlin, Köln 1988, S. 152.
S. 163: Q9 Aufgezeichnet von Frank Schirrmeister, Klaus W. und die britische Schokolade, in: PZ intern, Nr. 97, März 1999, Bonn 1999, S. 26.

S. 165: D1 vom Autor zusammengestellt
Q2 Ingo von Münch (Hg.), Dokumente des geteilten Deutschland. Bd. II, Stuttgart 1974, S. 301ff.
S. 167: Q2 Texte zur Deutschlandpolitik, Bd. VI, Bonn 1972, S. 214ff.
S. 170: Q5 „Der Spiegel" Nr. 17/1968, Hamburg, S. 25ff.
Q6 Bulletin des Presse- und Informationsamtes der Bundesregierung, 17. April 1968, S. 393
S. 171: Q7 Matthias Bothe, Die Acht-Stunden-Ideologie. In: Gerhard Finn/Liselotte Julius (Hg.), Von Deutschland nach Deutschland, Köln 1988, S. 62
Q8 Ulrich Schacht, Hohenecker Protokolle. Aussagen zur Geschichte der politischen Verfolgung von Frauen in der DDR, Zürich 1984, S. 219
S. 173: Q2a zit. nach: Angela Delille/Andrea Grohn, Blick zurück aufs Glück. Frauenleben und Familienpolitik in den 50er-Jahren, Berlin 1985, S. 67f.
Q2b Frauen in Deutschland, hg. von Gisela Helwig/Hildegard Maria Nickel, Berlin 1993, S. 11
S. 175: Q2 Armin Mitter/Stefan Wolle (Hg.), Ich liebe euch doch alle. Befehle und Lageberichte des MfS, Berlin 1990, S. 141ff.
Q3 Neue Westfälische vom 13. November 1989
S. 177: Q2 DDR Intern. Geschichte und Geschichten. Nr. 97/99. Bonn 1999, S. 44
S. 179: Q2a Aufruf „Für unser Land", in: Neues Deutschland, 29. 11. 1989
Q3 zit. nach: Gerhart Maier (Hg.), Die Wende in der DDR, Bonn 1991, S. 53ff.
Q3 Margret Thatcher, Downing Street Nr. 10. Die Erinnerungen, Düsseldorf 1993, 1095f.
Q4 New York Times vom 25. 10. 1989.
S. 181: Q2 Patrick Süskind, Deutschland – eine Midlife-Crisis, in: Ulrich Wickert (Hg.), Angst vor Deutschland, Hamburg 1990, S. 111ff.
Q3 Joachim Gauck, Rede im Bundestag am 9. November anlässlich der Sondersitzung zum 10. Jahrestag des Falls der Mauer

Konflikte und Friedensbemühungen seit 1945

S. 187: D1 vom Autor zusammen gestellt
S. 189: Q2 Milovan Djilas, Gespräche mit Stalin, Frankfurt 1962, S. 116
Q3 Boris Meissner (Hg.), Das Ostpaktsystem. Dokumentensammlung, Bd. XVII, Frankfurt/Berlin 1955, S. 87f.
Q4 Europa Archiv 2, Oberursel 1947, S. 820f.
S. 190: D2 William A. Williams, Die Tragödie der amerikanischen Diplomatie, Frankfurt 1973, S. 261ff.
D3 John Lukacs, Konflikte der Weltpolitik nach 1945, München 1970, S. 17f.
Q5 Wolfgang Bleyer u. a. (Hg.), Geschichte – Lehrbuch für Klasse 9, Berlin 1988, S. 214
Q6 H. Tenbrock u. a. (Hg.), Geschichtliches Unterrichtswerk für höhere Lehranstalten, Band. IV, Paderborn 1963, S. 145f.
S. 191: D4 vom Autor zusammengestellt
D5 vom Autor zusammengestellt
S. 193: D1 vom Autor zusammengestellt
Q2 Klaus Schoenthal (Hg.), Der neue Kurs, Amerikas Außenpolitik unter Kennedy 1961–1963, München 1964, S. 231ff.
Q3 Bernd Greiner, Kuba-Krise, 13 Tage im Oktober, Analysen, Dokumente, Zeitzeugen, Nördlingen 1988, S. 326f.
S. 195: D1 Guido Knopp, Top Spione – Verräter im Geheimen Krieg, Goldmann, München 1997, S. 122
S. 197: Q2 zit. nach: Politische Weltkunde. Die Sowjetunion, Stuttgart 1985, S. 122
Q3 zit. nach: Alexander Fischer (Hg.), Sowjetische Außenpolitik seit 1945, Stuttgart 1985, S. 92f.
S. 199: D2 vom Autor zusammengestellt
Q2 Hans Ulrich Luther, Der Vietnamkonflikt, Berlin 1969, S. 138f.
Q3 Lyndon B. Johnson, Meine Jahre im Weißen Haus, München 1972, S. 481
S. 201: Q2 Wolfgang Leonhard, Dämmerung im Kreml, Frankfurt/Berlin 1989, S. 27f.
Q3 Hedrick Smith, Die neuen Russen, Reinbek 1991, S. 51f.
Q4 Gregor Schöllgen, Geschichte der Weltpolitik von Hitler bis Gorbatschow 1941–1991, München 1996, S. 476
S. 203: D1 vom Autor zusammengestellt
Q2 Heiko Pleines, Aspekte der postsowjetischen Gesellschaft, in: Informationen zur politischen Bildung, Nr. 281 „Russland", Bonn 2003, S. 25
S. 205: Q2 Michael Naumann, Das Reich des Guten, in: Die Zeit, Nr. 46 vom 7. 11. 2002
Q3 Handelsblatt, 6. 7. 2004, S. 3
S. 209: D1 vom Autor zusammengestellt
Q2 Harald Neifeind, Der Nahostkonflikt, Schwalbach/Ts. 1999, S. 228
Q3 Harald Neifeind, Der Nahostkonflikt, Schwalbach/Ts. 1999, S. 208
S. 211: Q1 zit. nach: Susann Heenen-Wolff, Erez Palästina. Juden und Palästinenser im Konflikt um ein Land, Frankfurt/M. 1990, S. 52ff./S. 72
Q2 zit. nach: Susann Heenen-Wolff, Erez Palästina. Juden und Palästinenser im Konflikt um ein Land, Frankfurt/M. 1990, S. 52ff.
S. 213: D1 Helmut Hubel, Die Rolle der Supermächte, Der Nahe und der Mittlere Osten im Ost-West-Konflikt, in: Gert Krell/Bernd W. Kubbig (Hg.), Krieg und Frieden am Golf, Ursachen und Perspektiven, Frankfurt/M. 1991, S. 53f.
Q2 Gisela Dachs, Eifrige Suche nach Massengräbern, in: Die Zeit, Nr. 25, 13. Juni 2002
S. 216: Q5 Roswitha von Benda, ... dann werden die Steine schreien. Die Kinder der Intifada, München 1990, S. 153ff.
Q6 zit. nach: J. Bremer, Vereinzelt, unpolitisch, einander fremd, in: Praxis Geschichte, Heft3/1998, Braunschweig 1998, S. 43
Q8 Hanan Ashrawi, Ich bin in Palästina geboren, München 1997, S.-346
S. 217: D1 vom Autor zusammengestellt
Q9a Elie Wiesel „Jerusalem, mein Herz", Übersetzung: Ruth Keen, in: Die Welt vom 9. April 2001, zit. nach: Informationen zur politischen Bildung, Hft 278/2003 „Israel", Bonn 2003, S. 64
Q9b Israel Schamir, „Jerusalem,unser aller Herz", Übersetzung: Ruth Keen, in: Die Welt vom 9. April 2001, zit. nach: Informationen zur politischen Bildung, Hft 278/2003 „Israel", Bonn 2003, S. 64
S. 219: Q3 Axel Harneit-Sievers, Der fluch des Schwarzen Goldes, in: Das Parlament, 01.04.2004
S. 221: Q1 Bartholomäus Grill, Die vergessene Epidemie, in: Die Zeit Nr. 20, 8. 5. 2003, zit. nach: Informationen zur politischen Bildung, Heft 280, Bonn 2003, S. 35
Q2 Ute Luig, AIDS. Krankheit oder Strafe Gottes?, in: Das Parlament, Nr. 10/01. 03. 2004, Berlin, S. 10
S. 223: D1 Internationaler Währungsfonds, World Economic Outlook, Oktober 2000, zit. in: Informationen zur politischen Bildung, Heft 280, Bonn 2003, S. 34
D2 Weltbank, Development Report, 2000/2001, zit. in: Informationen zur politischen Bildung, Heft 280, Bonn 2003, S. 34
Q2 Handelsblatt Nr. 174 vom 08.09.2005, S. 6

S. 225: D1 vom Autor zusammengestellt
Q2 Rüdiger Suchsland, „Sei vernünftig, denkt utopisch!", Ein Gespräch mit dem US-Politikwissenschaftler Benjamin Barber, in: Die Zeit, 8.11.2001, zit. nach: Informationen zur politischen Bildung, Heft 274/2002, Bonn 2002
Q3 Arundhati Roy, Wut ist der Schlüssel, in: Frankfurter Allgemeine Zeitung", 28. September 2001, S. 25ff., zit. nach: Unterrichtsmagazine Spiegel@Klett „Terrorismus", Hamburg und Leipzig 2004, S. 28
S. 227: D1 dtv Jahrbuch 2005, München, S. 99
Q2 zit. nach: Günther Unser, Die UNO, München 1986, S. 206, 214ff.
S. 229: Q2 http://www.uni-kassel.de/fb5/frieden/regionen/Osttimor/ramos.html; dort: „Die UNO reagiert häufig zu spät", Osttimors Außenminister José Ramos-Horta verlangt eine Frühwarnkommission der Weltorganisation zur Konfliktverhütung – Interview; aus: Neues Deutschland, 8. November 2004, Berlin
S. 230: Q2 Carl Friedrich von Weizsäcker, Der bedrohte Friede – heute, Hanser, München 1994, S. 78
S. 231: Q3 Carlo Karges (Text), © Edition Hate der EMI Songs Musikverlag GmbH, Hamburg

Europa – ein Kontinent wächst zusammen
S. 237: Q2 vom Autor zusammengestellt
S. 239: Q2 Forschungsinstitut der Deutschen Gesellschaft für Auswärtige Politik (Hg.), Europa. Dokumente zur Frage der europäischen Einigung, Bd. 1, München 1962, S. 28
Q3 Forschungsinstitut der Deutschen Gesellschaft für Auswärtige Politik (Hg.), Europa. Dokumente zur Frage der europäischen Einigung, Bd. 1, München 1962, S. 113ff.
Q4 George F. Kennan, Memoiren eines Diplomaten, München 1970, S. 340f.
S. 242: Q3 Pascal Fontaine, Ein neues Konzept für Europa. Die Erklärung von Robert Schumann – 1950–2000, Luxemburg 2000, S. 36f.
Q4 BGB1. 1957 II, S. 770ff.
S. 243: Q5 Ernst-Otto Czempiel/Carl Christoph Schweitzer, Welpolitik der USA nach 1945. Einführung und Dokumente, Bd. 210, Opladen 1984, S. 288, S. 289, S. 291
S. 245: Q2 Stiftung Internationaler Karlspreis zu Aachen 2001/V.i.S.d.P. Bernd Vincken (Hg.), Als der Eiserne Vorhang fiel. Gesprächsrunde am 23. Mai 2001 in Aachen, in: Dialog für Europa, Heft 3/2001, S. 12f.
Q3 Stiftung Internationaler Karlspreis zu Aachen 2001/V.i.S.d.P. Bernd Vincken (Hg.), Als der Eiserne Vorhang fiel. Gesprächsrunde am 23. Mai 2001 in Aachen, in: Dialog für Europa, Heft 3/2001, S. 14
S. 247: Q1a Siemgar Schmidt, Aktuelle Aspekte der EU-Entwicklungspolitik. Aufbruch zu neuen Ufern?, in: Aus Politik und Zeitgeschichte. Beilage zu „Das Parlament" vom 10. Mai 2002, S. 35
Q1b Harald Schumann, Die wahren Globalisierungsgegner oder: Die politische Ökonomie des Terrorismus, in: Aus Politik und Zeitgeschichte. Beilage zu „Das Parlament" vom 24. März 2003, Berlin, S. 27
S. 249: Q2 Daniel-Erasmus Khan (Hg.), Europäischer Unionsvertrag mit sämtlichen Protokollen und Erklärungen, München 2001, S. 402f.
Q3 Pascal Fontaine, Ein neues Konzept für Europa. Die Erklärung von Robert Schumann – 1950–2000, Luxemburg 2000, S. 35

Wanderungen in der Geschichte
S. 259: Q1a Joseph Fischer, Die Völkerwanderung im Urteil der zeitgenössischen kirchlichen Schriftsteller Galliens unter Einbeziehung des heiligen Augustinus, Heidelberg 1948, S. 112 (bearbeitet vom Verfasser)
Q1b Joseph Fischer, Die Völker-wanderung im Urteil der zeitgenössischen kirchlichen Schriftsteller Galliens unter Einbeziehung des heiligen Augustinus, Heidelberg 1948, S. 180f. (bearbeitet vom Verfasser)
S. 261: Q2 Johannes Bühler, Die Germanen in der Völkerwanderung, Leipzig 1922, S. 276
Q3 Einhard, Vita Caroli Magni, hg. v. Evelyn Scheran Firchow, Stuttgart 1968, S. 57, S. 59
S. 263: Q1 Wolfgang-Ekkehard Scharlipp, Die frühen Türken in Zentralasien, Darmstadt 1992, S. 43 (bearbeitet vom Verfasser)
Q2 Karl Jahn (Hg.), Die Geschichte der Oguzen des Rasid ad-Din, Wien 1969, S. 21f. (bearbeitet vom Verfasser)
Q3 Manfred Fleischhammer (Hg.), Altarabische Prosa, Leipzig 1990, S. 171 (bearbeitet vom Verfasser)
S. 265: Q2 Kritodulos von Imbros, Mehmet II. erobert Konstantinopel, eingeleitet u. erklärt von Diether Renisch, in: Byzantinische Geschichtsschreiber, Bd. 17, Graz, Wien, Köln 1986, S. 158f.
Q3a Hagen Schulze/Ina Ulrike Paul, Europäische Geschichte. Quellen und Materialien, bsv, München 1994, S. 919
Q3b Hagen Schulze/Ina Ulrike Paul, Europäische Geschichte. Quellen und Materialien, bsv, München 1994, S. 928f.
S. 267: Q1 Wolfgang Riechmann, Vivat Amerika, Mindener Beiträge 25, München 1993, S. 103
Q2 Wolfgang Riechmann, Vivat Amerika, Mindener Beiträge 25, München 1993, S. 278
Q3 Günter Moltmann (Hg.), Aufbruch nach Amerika. Die Auswanderungswelle 1816/17, Stuttgart 1989, S. 247
S. 268: D1 Christoph Kleßmann, Polnische Bergarbeiter im Ruhrgebiet 1870–1945, Göttingen 1978, S. 261
S. 269: Q2 Hans Marchwitza, Meine Jugend, Berlin (Ost) 1976, S. 152f.
Q3 Christoph Kleßmann, Polnische Bergarbeiter im Ruhrgebiet 1870–1945, Göttingen 1978, S. 84
Q4a/b Johann Victor Bredt, Die Polenfrage im Ruhrgebiet, Leipzig 1909, S. 61f.
S. 271: Q1a Stuttgarter Zeitung vom 7. 11. 2000
Q1b Peter Haupt am 11. 6. 2002 auf einer Fachtagung der Bundesbeauftragten für Migration, Flüchtlinge und Integration, in: Migranten sind aktiv. Dokumentation, hg. v. d. Bundesbeauftragten, Berlin/Bonn 2003, S. 8
S. 273: Q2a Deutsche Shell (Hg.), Jugend 2000, Bd. 2, Opladen 2000, S. 143, S. 149f.
Q2b Deutsche Shell (Hg.), Jugend 2000, Bd. 2, Opladen 2000, S. 278f.
S. 272: Q1 Franz Nuscheler, Internationale Migration, Flucht und Asyl, Opladen 1995, S. 71f.
Q2 Grundgesetz, München 1996, S. 20, Artikel 16a

Verzeichnis der Bildquellen

Cover Picture-Alliance, Frankfurt (Kai-Uwe Wärner)
S. 10, Ende 18. Jh. AKG, Berlin
1848 Corbis, Düsseldorf (Reuters/Bobby Yip)
1863 aus: Manfred Schlenke (Hg), Preussen. Beiträge zu einer politischen Kultur, Bd. 2, Reinbek 1981, S. 284
S. 11, Gemälde AKG, Berlin
ab 1945 AKG, Berlin
1991 Süddeutscher Verlag, München
2004 aus: 50 Jahre Sozialistische Internationale. Ausstellung der Friedrich-Ebert-Stiftung, hg. v. Dieter Dowe/ Michael Schneider, Bonn 2001, S. 50
S. 12, Q1 Mario Reubel, Nürnberg
S. 13, Q5 Ute Grabowsky, Sankt Augustin
S. 14, Q1 AKG, Berlin
S. 15, Q5 ullstein bild, Berlin
S. 16, Q1 Getty Images, München (Mansell/Time Life Pictures)
S. 17, Q4 Getty Images, München (Hulton Archive)
S. 18, Q1 DHM, Berlin
S. 19, Q2 Corbis, Düsseldorf (Reuters/ Bobby Yip)
S. 20, Q3 BPK, Berlin
S. 21, D1 Klett-Archiv, Stuttgart (Sandy Schygulla, Leipzig)
Q7 AKG, Berlin
S. 23, Q4 aus: Manfred Schlenke (Hg), Preussen. Beiträge zu einer politischen Kultur, Bd. 2, Reinbek 1981, S. 284
S. 24, Q1 BPK, Berlin
S. 25 D1 Klett-Archiv, Stuttgart
S. 26, Q4 Bibliothèque nationale de France, Paris
S. 27, Q8 AKG, Berlin
S. 28, Q1 ullstein bild (Nowosti), Berlin
S. 29, Q4 ullstein bild, Berlin
S. 30, Q1 oben AKG, Berlin
Q1 Mitte Interfoto, München (Archiv Friedrich)
Q1 unten Bridgeman Art Library, London
S. 31, Q2 ullstein bild, Berlin
S. 32, Q1 DHM, Berlin
S. 33, Q2 aus: Boris Groys, Max Hollein (Hg.), Traumfabrik Kommunismus. Die visuelle Kultur der Stalinzeit, Ostfildern-Ruit 2003, S. 49
Q6 ullstein bild (Nowosti), Berlin
S. 34, Q1 Langewiesche-Brandt Verlag, Ebenhausen
S. 35, Q3 AKG, Berlin
S. 36, Q1 AKG, Berlin
S. 37, Q4 Caro Fotoagentur, Berlin (Meyerbroeker)
S. 38, Q1 aus: 50 Jahre Sozialistische Internationale. Ausstellung der Friedrich-Ebert-Stiftung, hg. v. Dieter Dowe/ Michael Schneider, Bonn 2001, S. 50
S. 39, D1 links GLOBUS Infografik, Hamburg
D1 rechts Picture-Alliance, Frankfurt (dpa/epa/Harish Tyagi)
S. Karikatur CCC/www.c5.net, Pfaffenhofen a. d. Ilm (Roland Beier)
S. 41, Q1/Q2 Christian Günther Fotodesign, Leipzig
S. 42/43 Klett-Archiv, Stuttgart (Katja und Steffi Kassler, Leipzig)
S. 44, 1918 BPK, Berlin
1922 AKG, Berlin
S. 45, Wahllokal AKG, Berlin
1923 ullstein bild, Berlin
1929 BPK, Berlin
S. 46, Q1 BPK, Berlin
S. 47, Q3 Bundesarchiv Koblenz (Signatur 183/R12)
S. 48, Q1 AKG, Berlin
S. 49, Q2 AP, Frankfurt am Main (Denis Doyle)
S. 50, Q3 AKG, Berlin
S. 51, Q9 AKG Berlin, © Succession Picasso, VG Bild-Kunst, Bonn 2005
S. 52, Q1 AKG, Berlin
S. 53, D1 Klett-Archiv, Stuttgart
Q1 BPK, Berlin
S. 54, Q5 Archiv der sozialen Demokratie der Friedrich-Ebert-Stiftung, Bonn
S. 55, D2 Klett-Archiv, Stuttgart
Q6 Süddeutscher Verlag, München (Scherl)
S. 56, Q1 AKG, Berlin
S. 58, Q1 Bundesarchiv, Koblenz
S. 59, Q2 Süddeutscher Verlag, München
Q3 AKG, Berlin
S. 60, Q4 ullstein bild, Berlin
Q5 VG Bild-Kunst, Bonn 2005
S. 61, D1 Klett-Archiv, Stuttgart (Sandy Schygulla, Leipzig)
Q8 Archiv Gerstenberg
Q9 AKG, Berlin
S. 62, Q1 AKG, Berlin
S. 63, Q2 Die Deutsche Bibliothek, Leipzig
Q4 BPK, Berlin
Q5 DHM, Berlin
S. 64, Q1 BPK, Berlin
S. 65, Q3 BPK, Berlin
S. 66, Q5 BPK, Berlin
S. 68, Q1 Bundesarchiv, Koblenz
Q2 BPK, Berlin
S. 69, Q3 Stefanie Lux-Althoff, Die Plakatpropaganda der Weimarer Parteien zu den Wahlen und Volksabstimmungen von 1924 bis 1933, Lemgo 2000, S. 44
Q4 Langewiesche-Brandt Verlag, Ebenhausen
S. 70, Q1 Friedrich Ebert-Stiftung, Bonn (Jakob Balsen)
S. 71, D1 Klett-Archiv, Stuttgart
S. 72, Q1 AKG, Berlin
S. 73, Q2 Stiftung Archiv der Akademie der Künste, Berlin
S. 74 1 AKG, Berlin/VG Bild-Kunst, Bonn 2005
S. 75 2/3 BPK, Berlin/VG Bild-Kunst, Bonn 2005
4 AKG, Berlin
S. 76, 1933 AKG, Berlin
1935 Süddeutscher Verlag, München
1938 Stadtbildstelle, Essen
S. 77, Familie Corbis, Düsseldorf
ab 1941 aus: Gerhard Schoenberner, Der gelbe Stern, München 1978
1944 ullstein bild, Berlin
1945 AKG, Berlin
S. 78, Q1 AKG, Berlin
S. 79, Q6 Süddeutscher Verlag, München
S. 80, Q1 DHM, Berlin
Q2 DHM, Berlin
S. 81, D1 Klett-Archiv, Stuttgart
S. 82, Q1 aus: Deutschland erwacht. Werden, Kampf und Sieg der NSDAP, hg. v. Cigaretten-Bilderdienst, Altona-Bahrenfeld 1933
S. 83, Q4 BPK, Berlin
Q5 Süddeutscher Verlag, München
S. 84, Q1 ullstein bild, Berlin
S. 85, Q2 Süddeutscher Verlag, München
S. 86, Q3 VW-Stiftung, Wolfsburg
Q4 Katholisches Bistumsblatt, Hildesheim, 29. März 1936
S. 87, Q10 Süddeutscher Verlag, München
Q11 BPK, Berlin (Joseph Shorer)
S. 88, Q1 BPK, Berlin
S. 89, D3 Klett-Archiv, Stuttgart
S. 90, Q1 DHM, Berlin
S. 91, Q4 DHM, Berlin
Q5 ullstein bild, Berlin
S. 92, Q6 Archiv Zentner, Grünwald
S. 93, Q12 NS-Dokumentationszentrum, Köln, NS-Dok.BP_23640
S. 94, Q1 DHM, Berlin
S. 95, Q6 DHM, Berlin
S. 96, Q1 links ullstein bild, Berlin
Q1 rechts Verlag für Regionalgeschichte, Gütersloh
S. 97, Q7 Bundesarchiv, Koblenz
Q8 BPK, Berlin
S. 98, Q1 Stadtbildstelle, Essen
S. 99, Q2 BPK, Berlin

Q3 Süddeutscher Verlag, München
S. 100, Q4 AKG, Berlin
S. 101, Q12 Bibliothek Münsterklinik, Zwiefalten
S. 102, Q1 BPK, Berlin
S. 103, Q4 The Library of Congress, Washington D. C. (Herblock Foundation)
Q5 AKG, Berlin
S. 104, Q1 Bundesarchiv, Koblenz
S. 105, Q2 Jüdisches Museum, Belgrad
S. 106, Q1 aus: Gerhard Schoenberner, Der gelbe Stern, München 1978
S. 107, Q5 BPK, Berlin
S. 109, Q8 aus: Das Buch des Alfred Kantor, Frankfurt/M. 1987, S. 35
S. 110, Q1 DHM, Berlin
S. 111, Q4 AKG, Berlin
Q5 ullstein bild, Berlin
S. 112, Q1 ullstein bild, Berlin
S. 113, Q3 AKG, Berlin
S. 114, Q1 Süddeutscher Verlag, München
S. 115, Q2 Kirchner, Hannes, Duisburg
S. 116, Q3 v. Stauffenberg AKG, Berlin
Scholl ullstein bild, Berlin
Herrmann Gedenkstätte Deutscher Widerstand, Berlin
Leber ullstein bild, Berlin
Bonhoeffer ullstein bild, Berlin
v. Galen ullstein bild, Berlin
S. 117, Q9 Reichart Stefan, Meersburg
S. 118/119, alle Klett-Archiv, Stuttgart (Sven Christoffer, Duisburg)
S. 120, Q1 Getty Images, München (Margaret Bourke-White)
S. 121, Q2 AKG, Berlin
S. 122, Q3 Picture-Alliance, Frankfurt (Stephanie Pilick)
S. 123, Q8 DPA, Hamburg (Markus Wächter)
S. 124, Brandenburger Tor ullstein bild, Berlin
Plakat Süddeutscher Verlag, München
„Rassenschande“ Süddeutscher Verlag, München
S. 125, Köln Süddeutscher Verlag, München
Siemens BPK, Berlin
v. Stauffenberg AKG, Berlin
Synagoge Keystone, Hamburg
Plakat DHM, Berlin
S. 126, 1945 Süddeutscher Verlag, München
1949 ullstein bild, Berlin
1953 ullstein bild, Berlin
1954/55 Wissen Media Verlag, Gütersloh
S. 127, Brandenburger Tor ullstein bild, Berlin
1961 Corbis, Düsseldorf (Bettmann)
1970 Corbis, Düsseldorf (Bettmann)
1990 ullstein bild, Berlin (Paul Langrock)
2003 Dirk Laubner, Berlin
S. 128, Q1 Picture-Alliance, Frankfurt (dpa/epa/anp)
S. 129, Q3 Presseamt Stadt Münster
Q4 CCC/www.c5.net, Pfaffenhofen a. d. Ilm (Fritz Behrendt)
S. 131, Q1 BPK, Berlin
S. 132, Q2 BPK, Berlin
S. 133, Q7 links AKG, Berlin
Q7 rechts BPK, Berlin
S. 134, Q1 BPK, Berlin
S. 135, Q2 aus: Praxis Geschichte, Heft 4/1998, S. 14
S. 136, Q7 BPK, Berlin
S. 137, Q9 BPK, Berlin
Q11 Stöckle, Wilhelm, Filderstadt
S. 139, Q2 Süddeutscher Verlag, München
S. 140, Q4 Corbis, Düsseldorf (Hulton-Deutsch Collection)
Q5 AKG, Berlin
S. 141, Q10 Interfoto, München
S. 144, Q1 BPK, Berlin (Fritz Paul)
S. 145, Q4 AKG, Berlin
Q5 Süddeutscher Verlag, München
S. 146, Q1 ek pictures, Warschau
Q2 AKG, Berlin
S. 148, Q1 ullstein bild, Berlin
S. 149, Q2 links Bundesarchiv Koblenz (Plak 005-011-030)
Q2 Mitte Konrad-Adenauer-Stiftung e. V., Archiv für Christlich-Demokratische Politik, Plakatsammlung
Q2 rechts Stadt Bochum, Presseamt, Bochum
S. 150, Q3 ullstein bild, Berlin
Q4 Konrad-Adenauer-Stiftung e. V., St. Augustin
S. 151, Q8 links Konrad-Adenauer-Stiftung e. V., Archiv für Christlich-Demokratische Politik, Plakatsammlung
Q8 rechts Friedrich Ebert-Stiftung, Bonn
S. 152, Q1 DHM, Berlin
S. 153, Q4 AKG, Berlin
S. 154, Q1 ullstein bild, Berlin
S. 155, Q4 Haus der Geschichte der Bundesrepublik, Bonn
Q5 Getty Images, München (Time Life Pictures/Walter Sanders)
S. 156, Q1 ullstein bild (dpa), Berlin
S. 157, Q3 Picture-Alliance, Frankfurt (dpa)
Q4 Jürgens Photo, Berlin
S. 158, Q1 Wissen Media Verlag, Gütersloh
S. 159, Q4 Stiftung Haus der Geschichte (Zeitgeschichtliches Forum Leipzig/Hans-Jürgen Röder)
Q5 oben Münchner Stadtmuseum, München
Q5 unten AKG, Berlin
S. 160, Q1 ullstein bild, Berlin
S. 161, Q4 Stiftung Haus der Geschichte (Zeitgeschichtliches Forum Leipzig/Paul Bernharend)
S. 163, Q8 CCC/www.c5.net, Pfaffenhofen a. d. Ilm (Oskar)
S. 164, Q1 Landesbildstelle, Berlin
S. 165, Q3 Jutta Munz/Eckart Munz, Stuttgart
Q4 H. E. Köhler, Wilhelm-Busch-Gesellschaft e. V., Hannover
S. 166, Q1 Picture-Alliance, Frankfurt
S. 167, Q3 Corbis, Düsseldorf (Bettmann)
Q4 CCC/www.c5.net, Pfaffenhofen a. d. Ilm (Blaumeiser)
S. 168, Q1 Picture Press, Hamburg (Cornelius Meffert/stern)
S. 169, Q2 Stiftung Haus der Geschichte (Zeitgeschichtliches Forum Leipzig/Hans-Jürgen Röder)
S. 170, Q3 BPK, Berlin (Günter Zint)
Q4 AKG, Berlin
S. 171, Q9 Ostkreuz, Berlin (Harald Hauswald)
Q10 Jürgens Photo, Berlin
S. 173, Q3 Christoph Sandig, Leipzig
Q4 BPK, Berlin
Q5 Martin Naumann, Großpösna
S. 174, Q1 CCC/www.c5.net, Pfaffenhofen a. d. Ilm (Haitzinger)
S. 175, Q4 AKG, Berlin
Q5 Picture-Alliance, Frankfurt (dpa/Wolfgang Kluge)
S. 176, Q1 Klett-Archiv, Stuttgart (Henry Zeidler, Leipzig)
S. 177, Q3 AP, Frankfurt am Main
S. 178, Q1 ullstein bild, Berlin (Paul Langrock)
S. 179, Q5 CCC/www.c5.net, Pfaffenhofen a. d. Ilm (Haitzinger)
Q6 Bulls Press, Frankfurt
S. 180, Q1 Dirk Laubner, Berlin
S. 181, Q4 Picture-Alliance, Frankfurt (dpa/Wolfgang Kumm)
Q5 CCC/www.c5.net, Pfaffenhofen a. d. Ilm (Schoenfeld)
S. 182 ullstein bild, Berlin (Rudi Meisel)
S. 184, 1956 AKG, Berlin
1962 Daily Mail, London 1962
S. 185, Frau & Junge AP, Frankfurt/Main (Karel Prinsloo)
1963–1973 AP, Frankfurt am Main
1987 Corbis, Düsseldorf (Patrick Robert)
1989/90 AP, Frankfurt/Main
2004 Picture-Alliance, Frankfurt (dpa/epa/Feferberg)
S. 186, Q1 ullstein bild, Berlin
S. 188, Q1 Süddeutscher Verlag, München
S. 192, Q1 Daily Mail, London 1962
S. 193, D2 nach dpa-Grafik 7930, Globus Infografik, Hamburg
S. 195, Q2 DHM, Berlin
Q4 defd, Hamburg
S. 196, Q1 AKG, Berlin

S. 197, Q4 Focus, Josef Koudelka/ Magnum, Hamburg
Q5 AKG, Berlin
S. 199, Q1 Corbis, Düsseldorf (Wally McNamee)
Q2 AP, Frankfurt/ Main
S. 200, Q1 AP, Frankfurt/Main
S. 201, Q5 STUDIO X, Limours (Bulka)
S. 202, Q1 Corbis, Düsseldorf (Reuters)
S. 203, Q3 Picture-Alliance, Frankfurt/M (dpa/ZB/Endig)
S. 204, Q1 ullstein bild, Berlin
S. 205, Q4 AP, Frankfurt/Main (Hadi Mizban)
S. 206, Q1 Corbis, Düsseldorf
S. 207, Q2 Klett-Archiv, Stuttgart (Klaus Leinen, Beilingen)
S. 208, Q1 Corbis, Düsseldorf (Annie Griffiths Belt)
S. 210, D1 Klett-Archiv, Stuttgart
S. 212, Q1 Picture-Alliance, Frankfurt (dpa/Sauerstrom)
S. 214, Q1 Picture-Alliance, Frankfurt
S. 215, Q2 Picture-Alliance, Frankfurt (dpa/epa/afp)
Q3 CCC/www.c5.net, Pfaffenhofen a. d. Ilm (Schoenfeld)
S. 216, Q4 Picture-Alliance, Frankfurt/M (dpa/epa/Nackstrand)
Q7 Corbis, Düsseldorf (Reuters)
S. 217, Q10 Picture-Alliance, Frankfurt/M (dap/epa/Hollander)
S. 218, Q1 Argus, Hamburg (Giling)
Q2 Picture-Alliance, Frankfurt/M (Gero Breloer)
S. 220, D1 unten rechts S. Fischer Verlag GmbH, Frankfurt/Main
S. 221, D2 nach: Der Fischer Weltalmanach 2005, S. Fischer Verlag GmbH, Frankfurt/Main, S. 700/701
S. 222, Q1 Wolfgang Horsch, Niedernhall
S. 223, Q3 AP, Frankfurt/Main (Paul Kitagaki)
S. 224, Q1 AP, Frankfurt/Main
S. 225, Q4 AP, Frankfurt/Main (K. M. Chaudary)
S. 226, Q1 PIZ Sanitätsdienst, München (Walter-Hubert Schmidt)
S. 227, D1/D2 Klett-Archiv, Stuttgart
S. 228, Q1 United Nations, New York
S. 229, D1 nach: Der Fischer Weltalmanach 2005, S. Fischer Verlag GmbH, Frankfurt/Main, S. 550
S. 230, Q1 Haus der Geschichte, Bonn
S. 231, Q4 Museé de L'Impression sur Étoffes, Mulhouse, © Succession de Picasso; **unten** Volksbund Deutscher Kriegsgräberfür, Kassel
S. 232, Flüchtlinge AP, Frankfurt/Main
Mann/Panzer ullstein bild, Berlin
S. 232, Karikatur Daily Mail, London
„Große Drei" ullstein bild, Berlin
Bush/Gorbatschow AP, Frankfurt/Main
S. 234, 1947 BPK, Berlin
1951/1957 AKG, Berlin
1992 Klett-Archiv, Stuttgart (Sandy Schygulla, Leipzig)
S. 235, Collage Kultusministerkonferenz, Bonn, gemalt von den Schülerinnen und Schülern der Freiherr-vom Stein-Realschule Coesfeld
2002 Klett-Archiv, Stuttgart (Sandy Schygulla, Leipzig)
2003 Eine Verfassung für Europa, Amt für amtliche Veröffentlichungen der Europäischen Gemeinschaften, Luxemburg 2004, Titelblatt, © Europäische Gemeinschaften 2004
2004 Peter Bensch, Köln
S. 236, Q1 Corbis, Düsseldorf (Katarina Stoltz/Reuters)
S. 237, Q3 CCC/www.c5.net, Pfaffenhofen a. d. Ilm (Mester)
S. 238, Q1 BPK, Berlin
S. 239, Q5 aus: Wolfgang Marienfeld, Die Geschichte des Deutschlandproblems im Spiegel der politischen Karikatur, Niedersächsische Landeszentrale für politische Bildung, 2. Aufl., Hannover 1991, S. 41
S. 240, Q1 AKG, Berlin
S. 241, D1 Klett-Archiv, Stuttgart (Sandy Schygulla, Leipzig)
S. 242, Q2 Hamburger Abendblatt, Hamburg (Beuth)
S. 243, D2 nach: Spiegel-Almanach 2002
D3 Klett-Archiv, Stuttgart (Sandy Schygulla, Leipzig)
S. 244, Q1 Peter Bensch, Köln
S. 245, D1 Klett-Archiv, Stuttgart (Sandy Schygulla, Leipzig)
S. 247, D2 Klett-Archiv, Stuttgart (Sandy Schygulla, Leipzig)
Q2 Mauritius, Mittenwald
S. 248, Q1 European Parliament, Brüssel
S. 249, D1 Klett-Archiv, Stuttgart (nach: Eurobarometer)
S. 250/251, D1 Klett-Archiv, Stuttgart (nach: Eurobarometer)
S. 252, Q1 nach: http://europa.eu.int/comm/public_opinion/index_en.htm
S. 253, D2 Klett-Archiv, Stuttgart (Sandy Schygulla, Leipzig)
S. 254/255, Spiel Klett-Archiv, Stuttgart (Katja und Steffi Kassler, Leipzig)
S. 256, 4.–6. Jh. n. Chr. Deutsches Archäologisches Institut, Rom
11.–15. Jh. BPK, Berlin
S. 257, Flüchtlinge Picture-Alliance, Frankfurt (dpa/Anja Niedringhaus)
um 1900 Bund der Polen in Deutschland e. V., Bochum
1992/1995 CCC/www.c5. net, Pfaffenhofen a. d. Ilm
S. 258, D1 Klett-Archiv, Stuttgart
S. 259, Q2 AKG, Berlin
S. 260, Q1 Deutsches Archäologisches Institut, Rom
S. 261, Q4 Münchow, Ann, Aachen
S. 263, Q4 BPK, Berlin
Q5 Uhlig, Bernd, Berlin
S. 264, Q1 AKG, Berlin
S. 265, Q4 BPK, Berlin
S. 267, Q5 Corbis, Düsseldorf
S. 269, Q1 links Bund der Polen in Deutschland e. V., Bochum
S. 270, D1 Klett-Archiv, Stuttgart (Sandy Schygulla, Leipzig)
S. 271, D2 Klett-Archiv, Stuttgart (Sandy Schygulla, Leipzig)
S. 272, Q1 laif, Köln (Baltzer/Zenit)
S. 273, Q3 CCC/www.c5.net, Pfaffenhofen a. d. Ilm (Vangelis Pavlidis)
S. 274, D1 Klett-Archiv, Stuttgart (Sandy Schygulla, Leipzig)
S. 275, Q3 CCC/www.c5. net, Pfaffenhofen a. d. Ilm
Q4 Deutsches Rotes Kreuz, Berlin
S. 278, Flugzeug LTU, Düsseldorf
Q1 Picture-Alliance, Frankfurt (Stadler)
S. 279, Q2 laif, Köln (Martin Sasse)
Q3 Klett-Archiv, Stuttgart (Heidemarie Zessack)
Q4 Mauritius, Mittenwald
Q5 laif, Köln (Tobias Hauser)
S. 280/281, Spiel Klett-Archiv, Stuttgart (Katja und Steffi Kassler, Leipzig)
S. 282, Hochzeit Klett-Archiv, Stuttgart (Helmut Heimbach, Duisburg)
Grafik Klett-Archiv, Stuttgart
S. 283, Karte Klett-Archiv, Stuttgart
Bonifatius AKG, Berlin
Schüler Klett-Archiv, Stuttgart (Sven Christoffer, Duisburg)
Peterskirche aus: T. Jones/A. Ereira, Die Kreuzzüge, München 1995, S. 58
S. 284, Stadtplan Klett-Archiv, Stuttgart
Karte AKG, Berlin
Schülerinnen Klett-Archiv, Stuttgart (Klaus-Ulrich Meier)
Grafik Klett-Archiv, Stuttgart
S. 285, Karikatur Bridgeman Art Library, London
Gemälde Bridgeman Giraudon, Paris
S. 286 Denkmal VG Bild-Kunst, Bonn
Karteikarten Klett-Archiv, Stuttgart
S. 287, Lenin ullstein bild, Berlin
Plakat Langewiesche-Brandt Verlag, Ebenhausen
Goebbels ullstein bild, Berlin
Zeitzeuge Klett-Archiv, Stuttgart (Henry Zeidler, Leipzig)
S. 288, Fischglas Corbis, Düsseldorf
Grafik Klett-Archiv, Stuttgart (nach: Eurobarometer)

Nicht in allen Fällen war es uns möglich, den Rechteinhaber der Abbildungen ausfindig zu machen. Berechtigte Ansprüche werden selbstverständlich im Rahmen der üblichen Bedingungen abgegolten.